Conrad von Bolanden

Königin Bertha

Historischer Roman aus dem 11. Jahrhundert

Conrad von Bolanden

Königin Bertha

Historischer Roman aus dem 11. Jahrhundert

ISBN/EAN: 9783959130189

Auflage: 1

Erscheinungsjahr: 2016

Erscheinungsort: Treuchtlingen, Deutschland

© Literaricon Verlag Inhaber Roswitha Werdin. www.literaricon.de. Alle Rechte beim Verlag und bei den jeweiligen Lizenzgebern.

Königin Bertha.

Historischer Roman aus dem XI. Jahrhundert

von

Conrad von Bolanden.

> „Ohne die Kirche wäre Europa wahrscheinlich ein Raub der Despoten, ein Schauplatz ewiger Zwietracht, oder gar eine mongolische Wüste geworden."
> Herder.

Zweite verbesserte Auflage.

Regensburg & New-York.
Papier, Druck und Verlag von Friedrich Pustet.
1866.

Vorwort
zur ersten Auflage.

Die Aufnahme meiner Erstlingswerke, „Brautfahrt" und „Franz von Sickingen," durfte wohl zu Weiterem ermuthigen. Hätten sie auch nicht so vieles Lob einerseits und so heftigen Widerspruch anderseits gefunden, einzig schon der Umstand, daß seine Kinder nicht, gleich andern Erzeugnissen der Tagesliteratur, spurlos in der allgemeinen Bücherfluth untergegangen sind, mußte den angehenden Autor ermuntern.

Die mitunter recht lieblosen Ausfälle gegen „Brautfahrt" und „Sickingen" verfehlten daher ihre gute Wirkung ebenso wenig, wie jene freundliche Aufmerksamkeit, die manche unwesentliche Fehler und Verstöße rügte. Ohne es zu wollen, hatte ich einen Feind angegriffen, welcher bisher das Reich der Geister allein zu beherrschen strebte. Unbekannt war mir die Thatsache, daß nur die kirchen- und Christenthums-feindliche Belletristik allgebietend durch die Welt schreite, — daß nur gesunde Sinnlichkeit oder feindselige Beleuchtung der alten Kirche nach Art E. Sue's und Gutzkow's anziehenden Stoff zur Lektüre bilden könne. Wie ich glaubte, durfte, ohne förmliche Aechtung befürchten zu müssen, Jeder sagen, was ihn begeistert, was ihn abstößt, was er für recht oder schlecht hält.

Von diesem Irrthume heilten mich vollkommen die stolz hingeworfenen Verurtheilungen der unholden Seite nicht minder, wie die furchtsame Verlegenheit einiger Freunde, die bei meinem lauten Auftreten vom Platze schlichen. Hielt man ja die Begründung des ausgesprochenen Anathems nicht einmal für nothwendig; — es genügte die Andeutung: man sei allein fähig und berechtigt, zu belehren, zu unterhalten, die Geschichte zu deuten und zu verstehen! Wer andere Wege gehe, dürfe niemals Anerkennung hoffen, er müsse sich gefallen lassen, todt geschwiegen oder zerrissen zu werden.

Daß Schreckmittel solcher Art noch immer wirkungslos geblieben, zeigt das Erscheinen vorliegenden historischen Romans aus dem XI. Jahrhundert. Der Hauptheld dieses Buches, König Heinrich IV., theilt, trotz des gewaltigen Abstandes der Zeiten und Verhältnisse, dennoch so manche Eigenthümlichkeiten mit den Helden der beiden vorigen Romane. Auch er ist, wie die Männer der Reformation, das Schooskind des Liberalismus, das hochgefeierte Idol aller Gegner der Kirche. Auf ihrer Seite gilt der vierte Heinrich geradezu als Schirmhalter deutscher National-Ehre, als Verfechter der Völkerfreiheit wider Rom's Tyrannei, als Bannerträger der Aufklärung in seinem Jahrhunderte! Wie lächerlich dieser Wahn, wäre er in seinen Folgen nicht so traurig! Denn eben von diesem Wahne aus, oder offener gesagt, in Folge der schnöden Tendenz-Lügen, welche sich an das Gedächtniß des unglücklichen Fürsten angeknüpft, erleidet das sittliche Urtheil eine in Vielen ganz unverbesserliche Verkehrtheit, aus welcher unlauteren Quelle dann eine Unsumme von ungerechten Urtheilen und Gehässigkeiten, Liebe und Frieden selbst im bürgerlichen Leben vergiftend, hervorgeht. Allerdings hat unbefangene gründliche Forschung längst auch auf diesem Gebiete den Schutt der Täuschung und Fälschung zu durchbrechen und der Wahrheit Bahn zu öffnen sich bemüht. Doch, wie Wenige sind im Stande, selbst wenn der Wille nicht gebräche, der gelehrten Forschung und Darstellung nahe zu kommen oder zu folgen! Die Menge (und gerade auf sie ist die Täuschung berechnet), fährt fort, nach wie vor, aus sogenannten volksthümlichen Geschichtswerken und noch mehr aus historischen Novellen und Romanen sich das Bild der Vorzeit und ihrer hervorragendsten Gestalten zu vergegenwärtigen. So bedarf denn das viel geschmähte katholische Mittel=Alter einer liebenden und gerechten Vertretung gewiß auch in einer Allen zugänglichen und beliebten Form. Den Lichtseiten der glaubenskräftigen, heldenkühnen, an Geist und Körper gewaltigen Kinder jener Zeit soll mit eben so ernster, wie wahrhafter Zeichnung auch die Nachtseite, ihr rauhes, hartes, ja nicht selten grausames Gebahren, ihr Pochen auf Gewalt wider das Gesetz, mithin das Friedlose jener Tage zur Seite gestellt werden. Mehr, denn jedes spätere Jahrhundert der mittleren Zeit, ist aber das von dem Verfasser gewählte, einer historisch=poetischen Schilderung ebenso fähig, wie würdig.

Es war ja das Jahrhundert, welches das Schicksal des Reiches und der abendländischen Kirche für alle folgenden entschieden hat. Wenn uns heutzutage der Stand der kirchlichen und gesellschaftlichen Verhältnisse in den Süddonau-Ländern, in Bulgarien und der Walachei, Grauen und Bedauern einflößt; wenn hier ein roher, knechtischer, aus den Armseligsten des Volkes zusammengeraffter Klerus von den Segnungen des Christenthums nichts als die hohle, unverstandene Formel, und kaum diese, zu bewahren weiß; wenn der Adel ungebändigt und zuchtlos über eine unfreie mißhandelte Raçe schaltet; wenn kaum Ein gesunder Kern in dem allgemeinen Verfalle bürgerlicher Ordnung und öffentlichen Rechtes dort übrig gelassen scheint; dann denken wohl wenige daran, daß in den Tagen des vierten Heinrich alle die Reichslande an der Donau, am Rhein und am Po die furchtbare Krisis bestanden haben, in welcher ihre Zukunft zwischen dem heutigen unglückseligen Loose der slavisch-rumänischen, schismatischen Kirchenprovinzen, und zwischen der folgenden herrlichen Blüte des deutschen Wesens und Wirkens unter dem Schutze des apostolischen Stuhles, zu wählen hatte.

Oder sollte es zweifelhaft scheinen, welche Gestalt die kirchlichen und bürgerlichen Dinge fortan in Mittel-Europa genommen hätten, wäre die verbrecherische, simonistische Halbgeistlichkeit, dieß Pflege-Kind der arglistigen Politik und Habsucht des Saliers, gegen Rom im Siege geblieben? und wäre der Fürst, welchem ein solcher Klerus knechtisch sich gebeugt, nach Niederwerfung der Volksrechte und Freiheiten, und nach der Zersplitterung der großen Reichslehen und Herzogthümer wirklich im Style von Byzanz ein Kaiser-Papst geworden, wie es das Ziel sei-

ner Wege und Plane und der offene Wunsch seiner
Parteigänger war?

Die Bedeutung des vierten Heinrich für Sein
oder Nicht=Sein der freien, ächt christlich=germani=
schen Civilisation muß daher noch viel höher ange=
schlagen werden, als die spätere der Hohenstaufischen
Kaiser. Denn im XI. Jahrhunderte waren noch
so manche Verhältnisse schwankend und unklar, die
schon im nächstfolgenden sich so dauernd befestigt hat=
ten, daß sie auch den äußersten Angriffen zu wider=
stehen vermochten.

Der Verfasser bestrebte sich, nicht ungerecht ge=
gen Heinrich IV. zu werden. Er hat ihn gezeichnet,
wie die Chroniken sein Bild gaben aus Freundes=
und Feindeshand. Ein von Gott hochbegabter Mann,
tapfer, kriegserfahren, von feinen Sitten, in Sprachen
gewandt, kundig der Wissenschaft seiner Zeit, hätte
der so frühe zur Herrschaft erhobene junge Sohn
des mächtigen, dritten Heinrich den größten und
besten Regenten sich gleichzustellen vermocht; daß
er aber die meisten dieser Gaben schnöde mißbrau=
chend, Unfriede über Reich und Kirche, Unglück und
Fluch über sein eigenes gekröntes Haupt heraufbe=
schworen; daß endlich sein, nach den langen Jahren
seiner unheilvollen Herrschaft, plötzlich erfolgter Tod
von den deutschen Fürsten und Völkern aller Orten
und unverholen als Erlösung von bösem Drucke
freudig begrüßt ward, ist geschichtlich festgestellte
Thatsache und lehrreich genug für die, welche ge=
wohnt sind, nach den Gründen der Thatsachen zu
fragen.

Für den gegenwärtigen Roman ist indeß der Stoff nicht den späteren, sondern den anfänglichen Regierungsjahren Heinrich IV. entnommen. Noch ist selbst der große, von der Vorsehung berufene und ausgerüstete Kämpe der Kirche, Gregor VII., nicht in den Rahmen dieser Geschichte eingetreten; die Gegensätze aber sind bereits in hoher Spannung und lassen die Größe der nahen Zukunft ahnen.

Wieferne nun die Einzelheiten in der Ausführung des Romanes die historische Treue gewahrt, bleibt schonender Prüfung überlassen. Nur sei gestattet, wiederholt zu erinnern, daß der historische Roman keine gelehrte Geschichtsschreibung sei. Obwohl zum getreuen Zeitgemälde verpflichtet, ist er doch keine Chronik. Raum und Stundenmaß dürfen ihn nicht engherzig einzwängen. Hat er Thatsachen nicht entstellt und gefälscht, ist er historischen Persönlichkeiten gerecht geworden, beging er keine Sünden auf sittlichem, culturhistorischem und ästhetischem Gebiete, dann mag er bestehen. In letzterer Beziehung dienten Aussetzungen berechtigter Kritiker an Früherem zur leitenden Beachtung.

Im Januar 1860.

Der Verfasser.

Erster Theil.

Mißstände.

Kaiser Heinrichs IV. Regierungsweise schuf eine lange Kette schwerer Leiden und blutiger Kämpfe. Seinem großen Vater Heinrich III. ganz unähnlich, dessen starke Hand Deutschlands Ordnung im Innern und seine Größe nach Außen förderte, — drohte Heinrich IV. das Reich von jener Höhe des Ansehens und der Macht herabzustürzen, die es über alle anderen Reiche der Erde errungen.

Die Quellen der ungerechten, willkürlichen und leidenschaftlichen Handlungsweise dieses unglücklichen Fürsten, liegen vorzüglich in verkehrter Jugendbildung. Unter den Händen herrschsüchtiger Großen aufgewachsen, welche sich des Königs Minderjährigkeit in schnödester Weise zu Nutzen machten, und ihm die unbedachtesten Wünsche nicht versagten, lernte er Beschränkung des Willens eben so wenig kennen, wie Regenten-Tugenden und Fürstenpflichten; — daher in spätern Jahren keine Hochachtung vor Gesetz und Herkommen. Lebendigen Geistes und zu Ausschweifungen geneigt, achtete er die heiligsten Schranken der Zucht und Sittlichkeit nicht, um seine Leidenschaften zu befriedigen; — daher vielfache Klagen über des Königs unchristliches Leben, über Entführung von Jungfrauen, über Gewaltthat an Weibern und über Mord an Ehemännern. Von einer Schaar jugendlicher Günstlinge umgeben, deren ausschweifende Lebensart mit jener Heinrichs gleichen Schritt hielt, unterzog er sich mit Verdruß den Beschwerlichkeiten der Regierung; — daher Gewaltthat, Gesetzlosigkeit und Bedrückung der Schwächern allenthalben.

Das Wesen dieses jugendlichen Despoten irrte sehr weit von der Hoheit des deutschen Genius. Die Geister heidnischer Imperatoren schienen ihn zu treiben; denn es überkam den jungen Mann die Lust, Haushalt und Regierungsweise der Tiberen und Neronen einzuführen. Liest man in den Jahrbüchern jener Zeit, so scheint es, die Chronisten hätten weitere Belege für die Tücke des Tiberius und für Neros Grausamkeit verzeichnen wollen.

Es ist nothwendig, die Annalen selber einige Worte sprechen zu lassen.

„Seine abscheulichen Frauenschändungen riefen noch schrecklichere Ermordungen hervor, darum war er Allen furchtbar und schrecklich, vorab den vertrautesten Freunden. Denn während Einer von ihnen, in sorgloser Sicherheit, seinen Beifall äußerte über stattgehabte Ermordungen, mußte er selber unversehens sterben, weil er ein einziges Wort gegen des Königs Willen gesprochen, oder weil er durch Miene oder Bewegung Mißfallen an irgend einem Verfahren gezeigt hatte. Und so lange verbarg er seinen Grimm, bis er ungehindert dem Nichtsahnenden das Leben nehmen konnte. So geht die Sage, er habe eigenhändig einen befreunbeten jungen Mann, wie im Scherze, getödtet, und nachdem dieser geräuschlos beerdigt worden, habe er, Reue heuchelnd, ohne alle Genugthuung von dem Erz= bischofe Adalbert Lossprechung erhalten.*)

„Einen seiner Geheimschreiber, Conrad, einen ed= len, gutgesitteten Jüngling, der sich zu Goslar aufhielt, ließ Heinrich durch einen Bewaffneten zu sich auf die Harzburg rufen. Auf dem Wege dahin, im Walde, ersah jener die List, welche ihm den Tod bringen sollte. Er floh also in eine nahe Kirche, als zu einem Asyl. Burchard von Meißen aber gab ihm sein Wort zur Sicherung, führte ihn heraus, und ließ ihn durch die Führer an einem wüsten Orte ermorden. Keiner wußte die Ursache seines Todes: aber man sagte sich geheim, der König habe ihn mit einer seiner Concubinen bei= sammen gesehen. Der König verbarg die Mörder und gebot, um die Schuld abzuwälzen, die Verbrecher aufzu= suchen. Den Ermordeten ließ er feierlich bestatten, und wohnte selbst, unter vielen Thränen, der Beerdig= ung bei."**)

---

*) Qua nefanda stupra nefandiora generant homicidia, erat omnibus horribiliter crudelis, sed maxime familiarissimis suis. Nam dum quis securus sui de aliorum morte trac- tanti favebat, mortem pati cogebatur, quam non timebat, propterea quia unum contra ejus voluntatem verbum di- xerat, vel consilium aliquod non placere sibi gestu ostende- derat. Nec prius ostendebat iram, quam incauto faceret auferri vitam. Fama fuit, quod quemdam familiarem sibi adolescentem manu sua quasi jocando interfecerit, quo furtim sepulto, incrastino quasi poenitens ad Archiepisco- pum Adalbertum venerit et ab eo sine omni satisfactione indulgentiam perceperit. Annal. sax. an. 1068.

**) Annal. sax.

Verbrechen dieser Art berichten die Annalen. Vielleicht ist Manches übertrieben, Anderes durch Partei-Geist erfunden: — immerhin aber enthalten die Jahrbücher die Ansicht ihrer Zeit über den vierten Heinrich. Unbändige Wollust, Tücke und grausamer Sinn dieses Herrn, dürfen kaum bestritten werden.

Die schreiendsten Mißgriffe beging der jugendliche Monarch durch Besetzung und Verkauf von Bisthümern und Abteien. Bekanntlich wurden letztere in den Lehensverband hineingezogen, und deren Träger weltlichen Fürsten gleichgeachtet. Mit verschwenderischer Freigebigkeit begabten die Kaiser Bisthümer und Abteien mit Ländereien, Zöllen, Burgen, festen Plätzen und anderen Hilfsmitteln, um zur Zeit der Noth kräftige Stützen an ihnen zu finden. In Folge solcher Schenkungen, gewannen die Kaiser immer größeren Einfluß auf Besetzung der Kirchenämter. Ring und Stab, obwohl Zeichen geistlicher Macht und Würde, mußten beim Ableben des Bischofs oder Abtes an den Fürsten ausgeliefert werden. Durch Uebergabe jener Symbole, belehnte das Reichsoberhaupt den künftigen Abt oder Bischof mit dem zeitlichen, an die geistliche Würde geknüpften Besitz, und nur der in solcher Weise Belehnte durfte die heiligen Weihen empfangen. Hiedurch gerieth die Besetzung der obersten Kirchenämter vollständig in des Königs Hand, und der Scepter drohte, in weiterer Folge, die heilige Macht der Religion in schnödester Weise zu mißbrauchen.

Heinrich III. und dessen berühmte Vorgänger machten von der Investitur, — wie man die Belehnung mit Ring und Stab nannte, — gewöhnlich den besten Gebrauch. Nur Männer, durch frommen Wandel und reiches Wissen ausgezeichnet, erhoben sie zu hervorragenden geistlichen Würden. Heinrich IV. hingegen legte andern Maßstab an. Kriegerische Eigenschaften, Körperstärke und Rauflust dünkten ihm der Bisthümer würdiger. Daher die Erscheinung, daß manche Prälaten sehr gut Schwert und Streitkolben, nicht aber den Hirtenstab zu führen verstanden. Als dazu sinnlose Verschwendung den königlichen Schatz leerte, trieb Heinrich mit Vergabung der Kirchenämter geradezu offenen Handel. Wer am meisten zahlte, erhielt die Würde, ohne alle Rücksicht auf Befähigung. Hiedurch gelangten unsittliche, verkommene Menschen zu kirchlichen Aemtern, Menschen, welche die erkauften Stellen zu Erpressungen benützten, und ohne alles Bewußtsein des hohen, wichtigen Berufes schalteten!

Abgesehen von den schlimmen Folgen dieses Mißbrauches für Sittlichkeit und Ordnung, erhob sich nun auch der Papst gegen solche Ausschreitung kaiserlicher Gewalt. Ein Kampf entbrannte, der weit über Heinrichs IV. langjährige Regierungszeit hinaus, Deutschland, sowie Italien zerklüftete und namenloses Unheil heraufbeschwor.

Mit Vergabung weltlicher Lehen schaltete Heinrich wo möglich noch ungerechter und willkürlicher. Schmeichler und Begünstiger seiner Ausschweifungen durften königlicher Gunst und hoher Ehrenstellen gewärtig sein. Verdienstvolle, für das Reich besorgte Männer, wurden selten beachtet. Wie der Salier Aebte vertrieb, um die gewaltsam erledigte Stelle verkaufen zu können, so scheute er weder Mittel noch Anstrengung zum Sturze mißliebiger Fürsten.

Selbst ganze Völkerschaften suchte Heinrich planmäßig ihrer Freiheit zu berauben. „Sachsen ist ein schönes Land, aber die es bewohnen, sind verworfene Knechte," — sprach er einst, auf einem Berge im schönen Sachsenlande stehend. Auf seinen Wink stiegen Zwingburgen auf Bergeshöhen empor, und das freiheitsstolze Volk der Sachsen schmachtete unter dem Joche des Saliers.

Gleich ungerecht verfuhr er gegen Thüringen. Churfürst Siegfried von Mainz erweckte durch unbillige Zehntenerhebung großen Unwillen in jenem auf altes Recht und Herkommen eifersüchtigen Lande. Man versagte einstimmig den geforderten Tribut. Siegfried erhob Klage beim Könige. Dieser versprach bewaffnete Hilfe, falls ihm der Erzbischof zur Ehescheidung von Bertha, der schönen Tochter des Markgrafen Otto von Susa, behilflich wäre. Siegfried willfahrte dem Ansinnen des Fürsten, worauf Heinrich in Thüringen einbrach, in furchtbarer Verwüstung das Land verheerte, manche Großen in Bande warf, und das Volk zur Entrichtung der Zehnten zwang. Die Gemahlin stieß er von sich, und es sollte zu Mainz auf St. Michaelstag des Jahres 1069, von den versammelten Fürsten und Prälaten, die Ehescheidung feierlich ausgesprochen werden. Mittlerweile lebte die unglückliche Königin, deren Tugenden selbst der lieblose Gemahl zugestand, im Kloster Lorsch, bangen und kummervollen Herzens den Tag zu Mainz erwartend.

In diesen Zeitpunkt fällt der Beginn nachfolgender Geschichte. Aus Thüringen an den Rhein zurückgekehrt,

hatte Heinrich jenes Land augenblicklich zwar überwun=
den, aber dumpfe Gährung zurückgelassen, die bei gün=
stiger Gelegenheit in lichte Flammen der Empörung
aufzuschlagen drohte. Auf dem königlichen Weiler Hain=
felden, unweit der berühmten Abtei Limburg, sah er,
mancherlei Vergnügungen hingegeben, dem Tage zu
Mainz entgegen. Obwohl der König zur Ehetrennung
keinen giltigen Grund vorzubringen wußte, hoffte er
dennoch zuversichtlich, kein Fürst und Bischof werde die
Kühnheit besitzen, seinem ausgesprochenen Willen zu
widersprechen. Vielleicht verfuhr er deßhalb mit uner=
hörter Strenge gegen Thüringens Bundesgenossen, um
die Glieder des berufenen Reichstages zu schrecken, und
ihnen zu zeigen, was Jenen bevorstehe, die königlichem
Willen Trotz boten. Alle hervorragenden Verbündeten
Thüringens traf die Acht. Ihrer Lehen, selbst des Le=
bens verlustig, irrten sie flüchtig umher, stets von nach=
spürenden Häschern des Königs bedroht, und aus Furcht
vor des Saliers Rache von Niemand beherbergt und
gepflegt.

Genannte Abtei Limburg thront auf einem ziem=
lich hohen und steilen Berge, fast in gleicher Entfernung
von Worms und Speyer, den altehrwürdigen Bischofs=
sitzen. Wenige Klöster des weiten Reiches mögen gleich
schöner Lage sich rühmen. Nach drei Himmelsgegenden
das stolze Rheinthal, mit seinen schattigen Wäldern,
gesegneten Fluren und lachenden Weinbergen. Zwischen
Obstbaumgruppen halb versteckt, von wogenden Frucht=
feldern und grünen Wiesenmatten umgeben, liegen allent=
halben Dörfer und Weiler zerstreut. Wo der Rhein
die grünen Fluthen wälzt, und reger Handelsverkehr

Wohlstand und Reichthum förderte, schoben blühende Städte die Vorwerke immer tiefer in das Land. Bis herauf nach Limburg leuchten die hohen Giebel stolzer Patrizier=Wohnungen, und Alles überragend, steigen, hoch und prächtig, die Münster zu Speyer und Worms empor, deren Zinnen mahnend zum Himmel deuten. Jenseits des Stromes dehnen sich die langhingestreck=ten Bergesrücken des Oden= und Schwarzwaldes, den Gesichtskreis begränzend. Ein zarter Schleier, aus Luft und Nebel gewoben, liegt über den Bergen und ver=hüllt die stolzen Vesten des Adels auf den trotzigen Höhen.

Gegen Westen ist die Aussicht durch waldige Kup=pen der wilden Vogesen sehr beschränkt. Schon das tiefe Thal, am Fuße des Klosterberges auslau=fend, bietet durch seine Wildniß einen schreienden Ge=gensatz zur freien Rheinebene. Reißende Bergströme mögen es in grauer Vorzeit ausgefressen haben; denn seine hohen Wände steigen oft senkrecht empor, und geben ihm den Anschein eines ausgetrockneten Strom=bettes. Berg und Thal, so weit das Auge reicht, be=decken dichte Wälder. Die ausrodende Menschen=hand hatte bisher wenig gethan, diese schauerlich wilden Forste zu lichten, deren reißende Bewoh=ner ungestört in Klüften und Dickicht hausten. In den sonderbarsten Verschlingungen ist das Geäste der Bäume mit einander verwachsen, ein zusammenhän=gendes Laubdach, getragen von riesigen Säulen tau=sendjähriger Eichenstämme. Hie und da modert der rindenlose, gebleichte Leichnam eines Baumes, den vor langer Zeit ein Blitzstrahl getroffen, oder der nach tausendjährigem Leben abgestorben. Im Sturze durch die ihn umgebenden Bäume aufgehalten, steht er noch immer da, mit seinem fahlen modernden Geäste, — ein Todter unter den Lebendigen. Manchmal winden sich armesdicke Epheuranken um die bleiche grinsende Leiche, beleben sie mit ewig grünen Blättern, und verleihen ihr das abschreckende Aeußere, eines mit dem Leben vermählten Todten. Gesteigert wird das Großartige des Urwaldes, wenn der Sturm ihn durchbraust, der gezackte Wetterstrahl durch des Forstes finstere Gänge fährt. In solchen Stunden hört man zwischen Aesten und Stämmen ein Stöhnen, Aechzen und Wimmern, wahrscheinlich die bitteren Klagen entthronter Waldesgötter. Aber ganz passend vermischt sich mit den Klagen behörnter Gottheiten das unheimliche Geheul des Wolfes und das drohende Gebrüll des Bären. Nur der halbnackte Germane fehlt noch, in diesen schauerlichen Heiligthümern das Knie vor Wodan beugend, auf dessen Opferaltar der Kriegsgefangene vom Messer des Götzenpriesters den Todesstoß erwartet.

In ruhiger Majestät thront der Forst. Vom Morgen verscheucht, hat sich das Wild in seine Schlupfwinkel verkrochen. Von dem Auslaufe des Thales nicht sehr entfernt, trinkt die Sonne vom grünen Rasen eines heimlichen Plätzchens die letzten Thauperlen. Reife Erdbeeren schmücken einladend den schwellenden Rasenteppich, und breitblätteriger Epheu, aus dem Gebüsch verstohlen hervorkriechend, umsäumt dessen Rand. Den oberen Theil des trauten Platzes begrenzt, jäh aufsteigend, eine Felswand, aus deren Spalten kümmerlich Föhren und Birken hervorwachsen. Mehrere Fuß über dem Boden ziert die Steinwand ein Kreuz, von lebendigem Epheu umrankt, und von frischen Blumen in schön geformten irdenen Gefäßen umstellt. Zwei Spannen über dem Boden schiebt sich eine Felsrippe vor, und nimmt die Bildung eines Schemels an. Die Steinform ist auffallend und springt in die Augen. Vielleicht gab sie den Anstoß, den Ort der Andacht zu weihen. Und was sonst noch zur Andacht stimmt, bietet der Ort: — strenge Abgeschlossenheit, unbelauschte Einsamkeit, und eine Ruhe, in der man das Rauschen der Ewigkeit zu vernehmen meint. Daher mag unbestritten bleiben, daß der Verehrer oder die Verehrerin dieses Einsiedler=Plätzchens aus innerem Drange die Wahl getroffen, und daß ungeheuchelte Frömmigkeit hier vor dem Allerhöchsten zu knien pflegte.

Der plötzliche Angstschrei der Vögel, so wie das Krachen der Zweige verrieth das Nahen des Menschen. Das Laubwerk rauschte immer näher. Es trat aus dem Gebüsche ein Bewaffneter hervor, dessen hohe Gestalt und stark gebaute Gliedmassen von Stahl und Eisen strotzten.

Der Anblick eines zur Schlacht vollständig Gewappneten mußte an diesem einsamen Orte, wo man höchstens mit dem Jagdspeere gegen Eber und Bären kämpfte, ohnedies auffallen, — abgesehen von anderen ungewöhnlichen Merkmalen seines Aeußern. In zahlreichen Fetzen hing ihm der lange Waffenrock um die Schultern, das Gestrüpp hatte bedeutende Stücke abgerissen, und der blanke Harnisch schimmerte allenthalben durch. Seine Rechte trug ein gezücktes, blutiges Schwert; am linken Arme hing ein dreieckiger, nach Unten spitz zu=

laufender und gewölbter Schild. Beine und Füße bedeckten unburchbringliche Geflechte aus Eisenstoff. Der Panzer bestand aus viereckigen blanken Schuppen, im Sonnenlichte leuchtend und funkelnd. Um den untern Panzerrand liefen runde, goldene Beschläge, und ein blauweißes Linnengewand schaute unter dem Harnisch hervor. Arme und Brust umhüllte dasselbe Kettenhemd, welches Beine und Füße bedeckte, so daß den Gewappneten, so weit der Panzer reichte, doppelte Eisenhülle umgab. Ueber der Brünne des Kettenhemdes trug er den lichten Helm, mit einer herabhängenden Verlängerung zum Schutze des Angesichtes.

Der Krieger rannte ungestüm aus dem Gebüsche hervor, wie Jemand, der seinen Verfolgern entgehen will.

Auf dem freien Platze blieb er stehen, und schaute rings um. Sein blaues Auge verrieth Kühnheit und Muth, und die lebensfrischen bartlosen Lippen den blühenden Jüngling. Gegenwärtig aber bildeten Niebergeschlagenheit und tiefe Trauer die hervorragenden Ausdrücke der wahrnehmbaren Gesichtszüge.

Nach kurzem Verweilen und Lauschen nach der Gegend hin, woher er gekommen, stieß er das Schwert in die Scheide, lehnte ermüdet auf den hohen Schild, und betrachtete in stiller Wehmuth Limburgs friedliche, in geringer Entfernung zum Himmel aufsteigende Mauern. Dieses sinnende Schauen steigerte des Jünglings Trauer, und machte zugleich, wie es schien, das Verlangen rege, im Kloster Schutz gegen weitere Verfolgung zu suchen. Offenbar schien es ihm bedenklich, am hellen Tage den Wald zu verlassen, aus Furcht, sich den Blicken nachschleichen=

der Späher zu verrathen. Bald das Kloster, bald die vor ihm aufsteigende Felswand betrachtend, gewann sein Entschluß immer mehr Festigkeit, in irgend einem Versteck das schützende Dunkel zu erwarten, und dann von Limburgs Asylrecht Gebrauch zu machen. Gleich den meisten Klöstern von Bedeutung, besaß nämlich diese Abtei das Vorrecht, flüchtige und geächtete Menschen gegen feindselige Verfolgung zu schirmen, oder ihnen wenigstens auf einige Augenblicke Rast und Sicherheit zu gewähren.

Nach längerem Bedenken schritt er gegen den Fels. Der vorspringende Rand des Gesteines bildete eine niedrige Höhle, geräumig genug, einen Mann aufzunehmen. Buschwerk und herabhängendes Farrenkraut verbargen den Eingang. Er legte den Schild in die Höhlung, richtete ein Holzstück zum Hauptkissen her, und kroch nicht ohne Mühe in die enge Behausung, worin er sich in der Schildwölbung niederlegte.

Erschöpfung schloß bald die Augen des müden Wanderers. Die Hände über der Brust gefaltet, lag er da, jenen steinernen Standbildern ähnlich, welche Künstler über des Adels Grabmälern ausgemeißelt haben.

Die frühere Stille kehrte zurück, wie sie vor dem Erscheinen des Ritters über dem Thale ausgebreitet gewesen. Hie und da fuhr es rauschend durch die Wipfel hoher Eichen, es neigten sich die Zweige niedriger Gebüsche, und oben auf den Bergen führte der Wind eine sehr vernehmliche Sprache. Scheue Birkhühner verließen behutsamen Schrittes das Dickicht, und lagerten auf dem sonnigen Rasenplatze. In stolzer Haltung trat der prächtige Auerhahn hervor, im Gefolge mehrerer Hühner seines Geschlechtes. Er ließ das schimmernde Gefieder in der Sonne glänzen, gesellte sich mit vieler Selbstgefälligkeit zu den Versammelten, und machte durch Knixe den Hühnern geziemend den Hof. Es flogen mancherlei Arten kleiner Vögel herbei, an den rothen Beeren naschend, und den Teppich einer schönen Zierde entkleidend, die vermißt werden konnte, so lange die buntbefiederten Sänger des Waldes selber im Rasenteppich eingewirkt schienen. Auch im dürren Laube auf dem Boden raschelte es, schöngefleckte Mäuschen begannen ihr Spiel. Anspruchsvoller war das Eichhorn. Es pustete, stampfte mit den Füßen, warf Moos herab, schalt auf die Mäuse, welche an alten Eicheln nagten, und erschreckte die Vögel durch gewagte Sprünge. Da störte plötzlich der schmetternde Ton eines Hornes das friedliche Treiben, und augenblicklich war der liebliche Tummelplatz öde und verlassen.

„Da kommt herein, Ekbert!" sprach eine rauhe Stimme.

Zwei Männer betraten den freien Platz.

In der Hand trugen sie kurze, zum Schleudern bestimmte Eberspeere, nebst langschaftigen Lanzen, um reißendes Gethier mit Erfolg angreifen zu können. An der Seite hingen kurze Schwerter und daneben lange Jagdmesser. Der übrige Theil ihrer Waidmannstracht bestand in ledernen Beinkleidern, zum Schutze gegen Dornen und Gestrüpp. Das kurze Oberkleid, in der Mitte des Leibes durch den Schwertriemen zusammengehalten, zierte an Aermeln und Halsöffnung geschmackvolle Verbrämung. Um die Schultern hingen an grün=

seidener Schnur große, mit Silber gefaßte Jagdhörner. Auf dem Haupte saßen leichte Mützen mit schmaler Krämpe, woran Adlerklauen und Federn stacken.

„In diesem Gestrüpp ist nichts zu machen," fuhr der Waidmann verdrießlich fort; „wimmelte es auch von Bären, Ebern und Luchsen, — wir haben das Nachsehen und fast nicht so viel Raum, zum Speerwurfe auszuholen."

„Wo treiben sich nur die Anderen herum?" sprach Ekbert, die Lanze in den Boden steckend. „Ihre Hörner klangen oben auf den Bergen, — sie müssen ein Wild dorthin verfolgt haben. Auch vernahm ich das kurze Todesgeheul eines Hundes, der unter Bärentatzen gerathen sein mag."

„Wäre uns St. Hubertus doch nur einigermaßen gnädig," meinte der Andere, „um des Königs Spott zu entgehen. Hm — er mag uns gehörig aufziehen."

„Es kommt d'rauf an, wie der Herr gerade bei Laune ist," versetzte Ekbert. „Der Tag zu Mainz fängt an, ihn ernst zu stimmen; denn nicht alle Bischöfe sind ihm so gefällig, wie Siegfried von Mainz und Heinrich von Speyer. Den meisten Prälaten wird Gottes Gesetz über des Königs Willen gehen."

„Bah — der König will Bischöfen und Aebten zum Trotz seinen Plan durchsetzen. Nicht übel wär's, müßte des Reiches Oberhaupt unter Krummstäbe sich beugen."

„Wir wollen sehen," entgegnete Ekbert, welcher dem Andern gegenüber zurückhaltend schien. „Uebrigens ist's gut, Herr Boleslav, daß Ihr heute nach der schönen Ethelinde das Netz nicht ausgeworfen, — der alte Eisenfresser möchte Euch übel beschieden haben."

„Wie meint Ihr das?" fragte der Andere mit einer Miene, welche bewies, daß eine empfindliche Seite berührt wurde.

„Nun ich meine, der heutige Tag ist für uns Beide im Kalender schwarz angeschrieben, — er ist einer von denen, wo kein Unternehmen glückt, — selbst das Brautwerben nicht. Heißt's doch: wer das Glück hat, führt die Braut heim."

„Der Erfolg meines Werbens ist sicher," entgegnete Boleslav stolz. „Selbst Graf Raymund darf die Unklugheit nicht begehen, des Königs Freund 'ne Bitte abzuschlagen. Dächte ich doch, der Franke müßte stolz d'rauf sein, den Böhmen Boleslav um seine Tochter werben zu sehen."

„Davon ist keine Rede! Doch ist's klug, auf Alles gefaßt zu sein," versetzte Ekbert. „Raymund von Bardenfels, ein gerader, biederer Mann, sieht wenig auf das Ansehen der Person. Er würde dem Könige selber die Tochter versagen, im Falle des Alten Maßstab von Tugend und Rittersinn auf Heinrich nicht paßte."

„Wohl zehnmal war ich beim Grafen zu Gast," entgegnete Boleslav mit der Miene des einsichtsvollen Beurtheilers, der sich herabläßt, über untergeordnete Personen eine günstige Meinung auszusprechen; — „und glaube ihm das Zeugniß geben zu dürfen, daß er den Werth von Männern zu schätzen weiß. Sollte mir seine Gunst dennoch entgangen sein, so dürfte Altersschwäche die Kurzsichtigkeit des greisen Herrn entschuldigen."

„Angenommen also, er beginge die Unklugheit, Euer Werben abzuweisen, — was dann?" horchte der Andere.

„Dann? — was dann?" sprach der Böhme, und der Gedanke an die Möglichkeit dieses Falles machte sein Auge rachesüchtig funkeln. „Dann — möchte meine Rache grenzenlos sein. Ha, — selbst das weiße Täubchen müßte unter den Krallen meines königlichen Adlers verbluten."

„Wahr, — Ethelindens blendende Schönheit könnte dem Könige alle Ruhe rauben," und Ekberts Stirne wurde finster bei der Andeutung einer ebenso boshaften wie feigen Rache. „Seid übrigens nicht voreilig," fuhr er mit Ueberwindung fort; — „laßt Euren königlichen Adler das weiße Täubchen erst dann erspähen, wann es für Euch unwiderruflich verloren ist. Löwen und Adler rauben nach Gefallen. Sie lassen Anderen von ihrer Beute nur das, was sie, nach vollbrachter Sättigung, verschmähen. — Doch hört, wir wurden angerufen."

In geringer Entfernung hörte man den Klang eines Hüfthornes. Sogleich stieß Ekbert in das seinige, so daß der Schall mächtig durch den Forst brauste, und in fernen Klüften widertönte. Selbst der Gewappnete wurde hiedurch in seinem tiefen Schlafe gestört. Das Haupt erhebend, erkannte er nicht ohne bange Bewegung die Edelleute. Er ließ das Haupt wieder auf den Holzblock zurück sinken, und lag unbeweglich.

Der Geächtete.

Nach wiederholtem Anfragen und Antworten der Hörner, gelangten vier Männer auf den Platz, ebenso gekleidet und bewaffnet, wie die beiden ersten. Einer von ihnen führte an starker Leine einen jener stattlichen und kräftigen Hunde, welche man zum Bärenhetzen gebrauchte. Im Benehmen des Eigenthümers dieses Hundes lag viele Wichtigkeit und zugleich Verdruß, wie derartige Bewegungen, in minderem Grade, heute noch an Jagdfreunden wahrzunehmen sind, welche nahe daran waren, ein seltenes Wild zu erlegen, aber durch einen tückischen Zufall verhindert wurden. Damals prägten sich alle Regungen der Leidenschaft in weit stärkerem Maße aus; denn sie standen im Verhältnisse zur außerordentlichen Leibesstärke und Vollwüchsigkeit der markvollen Söhne jenes Zeitalters. Kein Wunder darum, wenn das Angesicht des grimmen Herrn von Aerger und Galle strotzte, seine großen Augen glühten, und seine Schritte die Heftigkeit eines Herkules angenommen hatten, der eben von der Ausführung einer der zwölf Thaten zurückkehrt.

„Wir scheinen Alle behext heute! Ohne die Hilfe unserer Hörner wären wir in diesem verfluchten Walde nicht mehr zusammengekommen," — sprach Folmar, unmuthig an herabhängenden Fetzen seines zerrissenen Kleides herumfingernd.

„Ha — ha, Ihr seid hübsch zugerichtet! lachte Ekbert. Das Hofgesinde des Königs wird heute durch einige Schalksnarrenröcke vermehrt. Hoffentlich habt Ihr mit den Röcken zugleich den lustigen Schwank jener Schelme erworben. — Und welche Fratze unser Volkbrand schneidet! Entsetzlich, — verirrtest Du Dich etwa an den Teufelsstein?"*)

„Spotte immerhin! Ich sage Dir, dies Gehege birgt sonderbares Wild."

„Oho, — was stieß Dir auf? Der zweiköpfige Bär oder der dreifüßige Hase?" lachte Ekbert.

„Nein," — entgegnete Volkbrand bedeutsam; „kein Bär und kein Hase, — wohl aber ein Löwe, dessen Spur wir seit Wochen verfolgen."

Die Jäger horchten erstaunt auf. Volkbrands Behauptung dünkte ihnen wunderlich, und sie lasen forschend in seinen Zügen. Aber es lag zu viel Ernst im Wesen des rauhen Herrn, um die Aussage für Scherz zu nehmen.

Die muntere Laune der Gesellschaft wich bedenklicher Wichtigkeit.

„Den habt Ihr gesehen?" rief Boleslav. „Ist's keine Vorspiegelung Eurer Furcht gewesen?"

„Furcht?" that Volkbrand verächtlich. „Die Thüringer Fehde hat bewiesen, daß ich selbst die Klauen des Löwen Gieselbert nicht scheue. Mein gespaltener Helm, mein durchlöcherter Schild und meine Narben sind heute noch sprechende Zeugen unserer damaligen Zusammenkunft."

„Leicht möglich, daß er, im Schutze dieses wilden Forstes, gegen das Elsaß hinaufschleicht, sagte Ekbert.

---

*) Die Sage vom „Teufelsstein" s. maler. Rhnpflz. S. 185. f. f.

Vor wenigen Tagen trieb er sich bei Worms herum. — Aber sprich, wo traffst du ihn?"

„An einen Stamm gelehnt, halb im Schlafe, halb im Wachen, — so wie das gehetzte Wild," antwortete Volkbrand. „Erst wollte ich meinen Augen nicht trauen, das Ganze für Täuschung haltend, bis mein Speer an seiner Rüstung abprallte und mein guter Hund, von des Geächteten Schwert erschlagen, in seinem Blute röchelte. — O verflucht! Mußte er gerade mir in den Wurf kommen? Die ganze Welt beneidete mich um meinen Dagon; — das war ein Hund! Geradeso gefleckt wie dieser; nur war der Streifen hier weiß, — die rechte Tatze braun, eine Brust so breit und stark, — dazu Stimme und Gebiß, daß ein Löwe ihn beneiden mochte."

„Der Adel Deines Hundes ist über allen Zweifel erhaben," bemerkte Ekbert mit Laune. „Aber Gieselbert, — was that dieser weiter?"

„Weiter? Alle Teufel, der Anfang war mir schon genug! Fragt Folmar und Immel; — keine Abtei nähme ich für Dagon."

„Wir kamen gerade noch recht, Volkbrands Klagelieder anzuhören," entgegnete Immel. „Wir verfolgten zwar die Spur des Geächteten, konnten ihn aber nicht entdecken."

„Heute," rief Beleslav bedeutsam, „schlüpfte Euch das Glück durch die Finger." „Alle Gunst des Königs hängt am Haupte Gieselberts."

„Ihr habt Recht!" bestätigte Ruthard. „Seit dem Thüringer Heereszug vergeht keine Mahlzeit, ohne Heinrichs Bedauern, den grimmen Elsäßer nicht im tiefsten Kerker oder gar am Galgen zu wissen."

„Er schwört sogar beim Schwerte Gieselberts!"

„Alle Wetter," — bedauerte Boleslav, „wären wir mit dieser Beute beladen heimgekehrt, die Kleinodien seiner Krone hätte uns der König ausgebrochen, falls er sonst nichts mehr zu verschenken gehabt hätte."

„Seht da, — was ist Eurem Hunde?" und Folmar machte auf das Thier aufmerksam, welches anfänglich gegen die Felswand hinroch, zornig knurrte und jetzt an der Leine zu zerren begann.

„Laßt ihn los; — habt Acht, da ist ein Wild verborgen."

Die Waidmänner griffen zu ihren Speeren. Der Hund stürzte mit rasendem Gebell gegen den Felsen, packte den versteckten Feind am Halse, und stieß sogleich ein klägliches Geheul aus. Gieselberts Waffe hatte ihn durchbohrt. Im nächsten Augenblicke stand, — den Rücken an das Gestein gelehnt, den Schild erhoben und das zweischneidige Schwert in der Faust, der Geächtete vor den überraschten Edelleuten.

Volkbrand setzte der Tod des zweiten Hundes in ungemeine Wuth. Mit erhobenem Speere stürzte er auf den Gewappneten los. Ekbert hielt ihn zurück.

„Bist Du von Sinnen?" rief er. „Willst Du das Geschick Deiner Hunde theilen? Tollheit, — ohne Wehr solchen Degen anzufallen!"

„Ah — willkommen Herr Markgraf!" höhnte Boleslav. „Euer Verstand gleicht fürwahr Eurer Treue, — Höhlen und Klüfte zu bewohnen, indeß ein König ob Eurer Person gar sehr erfreut wäre. — Wollt Ihr in Gnaden Euch ergeben, oder sollen wir vorerst unsere Lanzenspitzen an Eurer Rüstung erproben?"

„Den Schimpf zurück in Deinen Hals, schnöder Böhme!" versetzte stolz der Geächtete. „Von allen Schurken, welche des Königs Sinn vergiften, bist gerade Du der abgefeimteste."

„Da haben wir's!" lachte Jener. „Die Einsamkeit der Wälder hat ihn gar zum Sittenprediger gemacht."

„Laßt die Hunde los, — in Stücke sollen ihn die Bestien reißen!" schrie Volkbrand, da eben mehrere Knechte mit Hundskuppeln erschienen.

„Langsam!" wehrte Folmar, der keine Lust zeigte, in gleichen Schaden mit Volkbrand zu kommen. „Verfiel er auch der Acht, wär's doch schimpflich, ihn mit Hunden zu hetzen."

„Nehmt Verstand an und ergebt Euch!" rieth Immel dem Geächteten. Dieser zeigte jedoch zur Annahme des Rathes keine Lust. Noch fester griff er das Schwert, hob den Schild und kühne Entschlossenheit leuchtete aus seinen Blicken.

„Glaubt Ihr etwa, mit Erfolg die Stirne uns bieten zu können?" rief Folmar. „Vergebliche Mühe! Ihr seid in die Falle gerathen, und das soll Euch klar werden. — He da — Burschen", befahl er den mit Eberspeeren bewaffneten Knechten; — „stellt Euch am Felsen auf, — nehmt Euch aber wohl in Acht vor des Ebers Hauern! Sobald er vorwärts schreitet, stoßt ihn rücklings nieder."

Diese Maßregel, durch Gieselberts offenbare Absicht hervorgerufen, gegen den Feind vorzudringen und sich durchzuschlagen, bannte ihn jetzt an seinen Standpunkt fest. Im Rücken von mehreren Lanzenspitzen bedroht, vermochte er keinen Schritt vorwärts zu thun.

„So hätten wir ihn angekettet. — Wohlan, meine Herren!" rief Immel, den Speer zum Wurfe erhebend. „St. Hubertus sei unser Losungswort."

„Halt, — bieten wir nochmals Gnade!" sagte Boleslav, dessen boshaftes Gemüth Gieselberts gefahrvolle Lage zu verlängern strebte.

„Nichts da — keine Gnade!" zürnte Volkbrand. „Meine Hunde schlug er todt, und er soll gleichermaßen todtgeschlagen werden."

„Dem Könige möchte es erfreulicher sein, den gefesselten als den todten Löwen zu sehen," bemerkte der Böhme. „Also — Herr Markgraf, dürfen wir Euch zum Hoflager geleiten?"

„Der Spott ziemt ganz Eurer Ritterehre," antwortete dieser. „Tretet vor nach Sitte und Brauch zum Kampfe, — schämt Euch aber, mit solcher Uebermacht den Einzelnen anzufallen."

„Die Acht verwirkt jeden Anspruch auf Kampfessitte," entgegnete Ruthard. „Nein, so thöricht sind wir nicht, unsern Vortheil aufzugeben. Wohlan," — rief er, kampflustig den Speer schwingend, „seht Euch vor!"

Bei diesen Worten holte er weit aus, den Speer mit solcher Kraft abschleudernd, daß er den Schild durchbohrte und darin stecken blieb. Die Waffen der übrigen sausten mit gleicher Gewalt gegen den Gewappneten, der Schild dröhnte und aus dem Helme fuhren lichte Funken. Aber Gieselberts Gewandtheit in Handhabung des Schildes und die Festigkeit seiner Rüstung bewirkten eine gänzliche Erfolglosigkeit des Speerwerfens.

Volkbrands Zorn steigerte die verfehlte Wirkung des ersten Angriffes. Da er keinen zweiten Speer zu entsenden hatte, lief der edle Herr nach dem nahen Felsstück. Mit übermenschlicher Stärke hob er den Stein über seinem Haupte, die Muskelkraft der Arme schlug durch das Gewand, sein Gesicht glühte und weit hervor traten die grimmen Augen. Ein hohles Sausen folgte, und in tausend Stücken flogen die Trümmer des geschleuderten Blockes von der Felswand zurück. Durch einen Seitensprung war Gieselbert diesem furchtbaren und wohlgezielten Wurfe entgangen.

„So richten wir an ihm nichts aus," rief Immel. „Greift zu den Lanzen. Gefeit müßte er sein, gelänge es nicht, durch Kettenhemd und Panzer zu bringen."

Die langen und starken Lanzenschafte mit beiden Händen erfassend, schritten die Edelleute zum entscheidenden Kampfe. Nicht ohne Ernst und Vorsicht gingen sie zu Werke; denn die Tapferkeit und verzweiflungsvolle Lage des Gewappneten, sowie ihre unbewehrten, den Streichen des Gegners ausgesetzten Glieder, machten den Streit gefährlich. Den Schild zum drohenden Auge erhoben, den Fuß vorwärts gestemmt, und das Schwert in der Rechten, erwartete der Geächtete furchtlos den anrückenden Feind. Aber gerade im Augenblicke des Angriffs wurden die Edeln durch eine Erscheinung überrascht, welche über der Felswand auftauchte und alle an ihren Standpunkt festbannte.

Eine breite Platte lief vom Scheitel des Felsens weit heraus. Nur ein Schritt vom äußersten Ende derselben entfernt, stand eine weibliche Gestalt. Ihr Schleier, dessen unteres Ende um den linken Arm geschlungen war, spannte, vom Luftzuge geschwellt, einen zierlichen Bogen über ihr Haupt. Ueber Nacken und Schultern floß reiches Haar hinab, um die Stirne von einem Goldreif zusammengehalten. Dieser verhinderte jedoch nicht, daß einzelne Löckchen, in tausend glänzenden Fäden zerfließ=send, ein Spiel des Windes wurden. Ihr Angesicht war ungemein schön. Die lebensvollen Lippen umschwebte ein Zug tiefer Entrüstung, wahrscheinlich durch den Anblick des ungleichen Kampfes hervorgerufen. Die Edelleute blickten verwundert, Herr Volkbrand sogar mit einer Mischung von Scheu und Befangenheit empor. Die Jungfrau, auf dem hohen Felsenriffe stehend, rings umher die gähnende Tiefe, der goldne Reif über der stolzen Stirne, der fast kühne Blick ihres zürnenden Auges und das Gebietende ihrer schlanken Gestalt, — mochte die einbildungsreichen Söhne des eilften Jahr=hunderts an jene hehren Göttinen erinnern, wie solche die kräftige und lautere Vorstellung der Germanen ge=schaffen hatte.

„Was war dies?" brach Folmar das Schweigen, als die Erscheinung nach wenigen Augenblicken ver=schwand. „Unsere liebe Frau ist kaum schöner, wie Meister Dagobert im Münster zu Worms sie malte."

„Hab' mein Lebtag nichts Aehnliches gesehen, — gewiß 'ne Fee, welche aus alter Zeit in dieser Wildniß übrig blieb und nun dem Geächteten zu Hilfe eilt," meinte Volkbrand. „Wären nur meine Hunde erst ge=rächt; — denn mit Hexen und Kobolden ist nichts an=zufangen."

Sogleich sollte das Staunen Volkbrands noch ver=mehrt werden, dessen zwar rauhe, aber für Eindrücke leicht empfängliche Natur, ganz dem Geiste jenes Zeitalters angemessen, sogar abergläubischer Vorstellungen fähig war. Von mehreren Dienerinen umgeben betrat nämlich die reizende Erscheinung den Rasenplatz. Die Schnelligkeit, mit der sie von dem Orte ihres vorigen Standpunktes hieher gelangte, dazu ihre blendende Schönheit und der strafende Blick ihres leuchtenden Auges, bestärkten Volkbrands Meinung, in der Unbekannten ein überirdisches Wesen zu erblicken. Ohne Säumen ahmte er die tiefe, ehrfurchtsvolle Verbeugung nach, mit welcher die Edeln nach Rittersitte das Fräulein begrüßten. Boleslav war sogar auf das Knie hingesunken. Das Haupt tief herabbeugend, brachte er ihr jene überschwengliche Huldigung dar, wie solche des Ritterthums strengste Forderung erheischte.

„Steht auf, Herr Boleslav, — wir danken euch!" sprach sie mit einer Unbefangenheit, als verstünde sich des Böhmen Kniefall von selbst. „Aber — meine Herrn, weßhalb mußte gerade dieser Ort zum Speerwurfe dienen? Ich verehre den stillen Platz, ließ ihn sogar mit dem Zeichen unserer Erlösung schmücken. Und nun diese Verwüstung! Die Blumen herausgeworfen, die Gefäße zerbrochen, — das Kreuz zertrümmert!"

„Verzeiht, Gräfin Ethelinde!" erwiederte Boleslav verlegen. „Nur Uebereilung und Unwissenheit konnte Euren Lieblingsplatz beschädigen. Zur Buße unserer Schuld wollen wir die Waffen strecken. Selbst jener gefährliche, der Acht verfallene Reichsfeind," — und er deutete auf Gieselbert, „darf uns nicht bewegen, durch erneute Angriffe die Heiligkeit dieses Ortes zu entweihen."

Offenbar sollten des Böhmen letzte Worte den ungleichen, durch ächten Rittersinn verurtheilten Kampf entschuldigen. Das Fräulein wandte sich gegen den Geächteten, und ihr glänzendes Auge ruhte mit vieler Theilnahme auf dem schönen Degen.

Das zerrissene Kleid, die Blutflecken der Rüstung, offenbar Zeichen empfangener Wunden, dazu das schnöde Verfahren der Uebermacht gegen ihn, erweckte Ethelindens Mitleiden, zugleich aber auch Unwillen gegen die schonungslosen Höflinge.

„Und wer ist dieser Ritter," — forschte sie, „welcher sogar des Königs nächste Umgebung zu gesetzwidrigem Kampfe verleiten konnte?"

„Gieselbert, — ehedem Markgraf im Elsaß! Treubruch zog ihm die Acht zu, — und bekanntlich vernichtet diese alle Ansprüche auf Rücksichten ritterlicher Kampfweise," entschuldigte Boleslav.

„Dazu erschlug er meine Hunde, welche sogar St. Hubertus alle Ehre gemacht hätten, murrte Volkbrand. D'rum schwöre ich bei der Treue der Erschlagenen, daß sie nicht ungerächt bleiben sollen."

„Heißt es aber nicht im Wormser Turnierbuche," versetzte die schöne Gräfin, wobei Unmuth ihre Wangen dunkler färbte, „daß bei Zweikämpfen beide Theile gleiche Waffen führen müssen? — daß sie gleiche Vortheile des Bodens, des Windes, sowie der Sonne theilen müssen? — daß 'der Kampf Mehrerer gegen Einen räuberischem Ueberfalle gleich kommt? Ist dazu die Beobachtung jener Satzungen nicht bei Verlust von Ehre und ritterlichem Range angedroht?"

Alle diese Fragen vernahm Volkbrand offnen Mundes, die übrigen Edelleute mit tiefer Beschämung. Dagegen überraschte sie weder Ethelindens genaue Kenntniß mit ritterlicher Kampfesweise, noch ihre warme Theilnahme für den unterbrochenen Streit. Denn das schöne Geschlecht jener Zeit nahm den möglichsten Antheil am Kampfe der Männer. Zog es auch nicht mehr in die Schlacht, wie bei den alten Germanen, so wohnte es doch den Turnieren bei, durch Gegenwart und Zuspruch die streitenden Parteien ermunternd.

„Es ist schon bemerkt worden," entschuldigte Ekbert, „daß die Acht alle ritterlichen Pflichten aufhebt. Jedem ist volle Freiheit gestattet, in welcher Weise er den Geächteten bewältigt."

„Immerhin," sprach sie. „Doch möchte kein ächter Ritter von solchen Waffen Gebrauch machen. Gleiche Wehr und Waffe beim Zweikampfe, ist strenge Pflicht des Ritterthums. Zudem," — fügte sie betonend bei, „ist es ja Sache gemeiner Häscher und Troßbuben, durch Einfangen der Geächteten sich das Kopfgeld zu verdienen."

Das Schneidende der letzten Bemerkung verfehlte die beabsichtigte Wirkung nicht. Aerger und Beschämung glühte in den Gesichtszügen der Edelleute. Zugleich wurde ihnen Ethelindens fester Entschluß offenbar, den Geächteten ihren Händen zu entreißen. Dieses Vorhaben enthielt insofern nichts Auffallendes, als nicht blos das Ritterthum den Frauendienst zur strengen Pflicht machte, sondern auch in Fällen, wie der gegenwärtige, das schöne Geschlecht, mit Benützung aller Freiheiten und Vorrechte seines Standes, gehalten war, sich bedrängter Ritter edelmüthig anzunehmen. Mit strenger Gewissenhaftigkeit schien nun des Grafen Raymund reizende Tochter jener Verpflichtung nachzukommen. Das traurige Loos des Geächteten, sobald derselbe in Heinrichs grausame Hand fiel, mochte ihren Vorsatz noch mehr bestärken. Vielleicht wurde auch der Eifer ihres Edelmuths durch das anziehende Aeußere ihres Schützlings erhöht, dessen Blick voll Bewunderung und Ergebenheit fortwährend auf der schönen Beschützerin ruhte.

Dem Böhmen lag Alles daran, in dieser widrigen und verfänglichen Sache den möglichst kleinsten Theil von Edelsinn in des Fräuleins Urtheil einzubüßen. Er beeilte sich, ihre Absichten zu unterstützen, und dem Vorfalle die schärfste Spitze zu brechen.

„Unsere Vasallentreue veranlaßte hier allerdings einen zweifelhaft ehrenvollen Kampf," sagte er. „Indessen macht Eure Gegenwart und Einsprache die Fortsetzung eines Streites unmöglich, der nur zufällig veranlaßt wurde. Gieselbert erstach nämlich Volkbrands Hunde, dessen gerechtfertigter Zorn auch uns zum Unwillen hinriß. — Dank Eurer glücklichen Dazwischenkunft, gnädiges Fräulein, die uns verhindert, eine im Sturme der Leidenschaft begonnene, unüberlegte That zu begehen. — Ihr, Herr Gieselbert, mögt Eure Wege gehen, wohin ihr wollt, — wenn anders mein guter Rath, vor dem Könige Euch zu stellen, Eure Zustimmung nicht findet."

„Nein, — das dulde ich nicht!" rief der grimme Volkbrand. „Meine Hunde erschlagen und straflos davonkommen, — Donnerwetter, da würde Treue und Anhänglichkeit schlecht vergolten."

„So hört doch — hört!" begütigte Boleslav, den rauhen Herrn bei Seite ziehend. „Er soll uns nicht entwischen, — für den Augenblick ist aber nichts zu machen. Nehmt Vernunft an, — bei meiner Ehre, der elende Wicht soll Eurer Rache nicht entgehen!"

Mit vieler Mühe beschwichtigte der schlaue Böhme den polternden Edelmann, und brachte ihn erst vollständig zur Ruhe, als er durch Wort und Eid die Versicherung bekräftigte, den nichtswürdigen Mörder seiner Hunde, welche ihres Gleichen auf der ganzen Erde nicht mehr fänden, noch heute Nacht aufheben zu dürfen. —

„Auch ich stimme Boleslavs Rath bei, Herr Gieselbert," sprach Ruthard. „Stellt euch dem Könige und fleht um Gnade. Wohin wollt Ihr Euch wenden? Eure Lehen sind eingezogen und bereits in Händen des Markgrafen Ebbo. — Eure Burgen sind gebrochen, und selbst Eure getreuesten Freunde werden, aus Furcht vor Heinrichs Zorn, in keiner Weise Euch Beistand leisten, oder auch nur Obdach gewähren."

„Ihr habt mein trauriges Loos nicht übertrieben," entgegnete Gieselbert. „Dennoch kann ich meine Person dem Jähzorne Heinrichs nicht preisgeben. — Abschreckende Beispiele an Jenen, welche des Königs Worten trauten, sollen mir zur Warnung dienen. Lieber sterben mit den Waffen in der Hand, als am Galgen, oder in schauerlichen Verließen hinschmachten."

„Ihr habt ganz Euren freien Willen, bemerkte Boleslav. Mein weiterer Rath, bei den frommen Vätern zu Limburg Herberge zu nehmen, möchte indessen Eure

Zustimmung verdienen; denn Euer jämmerlicher Zustand, — das sprechende Bild des Hungerleidens und aller Folgen der Acht, lassen selbst mich eine gute Pflege für Euch wünschen. — Ihr aber, schöne Ethelinde dürft uns die Bitte nicht versagen, nach Bardenfels Euch das Geleite zu geben."

„Ein ritterlicher Vorschlag!" lobte Volkbrand. „Will auch mit Eurer Erlaubniß, adeliges Fräulein, meinen erschlagenen Hund mitnehmen und ihm das Fell abstreifen lassen, was füglich die Knechte thun können, indeß wir Eures Vaters vortrefflichen Rheinwein versuchen. Meiner Treu, — das Laufen, Hetzen und Jagen hat mir ziemlich Durst verursacht, den ich noch weniger ausstehen kann, als den Hunger."

„Ihr sollt zu Bardenfels willkommen sein," sprach die erröthende Gräfin, deren unerschrockenes Auftreten weiblicher Schüchternheit wich, sobald sie ihren edlen Zweck erreicht hatte.

„Ihr da," — befahl Boleslav den Knechten, „geht hinab nach Dürckheim, und bringt unsere Pferde aus der Herberge zur Burg hinauf."

Als die Gesellschaft aufbrach und die Gräfin noch einen mitleidsvollen Blick auf den unglücklichen Markgrafen heftete, trat dieser schnell heran.

„Der Himmel lohne Euren Dienst, hochherzige Gräfin," sprach er bewegt. „Mit erneutem Eifer werde ich Leben und Freiheit zu erhalten suchen, da ich beide Eurem Edelmuthe verdanke."

„Laßt Euer Urtheil über die fränkische Ritterschaft durch den heutigen Vorfall nicht herabgestimmt werden, Herr Gieselbert," sprach sie. „Glaubt mir, daß manche

Edeln unsers Landes ebenso fähig sind, den großmüthigen Beistand zu würdigen, den Ihr Thüringen geleistet habt, als tiefes Bedauern mit Eurem unverdienten Unglück zu empfinden. Wäre es möglich," fügte sie ohne Veränderung des Tones, aber mit einiger Bewegung hinzu, die im Brande ihrer Wangen sich offenbarte, „daß der Schrecken vor des Königs Zorn Euch jede Herberge verschließt, sollt Ihr zu Bardenfels nicht vergeblich Schutz suchen. Indessen geleite Euch Gott!"

Indem sie bei den letzten Worten ihre schöne Hand, wie zum Abschiede, gegen den Jüngling ausstreckte, ergriff sie dieser, ließ sich auf ein Knie nieder und küßte sie mit fast andächtiger Ehrerbietung.

Obwohl diese Handlung kaum den Zeitraum einer Sekunde ausfüllte, und eine ganz allgemeine, durch Anstand und Sitte jenes Zeitalters vorgeschriebene Huldigung enthielt, wollte es Boleslav dennoch bedünken, als fände in diesem Augenblicke, zwischen dem jugendlichen Markgrafen und der schönen Ethelinde, ein Seelenvorgang statt, der sich nur fühlen, aber kaum beschreiben läßt.

Der eifersüchtige Böhme folgte schweigend und düsteren Blicks der Gräfin. Diese schlug einen bequemen, hart am Gestein hinlaufenden Pfad ein, der zu einer nur wenige Schritte entfernten, tiefen und engen Schlucht geleitete. Unbehauene Steine bildeten eine hohe Treppe, die zum Ausgang der Felsenkluft emporführte. Als die Gesellschaft oben anlangte, lag der stolze Bardenfels nur wenige hundert Schritte entfernt. Niederes Gebüsch und Gesträuch verschiedenartiger Waldbeeren bedeckte den Bergrücken. Kleine Körbchen mit Erdbeeren, welche die

Frauen oben niedergestellt hatten, zeigten, daß sie mit dem Pflücken derselben beschäftigt gewesen, als sie der Waffenlärm vom Kampfe in Kenntniß setzte.

Der zurückgebliebene Gieselbert stand noch immer in Gedanken verloren an dem stillen Platze, sinnend nach dem Punkte hin schauend, wo das wallende Kleid der Jungfrau verschwunden war. Alle Umstände des bestandenen Kampfes und der eigenthümlichen Rettung, glitten an seinem Geiste lebhaft vorüber. Der romantische, abenteuerliche Geist des damaligen Ritterthums gewann solche Macht über den Jüngling, daß sogar sein trauriges Loos vorübergehend durch süße Bilder aus dem Felde geschlagen wurde. Da er fortwährend nach der Stelle hinsah, wo Ethelinde gestanden und die Grashalme allmählich sich erhoben, welche ihr Fuß niedergetreten, so könnte man wohl mit Wahrscheinlichkeit die ihn beseelenden Gedanken und Empfindungen errathen. Welcher Art aber auch die luftigen Gebilde sein mochten, die sich an seine Gefühle knüpften, und wozu im jugendlichen Gemüthe so viele Anlage herrscht, sie mußten, bei ruhiger Betrachtung seiner unglücklichen Lage, sogleich zerrinnen. Ein langer schmerzlicher Seufzer bewies alsbald, daß der Ritter endlich zur Vernunft gekommen sei. Als er jedoch bereits am Rande des Gebüsches stand, überfiel ihn neuerdings die Schwachheit, nochmals einen scheidenden Blick über den vereinsamten Platz zu werfen. Jetzt erst lenkte er seine Schritte nach der Abtei Limburg.

Limburg.

Nicht ohne Vorsicht und häufiges Umsehen, verließ Gieselbert den Urwald. Er folgte dem bequemen Weg, welcher zur Abtei emporführte. Sein scheues Wesen verrieth, wenn auch nicht Furcht, dennoch das Gefühl der Unsicherheit, seitdem ihn das Dickicht des Forstes den Blicken der Häscher nicht mehr entzog. Schnellen Schrittes den Berg hinansteigend, beachtete er nicht die mühevoll angelegten Weinberge zu beiden Seiten des Weges, die insofern seine Aufmerksamkeit verdienten, als sie angenehme Gegensätze zu der eben verlassenen Wildniß bildeten. Vor nicht langer Zeit herrschte diese Wildniß bis unmittelbar vor die Mauern Limburgs. Kaum trat jedoch an die Stelle der Veste das Benediktinerkloster, als die Mönche den Urwald auszuroden begannen, und den unwirthlichen Boden zur Cultur bearbeiteten. — Es bleibt dahingestellt, ob der Ruhm der Klöster, die Sümpfe des wilden Germaniens ausgetrocknet, seine Urwälder gelichtet, seine reißenden Gewässer in abgegrenzte Bette gewiesen und mit Brücken versehen zu haben, nicht ebenso groß ist, als ihr Ruhm, Wissenschaft, Kunst und Gewerbe nach Deutschland verpflanzt und daselbst gepflegt zu haben.

Als der geächtete Markgraf dem Kloster nahe kam, setzten ihn die gewaltigen Festungswerke in Staunen, welche das Klostergebäude umzogen. Bekanntlich verdankt die berühmte Abtei Limburg ihr Entstehen dem frommen Sinne Kaiser Conrads II., Heinrichs IV. Groß=

vater, welcher diesen alten Sitz rheinfränkischer Herzoge in ein Kloster verwandelt hatte. Manche Spuren der ehemaligen Bergveste waren noch vorhanden, und zwar mit Absicht. Die Wichtigkeit des Platzes gebot nämlich die eigentlichen Festungswerke zu erhalten; denn Limburg bildete den Schlüssel zum Elsaß. Aus unbehauenen Steinblöcken erbaut, starrten die hohen, ergrauten Ringmauern von der Höhe nieder, deren Breite ein solches Maß erreichte, daß ein Wagen bequem darüber hinfahren konnte. Hervorspringende Thürmchen hingen am Gemäuer, mit schmalen Oeffnungen für Schützen zum Bestreichen der Seiten. Dazu erhoben sich an verschiedenen Punkten gewaltige runde Thürme, deren Dasein kaum nöthig schien, den Ort unbezwinglich zu machen.

An der äußersten östlichen Spitze des Berggipfels stieg die Klosterkirche empor. Ihre Pracht würde einer Cathedrale alle Ehre gemacht haben, und ihre riesenhaften Massen beherrschten das ihr zu Füßen liegende Rheinthal. Der äußere Bau war einfach und ernst, weit entfernt von der Zierlichkeit und kunstvollen Ausstattung gothischer Dome des späteren Mittelalters. Dagegen überraschte beim Eintritte eine Majestät und Kraftfülle der Anlage, die in Verwunderung setzte. Drei stolze Portale führten zu ebenso vielen Schiffen. Ueber dem Eingange des mittleren Portales gewahrte man, in rothen Sandstein zierlich ausgemeißelt, die kunstvoll verschlungenen Gewinde der Weinrebe, mit vollen Fruchtähren und den Gestalten des Lammes verbunden, — tiefsinnige Anspielungen auf die heiligsten Geheimnisse der katholischen Religion. Das Mittelschiff der Basilika trugen Säulenreihen, deren riesenhafte Formen

jene, im Volksmunde fortlebende Sage veranlaßten,
Mächte der Geisterwelt hätten dem Baumeister zur Errichtung dieser übermenschlichen Werke zu Gebote gestanden. An den hohen Wänden prangten Gemälde,
weniger durch künstlerischen Werth, als durch das
Riesige ihrer Größen überraschend. Sie alle enthielten Darstellungen aus der heiligen Geschichte, und
schufen so gleichsam eine lebendige, auch dem gemeinen
Manne zugängliche Bibel. An den Hochaltar, welcher
in heiliger Würde zur Wölbung aufstieg, so wie in
reicher Ausstattung edler Metalle schimmerte, reihte sich
das Stiftschor mit seinen schön gemalten Fensterscheiben und den geschnitzten Betstühlen der Mönche.

Der Kirche zunächst lagen die Klostergebäude, zweistöckige Häuser, mit niederen schmalen Fenstern. Diese
Wohnungen standen durch gedeckte Gänge mit der Kirche
in Verbindung, und man sah zu verschiedenen Stunden
bei Tag und Nacht die ernsten, schweigsamen Gestalten
der Mönche durch jene Hallen dem Conventschore
zueilen.

Tiefe Stille herrschte in diesen Räumen. Das
Klosterthor blieb, nach dem Schlusse der letzten Messe,
jedem Besuche verschlossen, sobald nicht Ursachen von
Wichtigkeit Ausnahmen veranlaßten.

Außerhalb der Ringmauern lagen verschiedene Gebäude, theils zur Oekonomie, theils zur Beherbergung
von Fremden gehörend. Gastfreundschaft zählte nämlich
zur strengen Pflicht der Klöster und wurde mitunter
in solcher Ausdehnung beansprucht und geübt, daß
manche Ordenshäuser hiedurch verarmten. Auch diese
Gebäulichkeiten wurden nach einer Seite von hoher

Mauer umschlossen, allein die Flügel des schwerfälligen Thorbogens blieben den ganzen Tag geöffnet.

Unter den Außenwerken ragte die Klosterschule hervor, ein weitläufiges Gebäude und groß genug, die verschiedenen Lehrsäle und Wohnungen der Schüler zu enthalten. Vor ihm dehnte sich ein weiter Platz, mit schattigen Bäumen und Gebüschen, geradlinige Spaziergänge, oder verschlungene Pfade bildend. Einrichtungen zu Leibesübungen fehlten nicht, und der zertretene Rasenplatz zeigte, daß die Schüler während der Freizeit denselben fleißig oblagen. Steht auch die Klosterschule zu Limburg nicht in der Reihe berühmter Lehranstalten jener Zeit, so müßen ihre Leistungen doch alle Anerkennung verdient haben, was schon der Umstand beweist, daß der höchste Adel seine Söhne zur Ausbildung dorthin schickte. Für Zöglinge des geistlichen Standes wurden die theologischen Wissenschaften mit jenem Scharfsinne vorgetragen, durch den das Mittelalter sich auszeichnet; für Jene, die keinen Beruf zum Kirchendienste fühlten, wurden die freien Künste gelehrt, wozu man nebst Rhetorik, Grammatik und Dialektik, auch Astronomie rechnete.

Ein aus sauber behauenen Quadersteinen erbautes Haus, von einer Mauer umfaßt und gleichsam von allen übrigen Gebäuden abgeschlossen, lag von den Außengebäuden dem Klosterthore am nächsten. Sein sinnig gepflegter Garten stieß an eine Pforte in der Klostermauer. Dieses Haus pflegten Glieder der kaiserlichen Familie zu bewohnen, wenn sie zum Besuche nach Limburg kamen. Die jetzt offen stehenden Fenster, sowie die emsige Geschäftigkeit der Laienbrüder in Zurichtung der innern Räumlichkeiten, schien hohen Besuch in nahe Aussicht zu stellen.

Als Gieselbert dem Kloster nahte, saß unter dem Bogen des weit geöffneten Thores ein Laienbruder, eben mit dem Schnitzen eines Heiligenbildes beschäftigt. Die gedrungene starkgebaute Gestalt des Benediktiners, der würdevolle Ernst seiner alternden Gesichtszüge, das lebhafte Feuer seiner Augen, sowie mehrere Narben, welche sein Angesicht durchkreuzten, ließen vermuthen, er sei weder im Kloster aufgewachsen, noch von Geburt zum Thorhüter berufen. Da er den Ritter herankommen sah, legte er das Werk seiner Hände schnell bei Seite und trat dem Ankommenden mit leutseliger Miene entgegen. Das eigentliche Geschäft dieses Laienbruders bestand nämlich in der Bewillkommnung von Fremden. Die Klosterregeln schrieben ausdrücklich vor, daß ein erfahrner und freundlicher Mann dasselbe versehen sollte.

In der That machte der gutmüthige Bruder seinem Amte alle Ehre. Obwohl das Aeußere Gieselberts aus mehrfachen Gründen Anlaß zum Verwundern bot, trat ihm der Thorsteher doch mit solcher Unbefangenheit und Leutseligkeit entgegen, als begrüße er eben einen längst ersehnten und erwarteten Freund. Weder Blick noch Miene verriethen Staunen über den zerrissenen Waffenrock, das blutige Kettenhemd und die abgehärmten Züge des Jünglings, in denen nagendes Unglück in scharf hervortretender Schrift geschrieben stand. Einem genauen Beobachter würde jedoch nicht entgangen sein, daß im Benehmen des Benediktiners sich eine gewisse mitleidige Weichheit kundgab, die, einem Fremden gegenüber, nur besondere Gründe veranlassen konnten.

Den Geächteten erfüllte des Bruders liebevolles Entgegenkommen mit jenem Troste, den Verfolgte und Verstoßene in solcher Lage nur immer empfinden mögen.

„Willkommen Herr Ritter!" grüßte der Thorhüter mit freundlicher, ehrerbietiger Verbeugnng. „Euer Besuch macht unserm Kloster alle Ehre und ich freue mich sehr, Euch bedienen zu dürfen."

„Herzlichen Dank für dein Anerbieten, guter Bruder," versetzte der Markgraf; „glaube mir," — fügte er lächelnd bei, „daß seit langer Zeit dein gastfreundlicher Dienst nicht so nothwendig war, wie heute."

„So ist's recht, — tüchtiger Hunger und Durst sind mir die liebsten Kunden," sprach der muntere Benediktiner. — „Verbieten auch die Ordensregeln, außer der Zeit etwas zu genießen, so finde ich für mein Fasten doch reichlichen Ersatz im tüchtigen Zuspruch unserer Gäste."

Sie waren durch das Thor getreten und nahten einem ansehnlichen Gebäude, zur Beherbergung für Gäste von Stand und Rang. Die Wände des geräumigen Zimmers, welches sie betraten, schmückten kostbare Tapeten und selbst der Fußboden war mit kleinen verschiedenfarbigen Steinen eingelegt. Die Decke des Zimmers enthielt Darstellungen aus der deutschen Geschichte. Obwohl die Malerei nicht zu den kunstvollen gehörte, reichte sie doch hin, den Beschauer zu unterhalten. Besondere Aufmerksamkeit verdienten die Minotauren, Drachen und andere Erfindungen der Einbildungskraft, deren Zusammenstellung aus verschiedenartigen Thiergestalten, bald furchtbare und fratzenhafte, bald possierliche und lächerliche Gebilde schuf. An den Wänden

standen auf schön geschnitzten Postamenten Heiligenbil=
der, und ein großes Crucifix diente dem Zimmer sowohl
zur Zierde, wie dem Bewohner desselben zur Anregung
religiöser Empfindungen. Selbst die Lehnen der Stühle
und die Füße der Tische lieferten Beweise von der
Kunstfertigkeit der Mönche, indem sie mit Epheuranken
und Weinreben umgeben waren, oder Formen lebender
Wesen angenommen hatten.

Gieselbert hatte Schwert und Schild abgelegt, konnte
aber durch keine Vorstellung vermocht werden, sich der
schweren Rüstung zu entledigen.

„Diese Eisenschuppen sind doch recht lästige Tisch=
genossen, und ich möchte es euch bequem machen," meinte
der Bruder, mit vieler Geschäftigkeit den Tisch mit
Speisen und Wein besetzend. „Doch, — wie es Euch
gefällt, Herr Ritter."

Dieser sprach ein kurzes Tischgebet, und als er den
Helm ablegte, und die Kettenhaube zurückschlug, rollte
eine Fülle blonder Locken auf seine Schultern herab.
Selbst der Laienbruder, für allen Sinnenreiz abgestor=
ben, schien über die seltene Schönheit des Fremden er=
staunt.

„Ihr habt mir da einen vortrefflichen Wein vorge=
setzt," sprach Gieselbert, den Becher niederstellend; —
„eine wahre Arznei für müde Glieder und erschlaffte
Nerven."

„Und damit gedenken wir alle Weinberge anzu=
legen," entgegnete der über das gespendete Lob erfreute
Benediktiner. „Als die Güter Limburgs an unsern Orden
kamen, wuchs nur saure Brühe auf den Rebhügeln, —
ein wahrer Gänsewein, bis der ehrwürdige Vater Johann

aus Italien Rebzweige kommen ließ, mit welchen wir unsere Gelände bepflanzten. Unser Himmel ist zwar etwas rauh für dieses südländische Gewächs; Fleiß und Umsicht kann aber Manches ersetzen."

"Es ist wahr, nur der Klöster eiserner Fleiß konnte unseren hartnäckigen Boden bewältigen," sagte Gieselbert, zur Freude des Laienbruders den Speisen fortwährend tüchtig zusprechend. "Manche Strecke Urwald verschwand bereits vor der ausrodenden Axt Eures Ordens. Geht es so fort, werden kommende Geschlechter von der Rauhheit und Wildniß unserer Lande keine Ahnung mehr haben."

"Erlaubt nun, Herr Ritter, daß ich Euch Bruder Arnold überlasse, und auf meinen Posten zurückkehre," sprach der Thorsteher beim Eintritte eines hochbejahrten Mannes mit langem grauen Barte.

Bevor der Geächtete dem gefälligen Benediktiner danken konnte, war dieser bereits nach freundlicher Verbeugung verschwunden.

"Laßt's gut sein!" bemerkte Arnold, als der Markgraf das plötzliche Verschwinden seines bisherigen Gesellschafters bedauerte. "Unser Siegibob findet die größte Erkenntlichkeit für geleistete Dienste darin, daß man sie mit gutem Herzen aufnimmt und nicht viel Wesen b'raus macht. — Aber — mein bester Herr Ritter, weßhalb legt Ihr die Rüstung nicht ab? In unsern Mauern braucht man sich durch Stahl und Eisen nicht zu schirmen."

"Ich erklärte bereits dem guten Siegibob, daß ich nach eingenommenem Mahle das Kloster verlassen müsse," antwortete der Gewappnete. "Lege ich die

Rüstung nicht ab, so geschieht dieß nur aus Bequemlichkeit, ehrwürdiger Vater."

„Nun — nun — will nicht darnach fragen, was Euch bei Nacht und Nebel aus Limburg treibt," sagte der gutmüthige Alte. „Hoffentlich seid Ihr von unserer Bereitwilligkeit überzeugt, Euch so lange zu beherbergen, als Keller und Speicher Vorräthe enthalten, — und da mögt Ihr auf Jahr und Tag unser liebwerther Gast sein."

„Ohne Zweifel, — Limburgs Gastfreundschaft würde den letzten Bissen theilen," sagte der Geächtete, nicht ohne Rührung für die geschenkte Theilnahme. „Die Abtei darf indessen nicht verwickelt werden in mein trauriges Geschick. König Heinrichs Rache würde schwer auf jenen lasten, welche dem geächteten Markgrafen Gieselbert Schutz und Obdach gewährten."

„Wer seid Ihr?" horchte Arnold erstaunt. „Markgraf Gieselbert?"

„Wie Ihr sagt, ehrwürdiger Vater!"

„Großer Gott, dann sehe ich abermals ein Opfer jenes schonungslosen, grausamen Königs vor mir," rief der greise Laienbruder im Tone des Schmerzes und des Zornes. „Nun sollt Ihr durchaus nicht fort! Wohin wollt Ihr auch? Wer hätte den Muth, um Euretwillen Heinrichs Grimm zu reizen? Limburgs Asylrecht allein kann sicheren Schutz bieten gegen des Königs Verfolgung. Nein, — Ihr sollt seinen Spürhunden nicht unter die Zähne laufen! — Hier bleibt Ihr, — in Limburgs Freistätte soll Euch kein Haar gekrümmt werden."

"Kein Asyl, kein Heiligthum schützt gegen des Saliers Rache;" sprach der Markgraf in trübem Ernste.

Diese Bemerkung regte den lebendigen, theilnahmsvollen Alten noch mehr auf.

"Seid unbesorgt, — er soll es achten, und müßte ich zu dessen Vertheidigung abermals zum Schwerte greifen, das ich zur Sühne alter Schuld mit Psalter und Bußgürtel vertauschte," rief Arnold lebhaft. "Nur keine weitere Einwendung, — Ihr bleibt hier! Ei, — wie mag den Bruder Siegibod die Entdeckung erfreuen, — den ehemals grimmen Graf mit dem Eisenarm und Eures Vaters treuen Waffengenossen!"

"Meint Ihr damit den guten Bruder am Thore?"

"Eben den, — Siegibod den Thorhüter! Jenen grimmen Herrn traf im welschen Kriege das Unglück, ein Kloster niederzubrennen. Zur Strafe hiefür, legte er sich selbst die Buße auf, sein Leben lang müde Wanderer an der Klosterpforte zu empfangen, da er mancher frommen Seele, durch Zerstörung jenes Klosters, die Himmelspforte verschlossen habe, wie er sagt."

"Ganz des Grafen würdig! Ein Held in den Waffen, ein Held im Entsagen. — Sünde wär's, ein Kloster zu gefährden, in welchem so fromme Gesinnung wohnt. Bevor ich aber gehe, muß ich dem bescheidnen Laienbruder meinen Dank und meine Bewunderung ausdrücken," sprach der Markgraf aufstehend.

"Bei meiner Ehre, Ihr dürft nicht fort! wehrte Arnold. Ihr müßt hier bleiben, — wenigstens diese Nacht. Euer Rang, — Eure Lage, — unsere Freundschaft mit Eurem seligen Vater, — die Ehre unserer Gastfreundschaft, welche durch Euer so spätes Davonlaufen gefährdet würde, — Alles spricht für Euer Hierbleiben."

„Es geht nicht!" entgegnete Gieselhert entschlossen. „Dringt weiter nicht in mich! Mein Unglück ist ansteckend, — es würde Limburg in einen Schutthaufen verwandeln."

„Wo denkt Ihr hin? Limburgs Thürme trotzen der Macht Heinrichs, dazu ist Raymund von Bardenfels Schirmvogt der Abtei. Eure Geringschätzung des Asylrechts müßte auch ihn beschimpfen. Bleibt, Eure Bekanntschaft wird den Grafen in hohem Maße erfreuen; denn jene stehen hoch in Raymunds Achtung, welche für bedrohte Freiheit das Schwert ziehen, wie Ihr im Thüringer Kriege gethan."

Arnold schien einen Punkt berührt zu haben, welcher den Markgrafen mehr als alle übrigen Gründe zur Veränderung seines Entschlusses bestimmte. Der Name Raymund von Bardenfels rief Ethelindens reizendes Bild lebhaft vor des Jünglings Seele. Die Hoffnung, mit ihr in nähere Berührung zu kommen, oder gar die Theilnahme der minniglichen Jungfrau ferner zu verdienen, machten es ihm unmöglich, aus ihrer Nähe zu scheiden.

Er hatte längere Zeit schweigend niedergesehen, und erzählte nun, gleichsam zur Erklärung seines Sinnens, den Vorfall im Thale, wobei er Ethelindens hochherziges Benehmen mit besonderer Wärme hervorhob.

„Sie schlägt nicht aus der Art; — Edelsinn ist erblich in jenem Grafengeschlecht," lobte der Laienbruder. — „Aber die Elenden!" zürnte der Alte. „Hoffentlich wird Boleslavs Schurkenstreich dem Grafen die Augen öffnen, und dem Böhmen jede Hoffnung vernichten."

„Hat Boleslav besondere Gründe, nach Raymunds Gunst zu streben?" horchte Gieselbert.

„Freilich hat er besondere Gründe," antwortete der Alte mit saurer Miene. „Hm, — ebensogut möchte der ungläubigste, schändlichste Heide auf die tugendsame Ethelinde Ansprüche machen können."

Betroffen schaute Gieselbert nieder, und hohe Röthe flog über sein Gesicht. Wahrscheinlich war er dem Böhmen weniger gram, da ihm dieser mit erhobener Lanze feindlich gegenüber gestanden, als jetzt, da er dessen Absichten vernahm.

„Boleslavs bekannte unritterliche Gesinnung macht es unerklärlich, wie Graf Raymund das Werben des Böhmen dulden mag," sagte er endlich.

„Ja, das hat seinen Hacken! versetzte Arnold. Der Böhme ist des Königs rechter Arm. Ohne Heinrichs Stolz zu beleidigen und seine Nachsucht zu entflammen, darf Raymund den Hofmarschalk nicht abweisen."

„Haltet ihr den Grafen für fähig, in einer Sache von solcher Wichtigkeit durch Furcht sich bestimmen zu lassen?" horchte Gieselbert mit banger Neugierde.

„Das nicht — nein! Raymund gehört aber zu jenen Leuten, die von Anderen die beste Meinung haben, bis schlagende Beweise sie vom Gegentheile überzeugen. Dazu ist Boleslav der glatteste Heuchler, — 'nen Mohren könnte er weiß waschen! Glaubt mir, er wird den ehrwidrigen Angriff gegen Euch so darzustellen wissen, daß er sogar des Grafen Lob verdient."

„Dies möchte ihm doch schwerlich gelingen, im Falle ich Lust bekäme, den Heuchler zu entlarven! Schutz der Frauen gehört zu den heiligsten Pflichten des Ritterthums. Ich wäre nicht unter den Letzten, die zum Schirme Ethelindens das Schwert zögen, käme es zwischen Raymund und König Heinrich zum Bruche."

„Das läßt sich hören! lobte Arnold. „Indessen," — fügte er mit Laune bei, „kann wohl Einer so sprechen, der sich noch rechtzeitig aus dem Staube macht und Ethelinde ihrem Schicksale überläßt!"

„Ich möchte Euch vom Gegentheile Eures Vorwurfs überzeugen, ehrwürdiger Vater," sprach der Jüngling feurig. „Um solchen Preis würde ich jederzeit Sicherheit und Leben wagen."

„Meisterhaft, — Ethelinde soll erfahren, daß sie keinen Unwürdigen beschützte," rief Arnold. Ihr bleibt hier, bis zum Mainzer Fürstentag, dessen Spruch Euch die gesetzlos entrissenen Lehen wieder zurückstellt. — Alle Wetter solche Heidenwirthschaft im Reiche muß ein Ende nehmen!" fuhr der Laienbruder fort, mit großen Schritten das Zimmer durchmessend. „Väter bejammern ihre geschändeten Töchter; — Ehemänner verschwinden um ihrer schönen Weiber willen; — Schurken gelangen zu Würden und Aemtern, — ehrliche Leute verschmachten in Verließen, — ja — ganze Völker werden in ihrer Freiheit bedroht! Und erst sein Verfahren gegen die eigene Gemahlin? O Schandthat, — o Tyrannei! Das edelste Weib, — das Kleinod ihres Geschlechtes mit solcher Schmach behandeln! Warte nur Heinrich," — rief er drohend und bedeutsam, „bald wirst du erfahren, daß dein Schandleben jede deutsche

Brust mit Abscheu erfüllt, daß die Beschimpfung des königlichen Stammes ihre Rächer findet."

Der Laienbruder sprach mit vieler Entrüstung und nicht ohne Leidenschaft. Jetzt schien er zu fühlen, daß in Gieselberts Augen der Ruhe und Würde des Greisenalters vergeben worden sei.

„Entschuldigt meine Hitze, Herr Markgraf! sprach er. „Selbst alte Männer bringt Heinrichs Hofleben von Sinnen. — Nun folgt mir auf Eure Kammer! Nach den Klosterregeln müßt Ihr heute noch dem Abte vorgestellt werden. Zuvor laßt mich für ein besseres Kleid sorgen. Ihr könnt Euch in diesem zerrissenen blutigen Waffenrock nicht sehen lassen."

Gieselbert gehorchte der Weisung, ohne mit einer Sylbe die Nothwendigkeit seines Aufbruches ferner zu erwähnen. Befand sich ja die schöne Ethelinde in schwerer Bedrängniß, und zwar gerade in einer Angelegenheit, in welcher freie Entscheidung Niemand verkümmert werden darf, — über Vergebung von Hand und Herz an den Mann ihrer Wahl. Er durfte als pflichtgetreuer Ritter ihr den schützenden Arm um so weniger entziehen, als ihn die Pflicht der Dankbarkeit forderte.

Arnold schritt mit einem Lichte voraus, den Gast in ein reich ausgestattetes Zimmer des obern Stockwerkes führend.

„Gleich bin ich wieder da, Herr Gieselbert. Legt indessen Euere Rüstung ab," sagte der geschäftige Laienbruder, mit zitternder Hand die von der Decke niederhängende Lampe anzündend.

„Hei — wie mag der Salier toben!" murmelte Arnold vor sich hin, indeß er die Treppe wieder hinab=

stieg. „Asylrecht, — was fragt er nach Asylrecht? Reichte seine verruchte Hand in den Himmel, vor Gottes Thron würde er die Opfer seiner Rache packen. Immerhin, — mag er toben und rasen! Nur zu, — lasse er seine Lanzen gegen die Abtei anrücken, — Stephan ist Abt zu Limburg, Raymund des Klosters Schirmvogt — und ich? Ha, meine alten Knochen erfüllt jugendliches Mark, beim Gedanken an Kampf und Streit für unterbrückte Unschuld."

Wirklich schritt der alte Ritter in kriegerischer Haltung und mit solcher Lebendigkeit über den Hof, daß man ihm weder die Last der Jahre noch den friedlichen Stand anmerkte.

Als er dem Thore nahte, stieg ein Reiter vom Pferde, der im Begriffe stand, nach der Herberge zu eilen, wohin mit brennender Fackel ein Diener vorausging. Wichtigkeit und Hast lagen im Aeußeren des Unbekannten. Kaum nahm er sich Zeit, nach dem Pferde umzusehen, das ebenso eine dicke Staubhülle bedeckte, wie ihn. Die Kapuze des Waffenrockes hatte er über den Kopf gezogen, ganz nach Art der Mönche. Allein der schwere Tritt und die freien kräftigen Bewegungen verriethen den gewappneten Kriegsmann.

„Nur einen Schluck Wein, — weiter nichts, Bruder Siegibod!" sprach der Bewaffnete, mit dem Thorhüter in das Haus tretend. „Sie werden bald da sein, und ich darf bei ihrer Ankunft nicht fehlen. — Gott erbarm's, — bin ich doch ihr Dienstmann, Kämmerer, Marschalk, kurz ihr ganzer Hofstaat."

Er schlug die Kapuhe zurück. Ein durchfurchtes Kriegergesicht und ein ergrautes Haupt kamen zum Vorschein.

Arnold war beim Anblicke des Unbekannten stehen geblieben, und ihm dann in der Haltung eines Menschen gefolgt, der seinen Augen nicht traut, und sich vorerst überzeugen will, bevor er seine Gegenwart merken läßt. Da er nun den Krieger erkannte, begann er ihn sogleich mit Fragen zu bestürmen.

„Nothar, — bist Du's wirklich? Warum aber so früh? Ihr seid doch nicht erkannt worden? Begegneten Euch Hofleute des Königs? Wie befindet sich die Königin, — wann trifft sie ein?"

„Vielleicht in kürzerer Zeit, als ich Deine Fragen alle beantworten kann."

„Was, — und Du stehst hier, den Weinhumpen zu erwarten?" rief Arnold mit außerordentlicher Lebendigkeit. „Fort auf Deinen Posten! Fort, — erwarte sie am Thor! He Balderich, — schnell hinüber zum Hausmaier! Lauf! meld' ihm das Nahen der Königin. Zwölf Fackeln soll er anzünden lassen, weniger als zwölf dürfen's nicht sein. — Heilige Jungfrau, — die Gemächer werden doch in Ordnung sein? Sperrt die Thorflügel zur Pfalz weit auf! Nothar, auf Deinen Posten sag' ich. Ich eile hinüber zum Abt."

„Bist noch das alte Quecksilber," meinte Nothar, den besorgten Greis mit gutmüthigem Lächeln betrachtend." Nur gemach, — es geht immer noch einige Frist d'rauf, bis sie kommen. Ich bin scharf geritten, und mit den Ceremonien braucht man's nicht so genau zu nehmen."

„Nicht so genau nehmen?" tadelte Arnold. „Aermlich genug ist ihr Empfang. Nicht einmal 'nen Glockenstrang anrühren zu dürfen!"

„Sehr weislich!" versetzte der Edelmann. „Die sechs Glocken würden so laut singen, daß König Heinrich drunten zu Hainfelden rechtzeitig Kunde erhielte, um ihr auszuweichen, oder sie mit einigen fünfzig Rittern wieder nach Lorsch zu schicken. — Trink Arnold! Der Humpen trifft uns doch selten beisammen," sprach er, dem Laienbruder den Krug anbietend, der ihn zwar annahm, aber zurückgab, ohne getrunken zu haben.

„Halte mich nicht auf! Eben ist's keine Zeit zum Plaudern, — fort auf Deinen Posten!" damit eilte er hinaus.

Nothar blieb allein beim Kruge zurück, der vor ihm auf dem Tische stand, und sah in ernstem Sinnen vor sich hin. Das Licht warf seinen flackernden Schein auf die hohe Gestalt des unbeweglich dastehenden Kriegers, dessen scharf geschnittene Gesichtszüge ebenso in Bewegung setzend, wie der Kerzenschein die steinernen Gesichter auf Grabmälern in den Kirchen.

Im Kloster und in den Außengebäuden wurde es immer lebendiger. Man hörte die Thorflügel langsam in den Angeln des Burgthores stöhnen, Fackelschein verbannte die Nacht, und eilfertige Gestalten rannten hin und her.

Nothar that seinen letzten Zug.

„Der Lärm geht schon an!" sagte er. „Daß nur der Abt seinen weisen Rath nicht zu theuer bezahlen muß."

Er wandte sich um, und verließ festen Schrittes das Haus.

Eben langte eine Reisegesellschaft von vier Personen, von welchen drei dem weiblichen Geschlechte angehörten, vor dem Thore an. Zu gleicher Zeit sah man, durch den offenen Thorbogen des Klosters, der Mönche feierlich ernsten Zug langsam durch das Mittelschiff der Kirche herabkommen.

Nothar nahte dem Zelter der Königin, kniete nieder und hielt den Steigbügel. Die Reiterin stieg ab, — eine würdevoll aussehende junge Frau, mit bleichen, leidenden Gesichtszügen. Arnold stand in ehrerbietiger Haltung bei Seite. Er warf einen langen schmerzlichen Blick auf die unglückliche Fürstin und Thränen schlichen ihm aus den Augen. Gleich trübe Stimmung erfüllte die übrigen Laienbrüder. Sie schienen mit ihren brennenden Pechfackeln eine Leiche zur Gruft der fränkischen Herzoge geleiten zu wollen. Kein Wort wurde gesprochen. In tiefster Ruhe entwickelten sich die einfachen Empfangsfeierlichkeiten, deren hervorragendster Theil wohl in dem aufrichtigen Beileid bestand, welches in den bewegten Zügen der Klosterleute für Berthas Unglück geschrieben stand.

Die Procession der Mönche, von denen Jeder eine brennende Kerze trug, kam jetzt heran. Bertha trat in Mitte des Zuges, und sogleich lenkte dieser zurück in die Kirche. Hiebei wurde abwechselnd ein Psalm des Itinerariums oder Reisegebets recitirt, wie es die Kirche vorschreibt. Am Eingange des Gotteshauses empfing die Königin aus des Abtes Hand geweihtes Wasser, und andächtig sich bekreuzend, schritt sie durch das mittlere Schiff dem Hochaltare entgegen. Dort angelangt, knieten Alle auf den glatten Marmorplatten nieder, indeß Bertha auf dem rothsammtnen Betstuhle Platz nahm. Das Angesicht in beide Hände verbergend, verharrte sie geraume Zeit bewegungslos. Der Kerzenschein flimmerte und funkelte im Golde des reichen Altares, er beleuchtete die ernsten, hageren Züge der Mönche, welche mit niedergeschlagenen Augen, gleichsam zu leblosen Bildsäulen erstarrt, daknieten. So mochte die ernste Gruppe mit dem Charakter des großartigen Tempels übereinstimmen, dessen lange Reihen riesenhafter Säulen in ruhiger Majestät emporsteigend, die Gegenwart Dessen verkündeten, welchen der Glaube in den geheiligten Räumen katholischer Kirchen leibhaftig gegenwärtig weiß.

Endlich erhob sich Bertha. Die Procession verließ die Kirche, zog durch das Klosterthor hinaus, und hielt vor dem Eingange des Gebäudes, welches die Salier bei ihren Besuchen zu bewohnen pflegten. Hier drückte die Königin in wenigen Worten, die zunächst an Abt Stephan gerichtet waren, ihren Dank für den Empfang aus.

Stephans Entgegnung enthielt inniges Bedauern wegen der spärlichen Empfangsfeierlichkeiten, welche der Drang der Umstände anders vorschrieb, als die Anhänglichkeit sämmtlicher Klosterbewohner für ihre Fürstin es wünschte. Zugleich enthielten seine Worte die frohe Zuversicht, der allweise Lenker menschlicher Geschicke möchte die gegenwärtige Reise der Herrin zum ersehnten Ziele führen.

Die Königin schritt mit ihrem Gefolge, das nur aus zwei Frauen bestand, durch das Thor. Die Mönche kehrten in das Kloster zurück, und indem ihre geräusch= los dahin gleitenden Reihen unter dem Kirchenportale allmälig verschwanden, mochte mancher dieser ernsten, schweigenden Männer das Gefahrvolle bedenken, das für sie und ihr Haus mit der Aufnahme einer Person verknüpft war, welche der Gegenstand der Abneigung eines gewaltthätigen und zuweilen grausamen Herr= schers bildete.

Der Abt.

Nach Arnolds Entfernung sank Gieselbert in einen Armstuhl mit hoher Lehne. Das Haupt stützte die Rechte und der Blick ruhte auf dem schön eingelegten Fußboden. Während er unbeweglich saß, tauchte plötzlich Ethelindens reizende Gestalt vor ihm auf, immer deutlicher und ausdrucksvoller. In jener Zeit hatten Kobolde und neckende Geister noch große Macht auf die Bewohner der Erde, vorzüglich auf junge Männer, in der Lage des ritterlichen Markgrafen Gieselbert. Ein winziger Geist, gewöhnlich auf den Pfeilspitzen des Gottes Amor reitend, spielte lustig auf jenen Gehirnseiten des Geächteten, welche die Einbildungskraft erzeugen. So geschah es, daß Ethelinde im Zauberspiegel des Geisterspuckes vor dem betrachtenden Markgrafen wandelte. Jede Bewegung ihrer schönen Gestalt, jeder Zug ihres lieblichen Antlitzes schwamm in Verklärung. Und diese körperlichen Formen dünkten ihm nur ein sehr mangelhafter Ausdruck ihres hohen Seelenadels, dessen Makellosigkeit durch keine Schatten menschlicher Schwäche getrübt wurde.

So ist selbst, in Folge betrügender Geister, die geläutertste und beglückendste menschliche Neigung von Täuschung nicht frei. Manche edle Natur mochte in Gieselberts Lage erfahren haben, daß man vergebens Ideale in der Körperwelt sucht. Dennoch hat auch die=

ser Geistertrug für das Leben seinen Nutzen. Es sprechen solche idealistische Gebilde immerhin für die Gewißheit, daß der bessere Theil des Menschen nicht von dieser Welt ist, nicht durch Körperformen und irdische Unvollkommenheiten befriedigt wird, und erst volle Sättigung seines nach Glück und Liebe ringenden Herzens dort findet, wo Ideale in Wirklichkeit bestehen.

Endlich mahnte den jugendlichen Träumer sein durch Entbehrungen und ruheloses Umherirren ohnedies erschöpfter Körper, daß die andere Hälfte seines Selbst der Ruhe bedürfe, und nicht weiter geneigt sei, den Flug seiner Gedanken zu unterstützen. Die Lampe, dem Erlöschen nahe, sagte ihm, daß er lange so müsse dagesessen sein. An das Fenster hingetreten, erblickte er die gemalten Glasscheiben des Stiftschores hell erleuchtet, und in die stille Nacht hinaus schallte der feierlich ernste Chorgesang der Mönche. Die Mitternachtsstunde, welche die Ordensleute zur Mette rief, mußte also bereits verstrichen sein, und den Geächteten wunderte es, daß ihm so schnell und unbemerkt die Stunden entschwinden konnten.

Als frommer Ritter kniete er zum Abendgebet vor dem geöffneten Fenster nieder. Kaum war dies geschehen, als Amors beflügelter Liebling in jäher Flucht verschwand, und die Gehirnsaiten zum Spielen jenen hellen Geistern überließ, welche unter dem Kreuzesbanner siegreich die Welt eroberten. Jetzt sah Gieselbert am wolkenlosen Sommerhimmel zahllose Welten, deren flackernder Lichtschein zur Erkenntniß der Nichtigkeit und zur Liebe gegen Jenen ermahnte, dessen allmächtige Hand wohl unermeßliche Körper schuf und in Gesetze bannte, für sich selbst aber, aus Liebe zu den Sterblichen, im Schooße der Jungfrau den winzigen Menschenleib bildete. Diese Betrachtung stimmte den Grafen zu inniger Andacht, zur Bewunderung des Schöpfers, sowie zum festeren Entschlusse, seine Neigungen stets nach Gesetzen des göttlichen Willens zu beugen.

Hoch stand die Sonne über Limburg, als Gieselbert durch Lärmen und lebhaftes Geplauder aus dem Schlafe geweckt wurde. Schamröthe bedeckte das Angesicht des jugendlichen Langschläfers. Er pflegte sonst mit dem jungen Tage aufzustehen und wurde nun durch den weit vorgerückten Tag im Bette überrascht. Schnell kleidete er sich an. Ein weites Obergewand sagte ihm, daß Bruder Arnold das gestern versprochene Kleid am frühen Morgen müsse heraufgebracht haben.

Das Lärmen vor dem Hause wurde immer lauter; der Geächtete trat an's Fenster, nach dessen Ursache sich zu erkundigen. Da gewahrte er nun einen Haufen alter Männer und Frauen, Buckelige, Lahme und sehr leidend aussehende Personen, so daß es schien, ein Spital habe seine mitleiderregende Insassen vor der Klosterherberge ausgegossen. Sie saßen auf Bänken von Stein, oder standen gruppenweise beisammen. Körbe von gleicher Größe und Form hingen an ihren Armen, oder standen vor ihnen. Die Gleichheit der Körbe dehnte sich auf ihre Kleidung aus; diese war von gleichem Schnitt und Stoff. Die Männer trugen kurze Obergewänder und Beinkleider aus grobem, starkem Wollenzeuge. Sogar die Mützen bestanden aus solchem Tuche, so daß man hätte glauben mögen, ein König der Barmherzigkeit habe sich da eine Armee uniformirt.

Diese Versammlung armer presthafter Leute zeigte indessen vielen Frohsinn. Die Geschlechter saßen oder standen getrennt beisammen, plauderten und scherzten, als wären sie zu einem Feste gekommen. Verdruß und Mißvergnügen über gedrückte Lage und empfindliche Noth, las man nicht in ihren heiteren Zügen. Hie und da stand ein vollwangiger Knabe zwischen den Beinen eines alten Mannes, der ihm unter Liebkosungen irgend eine gute Lehre beibrachte. Kleine Mädchen schauten horchend zu redseligen Matronen empor, deren Zungenfertigkeit das Alter nicht hatte lähmen können. Ein Krüppel zeichnete mit seiner Krücke Figuren in den Sand, und horchte lächelnd auf die Erzählung des Nachbarn. Durch die ganze Versammlung der Noth und des Elendes herrschte die beste Stimmung, und man sah es Allen an, daß sie hier sich glücklich fühlten.

Der Klang einer kleinen Glocke brachte unter die Versammelten eine lebhafte Bewegung. Die Gruppen trennten sich, die Kinder liefen nach ihren Körben, und Alle nahmen die ihnen bestimmten Plätze auf den Bänken ein. Zu gleicher Zeit ging die Klosterpforte auf, und Laienbrüder trugen schwer beladene große Körbe in den Hof heraus.

Gleich nach dem letzten Korbe trat eine hohe, ehrfurchtgebietende Gestalt unter den Eingang. Bei ihrem Anblicke standen alle Anwesenden auf, indeß Freude und Anhänglichkeit aus ihren Gesichtern strahlte.

In der That erzwang der Mann im schlichten Mönchsgewande Vertrauen und Hochachtung. Eine freie männliche Stirne, von mancher Furche ernsten

Sinnens durchzogen, — ein geistreicher durchbringender Blick, ein sprechender Mund, gegenwärtig von freundlichem Lächeln umspielt, — und ein Gesicht, in welchem Liebenswürdigkeit, ascetische Strenge, Geistesschärfe und Männlichkeit um den Vorrang stritten, kennzeichneten den Abt Stephan von Limburg.

Vom frater hospitularius — Gastbruder — begleitet, und im Gefolge der großen, mit Brod, Käse und kleinen rundbäuchigen Weinkrüglein angefüllten Körbe, trat Stephan zu den Armen heran.

„Wie geht's Vater Meinhard? Ihr werdet ja täglich jünger!" redete Stephan den zunächst sitzenden Greis an.

„Ich bin Gottlob gesund; nur da, — die Unterthanen wollen nicht mehr recht," sagte der alte Mann, auf seine Beine hinweisend.

„Wenn Euch das Bergsteigen hart ankommt, Vater Meinhard, wird Euch Bruder Ambrosius täglich besuchen," sagte der Abt.

„Ach nein, — das Bergsteigen bekommt mir ganz gut, Eure Hochwürden! Möchte ja Brod und Wein alle Kraft verlieren, dürfte ich beide nicht mehr aus Eurer Hand empfangen," entgegnete der Greis, den halben Brodlaib, das Krüglein Wein nebst dem viereckigen Käse in seinen Korb legend.

„Gott vergelt's — der Himmel segne Eure Gnaden," wünschte Vater Meinhard.

„Nun Kurd, — wie steht's mit dem Brustübel? Seid Ihr den Husten los?" fragte der Abt theilnehmend einen kränklich aussehenden Mann, während der Frage ihm das Almosen überreichend.

„Es sticht und beengt mich noch immer etwas da herum," entgegnete Kurb über die Brust fahrend. „Die Arznei, welche Bruder Hilarius brachte, hat indessen gute Wirkung gethan."

„Gut! Ihr sollt ein weiteres Glas davon haben. Bis Frühjahr steht Meister Kurb wieder frisch und gesund in den Weinbergen, die Niemand besser zu beschneiden versteht, als er," sagte lächelnd der Abt.

„Könnt Ihr immer noch nicht arbeiten, Gerhard?" fragte der Prälat Kurbs Nachbarn, welcher den Arm in der Schlinge trug.

„Es will immer noch nicht, ehrwürdiger Vater! Das Uebel macht mir die Zeit recht lange, und ich möchte lieber vom Zahlmeister, als vom Gastbruder meine Gaben empfangen."

„Seid nur getrost! Morgen komme ich hinab nach Eurer Hand zu sehen. Ihr seid ein fleißiger Mann und habt allen Anspruch auf des Klosters Unterstützung, bis Ihr wieder arbeiten könnt."

In dieser Weise fuhr Abt Stephan in Vertheilung der Almosen fort. Für Jeden hatte er einen Trost, ein freundliches Wort, oder sanften Tadel, woraus man entnahm, daß der einsichtsvolle Prälat Limburgs mildthätige Unterstützung zur sittlichen Veredlung und Verbesserung des Menschen benützte.

Sämmtliche Körbe waren erschöpft und Alle mit ihren Gaben versehen. Nur ein Knabe blieb unbebacht. Verschämt stand der Kleine da, seinen leeren Korb vor sich haltend. Das gepreßte Herz stieg in die Augen, und mit der Linken wischte er die hervorquellenden Thränen ab.

„Ist nichts mehr da?" fragte Stephan.

„Sie haben Alle bekommen, ehrwürdiger Vater, — dieser Knabe steht nicht auf der Liste," lautete des Gastbruders Antwort.

„Wie heißt Du, mein Kind?" fragte der Prälat, zum Kleinen freundlich herantretend, und seine Hand auf dessen Lockenkopf legend.

„Aribald, — mein Vater arbeitet in der Weberei, aber er ist krank," schluchzte der Junge.

„Setzt auch ihn auf die Liste, bis der Weber hergestellt ist," befahl der Abt. „Für heute," flüsterte er dem Ordensmanne zu: „laßt ihm zwei Drittheile meines Speiseantheils reichen."

Nach wenigen Minuten lagen im Korbe des Knaben ein kleiner Laib Weißbrod, ein Fisch und ein Krüglein mit Wein. Die Chronik, welcher diese Geschichte theilweise entnommen ist, berichtet, daß ohne Stephans Entsagung der Kleine hätte leer ausgehen müssen, indem ohne Benachtheiligung eines Zweiten unvorhergesehene Gaben nicht konnten verabreicht werden. Mit solcher Genauigkeit wurde zu Limburg der Haushalt geführt. Hieraus darf jedoch nicht auf Kargheit geschlossen werden. Denn nach jener Chronik weiterem Berichte, belief sich das wöchentliche Almosen der Abtei auf zweihundert siebenzig Gaben, abgesehen von den Kleidungsstücken, welche aus Tuchüberresten für Arme gefertigt wurden.

Unbemerkt hinter den bis zur Fensterwölbung emporgewachsenen Rebzweigen, und mit vielem Interesse, beobachtete Markgraf Gieselbert den Vorgang im Hofe. Er bewunderte des Prälaten leutseliges Wesen und liebevolle Herablaſſung. In jedem Kloſter hätte der verſteckte Lauſcher das gleiche Schauſpiel ſehen können, und es war ihm die Almoſenvertheilung nichts Neues. Was dieſelbe anziehend machte, war Stephans Perſönlichkeit und Benehmen bei dieſer untergeordneten, gewöhnlich durch den Gaſtbruder vollzogenen Beſchäftigung. Er folgte jeder Bewegung eines Mannes, deſſen Namen nicht blos das Reich erfüllte, der auch über die Alpen drang, und im Lateran zu Rom mit Achtung genannt wurde. Es mag daher nothwendig ſein, hier etwas Näheres über den Limburger Abt einzuſchalten, insbeſondere jene Seite ſeiner Thätigkeit hervorzuheben, durch die er entſcheidend in die Entwicklung dieſer Geſchichte eingriff.

Abt Stephan war aus dem alten berühmten Geſchlechte der Schyren, Markgrafen in Oſtbayern, entſproſſen. In grauer Vorzeit herrſchten Stephans Ahnen als mächtige Herzoge über das tapfere Bayernvolk, und einer etwas ſpätern Zeit war es vorbehalten, dem Schyrengeſchlechte die alte Herzogswürde zurückzuerſtatten. Der Glanz von Stephans Gelehrſamkeit, die Lauterkeit eines tief religiöſen Wandels und eine werkthätige Herzensgüte, überſtrahlten weitaus den hohen Adel ſeiner Geburt. Nach der Abtswürde hatte der beſcheidene Mönch niemals geſtrebt. Stephan ſchien aber jenen bedeutungsvollen Männern anzugehören, deren Wirkſamkeit mächtig in die Weltverhältniſſe eingreift, und deren Wirkungskreis die Vorſehung beſtimmt. Ehedem ſchickten rheiniſche Biſchöfe, zur Betreibung ſchwieriger Kirchengeſchäfte, den ſchlichten Mönch und gewandten Gelehrten wiederholt nach Rom. Dort lernte er den berühmten Cardinal Hildebrand und nachmaligen Papst Gregor VII. kennen. Große Geister finden sich und schließen sich aneinander. So geschah es auch hier. Stephan wurde mit Hildebrand befreundet, und die hohe Idee jenes riesenhaften, welterneuernden Geistes wurde vom Schyren nicht blos begriffen, sondern auch zur Richtschnur des eigenen Handelns genommen. Der Abt war der unversöhnlichste Feind jeder Gesetzlosigkeit, Geistesknechtschaft und Unsittlichkeit. Mit Schmerz und Zorn erfüllte ihn des Königs Verfahren gegen die unglückliche wehrlose Bertha. In tiefster Seele empörte den edlen Mann der schmutzige Geiz, der bodenlose Eigennutz und die gewissenlose Verlogenheit des Fürstenstandes. War es doch Pflicht, besonders der geistlichen Fürsten, als schützende Anwälte des unterdrückten, in den heiligsten Rechten gekränkten Weibes aufzustehen. Allein diese Herren zogen es vor, in der Sonne königlicher Gunst zu prassen und durch Billigung des Schandlebens ihres Königes ihre fetten Pfründen zu vermehren.

Freilich gab es Bischöfe, deren Gewissenhaftigkeit und Gerechtigkeitsliebe auf dem Mainzer Fürstentage in der Ehescheidungssache entschiedenen Widerspruch hoffen ließ. Aber klein war die Zahl dieser Männer und der König, schlau in Ränken, verschwenderisch mit Versprechungen und rücksichtslos in Drohungen, suchte Bertha's Freunde zu gewinnen, oder zu schrecken.

Ein künstlich angefertigter Stammbaum sollte die Blutsverwandtschaft zwischen Heinrich und der ungiltig angetrauten Gattin nachweisen.

Eidlich konnte der König beschwören, daß er niemals die Ehe mit Bertha vollzogen habe. Nur Acht=

ung vor des Vaters Willen, der ihn schon als sechs=
jährigen Knaben mit des Markgrafen Tochter verlobte,
habe ihn zur Eingehung der Ehe bewogen, von deren
Ungiltigkeit er nach vollzogener Trauung erst Kenntniß
erhalten. Solche und ähnliche Gründe sollten die Fürsten
zu Gunsten der Scheidung stimmen. Verheißungen,
ansehnliche Geschenke, königliche Huld unterstützten Vor=
wände und Beweiskräfte.

Vom Papste erwartete Heinrich vollständige Be=
stätigung dessen, was der Fürstentag, nach weltlichen
und kirchlichen Gesetzen, beschloß und guthieß. Ja, —
so fest baute er auf Durchführung seines Vorhabens,
daß bereits jenes Kloster bezeichnet war, in welchem
Bertha ihre Tage beschließen sollte.

Alle diese Ränke entgingen Stephan nicht, und er
beschloß, nach Kräften entgegen zu wirken. Obwohl der
im Kloster Lorsch eingeschlossenen Königin jeder Verkehr
mit der Außenwelt streng untersagt war, richtete Ste=
phan doch mehrere Trostschreiben an sie. Berthas rüh=
rende Antworten, voll Dank und inständiger Bitten,
um Vertheidigung ihres niedergetretenen Rechtes, sporn=
ten des Prälaten Thätigkeit. Wiederholt begab er sich
an Heinrichs Hoflager, durch Vorstellungen und Bitten
des Fürsten starren Sinn zu beugen. Jedoch alle Be=
mühungen scheiterten an des Saliers Abneigung gegen
Bertha, und noch mehr an dessen Vorsatz, durch geord=
netes Eheleben die Befriedigung zügelloser Leidenschaf=
ten nicht beschränken zu lassen. Zuletzt wurde dem
Schyren bedeutet, daß weitere Versuche königlichen Zorn
und schwere Züchtigung zur Folge haben würden.

Drohungen sind nicht geeignet, das Unternehmen starker Geister zu hemmen. Der Abt wandte sich nach Rom. Ein umfassendes Schreiben legte die Verhältnisse genau und gründlich dar. Beigelegt war ein Brief an Cardinal Hildebrand, — die Seele der römischen Curie. Im letzteren fand es Stephan noch besonders nothwendig, den Charakter Siegfrieds von Mainz in etwas zu beleuchten. Wie schon bemerkt, erkaufte diesen habsüchtigen Kirchenfürsten die Thüringer Zehentenangelegenheit für des Königs Absichten. In diesem Sinne hatte der Erzbischof die Scheidungsangelegenheit nach Rom berichtet, und von seinem Einflusse am römischen Hofe, wie auf dem Fürstentage, stand Vieles zu befürchten.

In Folge der Schreiben erging an Stephan die Weisung, Bertha an des Königs Hof zu geleiten, und deren Bemühen für gütliche Beilegung des Zwistes zu unterstützen. Ungewöhnlicher Selbstverläugnung beburfte es von Seite des verstoßenen Weibes, den vorgeschlagenen Versuch anzunehmen. Der tief gekränkten Fürstin mochte zwar der erste Schritt zur Aussöhnung nicht schwer fallen: denn sie liebte ihren Gatten wahrhaft und zärtlich, und wahre Liebe trägt bekanntlich nichts nach. Wie konnte sie aber, die zartfühlende Frau, ein Hoflager besuchen, wo die Kebsweiberei in ekelerregender Weise getrieben wurde? Drohte ihr nicht das tödtliche Schauspiel, den Gatten zu finden an der Seite der Buhlerin? Mußte sie nicht fürchten, sich dem Hohne eines tief verkommenen Hofgesindes auszusetzen, sowie dem Begegnen jenes bevorzugten Geschöpfes der Ausschweifung, welches an ihrer Stelle in königlichem Schmucke prangte, während sie, die rechtmäßige Königin, in Dürftigkeit lebte?

Mit einer ganzen Reihe solch drohender, schmerzlicher Begegnungen antwortete Bertha, als ihr Abt Stephan, am Morgen nach ihrer Ankunft zu Limburg, den Inhalt der päpstlichen Schreiben mittheilte. Der einsichtsvolle Prälat widersprach nicht diesen Befürchtungen, welche die unglückliche Königin unter einem Strome von Thränen hervorbrachte. Er bemerkte nur, der heilige Vater müsse einen hohen Begriff von ihren Tugenden haben; denn solche Forderung könne man nur an die höchste christliche Vollkommenheit stellen. Sodann versicherte Stephan, das Oberhaupt der Christenheit sei fest entschlossen, ihr Recht zu wahren. Allein man wünsche, es möchte zum Aeußersten nicht kommen, und der Papst nicht gezwungen werden, durch die Wucht kirchlicher Strafmittel den entarteten Sohn der Kirche in die Schranken von Sitte und Gesetzlichkeit zurückzuweisen.

Das Asyl.

Abt Stephan war mit den Armen unter dem Portale der Kirche verschwunden. Dorthin begaben sich regelmäßig zum Gottesdienste diese täglichen Gäste, die leiblichen Gaben durch geistigen Segen zu vermehren. Gieselbert verließ die Herberge. Wahrscheinlich verrichteten die Klosterleute eben die gewöhnlichen, genau nach den Tagszeiten abgemessenen Arbeiten; denn er begegnete weder dem redseligen Bruder Arnold, noch sonst Jemand. Das Kloster schien ausgestorben. Dagegen blinkten geschäftig Spaten und Hacken der Ordensleute auf den umliegenden Feldern. Mehrere Pflüge gingen am Abhange, und auf der ausgedehnten Haide weideten Schaf- und Kuhheerden. Der Geächtete sah in das ländliche Treiben, und dann hinüber zum Weideplatze, wo der Hirte auf einem Felsstücke saß, und auf dem Horne einfache Weisen blies. Als zuletzt die Klänge in den Bergen leise erstarben, weckten sie in Gieselberts Brust Gefühle, die nicht mit der eisernen Tracht des Ritters, und auch nicht mit jener Stätte der Entsagung und Betrachtung himmlischer Dinge zusammenklangen. Träumerisch blickte er in das Ungewisse, und dem Zuge der Seelenstimmung folgend, schweifte zuletzt sein Auge nach der Richtung hin, wo der stolze Bardenfels lag. Allein das Gebäude, welches die Salier bei ihren Besuchen auf Limburg bewohnten, versperrte die Aussicht. Das Gebäude traf ein Blick des Mißmuthes, der sich allgemach in jenen der Neugierde und Aufmerksamkeit für das stattliche Haus verwandelte. Er sah durch die offene Gartenthüre auf seltsames Strauchwerk und nie gesehene Blumenpracht. Der edle Markgraf, ohne die Bestimmung des Hauses zu kennen, und ohne die Gegenwart der Königin zu ahnen, hielt es für anständig, Kunstfleiß und Arbeit der Mönche zu bewundern, und verdientes Lob nicht zu versagen.

Fast zu gleicher Zeit mit ihm, trat Bertha von der entgegengesetzten Seite, in Begleitung ihrer Frauen, in den Garten.

Die körperlichen Formen dieser unglücklichen Fürstin entsprachen zwar nicht den Forderungen ausgezeichneter Schönheit, — immerhin mochte sie aber neben der stolzen Rose 'als bescheidenes Veilchen blühen. Herbes Geschick hatte über das Wesen der jugendlichen Königin einen würdevollen Ernst ausgegossen. Von Stolz und Koketterie keine Spur. Ihre Bewegungen waren natürlich, ihr Gang beinahe feierlich. Die zarte, auffallend weiße Hautfarbe ähnelte jener der Lilie, und die in den Gesichtszügen zum Ausdruck gelangende Seelenreinheit, machte sie jener Blume noch ähnlicher. Ihr schlanker Wuchs bot selbst dem empfindlichsten Kritiker zum Tadel keine Veranlassung. Die ruhige Würde ihrer Haltung, die gemessene, durch eine klare Stimme vortheilhaft unterstützte Sprache, verbunden mit dem seelenvollen Auge, entsprachen vollkommen Berthas hohem Gange.

Langsam schritt sie durch die mit Rebzweigen dicht umrankte Laube, offenbar mit dem Rathe des Papstes beschäftigt. Sie begriff des heiligen Vaters fürsorgende

Klugheit. Dennoch enthielt sein Rath einen allzu schmerzlichen, die zartesten Saiten ihres weiblichen Gefühles verletzenden Schritt. Sie anerkannte Roms Vorsicht, seine Schonung des Königs, sein berechnetes Vorgehen. Allein nach ihrer Meinung hätte Abt Stephan, als Abgesandter des heiligen Vaters, auch ohne ihre persönliche Gegenwart dem beabsichtigten Versuche genügen mögen.

Hiebei übersah jedoch Bertha zwei wichtige, offenbar Roms Handlungsweise leitenden Beweggründe. Einmal würde den jähzornigen, auf seine königliche Würde eifersüchtigen, und auf den päpstlichen Stuhl stolz herabblickenden jugendlichen Herrscher, ein Befehl des Laterans gereizt und hartnäckiger gestimmt haben. Sodann gab die schnöde Zurückweisung der um Versöhnung bittenden Gattin, der römischen Curie eine gewichtige Waffe gegen Heinrichs Starrsinn in die Hand. Stephan errieth diese Beweggründe und deutete sie Bertha an. Schwer bedrängte Gemüther übersehen aber leicht Nothwendigkeiten, welche ruhig berechnender Verstand vorschreibt, und sind weit eher geneigt, der Sprache ihres Gefühles Gehör zu schenken.

Wenige Schritte von Gieselbert blieb die Fürstin sinnend stehen. Dieser hatte sich nämlich auf eine Bank niedergelassen, die zwischen blühenden Sträuchern und schwellenden Gebüschen verborgen stand. Hier gedachte er ebenso den Morgen zu verträumen, wie gestern die Stunden vor Mitternacht. Als er nun zufällig das Haupt erhob, und durch eine Lichtung des Strauchwerks die Frauengestalten bemerkte, ward er betroffen. Sein erster Gedanke trieb ihn, sich unbemerkt zurückzuziehen, wohl einsehend, daß er einen Ort betreten, der nicht Jedermann, und gewiß auch ihm nicht, offen stand. Allein die Oertlichkeit versperrte jeden Rückzug. Selbst die Mauer, an welche die Bank lehnte, konnte er nicht überspringen, ohne von den Frauen wahrgenommen zu werden. Er beschloß daher, sich ruhig zu verhalten, und bei der ersten schicklichen Gelegenheit die Flucht zu ergreifen.

Mittlerweile betrachtete Gieselbert die Königin genauer. Sie war ihm persönlich unbekannt, allein die würdevolle Haltung verrieth eine Person hohen Ranges, und ihr gedrücktes Wesen die Unglückliche, welche des Jünglings innige Theilnahme erregte.

„Ich kann Euch so nicht trauern sehen, gnädige Frau," begann eine der Kammerfrauen, als Bertha immer tiefer in trübes Nachsinnen versank. „Das Unglück wird nur unerträglicher, sobald man's Gran um Gran erwägt. Seid doch ganz unbesorgt! Der Vater zu Rom kennt die Kränkung Eures heiligen Rechtes. Er wird es wahren, trotz aller Einflüsterungen gottloser Rathgeber unseres Herrn, und trotz aller Waffenmacht des Königs."

Bertha seufzte tief auf.

„Ohne Zweifel, — der Papst wahrt mein Recht, und müßte er dabei zum furchtbaren Bannstrahle greifen. — O ich unglückliches Weib! Schrecklicher Gedanke, — gegen meines Gatten Haupt Roms heilige Macht herauszufordern."

„Für Euer Recht, aber nicht gegen Euren Gemahl streitet der Papst," sagte die Zofe. „Las nicht der ehrwürdige Abt aus dem Briefe, der von Rom kam:

„Herr Heinrich sei der Kirche liebster Sohn; Gott habe ihn auf den Leuchter des Königthums gestellt, dort müsse er durch seine Tugend glänzen?" Und weiter: „Beflecke Lasterthat des Königs Wandel, dann müsse die Kirche, als besorgte Mutter, strafend ihre Hand erheben, und Heinrichs jugendlich verirrten Sinn zum Guten kehren." — Ihr seht, gnädige Frau, nicht dem Fürsten droht der Bannfluch, sondern der Lasterthat. Kehrt er zur Pflicht des Christen und zur Würde des Königs zurück, ist unser Herr der Kirche liebster Sohn."

„Dein Urtheil ist einseitig, Eilike! sagte die Fürstin. Bei dir spricht kalter Verstand, aber nicht das Herz."

„Verzeiht, gnädige Frau, — gerade unsere Neigungen verleiten zur Einseitigkeit. O ich weiß, Ihr könnt ihm nicht gram sein, und würde er noch schmählicher Euch mißhandeln. Ihr liebt ihn, — Ihr vergöttert ihn! Ist mir's doch unbegreiflich, wie man Jemand lieben kann, der einem solches Leid zufügt!"

„An meiner Stelle würdest du sagen: ist mir's doch unbegreiflich, wie man ihn nicht lieben mag, trotz seiner Launen und Fehler!" sprach die jugendliche Monarchin, wobei leichtes Roth ihre Wangen färbte, und tiefsinnige Liebe ihre milden, sanften Züge verklärte. „Er ist des dritten Heinrichs Sohn, und erbte mit seines Vaters großen Eigenschaften auch einige seiner Fehler. Das ist Alles!"

„O ja, — Ihr wißt ihn immer zu entschuldigen."

„Man muß gerecht sein, Eilike! Sprich offen: ist er nicht großmüthig?"

„O gewiß!"

„Ziert ihn nicht königliche Freigebigkeit?"

„Man kann's nicht läugnen."

„Ist er nicht tapfer im Schlachtensturm und klug im Fürstenrathe?"

„Ihr sagt es ja, gnädige Frau."

„Ist er nicht männlich schön, — ein König in jeder Bewegung und Haltung?"

„Ohne Zweifel! — dürfte ich nur seine Fehler anmerken."

„Du würdest allenthalben zu schwarz sehen, Eilike; Du bist zu sehr gegen ihn eingenommen."

„Vielleicht in gleichem Maße, als Ihr für ihn eingenommen seid, gnädige Frau. Sagt, — wiegt die himmelschreiende Sünde gegen sein Weib nicht des Königs große Eigenschaften alle auf?"

„Hier wäre vorerst zu untersuchen, ob nicht seines Weibes Mängel ihn zur gerechten Klage trieben, — ob er nicht im Gewissen zur Trennung verbunden ist, — ob ihn diese Trennung nicht ebenso schmerzt, wie mich. Alle diese Punkte würden ihn vielleicht entschuldigen."

„O ja, — Ihr würdet Euch lieber selber verdammen, um nur ihn rein zu waschen," sagte Eilike mit verhaltenem Aerger. „Gottlob, daß wir beide nicht des Königs Richter sind. Am Ende möchten wir ihn gegen unser Gewissen freisprechen."

„Der heilige Vater zu Rom will sich niedersetzen, zum strengen Gerichte über den König," sagte die andere Zofe. „Eisiges Grauen schüttelte meine Glieder, als der ehrwürdige Abt vom Bannfluche sprach. Schrecklich ist's doch, aus der Christenheit hinaus gestoßen und dem Satan übergeben zu sein, wie St. Paul dem Blutschänder gethan."

„Schrecklich — doch gerecht!" meinte Eilike. „Der heilige Vater wäre Gottes sichtbarer Stellvertreter nicht auf Erden, duldete er an Königen und Fürsten solches Heidenleben. Was St. Paul ehedem gethan, muß der Papst heute noch thun. — Wer vertheidigte unserer Königin heiliges Recht, wenn nicht der Papst? Verschließt nicht Eigennutz und Furcht aller Fürsten Mund? Wer spricht für sie? Wer wagt ein freies, gerechtes Wort dem Könige gegenüber? Lernte sie nicht darben, wie eine Gefangene, — begegnete ihr nicht Haß und Verachtung, — ihr der Königin des mächtigsten Reiches auf Erden? Was hätte der großmüthige Gatte, nach der langen Reihe schwerer Leiden, noch beizufügen? O Rom — Rom, du Zuflucht niedergetretener Unschuld, erhebe dich zu Bann und Strafe!"

Die ziemlich bejahrte Zofe stand da wie eine zürnende Priesterin, indem sie mit geröteten Wangen und funkelnden Augen obige Worte ausrief. Bertha wandte sich schmerzlich ab, und eine heftige Bewegung unterdrückend, setzte sie ihren Gang fort.

Gieselbert verstand wörtlich diese Unterredung, und folgte ihr mit vielem Interresse. Er kannte Berthas Schicksal, oft hatte er darüber nachgesonnen, jedesmal packte es ihm die Brust, wie mit Geierkrallen und die Gluth des Zornes schlug in sein Gesicht. Nicht ohne Bewunderung betrachtete er jetzt die edelmüthige Fürstin, deren Liebe durch Heinrichs herzloses Verfahren unberührt blieb. Heimlich mußte er sich gestehen, daß er solchen Edelmuthes unfähig, nur mit Unwillen an seinen unversöhnlichen Verfolger denken könne.

Diese Betrachtung beschäftigste ihn, während die Frauengestalten langsam hinter einer Beugung der Laube verschwanden. Jetzt stand er rasch auf, stieg auf die Bank und mit der Hand den Spitzkamm der Mauer fassend, sprang er mit einem Satze über dieselbe hinab.

Der Markgraf hatte geraume Zeit den Garten verlassen, als Rupert, der Gastbruder, an der offenen Thüre desselben erschien. Am Eingange stehend, spähte er vorsichtig umher, und nachdem er sich überzeugt, daß Gieselbert, den er vor Abt Stephan bescheiden sollte, darin nicht weile, fuhr er fort, alle Räume der Herberge, der umliegenden Gärten und Anlagen zu durchsuchen. Jedoch vergebens. Nirgends fand er den Geächteten, und Niemand konnte ihm Aufschluß geben.

Rupert gerieth auf die Vermuthung, der Gast möchte die Abtei verlassen und seine Reise fortgesetzt haben. Er beschloß daher, jedes weitere Forschen einzustellen. Da berichtete ihm der heimkehrende frater bubulius — Ochsentreiber —; (denn Limburg hatte nicht blos seine Bäcker, Schneider, Weber, Tuchmacher, sondern auch seine Kuh= und Schweinhirten, Schäfer, Pflüger, Gärtner, nebst allen möglichen und nothwendigen Persönlichkeiten zur Bewirthschaftung der Güter,) — daß Gieselbert in der Nähe des Asylortes auf einem Felsen sitze.

Dorthin eilte der eifrige Bruder, und bald sah er den Markgrafen auf einem Steine sitzen, der mitten im Felde, zum fortwährenden Erinnerungszeichen an die ehemalige Wildniß, bemoost und verwettert aus der Erde ragte.

Der geächtete Markgraf trug weder Angriffs= noch Vertheidigungswaffen, und an Stelle des zerrissenen Waf=

fenrocks eine Kutte, die sich in Nichts von der Ordens=
tracht des heiligen Benediktus unterschied. Diese Ge=
wänder, jetzt nur von Mönchen getragen, bildeten da=
mals die gewöhnliche Haustracht der Männer. Der
katholischen Kirche, welche sogar äußere Formen zu ver=
ewigen scheint, gebührt das Verdienst, jene Gewänder
längst vergangener Jahrhunderte in der Mönchstracht,
bis auf den heutigen Tag, erhalten zu haben.

Das faltige, malerische Gewand kleidete den Jüng=
ling ganz vortrefflich. Selbst der gestrenge Abt Ro=
muald, der nur Solche in sein Kloster aufnahm, die,
bei erforderlichen sittlichen Eigenschaften, ohne alle kör=
perliche Gebrechen sich eines angenehmen Aeußeren er=
freuten, hätte gegen den schön gestalteten Gieselbert
nicht das Mindeste auszusetzen gehabt.

Die über Feld und Wald ausgebreitete tiefe Ruhe
schien den Geächteten in die gestrigen Träumereien ge=
wiegt zu haben. Sehnsüchtig blickte er auf den Bar=
denfels hinüber, dessen stolze Zinnen auf dem nahen
Bergkegel in der Morgensonne leuchteten. In der That
mochte das herrliche Grafenschloß einen höchst anzie=
henden Gegenstand für jugendlich frische und kriegeri=
sche Gemüther bilden.

Die Burg ruhte auf einem riesenhaften, die äußerste
Spitze des hohen Berges krönenden Felsblock. Finsteres
Tannengehölz umgab den Kegel, und leckte mit seinen
spitzigen, schwarzen Zungen am Felsen empor. Ohne
den freien Ausblick zu hindern, erhöhte der düstere Forst
nicht wenig den kühnen Ausdruck des ungemein festen
Grafensitzes. Gegen Osten hingen kleine Söller am
Gemäuer, deren runde Fensterscheiben freundlich in das

prächtige Rheinthal hinabblitzten. Um luftige Fenster kroch dunkelgrüner Epheu, kühn und verwegen bis zu den Zinnen hinaufkletternd. Der westliche Bergtheil lag in trüben Schatten, und trotziger stiegen hier die runden schlanken Thürme gegen Himmel.

Die Kühnheit dieses Adlersitzes mochte den Geächteten weniger beschäftigen, als dessen reizende Bewohnerin. Ein Gemisch von Sehnsucht, Hoffnung und Verzagen lag in Gieselberts Blick und Mienen. Unwillkürlich erinnerte er an die melancholische Geschichte jenes Kreuzfahrers, der unablässig auf das Kloster hinüberschaute, in welchem die Geliebte, aus Kummer über seinen falsch berichteten Tod, den Schleier genommen. Jahre lang sei der arme Ritter so dagesessen, bis man ihn todt auf der Stelle fand, im Tode noch das Angesicht dem Kloster zugekehrt.

Wahrscheinlich wäre auch Gieselbert in der angedeuteten Stellung länger verharrt, als es einem kalten Beobachter vernünftig schien, der niemals das leid- und wonnevolle Reich der Liebe kennen gelernt. Da wurde das Hinüberschauen und Hinübersehnen des flüchtigen Markgrafen in einer Weise unterbrochen, die einen grellen Mißton in die gefühlvolle Stimmung schleuderte.

Als nämlich Rupert näher kam, sah er an dem dunkeln, nicht weit von Gieselbert sich hinziehenden Waldsaume, Waffen durch das Geäst blitzen. Da eben keine Ordensbrüder im Walde Holz fällten, deren Aexten etwa jenes Schimmern entspringen mochte, schöpfte der kluge Bruder Verdacht. Seinen Argwohn steigerten dunkle Gestalten, die hinter den Baumstämmen bergauf schlichen,

ganz nach Jäger Art, wenn er das lagernde Wild er=
spähte und ihm beizukommen sucht. Die von Arnold
empfangene Kunde über des Gastes nähere Verhältnisse,
boten ihm glücklicher Weise den Schlüssel zur Lösung
des unheimlichen Vorganges.

Er verdoppelte seine Schritte, Gieselbert zu warnen.
Allein die Häscher mochten ihr Entdecktsein und Ruperts
Absichten errathen. Denn kaum eilte Letzterer in schnel=
lem Laufe heran, als vier Männer aus dem Gehölze
hervorbrachen, und gegen den nichts ahnenden Mark=
grafen losstürzten. Ohne Zweifel wäre dieser in ihre
Hand gefallen; der Gastbruder aber erhob ein so ge=
waltiges Geschrei, daß Gieselbert erschrocken aus seinen
Träumereien auffuhr.

„Herr Markgraf, seht Euch vor!" rief der Ordens=
mann. „Flieht, eilt! Lauft dorthin, gewinnt das
Asyl!"

Der Geächtete folgte der Warnung und rannte mit
ungemeiner Schnelligkeit davon. Des eigentlichen Grun=
des zur Flucht unbewußt, glich er einem Menschen, der
aus tiefem Schlafe aufgeweckt und zur schleunigen Flucht
gemahnt wird. Er hörte den schreienden Bruder, sah
dessen Bewegungen voll Angst und Bestürzung, und
hatte keine Ursache, der Warnung zu mißtrauen. Er
hatte den curtis grangiae, — einen ummauerten, durch
das Asyl gesicherten Ort, — bereits erreicht, bevor die
Häscher zum Standpunkte Ruperts gelangten.

„Was lärmst Du so, verdammter Mönch?" fuhr
einer der Bewaffneten jenen an. „Entwischt uns der
Geächtete, wird Dich der König an Deinem eigenen
Gürtel aufknüpfen lassen."

"Hätte alle Lust, dem Schreihals für immer das Maul zu stopen," sprach ein Anderer. "Doch — er trägt den Gürtel des gebenedeiten Benedikt, d'rum mag's ihm hingehen."

"Und was noch mehr sagen will," meinte ein Dritter, — "Bruder Rupert trägt den Kellerschlüssel, weshalb wir gute Freunde bleiben wollen. — Das Kopfgeld wird uns ohnedies nicht entgehen, — und da kommen unsere Herren, welche den Geächteten schon hinter jenen Mauern herausholen werden."

Volkbrand nahte mit großen Schritten. Es begleitete ihn ein Edelmann, dessen schmächtiges Wesen, neben der stark gebauten Gestalt des kriegerischen Herrn, sich keineswegs vortheilhaft ausnahm. Bleiche Gesichtszüge, listig schielende Aeuglein, und der spöttische, stets den Mund umschwebende Zug, empfahlen den Fremden schlecht.

"Ihr habt 'ne vortreffliche Stimme, Bruder Schlüßelbund," meinte Volkbrand. "Nur Schade, daß Ihr selbe im Waffenlärm nicht könnt hören lassen, wo Lanzenkrachen und Schwertschläge schon solches Gebrüll erforderte, um eine tüchtige Herausforderung anzubringen."

Hezel, Volkbrands verschmitzter Begleiter, hatte mittlerweile den Kriegsleuten befohlen, den Asylort zu bewachen, damit der Geächtete nicht entrinne. Zugleich winkte er in das Thal hinab, wo jetzt der kleine, zur Gefangennehmung Gieselberts abgesonderte Troß, zum Vorscheine kam. Auf den erhaltenen Wink zog der Trupp den Klosterberg hinauf.

Höhnischen Blickes musterte Hezel den Gastbruder.

„Seid Ihr etwa ein Begünstiger von Missethätern und Geächteten?" fragte er in beißendem Tone. „Hoffentlich steht hievon nichts in Euren Gelübden."

„Dies gerade nicht!" sprach Rupert, sichtbar verletzt über des Fremden Hohn. „Wohl aber gebietet Vernunft und Menschlichkeit, Jene zu warnen, die wehrlos hinterlistigen Angriffen ausgesetzt sind."

Hezel beantwortete des Gastbrubers Freimüthigkeit mit einem stechenden, verächtlichen Blicke, dann sprach er im Tone des Befehles:

„Jetzt nimm deine Beine zusammen und rufe den Abt Stephan hieher. Bedeute ihm, es seien Abgesandte des Königs da, welche ein Wörtchen mit seiner Heiligkeit zu reden hätten."

Rupert sah mit großen Augen den Sprecher an, über den wegwerfenden Ton entrüstet, mit dem von seinem hochgeschätzten Obern gesprochen wurde. Er eilte fort, mehr in der Absicht, den Prälaten zum Schutze des bedrohten Gastes anzurufen, als aus Bereitwilligkeit, des Fremden Weisung zu vollziehen.

„Der Abt wird uns zu schaffen machen," meinte Volkbrand. „Er stammt aus dem Geschlechte der Schyren, und die sind d'rauf versessen, aller Welt zu trotzen, wenn's Rechte und Freiheiten zu verfechten gilt."

„Hm — des Mönches Trotz und Weigern möchte gerade nichts schaden," bemerkte Hezel obenhin, schlug die Arme übereinander und schaute im finstern Sinnen gegen das Kloster.

„Nichts schaden?" widersprach Volkbrand. „Glaubt Ihr, ich hätte meine Hunde schon vergessen? Die linke Tatze meines Hektor wiegt allein schon die rechte Hand eines Geächteten auf, — und jener elende Mörder soll ungestraft entkommen?"

„Davon ist keine Rede," entgegnete der Andere. „Hoffentlich werdet Ihr aber nichts entgegen haben, wenn dieser Handel irgend einem Freunde unseres Herrn zur Abtswürde verhilft."

Volkbrand, ein Herr von schwacher Fassungskraft, verstand nicht den angedeuteten Zusammenhang mit dem nächsten Zwecke, der sie nach Limburg führte. Aber das zurückhaltende, düstere Wesen seines Gefährten verhinderte ihn, um nähern Aufschluß zu bitten. Während er den Ort im Auge behielt, wohin Gieselbert geflüchtet, versank Hezel immer tiefer in Nachsinnen, vielleicht das Gewebe weiter ausspinnend, welches die berührte Entfernung Stephans bezweckte.

Dieser Prälat war nämlich des Königs nächster Umgebung ungemein verhaßt. Man scheute dessen strengen Wandel, man beugte sich vor seinem überlegenen Geiste und fürchtete seine enge Verbindung mit Rom. Die kürzlich ergangene Aufforderung des päpstlichen Stuhles an König Heinrich, einige Vertraute, deren Ausschweifungen und schlimme Rathschläge den Fürsten mißleiteten, von seinem Hoflager zu entfernen, schrieb man Stephans beschwerender Darstellung zu. Hezel, der Kämmerer, gehörte aber vor Allen zu diesen mißliebigen Personen. Man brauchte nur in dieses schlaue, verschmitzte Gesicht zu blicken, um einen jener Bösewichte zu erkennen, die am wenigsten das Vertrauen der Fürsten erschleichen sollten. Längst schon suchte Hezel des Abtes Sturz und Verderben. Jetzt glaubte er, eine schickliche Gelegenheit gefunden zu haben.

„Eben kommt der Abt," sagte Volkbrand, als Stephan, von einigen Mönchen umgeben, in geringer Entfernung erschien. „Nehmt Euch ja zusammen! Dem Abt ist nicht gut beikommen; am Ende streicht er das Asylrecht dermaßen heraus, daß ich ihm selber beistimmen muß. Aber ich will an meine Hunde denken, — meine Ohren verschließen, und am Panzer meines Zornes alle Gründe abprallen lassen."

Damit zog der rauhe Edelmann sein ohnedies hartes, bärbeißiges Gesicht noch mürrischer zusammen, stützte den Ellbogen auf den Schwertknauf, stemmte die Linke in die Seite, warf den Kopf zurück und verrieth zuletzt durch alle diese Zeichen des Trotzes seine Scheu, dem Abte in dieser Lage zu begegnen. Während so Volkbrand einem Hunde ähnelte, der knurrend dem herannahenden Feinde die Zähne zeigt, aber dennoch Miene macht, bei ernstlichem Widerstande davon zu laufen, glich der Kämmerer einer Schlange, die züngelnd und sich in drohenden Krümmungen windend, die klugen, giftigen Aeuglein auf das Opfer ihrer List gerichtet hält.

„Daß er herauskommt!" murmelte Hezel ärgerlich vor sich hin. „Die Einladung war doch gerade nicht höflich! Jetzt braucht er nur des Königs Willen sich zu fügen, und abermals ist mir der schlaue Pfaff entwischt." — „Verzeiht, Herr Abt," — begann der geschmeidige Höfling mit einer streng abgemessenen Verbeugung, „daß ich hieher Euch einlud, statt Sitte und Anstand gemäß, Eure Hochwürden zu besuchen."

„Keine Entschuldigung, Herr Kämmerer!" unterbrach ihn Stephan. „Ihr kommt im Namen unseres Herrn des Königs, und der Diener darf nicht rechten, in welcher Weise sein Herr ihn ruft."

Indem er so sprach, ruhte sein geistreiches, durchbringendes Auge auf dem Höfling, dessen hinterlistiges, heimtückisches Wesen, im Gegensatze zu Stephans unaussprechlicher Hoheit und natürlicher Würde, noch stärker hervortrat. Ueberhaupt schien der Prälat durchaus nicht dieselbe Person mit dem vorigen anspruchslosen Almosenvertheiler. Seine ganze Erscheinung, voll Hoheit und Kraft, rechtfertigte die Scheu, mit welcher Volkbrand dem Abte entgegengesehen.

"Eure Hochachtung gegen unsern Herrn, verbürgt zum Voraus den besten Erfolg meiner Sendung," sprach Hezel. "Um so ungereimter scheint es darum, Herr Abt, wenn Ihr des Königs geächteten Feind beherbergt, — ich meine, den ehemaligen Markgrafen Gieselbert;" er lächelte hämisch und sah mit herausforderndem Spotte dem Prälaten in das ruhige Gesicht.

"Markgraf Gieselbert befindet sich seit gestern hier," sagte Stephan. "Eben erst erhielt ich davon Kunde, was mir deshalb leid ist, Herr Kämmerer, weil mein Nichtwissen es verhinderte, daß unser Gast nach Stand und Rang beherbergt wurde."

"Ei, — dies klingt ja fast noch ungereimter „„nach Stand und Rang beherbergen!"" — that Hezel erstaunt, kaum vermögend die Schadenfreude zu verbergen, wie Jemand, der eben die unverhoffte Nachricht von der gefährlichen Lage eines Todfeindes erhielt. — "Wißt, Herr Abt, daß Ihr des Königs Gunst durch solche Gesinnung schlecht verdient. Schwerlich werdet Ihr das

Versäumte durch schleunige Herausgabe des Geächteten verbessern können."

„Die Unverständlichkeit Eurer Rede, Herr Kämmerer, übersteigt fast noch Eure Höflichkeit," entgegnete Stephan, nicht ohne Unwillen über die Ungezogenheit. „Ist die Auslieferung meines Gastes der Zweck Eurer Botschaft, so sprecht dies ohne alle Nebenbemerkungen aus, und empfangt dafür jene Entscheidung, die ich geben muß."

„Eure Weisheit lehrt mich bündig sprechen," versetzte das Männlein giftigen Blickes. „Allerdings — die Herausgabe des Geächteten ist der Zweck meiner Sendung. — Hütet Euch, Herr Abt, des Königs Befehl nicht pünktlich zu vollziehen!"

„Natürlich — versteht sich, damit der Markgraf schnell einen Strick um den Hals bekommt," sagte Arnold, der sich unberufen eingefunden und nicht mit der freundlichsten Miene bisher den Höfling betrachtet hatte. „Oder soll er keinen Strick um den Hals haben? Wollt Ihr ihm die Augen ausbrennen, — die Ohren abschneiden, bester Hezel? Das Verstümmeln ist ja ein Geschäft, an dem Ihr besondere Lust habt."

Stephans Wink brachte den Alten zum Schweigen, und dieser hatte es im Gelübde des Gehorsams wenigstens so weit gebracht, empörende Gefühle mit höchst saurer Miene zu verschlucken, wenn er auch nicht derselben vollständig Meister war.

„Unmögliches verlangt Ihr!" entgegnete der Prälat. „Gieselbert macht Gebrauch vom Asylrechte Limburgs. Es steht weder in meiner Macht, dieses Recht ihm zu wehren, noch weniger aber in meinem Willen, ihn dem Asyl gewaltsam entreißen zu lassen."

„Obwohl es der König befiehlt?" horchte der Höfling mit Entzücken.

„Der Edelsinn unseres Herrn, — noch mehr seine Gerechtigkeit, verdammt solches Verlangen," lautete Stephans Antwort. „Nur schwere Verbrecher, wohin Gieselbert offenbar nicht gehört, haben kein Recht auf das Asyl. Dazu besagen die Satzungen ausdrücklich, daß bei Spaltungen und Fehden im Reiche, Glieder des unterliegenden Theiles Schutz und Zuflucht im curtis grangiae finden müßten. Dieser Fall trifft hier ein."

„Gut, — der König soll von Eurer scharfsinnigen Deutung Kenntniß haben," sagte Hezel. „Aber seht Euch vor, Herr Abt, daß Ihr die gewaltigen Folgen königlichen Zornes nicht beklagen müßt."

„Ihr kennt meine Pflicht, Herr Kämmerer!" entgegnete der Abt mit fester Entschlossenheit. „Meldet unserm Herrn die Ursache meiner Weigerung, — aber ohne alle Entstellung. Ich bin überzeugt, daß sein Edelmuth mit dem Erfolg der Probe zufrieden ist, die er meiner Pflichttreue stellte. — Bevor Ihr geht, seid uns zu Limburg willkommen und zum Imbiß eingeladen."

„Allen Dank, Herr Abt! Leute meines Schlages" — und Hezel lächelte höhnisch, — „die zu Rom in üblem Geruche stehen, könnten Eure heiligen Mauern entweihen. Indessen soll, Eurer Pflicht zum Trotz, meines Herrn Befehl dennoch vollzogen werden."

Damit schritt er dem Asylorte zu, während Stephan ihm nachsah, mehr erstaunt, als entrüstet, über das ungemessene Benehmen des übermüthigen Höflings.

Der Geächtete stand in Mitte des ummauerten Platzes, in ängstlicher Spannung den Erfolg erwartend. Sein Schicksal war ihm nicht verborgen, wenn er in Heinrichs Hände fiel; denn laut genug schrieen des Königs schreckliche Thaten der Rachsucht durch das Reich. Ebenso erkannte er die gefährliche Lage des Abtes, in die ihn seine Beschützung verwickelte. Schon war Gieselbert im Begriffe, freiwillig auf das Asylrecht zu verzichten. Da fiel sein Blick auf Bardenfels, und sein Vorsatz wurde durch die Liebe zum Leben erschüttert.

„Gesellen — greift den Geächteten!" befahl Hezel herantretend.

Die Waffenleute stießen das angelehnte Thor auf, welches bei der niedern, leicht zu überspringenden Mauer doch keinen Schutz gewährte. Vorsichtig nahten sie Gieselbert, heftigen Widerstand erwartend. Dieser schien sich in das unabwendbare Geschick zu ergeben, und machte keine Bewegung zur Vertheidigung.

„Nein, — binden lasse ich mich nicht!" rief er, dem Knechte die Stricke entreißend, womit sie ihn fesseln wollten. „Hunde bindet man, nicht aber den freigebornen Mann."

Damit zerriß er die Stricke und schleuderte sie weit weg.

„Ihr seid nicht klug!" tadelte einer der Bewaffneten. „Heute oder Morgen muß ja doch Euer Hals mit dem Stricke Bekanntschaft machen, — drum sollet Ihr keine solche Scheu vor dem Ding haben."

„Bindet ihn fest, sage ich!" befahl Hezel. „Seid ihr Waffenleute, die keinen Wehrlosen zu bemeistern wissen?"

Die rauhen Kriegsknechte, durch diese Aufforderung beschämt und zugleich gereizt, legten Gewalt an, und suchten den sich Sträubenden zu binden. Es entstand ein gewaltiges Ringen. Die außerordentliche Stärke des Markgrafen ließ die vier Waffenleute nicht zum Ziele gelangen.

„Ein prächtiger Ringkampf," lobte Volkbrand. „Meine Hunde können sich wenigstens rühmen, von einem wackern Degen erschlagen worden zu sein. Hei, — wie die Burschen auf dem Boden herumkollern, — ich muß ihnen wohl zu Hilfe kommen."

In diesem Augenblicke erschien der Abt.

„Zurück!" erhob er gebieterisch Hand und Stimme. „Beim Bann unserer heiligen Kirche und bei des Reiches Acht, wage es Keiner, das Asyl zu verletzen."

Die Bewaffneten wichen scheu zurück, hinter Hezels Rücken. Dort standen sie betroffen, wie eine Rotte erschreckter Wölfe, und sahen entmuthigt auf die hehre Gestalt des zürnenden Mannes.

„Ihr, Herr Markgraf, habt die Güte, mir zu folgen." Damit griff er den Jüngling beim Arm, führte ihn aus dem Asyl, und schlug den Weg gegen das Kloster ein.

Alles dies war das Werk eines Augenblickes. Des Kämmerers erhobene Einsprache blieb ebenso unbeachtet, wie sein Befehl an die Krieger, Gieselbert fest zu nehmen.

„O ihr Memmen! Vor den Blicken eines Mönches zittert ihr? schalt er. Schon gut! der stolze Pfaff soll sich den Strick nur fester gedreht haben."

Des Königs Hoflager.

Der königliche Weiler Hainfelden, wohin die Edelleute mit ihrem Gefolge zurückkehrten, lag kaum drei Stunden von Limburg entfernt. Der Ursprung dieses Ortes wird von den Chronikschreibern verschieden angegeben. Nach Einigen brachten in grauer Vorzeit die Germanen an der nämlichen Stelle feierliche Götzenopfer, wo jetzt die alte Kaiserburg, stolz und trotzig, emporstrebte. Nach Anderen verdankte Hainfelden sein Entstehen römischen Niederlassungen. Der graue Thurm, an der östlichen Seite des Berges, sei der letzte Ueberrest der ehemaligen Römerburg. Vielleicht sind beide Annahmen richtig. Unseren heidnischen Vorfahren mochte jene Oertlichkeit um der finstern, jetzt noch theilweise vorhandenen Eichenwälder willen, geheiligt sein. Den kriegskundigen Römern dünkte dagegen der steile Hügel, mitten aus der Ebene plötzlich hervorragend, zur Anlage von Festungswerken geeignet.

Sächsische Kaiser waren die Erbauer des gegenwärtigen Schlosses. Auf der Spitze des Berges gelegen, stieg das trotzige Gemäuer, in der Einförmigkeit des Flachlandes, gewaltig und kühn in die Lüfte. Jene kriegerische Zeit umzog die Wohnung jedes freien Mannes mit Wall und Graben, — kein Wunder darum, wenn die kaiserliche Pfalz stark befestigt war. Ein länglliches Viereck bildend, bot das weitläufige Gebäude

Raum genug, den Fürsten nebst seinem Gefolge zu fassen. Um das Schloß lief eine Mauer, deren Festigkeit Jahrhunderten trotzte. An verschiedenen Stellen sprangen runde Thürme mit Mauerkronen aus der Umfassungsmauer hervor. Auf der Zinne des mittleren, vom finster gähnenden Burgthore durchbrochenen Thurmes, wogte an hohem Maste des Saliers Banner majestätisch im Winde, — stolz mahnend an die Gegenwart des mächtigsten Herrn der Erde.

In geringer Entfernung von der Königsburg, zwischen schattigen Bäumen halb versteckt, trauerten die grauen, verwetterten Umrisse des erwähnten Römerthurmes. Manchmal tauchte hinter Eisenstäben ein bleiches Gesicht auf, ein Umstand, welcher des Heidenthurmes gegenwärtige Benützung verrieth.

In gleicher Linie mit dem Burgthore lief ein breiter Sandweg den Berg herab, zu beiden Seiten mit schattigen Bäumen besetzt. Den übrigen Theil der Anhöhe bedeckten Weinberge, durch Baumgruppen und Buschwerk anmuthig unterbrochen. Um den Fuß der Anhöhe herum zogen 'in weitem Kreise zahlreiche Gebäude, zur Aufnahme jener Herren, die etwa des Königs Hoflager besuchten.

„Ah — seht, der lustige Bischof von Speyer ist wieder da!" rief Volkbrand freudig überrascht, auf ein Gebäude hindeutend, dem sie eben nahten.

Aus den offen stehenden Fenstern schallte verworrener Lärm aufgelegter Zecher, vermischt mit den Klängen eines Saiteninstrumentes.

„So ist's recht, auch den Fiedler brachten sie mit!" lobte Volkbrand. „Hätte Lust, hier gleich abzusteigen;

— meine Hunde sind doch einmal todt, und ich kann für sie nichts weiter thun, als meine Grillen in Wein ersäufen."

„Diese Todtenfeier gereicht Euren Hunden und Euch zur gemeinsamen Ehre," spöttelte Hezel. — „Steigt immerhin ab, wo es Euch beliebt. Ohnedies wird Heinz mit dem Bischof beim Würfeln sitzen, kaum geneigt, unsere Botschaft anzuhören."

„Vollkommen wahr, bestätigte Volkbrand," das Pferd anhaltend und sehnsüchtige Blicke hinüberwerfend. „Den König und den Bischof juckt's ebenso zum Würfeln, sobald sie zusammenkommen, als es mich zum Trinken reizt, wenn ich Weinkrüge klirren höre."

Damit warf er einem Knechte die Zügel hin und eilte in das Haus. Bei Volkbrands Eintritt rauschte lärmender Beifall durch die Fenster, zum Beweise, wie angenehm der Gast den Zech= und Waffenbrüdern kam.

„Schwachsinniger Mensch!" sprach Hezel verächtlich vor sich hin. „Beim Klange der Gläser vergißt er den Gegenstand seiner Neigung und ersäuft im Weine jedes geistige Streben. Zeit und Stellung muß man besser benützen. — Doch ist die Ordnung gerade nicht so übel! Für kleine Geister gibt es Humpen, Würfel, Dirnen und dergleichen Liebhabereien, an denen die Leutchen naschen, indeß Geister eblern Schlages das vorgesteckte Ziel verfolgen."

Am Fuße des Berges angelangt, wo die Straße zur Burg emporführt, entließ der Kämmerer das Gefolge, und ritt langsam, im Schatten der Bäume, die Anhöhe hinauf.

Bei Hezels Nahen stand das Burgthor weit offen, und in tiefer Ruhe ragten die trotzigen Mauern. Keine Spur jenes bunten Hoflebens, mit welchem die Kaiser sich umgaben, keine schimmernden Rüstungen und reich verbrämten Gewänder edler Herren. Nicht einmal eine Schildwache war zu erblicken. Dennoch enthielt der geräumige Schloßhof eine Gruppe, die fesselte und Aufmerksamkeit erzwang.

Eine verwetterte greise Eiche breitete das spärliche Laubwerk über eine große Steinplatte. Diese ruhte auf vier Steinblöcken, und konnte so zur Noth einen Tisch vorstellen. Das roh zusammengefügte Gestein war vom Regen ausgewaschen, und wies auf Zeiten hin, deren wildes Ungestüm das Christenthum noch nicht gezähmt hatte. Der Sage nach diente die Platte ehedem den Heiden zum Altare, manches Menschenopfer soll sie befleckt haben. Um den Tisch herum zogen Steinbänke, durch ihre groben Formen würdige Seitenstücke zur aufgestellten Reliquie des Götzendienstes.

An diesem Tische saß in tiefem Schweigen ein ernster Männerkreis. Täuschte nicht der Schein, so gehörten sämmtliche Glieder dieser schweigsamen Tafelrunde den höchsten Ständen an. Einer von ihnen führte offenbar den Bischofsstab; dies verrieth das violette Prachtgewand, sowie der Bischofsring an seinem Finger. Die Uebrigen trugen kostbare, mit Hermelin und Marderpelz verbrämte Waffenröcke, unter deren Faltenschlag die silbernen Schuppen der Kettenrüstung hervorschimmerten. Die Schwerter mit sehr breiter Klinge standen vor ihnen auf dem Boden, und ragten mit den Kreuzgriffen eine Spanne über den Tisch. Würde und Mannes=

kraft lag in ihren ausdrucksvollen Gesichtern. Aber den hervorstechenden Adel ihrer Züge trübten bittere Empfindungen und schneidende Kränkung. Hie und da blitzte es drohend aus dem ruhigen Blicke der Männer, wenn sie gegen das Schloß hinsahen. Das hartnäckige, düstere Schweigen, das Unpassende des Ortes für eine solche Versammlung, dazu eine gewisse, mit ihrem Stolze ringende gedrückte Lage, erinnerte lebhaft an jene verwünschten Recken der Sage, welche durch Zauberspruch an Otto des Rothen Tisch festgebannt sind.

Am nahen Thorpfosten lehnte ein Bewaffneter, nachlässig auf das zweihändige Schwert gestützt, wie es die Sachsen führten, und wodurch sie in der Schlacht einen so furchtbaren Namen sich erworben hatten. Er horchte zum Geäst der Bäume empor, durch deren Kronen feierliches Rauschen zog, ganz in Uebereinstimmung mit der tiefen Ruhe umher und dem ernsten Verhalten der geheimnißvollen Tafelrunde.

Hufschlag dröhnte über die Brücke und Hezel ritt in den Schloßhof. Wenige Schritte vom Bewaffneten stieg er ab.

„Führe meinen Gaul in den Stall!" befahl der Kämmerer, jenem den Zügel hinwerfend.

Der Angeredete verharrte in der nachlässigen Stellung.

„Wird's bald, — sächsischer Lümmel?" zürnte Hezel.

Der Krieger blieb regungslos. Aber sein Angesicht überströmte dunkle Gluth, und sein Auge schoß Blitze auf den Höfling.

„Seid Ihr zu stolz, Herr Sachse, solchen Dienst Eures Königs Kämmerer zu erweisen?" rief dieser verletzt und nicht ohne Spott. „Schon gut! Es gibt Mittel,

Euren starren Nacken zu beugen. Wartet nur," — drohte er und begann, das Pferd an einen Ring des Thores zu binden.

„Was habt Ihr mit meinem Dienstmann?" fragte eine männliche Stimme.

Als Hezel sich umwandte, stand ihm eine sieben Fuß hohe Gestalt gegenüber, deren stolze Haltung selbst des Kämmerers Achtung erzwang.

Eine breite, strenge Stirne, — kühne helle Augen, trotzig über der gekrümmten Habichtsnase 'in die Welt hinausschauend, volle sprechende Lippen, und ein der Größe entsprechender kräftiger Bau, kennzeichneten den berühmten Sachsenherzog Otto, den Nordheimer.

Auf Ottos gemessene Anfrage fuhr Hezel fort, das Pferd vollends fest zu binden, ohne des Herzogs Gegenwart zu berücksichtigen.

„Ich dächte, der Nordheimer wäre Eurer Antwort werth," sprach dieser verletzt. „Nochmals, — weßhalb beschimpft Ihr meinen Dienstmann, Herr Kämmerer?"

„Soll ich etwa Genugthuung leisten für den Schimpf?" grinste der Höfling.

„Allerdings, wenn er's verlangt und Ihr dazu den Muth habt," versetzte der Herzog.

„Einen dritten Fall habt Ihr vergessen, bester Herzog," lachte der Kämmerer höhnisch.

„Der wäre?"

„Wenn ich's der Mühe werth halte, dem sächsischen Knechte Genugthuung zu leisten. — Nicht übel, müßte des Königs Kämmerer des Herzogs Troßbuben Rede stehen!"

Bei dieser neuen Kränkung sprang der bisher theilnahmslos scheinende Sachse ergrimmt auf Hezel los. Der Nordheimer gebot Ruhe.

„Langsam Einhard!" wehrte er. „Ihr, Herr Kämmerer, vergeht Euch schwer gegen alle Rittersitte. Einhard ist eben so adelig geboren, wie Ihr, nur sollte bäurisches Betragen Euren Adel nicht beschimpfen."

„Ha — ha!" lachte Hezel. „Ihr Sachsen seid doch verteufelt eingebildete Leute! Schon sechs Tage erbettelt Ihr vergebens Gehör beim Könige, — lagert gleich unsern Schweißhunden im Hofe umher, — kein Mensch kümmert sich um Euch, und noch immer habt Ihr keinen Begriff Eures wirklichen Werthes."

Schnell enteilte der Höfling, rechtzeitig schwerer Züchtigung entgehend, welche diesmal Otto, allem Anscheine nach, nicht würde verhindert haben. Denn sein Auge blitzte licht auf und Zornesflammen machten sein Angesicht erglühen. Doch sprach er kein Wort, ruhigen Schrittes zu den Gefährten am Tische zurückkehrend. Hezels beschimpfende Aeußerung hatte tief verletzt.

„Habt Ihr's gehört?" rief Markgraf Ludolf wild auffahrend. „Fast stündlich neue Beschimpfungen, neu erdachter Hohn! Oder wollt Ihr auch dies entschuldigen, Herr Bischof?"

Bischof Wezel von Magdeburg, ein gelehrter, für seines Volkes Freiheit begeisterter Herr, und darum beim Könige besonders verhaßt, hatte allein ruhige Gleichmuth bewahrt. Ludolfs heftige Ansprache brachte ihn keineswegs außer Fassung.

„Selbst die Frechheit dieser Höflinge darf unsere Ausdauer nicht ermüden," sagte er gelassen. „Ewig Schade, daß ein Mann von Heinrichs natürlichen Vorzügen, solchen Elenden Gehör schenkt. Sie allein vergiften des Königs Sinn gegen unser Volk, sie allein treiben ihn zu Handlungen, die nicht minder unsere Freiheiten und Rechte beeinträchtigen, als seine Würde."

„Schlimme Entschuldigung!" warf Otto strenge hin. „Am Hofe trefflicher Fürsten müssen Schurken wenigstens den Schafspelz umziehen, — doch hier führen sie das große Wort."

„Schmähliche Behandlung!" zürnte Ludolf. „Gleich hörigen Knechten lagern wir seit sechs Tagen hier im Hofe, des Königs gnädigem Winke harrend, — wir die freien Fürsten eines freien Volkes!"

„Bis unsere Beharrlichkeit zuletzt den Sieg erlangt," fiel der Bischof begütigend dazwischen. „Heinrich wird die Fundgrube seiner Entschuldigungen erschöpfen und endlich unsere Klagen anhören müssen."

„Nein, — Herr Bischof, — nein, die Sache geht zu weit!" sprach der Nordheimer. „Eurem heiligen Stande mag's anstehn, groben Schimpf schweigend zu ertragen; uns aber bringt der Spott dieses zuchtlosen Hofgesindels keine Ehre. Der Salier kennt unseres Landes Knechtung, — lud er ja selbst ihm Joch und Ketten auf! Zur gütlichen Vorstellung sind wir hergeritten, — und er benützt jede Gelegenheit, zur alten Schmach neuen Schimpf zu fügen. Warten wir bis zum Abend auch heute umsonst, ziehen wir Morgen heim zur Rüstung. Vergebens ließ er uns warten, er soll uns nicht vergebens kämpfen sehen."

„Zur Hälfte stimme ich Eurem Vorschlage bei!" sagte Udo der Markgraf, ein kluger, kriegserfahrener Herr. „Wir ziehen heim — gut! Vorerst aber sei unsere Sache dem Spruche des Mainzer Fürstentages überlassen. Das Sachsenschwert ist jederzeit schlagfertig, und sollte erst gezückt werden, nachdem alle gütlichen Versuche fruchtlos geblieben. Alles Blut komme dann über Jene, deren Gerechtigkeit durch Waffengewalt erzwungen werden mußte."

Udos Meinung fand Beifall im Fürstenkreise, wenigstens wurde ihr nicht widersprochen. Herzog Otto nahm den alten Platz wieder ein. Obwohl mit keiner Silbe Heinrichs schnöder Behandlung ferner Erwähnung geschah, klagte die verächtlich in den Hof hinuntergestoßene fürstliche Tafelrunde den König doch lebhafter an, als es die bittersten Vorwürfe vermochten.

Hezel erreichte mittlerweile seine Kammer, die nur durch wenige Zimmer von den königlichen Gemächern getrennt war. Beim Eintritte fand er den Böhmen Boleslav. Düsteren Angesichtes, mit überschlagenen Armen, und hängenden Kopfes schritt dieser im Zimmer auf und nieder, — offenbar über finsteren Planen brütend. Denn Boleslav war mehr Bösewicht in Folge heftiger Gemüthsbewegung, indeß Hezel mit kalter Besonnenheit zu Werke ging. Boleslav war ein menschlicher, Hezel ein teuflischer Bösewicht.

Natürlich verknüpft Leute solchen Schlages nicht das edle Band wahrer Freundschaft. Dennoch hielten Beide enge zusammen. Ihrer Bereitwilligkeit, Heinrichs Ausschweifungen zu dienen, dessen simonistische Händel zu betreiben, und durch gewissenlosen, schlauen

Rath wichtige Reichsangelegenheiten zu verwirren, erwarb ihnen des Königs Gunst. Hiebei stand Boleslav vorzugsweise im Dienste der Ausschweifung. Er kuppelte — er spürte lockende, seines Herrn gierige Sinneslust reizende Formen auf. Hezel dagegen gehörte die andere Hälfte des Saliers. Des Fürsten Zügellosigkeit verschlang bedeutende Geldsummen, — der Kämmerer schaffte sie herbei, durch Verkauf erledigter Pfründen. Er schmeichelte Heinrichs Stolz, steigerte durch giftige Einflüsterungen den Haß gegen das Kirchenoberhaupt, dessen mahnendes Wort immer nachdrucksvoller gegen die abschüssige Regierungsweise sich erhob. Auf Hezels Rath, sollen auch im Sachsenlande die Zwingburgen entstanden sein, durch fortgesetzte Neckereien und Bedrückungen das Volk zu offener Empörung zu reizen, und es dann mit Waffengewalt niederzuwerfen.

„Ah — seid Ihr's, mein lieber Boleslav!" rief jetzt der Kämmerer, beinahe im Tone aufrichtiger Freude. „Warum so mißvergnügt? Hat Heinz ein Bischen zu wohlfeil losgeschlagen, — oder ist Euch das Liebchen untreu geworden?"

Hezels letzte Worte entstellten des Böhmen Gesicht zur höllischen Grimasse, und sein unheimlich Auge blitzte noch drohender auf.

„Kleinigkeiten!" sprach er ausweichend. — „Liegt der Geächtete in Haft? Man muß keine Umstände machen und ihn gleich hängen lassen, — zum abschreckenden Beispiele aller Empörer."

„Höchst gütig!" lachte Hezel. „Strang und Henkerbeil werden zu Ehren kommen, so Ihr lange am Ruder bleibt! Unglücklicherweise ist Abt Stephan anderer Ansicht. Bann und Fluch wird er nicht sparen, wenn wir Miene machen, ihm den Schützling zu entreißen."

„Der Abt? Was soll der?"

„Nun ja, — der Abt schickt mich leer heim, und läßt Herrn Gieselbert an Limburgs Weinkeller sich gütlich thun."

„Beim Teufel, — und dieß Alles sagt Ihr mit lachendem Munde? Ich verstehe Euch nicht!"

„Möglich Freundchen!" lächelte der Andere boshaft. „Gib Acht, ich will das Räthsel Dir entziffern, und Euer wohlmeinend Herz müßte erstorben sein, belustigte Euch der Handel nicht eben so, wie mich."

Er rückte einen Stuhl heran, setzte sich nieder, und während Boleslav in gespannter Erwartung vor ihm stand, begann Hezel, mit befriedigter Miene und gemessenem Tone, seine Auseinandersetzung.

„Gieselbert genießt Limburgs Asylrecht, — der König fordert die Auslieferung des Geächteten, — Stephan hält es für Pflicht, das Asyl zu wahren, dem königlichen Willen zum Trotz, — den König wird des Abtes Frechheit in Wuth versetzen, — der Abt aber ist der Mann, welcher am römischen Hofe so wacker für uns thätig ist. — Verstehst Du jetzt, Freundchen, weßhalb ich so unbegreiflich lustig bin?"

„Ha, — ich verstehe!" that der Böhme überrascht. „Glück auf, — des Mönches Stunde hat geschlagen!"

„Ja wohl, — und Heinrichs Schatzkammer ist um eine fette Abtei reicher geworden," meinte der Kämmerer.

„Vortrefflich, — Alles fügt sich nach Wunsch!" rief Boleslav, nachdem er einen Gang durch das Zimmer gethan. „Graf Raymund ist Limburgs Schirmvogt," und der Böhme rieb vergnügt die Hände.

Mit der Miene fragenden Staunens schaute ihm der Andere in das boshafte Gesicht.

„Ist nun das Verwundern an Dir — he?" lachte der Marschalk in rachsüchtigem Entzücken. „Ihr sollt Euch noch mehr verwundern, Herr Kämmerer, doch laßt mich kurz sein. — Ihr wißt, ich war in Ethelindens Lärvchen vernarrt! Heute warb ich in aller Form um ihre Hand, — der Alte wies mich schimpflich ab," und Boleslav kniff die Lippen zusammen und schaute unverwandten, funkelnden Blickes dem Andern in's Gesicht.

„Ein wahres Glückskind seid Ihr doch," rühmte Hezel; „auf solche Beschimpfung gleich solche vortreffliche Gelegenheit zur Rache, — ja, das ist mehr als beneidenswerth! Doch laßt uns die Sache reiflich überlegen, bevor wir handeln."

Beide berathschlagten geraume Zeit, nachdem Hezel vorher die Thüre verschlossen, damit sie nicht gestört würden.

Die Würfelspieler.

Durch wenige Zimmer von den berathschlagenden Höflingen getrennt, saßen zwei Männer beim Würfelspiel. Die aufgeregte Spannung beim Hinrollen der Steine aus dem silbernen Becher, das tiefe, hie und da durch kurze Ausrufungen unterbrochene Schweigen, verrieth die leidenschaftlichen Spieler. Ihnen gegenüber stand eine lange Tafel mit marmorner Platte, auf welcher bedeutende Geldsummen funkelten. Je nach dem Glückslaufe wanderte der Ansatz herüber oder hinüber, und die beiden Diener, welche das Gold übertrugen, folgten mit ungetheilter Aufmerksamkeit dem Glücke ihrer Gebieter.

Die Spielenden standen noch in angehenden Mannesjahren, und ihre ungemein reiche Tracht bekundete hohen Stand. Der bischöfliche Ring und das mit Pelzwerk verbrämte Gewand, verriethen sogleich den Prälaten. Kirchlicher Vorschrift entgegen, trug er langes Haar, dessen üppigen Wuchs aufmerksame Pflege förderte. Ein glattes, höfisches Benehmen war in seinem ganzen Wesen stark aufgetragen, und er zeigte fast nichts von jenem ernsten Anstand, den man von seiner hohen Kirchenwürde fordern durfte. Die Wechselfälle des Spieles entlockten ihm laute Aeußerungen der Freude, oder leidenschaftliche Ausbrüche des Unwillens. Schon das Würfeln, durch kirchliche Censuren strenge verboten, bewies, daß er seine Handlungsweise nicht mit Aengstlichkeit abwog.

Dieser Mann war Bischof Heinrich von Speyer, aus dem Geschlechte Jener von Scharfenberg. Nicht persönliches Verdienst erwarb ihm den Krummstab, sondern des Königs Wohlwollen. Er war mit dem Fürsten aufgewachsen, und theilte ziemlich dessen ausschweifendes Leben. Fast ununterbrochen befand er sich am Hoflager, wo er mit außerordentlicher Pracht auftrat, stattlich ausgerüstete Waffenknechte unterhielt, den Schatz seiner Cathedrale durch Ausgaben erschöpfend, welche Stolz und Prunksucht anriethen. *)

Sein Spielgenosse lärmte weniger. Aber dieses sinnende, gespannte Schweigen, diese glühenden, erwartungsvollen Blicke, bekundeten einen noch leidenschaftlicheren Würfler, als der Bischof es war. Er trug ein faltenreiches Oberkleid aus schwerem Seidenstoff, von trübem, etwas in's Bläuliche spielenden Roth. Halsöffnung und Aermel zierten goldene Borten. Die trübrothen Strümpfe, mit kreuzweis laufenden hellrothen Streifen, verloren sich unter einem grünblauen reich bortirten Unterkleide. Auf dem Haupte saß eine zinnoberrothe Mütze, deren untern Rand ein Goldreif umgab. Zwei goldene Spangen liefen über der Kopfbedeckung kreuzweis zusammen und zeigten da, wo sie sich durchkreuzten, ein goldenes, mit leuchtenden Edelsteinen geschmücktes Kreuz. Diese Krone darf aber nicht mit jener verwechselt werden, die zum kaiserlichen Schmuck gehörte. Sie bildete vielmehr die gewöhnliche Kopfbedeckung der Könige jenes Zeitalters,

---

*) Remlings Geschichte d. Bischöfe von Speyer. I. B. S. 296. f.

und verrieth im gegenwärtigen Falle des Bischofs Spielgenossen.

Im Uebrigen war König Heinrich von schlankem Wuchse und mittlerer Größe. In allen seinen Bewegungen lag viel natürliche Würde. Aus dem dunkeln Auge leuchtete Kühnheit, vermischt mit trotziger Willenskraft. Aber ganz im Widerspruche zum Ausdrucke des Auges, offenbarten diese lebendigen, beweglichen Züge des bleichen Angesichtes viele Verschlagenheit, Verstellungskunst und stark hervortretende Spuren weichlicher Leidenschaften.

Das Gemach entsprach des Fürsten reicher Tracht. An den Wänden kostbare Tapeten, Malereien an der Decke, in den Fenstern runde gemalte Scheiben, — Stühle mit weichen sammtnen Polstern, — Tische mit Platten aus seltenem Holze und fast verschwenderischer Einlage edler Metalle.

Boleslavs Eintritt unterbrach die Spieler. Der König warf einen unmuthvollen Blick auf den Böhmen, seinen Aerger verrathend, im geliebten Vergnügen gestört zu werden.

„Was gibt's? Schon wieder Staatsgeschäfte, die sich nicht verschieben lassen?" rief er ihm zu.

„Die sächsischen Fürsten ersuchen Euch, edelster Herr, um geneigtes Gehör, und zwar zum letzten Male."

„Zum letzten Male — so? Die Unverschämtheit dieser Sachsen übersteigt doch alles Maaß, — mir trotzen am eigenen Hoflager? Aber wir wollen sie schon zähmen! Können zweimal sechs Tage ihren Uebermuth

nicht beugen, sollen ihnen eben so viele Wochen zuge=
geben werden "

"Das heißt, wenn die Herren geneigt sind, Eure
Zugabe anzunehmen," bemerkte der Bischof lächelnd.
"Die Sachsen haben keine Lammesnaturen. Sie gleichen
vielmehr wilden Stieren, deren blinde Wuth über alle
Hindernisse wegrennt, sobald sie zum Aeußersten gereizt
werden."

"Für stiermäßige Naturen gibt's eiserne Bändig=
ungsmittel," warf der König gleichgültig hin. "Sind
wir einmal besserer Laune, wollen wir vielleicht das
Jammern und Geheul der Sachsenhäuptlinge anhören.
Jetzt aber möchten ihre schauerlichen Erzählungen, von
den Waffenthaten meiner Getreuen im Sachsenlande,
uns die Lust zum Spiele vergällen," — und von des
Fürsten Hand geschüttelt rollten die Würfel über den
Tisch.

Er verlor.

"Herr Bischof, mit Euch ist heute nicht zu spielen!"
rief der König mit Laune. "In zehn Minuten hundert
Mark Verlust, das ist doch gar zu arg! Ei seht, —
Euer Goldberg verschlingt den Rest meines Ansatzes."

"Glückswechsel, — heute Ihr, morgen ich! meinte
der Prälat. Uebrigens zeigt die blinde Göttin heute
mehr Vernunft als gewöhnlich. Denn ein König mag
den Groll ihrer blinden Herrlichkeit verachten, während
ein Bischof durch ihre Ungunst zu Grunde gerichtet
wird."

Der schmeichelnde Scherz fand gütige Aufnahme,
und der angeflogene Unwille, über die Laune des Spie=
les, wich vollständig.

„Die Abneigung Eurer göttlichen Gönnerin soll uns nicht aus dem Felde schlagen," sprach er. „Hazecho — dort das Kissen!"

Der Diener legte ein prächtig gesticktes Kissen vor den König auf den Tisch. Drei Goldringe, eben so viele Stäbe mit silbernen Griffen und oben mit elfenbeinerner Krümmung lagen auf demselben. Heinrich nahm einen der drei Ringe, dem in lateinischer Schrift das Wort „Hornbach" eingegraben war. Ein viereckiger grüner, wohl unächter Stein, zierte denselben.

„Herr Bischof, nehmt Euch zusammen, — jetzt spielt der König!" fuhr Heinrich fort, indem er den Ring auf den Tisch legte. „Gegen Eure ganze Summe dort setze ich hier fünfhundert Mark."

Der Prälat zögerte. Den Becher in der Rechten haltend, sah er unentschlossen auf den Ring. Die außerordentlich hohe Summe schien ihm bedenklich und zu viel gewagt. Da stieg plötzlich ein Gedanke in ihm auf, der seine Wangen glühen machte.

„Fünfhundert Mark, — ein furchtbarer Ansatz! sprach er. Doch will ich auf des Königs Befehl sogar mit dem Könige würfeln — unter der Bedingung, daß Ihr mir, im Falle des Gewinnes, die Abtei Hornbach zusprecht."

„Zum Bisthum noch eine Abtei?" that Heinrich verwundert. „Der Einfall ist neu, und möchte altem Herkommen nicht entsprechen."

„Ihr seid Oberlehensherr, und könnt nach Gutdünken über erledigte Lehen verfügen," bemerkte der Bischof.

„Wahr, — allein Hornbach ist schon vergeben," sagte der Fürst ausweichend, obwohl er sonst schreiende Mißgriffe bei Besetzung erledigter Pfründen beging, und die Kirchengesetze höchst selten berücksichtigte.

„Erst mit der Belehnung folgt die Vergebung," versetzte der Prälat; „mithin liegt die Abtei noch frei in Eurer königlichen Hand."

„Sei's d'rum!" sprach Heinrich. „Hornbach war doch nur einem frater barbatus versprochen, von dem ich eigentlich nicht weiß, ob er wegen seines häßlichen Höckers jemals die heiligen Weihen empfangen könnte. Du aber, mein getreuer Heinrich, möchtest zur Bestreitung deiner Ausgaben immerhin noch eine Abtei zum Bisthum brauchen können. — Wohlan, laß die Würfel rollen!"

Nach einigen Würfen hatte der Bischof verloren. Der Fürst lächelte über des Prälaten Verlegenheit, dem das treulose Glück nicht blos eine reiche Pfründe, sondern auch eine bedeutende Summe entführte.

„Was befiehlt Eure Hoheit, den Sachsen zu melden?" fragte Boleslav, nachdem Heinrich einen Theil des Geldes lehensweise an den Bischof abgetreten, und das Spiel fortgesetzt wurde.

„Ah so!" — rief dieser, und der listige, zweideutige Zug seines Angesichtes trat herrschend in demselben hervor. „Meldet den Fürsten mein Bedauern, sie heute nicht empfangen zu können. Wir haben mit unserm ehrwürdigen Vater von Speier wichtige, geistliche Angelegenheiten zu besprechen. Auch Morgen sei ich schon vergeben. Die ganze nächste Woche seien wir aber gesonnen, alle Staatsgeschäfte ruhen zu lassen, und einige Zeit unserer Erholung zu widmen. Die Herren möchten darum in zwölf Tagen abermals anfragen lassen, — vielleicht könnten wir dann für sie einen freien Augenblick finden."

Der Höfling verbeugte sich und ging.

„Hoffentlich werden die sächsischen Schweine alle Lust zum längeren Warten verlieren und heimziehen," sagte Heinrich. „Sind nur die Burgen alle vollendet, dann sollen sie den starren Sinn schon beugen müssen."

Sie würfelten fort, und gerade als der König Schlag auf Schlag verlor, und nicht ohne Leidenschaft den Becher schüttelte, trat Hezel herein. In der trüben Miene des gewandten Höflings stand eine unangenehme Kunde geschrieben, die er seinem Gebieter zu berichten gezwungen war.

„Was soll das?" rief der König, als Hezel mit erkünstelter Niedergeschlagenheit auf dem Flecke stehen blieb. „Habt auch Ihr den Beutel leer gewürfelt, oder gar die Gunst Eurer Holden verloren?"

„Persönliches Mißgeschick dürfte mich niemals veranlassen, mit trüber Stirne vor meinen Herrn zu treten," sagte der Höfling mit steigender Wichtigkeit und Trauer.

„Beim Teufel, was habt Ihr denn?" rief Heinrich ungeduldig. „Aber — ich schickte Euch gegen Limburg," hier stand er plötzlich auf, und sein bisheriger Ton, voll Laune, wurde ernst. „Liegt der Geächtete im Thurm?"

„Noch nicht! Obwohl er nach dem Gange des Rechtes längst dort liegen sollte."

„Ihr seid säumig, Herr Kämmerer!" tadelte der König. „Laßt ihn sogleich in Ketten werfen. Unser

Gericht soll kurz und furchtbar sein! Ha, — trotz unserer Jugend haben wir Kraft und Willen, frechen Uebermuth und treulose Empörung zu bändigen. So lange die starke Hand unseres Vaters diese stolzen Fürsten niederhielt, krochen und schwänzelten die Herren alleruntertänigst vor des Königs Willen. Seitdem aber des dritten Heinrichs Löwentritt in der Gruft verhallte, und ein Knabe Scepter und Reichsapfel trägt," — und er lächelte in beißendem Spott, "haben unsere Vasallen allmählig unterwürfigen Gehorsam vergessen gelernt. Sie sollen sich arg verrechnet haben! — Und was sprach der Abt? Mit welcher Entschuldigung bemäntelte er das Verbrechen, seines Lehensherrn Todfeind beherbergt zu haben?"

"Nur Euer Befehl kann mich zwingen, den Gegenstand zu entdecken, welcher Ursache meiner Bestürzung ist," klagte Hezel. "Ebenso leicht, — ja leichter noch, wollte ich mein eigenes Todesurtheil sprechen, als einen Frevel gegen Eure Herrlichkeit wiederholen."

"Heraus damit, — keine Umschweife!"

Inneres Frohlocken zog in flüchtigen Schatten über Hezels Gesicht, als er seinen Gebieter in einen Zustand versetzt sah, welcher ihm geeignet schien, den vernichtenden Schlag gegen Abt Stephan mit Erfolg führen zu können.

"Der Abt bedauert, Euren königlichen Willen verachten zu müssen. Er nennt die Zumuthung, Gieselbert auszuliefern, eine schlaue Probe von Seite Eurer Hoheit. Kurz, er widersetzte sich mit aller Macht der befohlenen Auslieferung, hält den Empörer in treuer

Hut, und pocht auf Gerechtsame, unter die sich Eurer Hoheit Willen in Demuth beugen müsse."

Der König stand unbeweglich, mit weit offenen, unheimlich blitzenden Augen den Sprecher anschauend. Zorn und Staunen schienen ihm die Sprache geraubt zu haben. Der Bischof fand es für gut, dem nahenden Sturme auszuweichen und verließ das Gemach.

„Elender! — du kommst, mir das zu sagen?" begann der Fürst mit unsicherer Stimme. „Feigling, — Verräther, — Du hattest die Macht, mit Gewalt unsern Befehl zu vollziehen!"

Abermals hielt er inne. Die aufgeregte Leidenschaft erstickte den Lauf der Rede. Der Höfling, mit dem aufbrausenden Wesen seines Herrn wohl bekannt, hielt es, zum eigenen Schutze, für gerathen, augenblicklich der Wuth des Königs Opfer zu bringen, wie man dem Löwen eine Beute hinwirft, damit sich dessen Grimm kühle.

„Ihr gabt Euerm Knechte allerdings Macht, zur Ausführung Eures Befehles," sagte Hezel, schnitt ein klägliches Armensündergesicht und beugte seinen Nacken tief vor des Königs Zorn. „Ich ließ den Geächteten greifen, allein der Abt kam dazwischen, drohte mit Bann und Acht, worauf die erschreckten Leute den Geächteten losließen."

„Prächtig — vortrefflich! Habt die Gefälligkeit, Herr Kämmerer, zeichnet die Namen jener feigherzigen Schurken auf diesen Zettel. — Ruft unsern Marschalk Boleslav!"

Ein Diener eilte davon und nach wenigen Augenblicken trat der Böhme herein.

„Herr Marschalk!" herrschte ihm der Fürst zu. Laßt sogleich diese hier verzeichneten Memmen in den Thurm werfen. Laßt sie peitschen und brandmarken. Und bei Eurem Leben, — vergeßt mir keine Tortur, die nach Recht und Herkommen den Verräthern gebührt. Beide Ohren laßt ihnen abschneiden, und mitten auf die Stirne das Eisen brennen. Laßt zugleich durch den Herold an unserm Hoflager bekannt machen, daß Allen Gleiches bevorstehe, die aus Rücksichten, mögen sie heißen, wie sie wollen, unsern bestimmt ausgesprochenen Willen nicht vollziehen."

Boleslav verbeugte sich und ging.

Heinrich begann das Gemach zu durchschreiten, bis seine Miene ihren drohenden Ausdruck und die Schritte ihre Heftigkeit verloren. Das verhängte Strafurtheil schien die Flamme seines Jähzornes gedämpft zu haben. Er fing sogar zu lächeln an, wie Jemand, der bei Betrachtung vollbrachter Handlungen mit sich wohl zufrieden ist. Beruhigung der aufgeregten Leidenschaften lag jedoch nicht in Hezels Absicht. Mit schlauem Kennerauge folgte er Heinrichs Bewegungen, bis er im Tone des vielgetreuen und begünstigten Rathgebers den Faden seiner rachsüchtigen Ränke wieder aufnahm.

„Abermals habt Ihr bewiesen, daß Ihr König seid! Solche Entschiedenheit überzeugt endlich unsere Feinde, daß ihre Vorwürfe unbegründet sind."

„Ihre Vorwürfe? Was meint Ihr?"

„Die freventliche Lüge, edelster Herr, als mangle Eurer Jugend kräftiges, männliches Handeln, und," — fügte er gleichgültig bei, „was Neid und Mißgunst über natürliche Vorzüge sonst noch erfindet."

„Sonst noch?"

„Nun ja, — es ist kaum der Mühe werth, solche Verläumbungen zu erwähnen," meinte der Höfling. „Der vierte Heinrich wird sich noch weniger von Rom bevormunden lassen, als der dritte gleichen Namens, — dessen bin ich überzeugt."

Der Stich gelang vollkommen. Heinrichs eben vorübergebrauste Leidenschaft drohte, in gesteigerter Gewalt zurückzukehren.

„So, — Roms Mündel!" wiederholte er in scheinbarer Ruhe.

„Nur Euer Befehl, gnädigster Herr, konnte mich bestimmen, eines Gerüchtes zu erwähnen, das Eure Feinde geflissentlich verbreiten," fuhr Hezel höchst unbefangen fort. — „Erlaubt mir indeß, zur Hauptsache zurückzukehren. Abt Stephan verhinderte den Vollzug Eures Befehles, — und das ist eine That von höchster Wichtigkeit. Ein Abt trotzt dem Könige, — wie verfänglich dieses Beispiel, — wie erwünscht der Zügellosigkeit und dem Stolze weltlicher Großen! Der Prälat von Limburg streut mit frecher Hand den Saamen des Ungehorsams, — er ist offenbar sehr strafwürdig! Aber, — und darin liegt das Unheil, — der Prälat steht in Roms persönlicher Gunst."

„Darum müssen wir uns fürchten, ihm an Leib und Leben zu gehen, — die Zuchtruthe des heiligen Vaters möchte sonst den Knaben Heinrich Sitte lehren", — und er stieß ein kurzes Lachen aus. — „Herr Kämmerer, laßt den Limburger Abt wissen, er habe sich Morgen zur Verantwortung vor uns zu stellen. Sei=

nen Schützling, den Geächteten, habe er selber uns persönlich zu übergeben, — und wehe seinem Haupte," rief er in einem Tone, welcher ganz den Ausdruck seines verhaltenen Zornes enthielt, „gelingt es ihm nicht, sich rein zu waschen! Ha, weder Limburg, noch Rom, sollen unserm Willen Schranken setzen!"

„Solche Sprache geziemt dem Sohne des großen Heinrich," lobte der Höfling geschmeidig und glatt. „Hiebei darf ein Umstand nicht verschwiegen werden, der sich hindernd in den raschen Gang des Rechtes stellen könnte. Graf Raymund ist nämlich Limburgs Schirmvogt. Eben ward mir Kunde, daß Stephan, in Voraussicht nahender Gefahr, den Grafen zum bewaffneten Schutze aufforderte. Bekanntlich gehört Raymund nicht zu unsern getreuesten Freunden — wurde doch wiederholt versichert, der reiche Herr habe Thüringen durch Geldmittel unterstützt. Im gegenwärtigen Falle dürfen wir nicht zweifeln, daß er der Aufforderung des Abtes willfahren wird."

„Auch dieser Verräther hat sich zur Reinigung Morgen zu stellen, befahl Heinrich. Wir wollen Starrsinn und Arglist mit aller Strenge begegnen, und verhüten, daß solche Krankheit weiter um sich frißt. — Sorgt ferner, daß die Belehnung der Prälaten, mit Ring und Stab, Morgen feierlich, in Gegenwart aller Fürsten und Herren, vollzogen werde. Laßt unsern ganzen Hof in der großen Halle sich versammeln."

„Nach meinem Bedünken, ist die Abtei Hornbach zu gering angeschlagen," sagte Hezel. „Dreihundert Mark, — gar nichts für solche Pfründe! Verhieß ja gestern der Welsche dieselbe Summe für den Krumm=

stab, und eine deutsche Abtei fällt schwerer in's Gewicht, als so 'n ausgesaugter, eingeschrumpfter Bischofssitz in Ober=Italien."

„Laßt's gut sein!" entgegnete der König. „Bei weiteren Verkäufen habt den Vortheil unserer Kammer genauer im Auge. Die persönlichen Eigenschaften des künftigen Abtes von Hornbach wiegen auch manche Marke auf. Der Bursche besitzt unbändigen Muth im Kampfe, er ficht wie ein Teufel, und steht, trotz seines Höckers, unsern besten Kämpen nicht nach."

„Gab er schon das Versprechen zur Verehlichung?" fragte der Kämmerer.

„Euer Steckenpferd!" lachte Heinrich. „Man sollte glauben, von den Sprößlingen der Prälaten hänge das Fortbestehen der Menschheit ab, — so sorglich seid Ihr darauf bedacht."

„Wohl aber das Fortbestehen königlicher Machtvoll= kommenheit," sprach der Kämmerer gewichtig. „Nicht umsonst bringt der schlaue Hildebrand auf die außer Ansehen gekommene Ehelosigkeit der Geistlichen. Das eheliche Band knüpft jenen einflußreichen Stand mit tausend Fäden an den Staat, — diese Fäden möchte Rom zerreißen, — wehe dem Scepter, gelingt es ihm! Euer ruhmreicher Vater schaltete nach Willkür in Kirche und Reich, — setzte Päpste ein und ab, — nichts wider= stand seinem allmächtigen Willen. Aber gerade" —

„Schon gut, — Euer ewiges, tausendmal gehörtes Lied!" unterbrach ihn der Fürst. „Ich will daran denken, und hoffe, den neuen Abt ebensowenig wider= spenstig zu finden gegen eine schöne Ehehälfte, wie alle

anderen Männer unserer Wahl. — Ist der Kirchen=
schmuck aus Hersfeld angekommen?"

"Noch nicht!"

"Die Mönche werden sich doch nicht sträuben?
Ich möchte es ihnen nicht rathen! — Sobald die
Kleinodien eingetroffen, laßt sie augenblicklich zu Arm=
spangen für unsere liebe Irmensinde umgestalten. Ihr
glaubt nicht, mit welcher Sehnsucht das reizende Kind
dem neuen Schmuck entgegensieht. — Jetzt geht, befolgt
unsern Willen."

Nach tiefer Verbeugung eilte Hezel davon. Boles=
lav kehrte eben von der grausamen Verstümmelung
zurück, die in aller Schnelligkeit an den armen Schel=
men stattgefunden.

"Wie steht's?" horchte der Böhme.

"Alles gut!" versetzte der Kämmerer. "Kommt
herein und hört!"

―――

Eine Belehnung.

Von Limburg her zog eine nicht unbedeutende Waffenmacht gegen Hainfelden heran. Lichte Helme, Schilde und Panzer glänzten im Sonnenscheine des Sommermorgens. Hohe Lanzenschafte, mit stahlblauen Spitzen, ragten streitlustig über dem Troß, und bunte Fähnlein flatterten lebendig im Winde. Wuchtig und ehern saßen die Geharnischten auf den starken Pferden, das lange Schwert umgürtet, den schweren Schild am Rücken, und trefflich bewehrt in den Kettenhemden, die steif und eisern um den Körper lagen. In raschen Schritten stampften die Rosse den Grund, ungehalten über den hemmenden Zügel. Und ihre Reiter, Gestalten voll Mark und Kraft, schauten kampflustig in die Landschaft hinaus, als wollten sie in der Ferne den Feind erspähen, die Kraft ihres Armes zu bewähren. Muntere Reiterlieder summten hie und da durch die Reihen, aber schüchtern und verstohlen, als sei das frohe Lied kein schicklicher Begleiter des Zuges. Das Lied erstarb auf ihren Lippen, im Hufschlag der Pferde und im Klirren der Waffen. Die ältern Krieger hatten trüben Ernst über die vernarbten Gesichter gezogen. Ihre stolze, kriegerische Haltung war gedrückt, und viele Bitterkeit lag in den männlichen Zügen. Fiel ihr Blick auf die Königin, welche an der Spitze des Zuges ritt, um nicht vom aufwirbelnden Staube belästigt zu werden, so legte sich Grimm und Entrüstung über die gebräunten Gesichter der bärtigen Gesellen. Finster schürzten sie die Lippen und ein Fluch oder eine Verwünschung gegen den König, entfuhr dem grollenden Munde.

Bertha ritt zwischen Abt Stephan und dem Grafen Raymund. Ihre jetzige Tracht war von jener sehr verschieden, die sie zu Limburg kleidete. Ein reiches Obergewand warf weite Falten über den prächtigen Zelter hinab, den sie mit vielem Geschick leitete. Die engen Aermel des Unterkleides, welche vorübergehend auftauchten, sobald ein Luftzug das fliegende Obergewand zurückwarf, waren mit geschmackvollen Verzierungen aus Gold und Silber gestickt, und ließen auf den Reichthum des ganzen Kleides schließen. Der zarte, goldburchwirkte Schleier, turbanähnlich um das Haupt gewunden und über den Rücken hinabwallend, enthielt über der Stirne einen großen funkelnden Stein, dessen außerordentlicher Werth den hohen Stand der Eigenthümerin verrieth. Das feine, anmuthige Gesicht der zwanzigjährigen Fürstin, belebten bald Schimmer froher Hoffnung, bald durchzuckten es schmerzliche Bewegungen getäuschter Erwartung. Je näher Hainfelden heranrückte, desto gedrückter wurde ihr Empfinden, bis zuletzt banges Ahnen ihres Herzens sich vollständig zu bemächtigen drohte. Sie verdoppelte zwar die Anstrengungen, alle trüben Bilder zu bewältigen, die in ihrer Seele aufstiegen. Sie erhob ihres Gatten Edelsinn und suchte sich zu beweisen, wie er doch nicht fähig sei, dem Gespötte des Hofgesindes sie Preis zu geben, — sie hart hinwegzustoßen, — ihren Bitten das

Ohr und ihrem Schmerze jedes Mitgefühl zu versagen, — kurz, sie gebrauchte alle Kunstgriffe, durch die ein edles Weib unter ähnlichen Verhältnissen sich täuschen mag. Dennoch thürmten sich die grauen Mauern der alten Kaiserburg immer unheilvoller, und den Abt überkam inniges Mitleid, beim Anblicke der Seelenqual dieser unglücklichen Königin.

Den Prälaten zierte heute nicht blos der Ausdruck natürlicher Hoheit, sondern auch ein mit weißem Marberpelz und Hermelin verbrämtes Gewand. Obwohl im gewöhnlichen Verkehr einfach und schlicht, unterließ Stephan bei solchen Gelegenheiten doch nicht, im äußern Schmucke der hohen Würde zu entsprechen, die er bekleidete. Er vermied es, den Zweck der Reise zu erwähnen, und ließ nur hie und da Winke für das Verhalten Berthas fallen. Von der eigenen Gefahr, durch großmüthige Beschützung des Geächteten des Königs Grimm zu wecken, sprach er kein Wort, weil er diesen Gegenstand nicht für geeignet hielt, der Fürstin Muth zu erhöhen. Dagegen sprach er viel von seinen Besuchen in Rom, von der väterlichen Sorge des heiligen Vaters für unterdrückte Unschuld, und endlich konnte man seinen Reden das Ansehen und den Einfluß entnehmen, die er am römischen Hofe genoß. Natürlich mußte die verlassene Fürstin durch die Betrachtung sich ungemein gehoben fühlen, die innigste Theilnahme eines so einflußreichen Mannes zu erregen, dessen Wort unbedingtes Vertrauen in Rom fand, und das am päpstlichen Hofe ein siegendes Gegengewicht den falschen Darstellungen ihrer Widersacher gegenüber bildete.

Graf Raymund, ein hochbejahrter Herr, falsch angeklagt und vorgeladen, ritt mit vieler Gleichgültigkeit der Verantwortung entgegen. Er wußte sich schuldfrei und war gespannt, die Punkte der Anklage zu vernehmen.

Als ihm Ethelinde, nach ehrwürdigem Herkommen, vor dem Wegreiten aus der Grafenburg das Schwert überreichte, zog der alte Herr den Riemen etwas ungestüm an. Dröhnend stieß er das wuchtige Schwert zu Boden, und seine Blicke flammten auf.

„Tücke und Verläumdung! rief er. Was werden die lügenhaften Höflinge zusammengebräut haben gegen einen schuldfreien Mann? Gelüstet es die Schelme nach meinem Gute? Will sich ein Raubvogel hier einnisten? Schon gut, — versucht es, treibt den Adler aus seinem Horst, doch hütet euch vor seinen Fängen!"

Nach Entleerung dieser Wetterwolke, kehrte Gleichmuth und Ruhe auf die Stirne des Alten zurück. An der Spitze seiner tapferen Schaar, ritt er mit so viel Sicherheit nach dem Königshofe, wie Schuldlosigkeit und das Bewußtsein der Macht sie nur verleihen kann. Heinrichs Hofhaltung mißbilligte er im höchsten Grade, nnd sprach oft hart dagegen. Dem Grafen kam es nicht darauf an, offen und frei dem König in's Angesicht seine beste Meinung zu sagen. Dazu war Raymund mächtig und reich, wegen seines biedern Wesens allgemein geachtet, und in Folge ehemaliger Waffenthaten im Reiche nicht unbekannt. Heinrichs Verfahren gegen Gieselbert, und zuletzt dessen Ansinnen an Stephan, wegen Auslieferung des Geächteten, verdroß den mächtigen Schirmvogt Limburgs ebenso, wie ihn Berthas Verstoßung im Innern empörte.

Die Spitze des Zuges stieß jetzt an den Weg, welcher zum Schloße hinauf führte. In Begleitung des Abtes, Raymunds und einer Anzahl Lehensleute des Grafen, ritt die Königin den Hügel hinauf. Die übrige Streitmacht hielt am Fuße der Anhöhe.

Zur nämlichen Stunde sollten in der großen Schloßhalle die drei Prälaten mit Ring und Stab vom Könige belehnt werden. Der altehrwürdige Saal trug ganz den majestätischen, kriegerischen Charakter seines muthmaßlichen Erbauers, Ottos des Großen. Gewaltige Pfeiler, deren ungemeine Dicke mit ihrer Höhe in keinem Verhältniß stand, ungeheure Mauern, deren Stärke dem nagenden Zahne der Zeit Trotz bot, — an den Wänden die Siegestrophäen aus den Heidenschlachten, Fahnen, Schwerter, Speere, bemalte Schilde und Kettenrüstungen, dazu die mitunter fratzenhaften Ungethüme, welche die Säulen und Pfeiler umlagerten, gaben der Halle einen düsteren und dennoch großartigen Ausdruck. Nicht unbedeutend war die Anzahl adeliger Herren, welche, ernst und erwartungsvoll, der Ankunft des Monarchen und der Entwicklung bedeutungsvoller Handlungen königlicher Machtvollkommenheit entgegenharrten. Entblößten Hauptes, in ihre Prachtgewänder gehüllt, standen sie da, schweigend flüsternd, nach der Thüre hinlauschend. Diese ging weit auf, und ein näher kommendes Rauschen seidener Gewänder und leiser Fußtritte, verrieth des Königs Nahen.

Als jetzt Heinrich IV., im königlichen Schmucke, unter dem Eingange erschien, zog geheimnißvoller Ernst durch die ehrwürdige Halle, welche so oft die geheiligte Majestät großer Kaiser betreten. Die stolzen Säulen und kühn geschlagenen Bogen stiegen trotziger empor. Die steinernen Gestalten abenteuerlicher Thiere auf den Säulenkronen belebten sich, die Siegesfahnen ringsum geriethen in leise Bewegung und das buntfarbige Licht gemalter Scheiben leuchtete feierlicher, als gewöhnlich.

Der König schritt gegen das obere Ende des Saales, wo der Thron aufgerichtet stand. In der Rechten trug er den Scepter Kaiser Heinrichs II. — einen langen goldenen Stab, der in einer Kugel endigte. Auf dieser Kugel saß eine silberne Taube, deren Augen zwei glänzende Edelsteine bildeten. Heinrich bediente sich des Scepters, wie eines Stabes zum Gehen. Er hob und senkte denselben in streng abgemessenem Zeitraume, wie etwa ein Bischof, der in vollem Ornate zum Altare schreitet. — Ein prachtvoller kunstreicher Mantel umhüllte völlig die Gestalt des Fürsten. Der Stoff bestand aus dickem Seidenzeug, von hochrother Farbe. Adler, Greife und andere Thiergestalten, aus Gold und Silber gebildet, bedeckten das Gewand. Ueber ihren silbernen Flügeln glänzten kleine goldene Schilde mit allerlei Thieren; ihre Augen waren funkelnde Edelsteine, und am steif emporgerichteten Halse trugen sie schmale Goldringe mit leuchtendem Gestein. Um die Adler lagen längliche und eckige Felder, von grüner und rother Farbe. Die Räume zwischen den größern Thiergestalten füllten mannigfaltige arabeskenartige Verzierungen. Um den ganzen Kaisermantel liefen handbreite Goldborten, an diese reihten sich Edelsteine von verschiedener Größe und Farbe, funkelnd und glänzende Lichter ausstrahlend. Ueber der rechten Schulter war dieses Prachtgewand von gold'ner Agraffe zusammengehalten. Zu beiden Seiten schritten reich gekleidete Edelknaben, des Mantels Saum zurückhaltend, damit der Faltenschlag im Gehen nicht hindere.*)

Die übrige Kleidung entsprach der verschwenderischen Pracht des Mantels. Sogar in den rothseidnen Strümpfen und Schuhen glitzerten Perlen und Silberplättchen.

Die Krone, — ein breiter Goldreif mit nach oben hervorragenden lilienartigen Kreuzen, enthielt rundes und ovales edles Gestein, von grüner, rother und blauer Farbe.

Unter Vortritt des Kämmerers, von glänzendem Gefolge umgeben, und von allen Seiten durch tiefe Verbeugungen der Versammelten begrüßt, durchschritt der König den Saal. Das Bewußtsein der höchsten Fürstengewalt auf Erden, so wie des Besitzes einer Krone, welche vor ihm fast ausschließlich große Männer getragen, schien den jugendlichen Herrscher lebhaft zu erfüllen. Wenigstens zeigte Heinrichs ganze Haltung sowohl den Ernst des gewiegten Mannes, wie das majestätische Wesen des mächtigsten Herrschers des Erdenrundes.

Nachdem er die Stufen zum Throne emporgestiegen, ordneten sich um ihn her jene Personen seines Gefolges, welche Hofämter begleiteten.

---

*) Ein Theil dieses Kaisermantels befindet sich zu Metz. Die kostbaren Augen der Vögel wurden durch die Revolution ausgestochen, und zum Belege ihres Geschmackes und Kunstsinnes fütterten die Franzosen diesen Mantel mit grobem Packtuche.

Kämmerer Hezel rief mit lauter Stimme die zu belehnenden Prälaten beim Namen. Diese traten heran. In ehrfurchtsvoller Haltung standen sie, in eine Reihe geordnet, vor den Stufen des Thrones. Sie trugen bereits jene Gewänder, welche die zu empfangende geistliche Würde andeuteten. Diese Gewänder strotzten von Verzierungen aus edlen Metallen und bewiesen durch ihren Reichthum, daß der hohe Kaufpreis der Pfründen keineswegs ihre Säckel erschöpfte.

Unmittelbar hinter dem Könige stand Marschalk Boleslav. Er trug das blanke, und bei Belehnungen so bedeutungsvolle Schwert.

„Wir freuen uns, Edle und Getreue," — begann der Fürst, „die eben erledigten geistlichen Würden unseres Reiches Männern anzuvertrauen, deren Mannhaftigkeit und Treue rühmlich bekannt ist. Ueberflüssig mag deßhalb unsere Mahnung sein, bei allen Wechselfällen stets gewissenhaft den Eid zu wahren, den ihr jetzt, meine Freunde, Eurem Lehensherrn zu schwören im Begriffe steht."

Nach dieser kurzen Ansprache, stiegen sie Einzeln empor, knieten vor dem Könige nieder, und während sie den Eid schwuren, erhob der Marschalk mit beiden Händen das gezückte Schwert über ihrem Haupte, — ein drohendes Mahnzeichen gegen Treubruch und Meineid.

Als der Name des Abtes von Hornbach gerufen wurde, und eine verwachsene, unförmige Gestalt die Stufen emporstieg, entstand im Saale kaum vernehmbares Geflüster. Die Mienen der Höflinge verzog schelmisches Lächeln. Offenbar bedurfte es, zum lauten Ausdrucke dieser Stimmung, nur leiser Andeutung ähnlicher Stimmung im Angesichte des Königs. Vergebens suchten aber die Höflinge im Benehmen ihres Gebieters Anzeichen zu erspähen, die ihnen, selbst bei weniger schicklichen Gelegenheiten, der schwer verhaltenen Laune des Muthwillens freien Lauf zu lassen gestatteten. Heinrich blieb feierlich ernst. Er schien sogar dem Buckeligen mit Zeichen besonderer Huld das Stäblein zu übergeben. Dieser Umstand, von den lauschenden Höflingen sogleich erspäht, bewirkte, daß der eben noch im Geheimen verspottete Wido höchst achtungswürdig erschien.

Die Belehnung war zu Ende. Heinrichs Blick ruhte forschend auf Hezel, dessen Bemerkung, über das noch nicht erfolgte Eintreffen des Abtes von Limburg, Wolken des Unmuthes über Heinrichs Stirne trieb. Da ging die Thüre der Halle weit auf. Die eisernen Männer Raymunds von Bardenfels füllten den Vorplatz. Der schreitende Löwe des Grafen trotzte auf den hochgehaltenen Schilden, und über den Schilden noch trotziger die kühnen Gesichter der Ritter.

Kaum gewahrte der König das gewappnete, dräuende Erscheinen des stolzen Grafen. Gefesselt und starr ruhte sein Blick auf einem Punkte.

Bertha war unter den Eingang getreten. Ein funkelnder Goldreif umleuchtete ihr Haupt, kostbare Gewänder umwallten ihre Gestalt, und im lieblichen Angesichte rang weibliche Schüchternheit mit dem Bewußtsein königlicher Würde.

Unmittelbar hinter ihr tauchte das ergraute Haupt des Grafen Raymund auf, der ehrwürdige Abt Stephan wurde sichtbar, und den übrigen freien Raum des Hintergrundes, füllten blanke Helme und Panzer.

Diese Erscheinung, so plötzlich und unerwartet, bannte die Versammlung in schweigendes Staunen. Selbst Hezel, dessen Gewandtheit und Schlauheit in schwierigen Verwickelungen Auswege fand, gerieth in Verlegenheit. Den Hofmarschalk hinwegdrängend, stellte er sich unmittelbar hinter den König, nöthigen Falles dem Fürsten klugen Rath einzuflüstern.

In der That bedurfte Heinrich fremden Rathes gar sehr. Der plötzliche Anblick des Opfers seiner Ausschweifungen, dessen Tugend und Seelenadel die Abneigung vermehrte, und dessen sinnliche Reize Jene nicht ausstechen konnten, welche den Wollüstling umgarnten, versetzte ihn augenblicklich in starre Bewegungslosigkeit.

Indeß er nach Fassung rang, kam Bertha immer näher. Seelenschmerz und gedrücktes Wesen, die gewöhnlichen Ausdrücke ihres herben Schicksales, verschwanden vollständig, und fürstlich kleidete sie weibliche Anmuth und gehaltener Ernst. Freilich mag angenommen werden, daß nur außerordentliche Anstrengung diese äußere Ruhe erkämpfte, und daß die gegenwärtige Versammlung für sie eine gebietende Aufforderung enthielt, in den Augen des Hofes ihrer Würde nichts zu vergeben. Nicht ohne Majestät der Bewegung schritt sie einher, und die verlegenen Höflinge beugten tief den Nacken, wenn sie vorüberkam.

„Beim Teufel!" brummte Volkbrand seinem Nachbar in's Ohr; „das ist eine noch merkwürdigere Erscheinung, als der höckerige Abt von Hornbach. Der

König hat's heute b'rauf abgesehen, uns zu foppen. — Gute Nacht, lustiges Leben, — nach der Melodie von „Humpen und Dirnen," — wenn die tugendsame Bertha wieder zu Gnaden kommt."

„Unser Gebieter ist nicht besser daran als wir," versetzte Immel. „Seht nur, wie er die Farbe wechselt und bleich wird, als käme ein Gespenst auf ihn zu!"

Heinrichs Verwirrung stieg jeden Augenblick. Dem Sturme aufgewühlter Leidenschaften preisgegeben, flammten seine Augen, die entstellten Züge starrten abschreckend, sein ganzes Wesen verkündete den nahen Losbruch eines furchtbaren Sturmes. In heftiger Aufwallung entging ihm die kluge Nothwendigkeit, durch ein den Umständen angemessenes Benehmen, die wahre Gesinnung gegen Bertha zu verbergen. Im Gegentheile! Stephans Gegenwart erklärte laut genug die Veranlassung dieses unlieben Besuches. Hatte ja der freimüthige Abt, bei früheren Bemühungen zur Aussöhnung, wiederholt die Möglichkeit angedeutet, der heilige Vater möchte zuletzt gemäß bestehender Kirchengesetze, die Wiedervereinung der widerrechtlich getrennten Eheleute fordern. Wie ein Blitz fuhr die Erinnerung an jene Andeutung durch seinen Geist, und sie versetzte den Salier in namenlose Wuth. Zornig flammte sein Auge über dem Schyren weg, und sogleich erhob er sich, mit dem Entschlusse, die unglückliche Gemahlin vor den Stufen des Thrones und vor den Augen ihres einflußreichen Beschützers niederzudonnern.

Da klang rechtzeitig Hezels Warnungsgeflüster ihm zu Ohren.

"Mein Fürst, nehmt Euch zusammen!" warnte der schlaue Rathgeber. "Ein abgemachtes Spiel, — empfangt Bertha mit aller Freundlichkeit; — gebietet über Eure Gefühle, wie ein König; — laßt Eure Feinde nicht triumphiren! Auf, — mein Gebieter, erhebt Euch, und geht Eurer Verwandten entgegen."

Schnell und auffallend war die Wirkung dieser eindringlich eingeblasenen Worte des erprobten Rathgebers. Das eben noch funkelnde Auge verlor sein drohendes Feuer, die strengen Mienen erweichten zum freundlichen Lächeln. Er stieg vom stolzen Sitze und eilte der Gattin warm und liebevoll entgegen. Solche Meisterschaft besaß dieser Fürst in der Verstellung, daß er, im gegenwärtigen Falle, sogar Vertraute seiner wahren Gesinnung täuschte.

"Sieh' da unsere Herrin!" hob er lächelnd an. "Seid uns willkommen zu Hainfelden! Wir waren Eurer Ankunft nicht gewärtig, adeligste Frau, — wir durften nicht hoffen, daß ein Besuch der Fürstin uns beehre in der Einsamkeit des Weilers."

Diese Worte hatten die Wirkung einer Bannformel auf die Königin. Solchen Empfang hatte sie nicht erwartet. Sie stand sprachlos und betroffen. Alle vorher zusammengestellten Vorstellungen, die sie über eheliche Pflicht, über nagendes Leid und erduldetes Unrecht zu erheben gedachte, so wie alle Bitten und Thränen, womit sie ihres Gatten gewöhnliche Härte zu entwaffnen hoffte, zerrannen wirkungslos vor dessen gegenwärtigem Benehmen. Sie fühlte sich wehrlos und in die Lage eines Seefahrers versetzt, der, in unbekannte

Gewässer verschlagen, nicht weiß, wie und wohin er steuern soll.

Diese Verwirrung währte indessen nur wenige Augenblicke. Der natürliche Drang ihres Herzens durchbrach schnell die Rinde der Förmlichkeit. Das edle Weib nahm Heinrichs erheuchelte Empfindung für den aufrichtigen Ausdruck seiner Gefühle. Zärtliche Gattenliebe verklärte ihr Angesicht, und in Blick und Mienen spiegelten sich verschämt warmes Empfinden und tiefe Neigung. Lange nach diesem Auftritte versicherten die Höflinge, niemals eine schönere Frau gesehen zu haben, als Königin Bertha in jenem Augenblicke. In solchem Maße vermag das edle Gefühl wahrhafter Liebe, verklärend auf des Menschen äußere Gestalt und Formenbildung einzuwirken.

Sogar Heinrichs Auge ruhte eben mit aufrichtiger Theilnahme auf der jugendlich schönen Fürstin, — wenn anders nach äußeren Ausdrücken, die wahre innere Gesinnung jenes Saliers beurtheilt werden darf.

„Die Sonne ist uns heute zweimal aufgegangen, meine Herren," sprach er zum Hofe gewandt. „Wir schämen uns der Herrschaft nicht, welche des Markgrafen von Susa reizende Tochter auf uns übt. — Möchten wir doch von Allen um des Unglückes willen beklagt werden," — und tiefe Trauer sprach aus Ton und Mienen, „das mich leider von diesem reinen, glänzenden Gestirne ebensoweit trennt, als von der Sonne, die am Himmelsgewölbe kreist."

Eine Thräne perlte aus seinem Auge, und außer Hezel, mochte schwerlich Jemand die tiefe Verstellung des Heuchlers ahnen.

Bertha wurde hingegen durch Heinrichs Anspielung schmerzlich aus ihrem Vertrauen geschreckt.

„Eure letzten Worte, mein Gemahl," sprach sie erblassend, „enthalten für mich ein ganzes Meer von Bitterkeit. Wie sollte ich von Euch getrennt sein, mit dem mich der Ehe heiliges, unauflösliches Band auf ewig verknüpfte? Wie könnte ich von Euch getrennt leben, dem Herz und Gemüth, mein ganzes Selbst nächst Gott angehört? Es ist wahr," — und in holder Demuth senkte sich ihr königliches Haupt, „die Mängel an mir sind viele, und meine Unwürdigkeit ist groß. Persönliche Eigenschaften können mich an Eure Seite ebenbürtig nicht erheben! — Aber mein Gemahl, ich bitte Euch!" und flehend hob sich ihr Blick zu ihm auf. „Laßt unverbrüchliche Liebe, Treue, Gehorsam, und Alles, womit ein Weib ihres Herrn Gewogenheit verdient, jene Vorzüge ersetzen, welche die Natur versagte."

„Die Natur ist Euch keinen Ersatz schuldig!" unterbrach Heinrich die warme und immer lebendigere Sprache Berthas. „Ihre verschwenderische Hand überhäufte Euch mit jeder weiblichen Zierde. Wir möchten ihr fast grollen, der lieblichen Verschwenderin, weil die Reize ihres Schooskindes unser klägliches Geschick doppelt schmerzlich empfinden lassen."

Abermals rollte eine Thräne über seine Wangen.

„Was wir indessen nicht besitzen können," seufzte er, „soll doch von uns bewundert und angebetet werden. Im Fluge seien die vorliegenden Reichssachen erledigt, damit wir Euch, hohe Herrin, persönlich aufwarten."

Er machte hier eine verabschiedende Bewegung. Bertha blieb wie festgewurzelt stehen. Des Königs Verhalten verwirrte ihre Sinne. Die Schüchternheit des Weibes, der Stolz der Königin, die Innigkeit ihrer Liebe, die namenlose Bitterkeit und Beschämung der Trennung, — Alles dieses durchwogte stürmisch ihre Brust. Alle Beherrschung verlierend, niedergedrückt von der Last ihres Kummers, sank sie vor Heinrich auf die Kniee.

„O mein Gemahl!" rief sie, die Hände zum Könige aufhebend. „Ich flehe und beschwöre, — laßt endlich zwischen uns die Kluft sich schließen, — verstoßt mich länger nicht von Euch! Entreißt mich der jammervollsten Verbannung, — mein Lebensglück ist nur bei Euch! O mein Heinrich." —

Thränen erstickten ihre Stimme. Das Angesicht mit beiden Händen verhaltend, blieb sie vor ihm knieen.

Die Scene wirkte auf die Gemüther. Der alte Raymund wischte an den Augen, Abt Stephan blickte strenge auf den herzlosen Gatten, sogar die Höflinge beschlich Rührung. Die Mundwinkel des Herrn Volkbrand beschrieben essigsaure Linien, und er sah noch ergriffener auf die gebrochene Königin, als er auf seinen erschlagenen, unvergeßlichen Hektor gesehen.

Dem Salier entging der allgemeine Eindruck nicht.

„Steht auf, beim Himmel! Ihr thut uns Beiden Unrecht," rief er voll Unruhe. „Erhebt Euch, — vor Gott allein geziemt der Königin das Knieen."

„So lange will ich hier knieen, bis Leben und Würde mir Eure wiedergewonnene Huld zurückgegeben."

"Nach meinem Vermögen sei Alles gewährt, — steht nur auf!" drängte er, die Knieende aufrichtend — "doch habt Ihr mit schwerer Anklage uns belastet, indem Ihr an unserer Liebe zweifelt. Nein, — nicht Abneigung gebietet unsere Trennung, sondern Gottes unabänderlicher Wille. Dürften wir, mit des Himmels Zustimmung, den Trieben unseres Herzens folgen, keine Macht der Welt sollte uns scheiden. Nun aber schickt mich Blutsverwandtschaft, welche gelehrte fromme Bischöfe zwischen uns beiden entdeckten, in Verbannung. Alle Freuden des Lebens macht mir diese unselige Entdeckung schaal! Mit doppelter Last drücken Sorgen der Reichsverwaltung unsere Schultern, da jede Würze, welche versüßen sollte, bitter schmeckt. Selbst für Euch, holde Herrin, hab ich nur den Trost: — ertragt mit christlicher Ergebung, was wir nicht ändern können."

Für Berthas Beschützer war der Augenblick zum Sprechen gekommen. Er trat zwei Schritte dem Throne näher, und fest klang seine Stimme durch die Halle.

"Ich wurde veranlaßt, das plötzlich aufgetauchte Ehehinderniß genauer Prüfung zu unterwerfen, mein Herr und Gebieter," sprach Abt Stephan. "Zu Eurem Trost sei's gesagt, daß Euer erlauchtes Haus mit jenem der Markgrafen von Susa nicht verwandt ist. Die aufgeworfene Behauptung beruht auf irgend einem Irrthum, vielleicht sogar auf beabsichtigter Entstellung."

"Möge die Richtigkeit Eurer Untersuchung bestätigt werden," sagte Heinrich finster. "Doch — Ihr wurdet veranlaßt? Und durch wen wurdet Ihr veranlaßt?" — forschte lauschend der König.

„Durch meine Liebe zu Euch, gnädigster Herr. Für mein Bemühen ist die Ueberzeugung doppelt lohnend, daß Ihr ohne Hindernisse dem Drange Eures Herzens folgen könnt."

„Möge gerade diese Liebe Euern klaren Forscherblick nicht getrübt haben," versetzte der Fürst mit zweideutigem Lächeln. „Die Versammlung zu Mainz wird die Sache genau untersuchen; — bis dahin gebietet Pflicht und Gehorsam gegen Gottes Willen, unserem Herzen schmerzlichen Zwang aufzulegen. Wir wissen recht wohl, daß giftige Zungen der Verläumbung andere Gründe unserer Scheidung anzugeben wissen, als pflichtschuldige Beobachtung höherer Gebote. Aber es verschwindet unsere Bitterkeit über solche Wahrnehmung, wie ein Tropfen im Meere unseres Schmerzes! — Ja, fast müssen wir uns schämen, daß die Macht unbefriedigter Liebe für unsere Verwandte, solche Gewalt auf uns übt."

Er schloß mit einem schweren Seufzer und fügte dann mit schmerzlicher Ueberwindung bei:

„Brechen wir einen Gegenstand ab, der alte, offene Wunden nur tiefer gräbt! — Erlaubt, edle Herrin, daß wir für jetzt zu bringenden Staatsgeschäften zurückkehren, um dann unsere freien Stunden Euch zu schenken, wie es Blutsverwandten ziemt. Herr Marschalk, — geleitet Euere Königin in unsere Gemächer, und seid Ihr zu Diensten, wie uns selbst."

Nach tiefer, mehr förmlicher als herzlicher Verbeugung, bestieg Heinrich den Thron, wo ihn Hezels triumphirendes Gesicht beglückwünschte.

„Die Thörin — ha!" schnaufte der Fürst, wie nach bestandener, schwerer Anstrengung. „Sie soll mir diese Ueberraschung theuer bezahlen! — Geht, Herr Kämmerer, und," — er flüsterte leiser mit Hezel, der nach erhaltener Weisung, schnell durch eine Seitenthüre verschwand.

Bertha hatte mittlerweile, unter Vortritt des Marschalls, und in Begleitung ihrer Frauen, die Halle verlassen. Graf Raymund und Abt Stephan waren auf Heinrichs ausbrücklichen Befehl zurückgeblieben. Beide traf nun des Königs durchbohrender Blick; — beide sollte die ganze Wucht seines Grimmes erdrücken, den er bisher gezwungen niedergehalten. Indem er sie schweigend und bewegungslos anstarrte, glich er einer Bildsäule, der Künstlerhand alle Züge eines despotischen Herrschers eingrub, dessen Sinnen eben dahin gerichtet ist, die Opfer seines Grimmes niederzutreten.

„Herr Abt," begann er mit unheimlich klingender Stimme, „Ihr seid angeklagt, Feinde des Reiches zu beherbergen. Den Geächteten Gieselbert habt Ihr in Eure Abtei nicht blos aufgenommen, sondern auch, unserem ausbrücklichen Befehle trotzend, auszuliefern verweigert. Steht Rede, — und wehe Eurem Haupte, wenn Ihr, des beschuldigten Ungehorsams und Einverständnisses mit unseren Feinden, Euch nicht zu entledigen vermögt!"

„Gnädigster Herr und Gebieter," — begann der unerschrockene Abt, bescheiden aber fest. „Einverständnisse mit Euren Feinden sind mir fremd. Ich glaubte nicht, jemals in die Lage zu kommen, dies ausbrücklich versichern zu müssen. Wie vertrüge sich Untreue gegen den König mit meinem Gewissen, oder mit dem heiligen Amte, durch Gott und den heiligen Vater zu Rom meiner Schwachheit anvertraut?"

„Gott und der heilige Vater! — ganz Hildebrandisch," flüsterte Hezel, welcher seine frühere Stellung hinter dem König wieder eingenommen „Gott und der heil'ge Vater, — von dem Könige ist keine Rede!"

„Was den zweiten Punkt betrifft, — die Auslieferung Gieselberts, so fällt es schwer zu glauben, daß Eure Hoheit eine That befohlen, welche Kirchen= und Reichsgesetzen geradezu widerspricht. Dem Geächteten steht das Asylrecht zu Gebote; er machte davon Gebrauch und Niemand darf ihm dies, bei Bann und Acht, verwehren."

Hier stieß Heinrich ein kurzes, leidenschaftliches Lachen aus, in welches mehrere Höflinge einstimmten.

„Hört ihr, meine Herren," rief er, „wie meisterhaft sogar ein Abt unsere Gewalt zu beschneiden versteht?"

„Beobachtung der Gesetze beschränkt nicht die Gewalt des Königs," entgegnete Stephan in ruhigem Ernste. „Im Gegentheil, — des Herrschers Ansehen wird, durch pünktliche Beobachtung des Gesetzes, in den Augen der Völker wachsen."

„Still Herr Mönch!" unterbrach ihn der Fürst. „Wir haben Dich keineswegs vorgeladen, uns Lehren zu ertheilen, sondern zu Deiner Rechtfertigung. — Nochmals: Beharrst Du auf der Weigerung? Wirst Du den Geächteten zur Strafe uns übergeben?"

„Pflicht und Gehorsam gebieten immer dieselbe verneinende Antwort," entgegnete der Abt entschlossen.

„Recht so, — wacker gesprochen!" rief der alte Barbenfels, bisher in ängstlicher Spannung der Verhandlung folgend. „Wißt, Herr König, wäre Abt Stephan gewissenlos genug gewesen, Eurem Ansinnen Folge zu leisten, dann würde ich, Limburgs Schirmvogt, mit aller Macht das Asylrecht vertheidigt haben."

Raymunds kühne Rede versetzte die Höflinge in Staunen. Heinrich schoß glühende Blicke auf den Greis.

„Graf Raymund schweigt," befahl er. „Mit Euch haben wir noch ein ganz besonderes Wort zu reden."

„Mit Verlaub, Herr König," sprach der freimüthige Graf; „ich kann mich in den neuen Gang der Welt nicht schicken. Seit grauer Zeit wählen wir unsere Könige, damit sie den Heerbann führen, Gesetz und Rechte schirmen, und allem Volk ein Beispiel der Tugend und Tapferkeit geben. Ich nahm das Wort zur Vertheidigung des Asyls, und nach altem Brauch ist der König verpflichtet, die Vertheidigung jedes freien Mannes anzuhören. Ich bin ein freier Mann, — meine Pflicht ist es zu reden, und Eure Pflicht ist es, mich gefälligst anzuhören."

Die verdutzten Höflinge starrten bald den Sprecher bald den König an. In dem Salier aber kochte die Leidenschaft. Unbändige Wuth und erstickender Grimm verschlossen ihm den zuckenden Mund.

„So wurde es im deutschen Reiche immer gehalten," sprach Barbenfels weiter. „Treue dem erwählten Könige, als dem Schirmherrn des Gesetzes und Mehrer des Reiches! — Möge der liebe Gott mich jene Zeit nicht erleben lassen, wo unsere mächtige Nation dermaßen entkräftet wäre, daß sie Oberhäuptern gehorchte, deren Willkür jedes Recht mit Füßen tritt, und deren Lebensweise eher heidnischen Tyrannen, als christlichen Königen ziemt."

Die Anspielung der letzten Worte auf Heinrichs Hofhaltung, war schlagend und klar. Sie wurde von der ganzen Versammlung gefühlt. Alle sahen betroffen nieder, gleich Menschen, die sich vor den Schrecken eines nahenden Sturmes beugen. Raymunds Rede folgte lautlose Stille. Der König saß unbeweglich. Sein Auge glühte und seine Lippen preßte verhaltener Ingrimm aufeinander. Dann machte er eine halbe Bewegung gegen Hezel und fragte mit hohler Stimme: „Wo liegen meine Löwen?"

„Zu Goslar, gnädigster Herr!"

Abermals wandte sich der Fürst gegen Barbenfels, schweigend und nach Fassung ringend. Jetzt begann er mit einer Ruhe, die unheimlich über den finstern Zügen lag und drohend in der hohlen Stimme klang:

„Ihr rühmt Euch der Treue gegen Euern Ober=lehensherrn. Schlecht stimmt solches Rühmen mit den Anklagen, die gegen Euch vorliegen. Still und hört!" — herrschte er ihm zu, da Raymund Einsprache erhe=ben wollte. „Auch Ihr seid geheimen Einverständnisses mit unseren Feinden in Thüringen und Sachsen be=schuldigt, gleich Stephan, dem Ihr das Wort redet und gleich Gieselbert, der offen gegen uns zum Schwerte griff."

„Aber Herr König," brach Raymund los, — „das ist ja Alles eitel Lüge und Erfindung! Stellt mir die Ankläger gegenüber; — ich hab ein Recht dies zu for=dern."

"Und ich hab ein Recht, den Gerichtsgang nach meinem Bedünken zu leiten," versetzte Heinrich mit verbissenem Aerger. "Hört also, — auf St. Matthäustag habt Ihr, zur Reinigung der Anklage, Euren Sohn gegen unsern Kämpen zu stellen. Keinen Einwand; — als Freund alten Herkommens müßt Ihr Wohlgefallen an einer Bestimmung haben, die uns rechtlich zusteht. — Ihr aber, Mönch Stephan, gebt den Ring zurück, mit dem wir Euch belehnten. Verräther Eures Schlages dürfen keine Würde begleiten, — wenigstens so lange nicht, als wir den Scepter führen."

Der Prälat zog den Ring vom Finger.

"Erlaubt, mein Fürst," — entgegnete er, "die Vollziehung Eures Befehls mit einer nähern Erklärung zu begleiten. Insoweit Limburgs zeitliches Besitzthum an diesen Ring geknüpft ist, mögt Ihr nach freiem Gutdünken über die Vergabung jener Güter verfügen. In diesem Sinne lege ich den Lehensring in Eure königliche Hand," er kniete vor dem Throne nieder und übergab den Ring.

Darauf sich erhebend fuhr er fort: "Insofern aber jener Ring Symbol geistlicher Würden ist, steht es nicht in meiner Macht, derselben auf Euren Befehl mich zu entledigen."

"Bis wir von Rom die nöthige Dispens erhielten," unterbrach ihn der König in spöttischer Laune. "Hältst du, stolzer Mönch, uns für schwach genug, vom Papste erst die Erlaubniß zu erbetteln, treulosen Ungehorsam zu bestrafen? So ohnmächtig sind wir, Gottlob, noch nicht! Du sollst erfahren, daß wir, ohne päpstliche Erlaubniß, Macht genug besitzen, einen hochfahrenden Abt vom Stuhle zu stoßen. Du sollst einen passenden Platz erhalten, — einen Platz für Deinen Trotz, und das schwöre ich Dir, — beneidenswerth soll Deine Lage nicht sein."

Heinrichs Auge funkelte, während er sprach. Es verkündete Stephans schauerliches Loos in jenen tiefliegenden, ungesunden Gewölben, in welchen die Grausamkeit dieses Fürsten manches Opfer verkommen ließ. Der Prälat blieb ruhig. Er verstand die Andeutung, er war von dem besten Willen des Despoten überzeugt, ihn lebendig in irgend einem Loche zu begraben. Nach dem Rathe gewöhnlicher Klugheit, hätte darum Stephan einlenken und den königlichen Zorn besänftigen müssen. Allein der Abt verstieß höchst ungeschickt gegen das Gewöhnliche der Klugheit. Für persönliches Glück oder Unglück schien der Mann keinen Sinn und kein Interesse zu haben. Er gehörte zu jenen großartigen und bewunderungswürdigen Männern, denen unverrückt, sogar bei angedrohter Vernichtung von Leib und Leben, nur die Pflicht maßgebend vor Augen schwebt.

„Niemals bestritt ich die Machtvollkommenheit Eurer Herrlichkeit," sprach er mit unverwüstlicher Ruhe. „Von Gottes Gnaden seid Ihr des Reiches Oberhaupt, jedoch nur," — fügte er mit starker Betonung bei, „innerhalb der von Gott bestimmten Grenzen. Zwei Häupter setzte Gott zu Gebietern über die ganze Erde, — den Papst und den Kaiser. Dem ersten übergab er die Schlüsselgewalt, dem zweiten das Schwert. Von Beiden darf keiner die Sphäre überschreiten, in welcher seine Gewalt sich bewegt. Ohne Willkür, und in wei=

terer Folge — ohne Tyrannei, könnte dies nicht ge=
schehen. Eure Hoheit konnte mir das zeitliche Lehen
Limburgs nehmen. — Aber die geistliche Würde und
Gewalt empfing ich nicht vom Könige, sondern von der
Kirche. Sie allein, die Kirche, hat Gott mit der Ver=
waltung geistiger Macht und Gnadenschätze für ewige
Zeiten betraut. Nur der Kirche Oberhaupt vermag es,
höhere geistliche Würden zu binden und zu lösen, —
nicht aber des Reiches Haupt."

So hatte bisher vor Heinrich IV. noch Keiner ge=
sprochen. Gewohnt, Alles dem Herrscherwillen sich
beugen zu sehen, dünkte ihm des Abtes freie Sprache
hochfahrender Trotz.

Mit weit geöffneten Augen sah er auf den kühnen
Prälaten, unfähig zur raschen Erwiederung.

Stephans Worte bliesen zwar den allerhöchsten
Zorn zu lodernden Flammen, aber sie fanden zugleich
Bestätigung und Wohlgefallen des gegenwärtigen hohen
Adels. Er hatte des dritten Heinrich eisernen Arm
gefühlt, und manche Träume von Selbstständigkeit und
freier Bewegung zerrinnen gesehen. Der vierte Heinrich
drohte mit den Rechten und Freiheiten der Reichsfür=
sten gründlich aufzuräumen. Der irrende Geist Neros
oder Diokletians schien in den jungen Salier gefahren
zu sein, und ihm den Rath ertheilt zu haben, von der
Höhe schrankenloser Gewalt herab Alles zu regieren,
nach Belieben und Neigung Dinge, Menschen, Rechte,
Gesetze entstehen und vergehen zu lassen. Daher des
Königs verletzender Uebermuth gegen die Großen des
Reiches, seine himmelschreiende Unterdrückung des frei=
sinnigen Sachsenvolkes, seine Verachtung aller Gesetze.

Diese Zustände lagen drückend auf den Menschen. Aber Niemand wagte Widerspruch. Man schwieg und der Grimm bohrte sich tief in die Herzen. Nur die Kirche schwieg nicht. Sie protestirte, mahnte und drohte. Darum Heinrichs Zorn gegen den Papst und sein Echo, den Abt von Limburg. Darum hohes Entzücken der gegenwärtigen Fürsten über Stephans Verhalten und Kühnheit. Auch für sie sprach er, auch ihre Gesinnung drückte er aus.

Dagegen besaß keiner dieser Herren den Muth, zur Unterstützung des Abtes. Sie mochten Heinrichs Zorn nicht verdienen, der über fette Lehen gebot und sie vergab, — aber nur an seine Getreuen.

Der Salier hatte endlich doch seine Sprache wieder gewonnen, und gebrauchte sie nun in den stärksten Ausdrücken.

„Unerhörte Frechheit! So sprecht Ihr vor Eurem Könige?" rief er.

„Nochmals, gnädigster Herr, mißdeutet meine Absicht nicht! Höhere Rücksichten als jene, die mein zeitliches Wohl betreffen, geboten mir, Eingriffe in jenen Rechtskreis abzuweisen, in welchem nur das Oberhaupt der Kirche zu Gericht sitzen kann."

„Immer besser!" sprach Heinrich, kaum fähig, seine Wuth zu bemeistern. „Vor des Papstes Stuhl soll Euch der König als Beklagter folgen?" — rief er mit erschöpfter Zurückhaltung.

„Die letzte Stütze gewaltsam unterdrückten Rechtes, ist allerdings Gottes Stellvertreter auf Erden, — der heilige Vater in Rom," antwortete kühn der Prälat.

Ungestüm sprang jetzt der König empor, als würde er von einer ihn beherrschenden fremden Macht aufgetrieben, die sein Aeußeres abschreckend entstellte. Nichts konnte diesen Fürsten mehr erbittern und außer Fassung bringen, als die Anrufung kirchlichen Schutzes gegen Uebergriffe seiner Willkür.

„Elender Knecht!" donnerte er. „Sklave voll Hoffart und Trotz, — in alle Ewigkeit sollst Du nach Rom Dich nicht berufen. Sogleich soll der Strang Deinem Leben ein Ende machen. Du hast es verwirkt, zehnmal verwirkt, durch Hohn und Lästerung gegen uns. — Vasallen greift ihn!"

Mehrere Höflinge traten vor, des Fürsten Befehl zu vollziehen. Die Glieder des hohen Adels zuckten zwar die Achseln und schauten sich verlegen an, aber Keiner wollte die zu hoffenden Vortheile der Sicherheit Stephans zum Opfer bringen. — Da trat Graf Raymund mit Entschiedenheit und nicht ohne Ungestüm dazwischen.

„Halt!" rief er. „Kein Frevel gegen Gesetz und Herkommen! Stephan ist ein Fürst der Kirche, — er ist ein Sprößling des erlauchten um das Reich hoch verdienten Hauses der Schyren, — Karl's des Großen Blut fließt in seinen Adern, — nur durch eine Fürstenversammlung, wo ihm das Recht der Vertheidigung zusteht, könnte er zum Tode verurtheilt werden. Erlaubt mir, Herr König, meine Schuldigkeit zu thun und ein schimpfliches Vergehen zu verhindern!" —

„Was plaudert der Alte?" wandte sich der Salier, halb staunend, halb zürnend, gegen die Höflinge. „Verhindern will er, — und ein schimpfliches Vergehen hin-

dern? Den Vollzug meiner Befehle nennt Ihr „schimpf=
liches Vergehen?" Seid Ihr toll geworden?"

„Ganz bei gesunden Sinnen, Herr König! Ja,
ein Schimpf gegen Gott, gegen Gesetz und Herkommen
ist Euer Befehl. Darum werde ich ihn verhindern."

Noch saß der Monarch in stummer Verwunderung,
da wandte sich Raymund, im Tone des Befehles, an
seine trotzigen Vasallen.

„Nothar," rief er, „laßt augenblicklich meine Le=
hensleute vorrücken.

Einige Ritter, von des Grafen Gefolge, eilten fort,
und dräuend hallten die ehernen Tritte der Gewapp=
neten durch die Versammlung.

Raymunds kühnes Auftreten machte jene zögern, die
Stephan greifen wollten. Sie blieben unentschlossen
stehen und schauten fragend auf den König.

„Meine Handlungsweise, Herr König," fuhr Bar=
denfels entschuldigend fort, „mag Euch jetzt unange=
nehm sein. Bei ruhiger Ueberlegung werdet Ihr jedoch
finden, daß ich Recht habe. Später werdet Ihr einem
alten Manne danken, weil er eine That hinderte, die
Euch ewig beschimpfen müßte."

Das Waffengetöse im Burghofe, den Raymunds
Streitmacht anfüllte, gab dessen Rede starken Nachdruck.
Ein flüchtiger Blick überzeugte den König von der Un=
möglichkeit, durch die waffenfähige Schaar seiner Höf=
linge der Streitmacht des Grafen die Stirne zu bieten.
Ebenso mochte Heinrich die Unklugheit erkennen, durch
Vollziehung des strengen Urtheils, den allgemeinen Un=
willen gegen seine Willkürherrschaft zu vermehren, und
im mächtigen Geschlechte der Schyren sich unversöhn=

liche Feinde zu erwecken. Dazu kam der in Heinrichs Charakter liegende Zug, sein Benehmen augenblicklich zwingenden Umständen schlau anzubequemen, ohne jedoch die Gesinnung zu ändern oder geheime Pläne aufzugeben. Nicht minder bewies die Art und Weise seines Einlenkens viele Klugheit, wodurch er königlicher Würde nicht blos nichts vergab, sondern auch der etwas ungestüme Graf, wie ein aufbrausender Jüngling, dem bedächtigen Manne gegenüber erschien.

„Euer Auftreten dürfte geziemender sein, Herr von Barbenfels!" sprach er in kalter Strenge. „Wir werden Eure Macht, die uns Trotz zu bieten wagt, beschneiden müssen."

„Mit Vergunst, Herr König!" fiel Barbenfels dazwischen. „Keine Hufe Landes trage ich von Euch zu Lehen. Meine Besitzungen sind lediglich Allodien, — Stammgüter meines Hauses. Nach altem Herkommen steht meine Streitkraft dem Könige nur dann zu Gebote, wenn er gegen Reichsfeinde den Heerbann zusammenzieht."

„Wir sind dann nicht im Stande, Eure unabhängige Herrschaft zu beschränken," sagte Heinrich mit spöttischer Laune. „Indessen danken wir für Eure Bemühung, uns auf den strengen Gang des Rechtes aufmerksam gemacht zu haben, der uns augenblicklich entschlüpfte. Dagegen steht es in unserer Gewalt, Stephan so lange in Haft zu halten, bis dem Fürstentage seine Sache zur Entscheidung vorlag."

„Ihr habt allerdings die Gewalt, den Prälaten ehrenvoller Haft zu übergeben," bestätigte Raymund.

„Herr Kämmerer," befahl der König auf Stephan deutend, „haltet den Mann in strengem Gewahrsam, bis wir weiter verfügen."

„Weist ihm Eure Herrlichkeit den Thurm zur Wohnung an?" horchte Hezel.

„Nein," — entgegnete der Fürst nach kurzem Besinnen, wobei er einen lauschenden Blick auf die nächste Umgebung warf. „Aus Achtung für seinen Muth, seine Wissenschaft und hohe Abstammung, gestatten wir ihm eine Leibwache und freie Bewegung an unserm Hoflager. — Ihr, Herr Graf, seid mit der Mahnung entlassen, Euren Sohn auf den anberaumten Tag zum Zweikampfe zu stellen."

„Das Gottesgericht wird mich von jeder Beschuldigung reinigen," sagte Bardenfels. „Ehrwürdiger Vater," — fuhr er gegen Stephan gewandt fort, „wir müssen uns für den Augenblick der Gewalt unterwerfen! Nimmt Euch Herr Heinrich in Haft, so ist es seine königliche Pflicht, Euch Rang und Würde gemäß zu behandeln!"

Damit drückte er ihm warm die Rechte, verbeugte sich vor Heinrich und verließ die Halle. — Auch der König brach auf, in derselben Weise zurückkehrend, wie er kam.

Ein Bischof als Koch.

Stephan folgte dem Kämmerer in ein nahes Gemach.

„Habt die Güte, hier zu warten," sagte Hezel, „bis die Ehrenwache Eure freiwilligen Bewegungen geleiten kann."

Nach dieser hämischen Bemerkung entfernte er sich.

Als der Prälat jetzt im Zimmer allein stand, bedurfte es keines tiefen Scharfblickes, das Gefährliche seiner Stellung zu erkennen, die er sich durch rückhaltlosen Widerspruch einem gewaltthätigen und rachesüchtigen Fürsten gegenüber bereitet hatte. Persönliches Mißgeschick war es indessen nicht, was ihn zu trübem Nachsinnen stimmte, — er gedachte vielmehr der verhängnißvollen Lage Berthas. Des Königs erkünstelte Freundschaft täuschte den scharfsichtigen Priester nicht. Er hatte ihn genau beobachtet und das flüchtige, boshafte, durch die Maske der Verstellung wiederholt hindurchbrechende Lächeln wohl bemerkt. Wollust macht grausam, — besonders gegen Jene, welche dieser entwürdigenden Leidenschaft hindernd im Wege stehen. Welche Peinen mochte nun der ausschweifende Fürst ersinnen, um Bertha seine Rachsucht fühlen zu lassen? — Dieser Gedanke veranlaßte den Abt zu raschen, unruhigen Gängen durch das Zimmer. Die Bitterkeit seiner Empfindungen vermehrte der Umstand, daß Bertha mit Widerstreben in den angerathenen Aussöhnungsversuch sich fügte. Heinrichs schlaues Benehmen hatte den Zweck des Versuches vereitelt, und die Unglückliche war nun, hülflos und verlassen, dem Treiben eines Hoflebens ausgesetzt, das für ein getreues, edel denkendes Weib höchst qualvoll sein mußte.

Das Eintreten der Leibwache, zwei bewaffnete Krieger mit rauhen Gesichtern, unterbrach Stephans Betrachtungen. Jene blieben zu beiden Seiten der Thüre stehen, und betrachteten forschenden Blickes ihren Gefangenen.

Nach flüchtigem Anschauen der Krieger, setzte der Prälat seinen Gang durch das Zimmer fort. Bei näherer Erwägung fand er sogar, daß sein Aufenthalt am Hoflager zum Schutze Berthas nothwendig sei, und beschloß, zur Erforschung der Maßregeln Heinrichs die nöthigen Schritte zu thun. Er mißkannte hiebei die Schwierigkeiten nicht, welche seiner Absicht entgegenstanden. Alle Vertrauten des Königs mußten ihm abhold sein. Ueberhaupt durfte er annehmen, daß kein Höfling sich ihm aufrichtig näherte, — noch weniger des Fürsten geheime Pläne verrieth.

Vielleicht konnten ihm die Verbindungen des Bischofs Bucco dienlich sein, der seit längerer Zeit, ebenfalls gezwungener Weise, am Hoflager lebte, und den Stephan längst kennen zu lernen wünschte.

„Wohnt der ehrwürdige Bischof von Halberstadt hier im Schlosse?" fragte Stephan die Bewaffneten.

„Ja!"

„Führt mich zu ihm!"

Die Wache schritt vor Stephan her. Sie vermied jenen Theil des Schlosses, wo die fürstlichen Gemächer lagen. Dem Schyren entging dieser Umstand nicht, und er folgerte hieraus die ausdrückliche Weisung für die Wache, ihn von dem Leben und Treiben des Hofes möglichst ferne zu halten.

Im ersten Stockwerke, am Ende eines langen Ganges, blieben die Krieger mit dem Bedeuten stehen, der Abt möchte einen Augenblick hier warten. Einer von ihnen trat durch die nächste Thüre, aus der er nach kurzer Zeit zurückkehrte.

„Ihr könnt den Bischof sprechen, — geht nur da hinein," sagte er, auf den Eingang deutend.

Der Prälat folgte nicht ohne Neugierde der Weisung. Ein langes, schmales Zimmer nahm ihn auf. Dort fand er eine Person, die man unmöglich für den Bischof von Halberstadt halten konnte. Stephan kannte jenen Prälaten, dessen Ruhm das Reich erfüllte, nicht persönlich. Aber ein Blick auf sein Gegenüber sagte ihm, daß der Geist des Bischofes Bucco in diesem Körper nicht wohne.

Auf dem Lehnstuhle am Fenster saß nämlich ein wohlbeleibter Mann mittlerer Größe, mit feuerrothem Gesichte und gutmüthigen Zügen. Seine Kleidung unterschied sich von jener des übrigen Hofgesindes durch Schnitt und Farbe. Er trug eine blaue Jacke mit hellgelben Aufschlägen, graue Beinkleider und weiße Mütze. Am silberbeschlagenen Gürtel hing ein Besteck, aus welchem Messer verschiedener Größen mit reichen

Griffen hervorblitzten. Um die Lenden trug er eine reinlich weiße Schürze, auf der eine blank geputzte silberne Platte lag.

Bei Stephans Eintritt erhob sich der Mann mit vieler Freundlichkeit.

"Seid mir bestens willkommen, Herr Abt," redete er diesen an; "damit will ich nicht sagen, daß Ihr noch Abt seid, — bei Leib und Leben nicht! Herr Heinrich zog Euch den Ring vom Finger, wie er schon manchem Abt und manchem Bischof gethan. — Ich wollte damit nur Euren vorigen Rang andeuten, wie ich auch meinen Diener Bucco immer noch „Bischof" heiße, obwohl seine Bischofsmütze längst auf dem Kopfe eines Andern sitzt."

In Folge dieser sonderbaren Ansprache, überflog Stephans Angesicht ein trübes Lächeln. Verwundert betrachtete er diese bei Hof gewiß bedeutungsvolle Person.

"Dürfte ich nach Eurem Namen und ehrenwerthen Amte fragen?" sagte der Abt.

Hier warf sich der Mann gewaltig in die Brust, fuhr mit der Rechten über sein wohlgenährtes Bäuchlein und brachte sie dann in senkrechte Lage mit der Linken. So stand er nun, den mächtigen Vorsprung in Mitte des Leibes abgerechnet, kerzengerade vor dem Prälaten.

"Ich bin Engelbert, der Leibkoch unseres allergnädigsten Herrn," antwortete er mit vielem Selbstgefühl. "Ihr seht, ein höchst wichtiges und ehrenwerthes Amt; denn Leben und Gesundheit des Königs liegt in meiner

Hand. Alle Köche stehen unter meinem Befehle, über die ich jedoch nicht wie ein Herr, sondern wie ein Vater gebiete. Meine Untergebenen sollen mich achten und lieben! Darum sollt Ihr auch ohne Anstoß den Bischof Bucco sogleich sprechen dürfen. Der Mann, — werdet's wissen, bekam mit dem Könige einen Span. Aber dies geht mich im Grunde nichts an. Die Hauptsache ist, daß mir besagter Bischof übergeben wurde, daß ich mit des Bischofs Leistungen zufrieden bin, und daß der Bischof in mir 'nen gütigen Meister gefunden. — Es wird ihn freuen, 'nen alten Bekannten zu sehen. Folgt mir, Herr Abt!"

Sie gelangten durch eine Seitenthüre in die Küche, — Engelberts Gebiet, wo er über zahlreiches Gesinde unbeschränkte Herrschaft führte.

Alle Unterköche trugen dieselbe einfache Kleidung, — weiße Mützen, aschgraue Beinkleider und linnene Obergewänder, in der Leibesmitte von einem Gürtel zusammengehalten, an dem Bestecke mit den nothwendigsten Kochwerkzeugen hingen.

An den Wänden der sehr geräumigen Küche, glänzten blanke Töpfe, Schüsseln und Näpfe in den verschiedenartigsten Formen und Metallen. Die sauber gescheuerten Eichentische, der Fußboden, aus rothem gebrannten Stein, die Kasten, Schränke und Gesimse, waren von der allgemein herrschenden Reinlichkeit nicht ausgeschlossen. Eine Reihe von Kaminen, deren Ausgänge sich alle in einem gewaltigen Rauchfange vereinigten, lief an der einen Seite der Küche hin und sie reichten aus, die großartigste Tafel mit der ausgezeichneten Kost des Bratenwenders zu versehen.

Sogleich beim Eintreten fiel dem Abte ein Mann auf, der am Kamine stand und den Bratspieß drehte. Sein wallender Bart, die hohe gebieterische Gestalt, die strengen Gesichtszüge und der scharfe, geistreiche Ausdruck des Auges, ließen vermuthen, der Mann am Bratspieße habe sich aus der Fürstenversammlung an das Kamin der Küche verirrt. Die ganze Erscheinung paßte durchaus nicht an den Ort, wo sie sich befand. — Dieser Mann war der berühmte Bischof Bucco von Halberstadt, — ebenso hervorragend durch seine Tapferkeit im Felde, wie durch eine ausgezeichnete Beredsamkeit, welche getrennte Gemüther schnell zu vereinigen verstand. Unternehmungsgeist und Thatkraft erwarben ihm den schmeichelhaften Beinamen „Säule und Stütze des Reiches". — Vielleicht wurde Buccos rastloser Eifer für des Reiches Wohl durch nichts als durch seinen Abscheu gegen Heinrichs Regierungsweise übertroffen.

Der König fürchtete den Bischof vor Allen. In seine Gewalt gerathen, wurde Bucco zum Küchengesinde hinabgestoßen und später nach Ungarn verbannt, wo ihm jedoch die Flucht unter vielen Mühen gelang.[*]

Abt Stephan verbeugte sich jetzt tief vor dem Prälaten, der ihn herzlich umarmte und ihm den Bruderkuß gab.

„Ich habe von Eurer Entschiedenheit gehört", sagte Bucco, leuchtend zum Schyren aufsehend. „Ihr habt Euch des geächteten Markgrafen wacker angenommen. Recht so, ehrwürdiger Bruder! König Heinrich muß erfahren, daß es noch Männer gibt, die Gewaltthat

---

[*] Lamb. Schafn. ap an. 1076.

und Willkürherrschaft frei und offen verdammen. — Indessen mag Gieselbert auf der Hut sein! Heinrichs Gerechtigkeitspflege scheut keine Mittel, unliebe Personen hinwegzuräumen. Gefiel es darum Seiner Herrlichkeit," — und es lag einige Schärfe im Tone der Worte, „mich in die Küche zu verbannen, so muß ich ihm für diese Gnade königlicher Huld danken."

„Das will ich meinen!" eiferte Meister Engelbert. „Ist mein Gebiet hier nicht der Himmel, im Vergleiche zu jenen dunkeln Kerkerkammern, wo das Wasser an den Wänden herabläuft, und hartes verschimmeltes Brod, für Ratten und Mäuse zu schlecht, unter die Zähne kommt? Hier aber blinkt es an den Wänden von silbernen Gefäßen, — ein Gastmahl für die Augen! Hier duftet es aus Kesseln und von Spießen, — Leckerbissen für die Nase! Ja, — ja, Jedem leuchtet es ein, daß Ihr, mein ehrwürdiger Diener, in des Himmels Gunst hoch angeschrieben steht, weil er Euch unter meine Aufsicht stellte."

„Bischöfe unter der Aufsicht eines Kochs, passen vollkommen zur weisen Regierung Heinrichs IV.," sagte Bucco mit Laune. „Dürfte ich bitten, Meister Engelbert, dort nach dem Braten zu sehen, ob er genug geröstet ist! Euer Lehrling hat die Höhe der Kochkunst noch nicht erreicht, um dies beurtheilen zu können."

„Wird sich schon geben, — nur Geduld! Gelehrte und Köche fallen nicht vom Himmel," — tröstete Engelbert, an das Kamin tretend und mit Meisterblicken die Hammelskeule prüfend.

„Sagt mir doch," — fragte der Bischof, den Abt bei Seite führend; „ist die Königin wirklich am Hoflager erschienen? Das Gerücht klang mir höchst unwahrscheinlich."

„Dennoch ist es wahr," antwortete Stephan. „Ich selbst befand mich in der Halle, wo Heinrich mit Bertha zusammentraf. Der außerordentlich liebevolle Empfang des Königs erregte mein Erstaunen. Mit Zärtlichkeit behandelte er sie," — schloß er forschenden Blickes, und in der offenbaren Absicht, zu erfahren, ob Buccos Urtheil über des Fürsten wahre Gesinnung mit seinem Argwohne übereinstimme.

„Der liebevolle Empfang? Zärtlichkeit? O der Heuchler!" rief Bucco, augenblicklich den flüsternden Ton verlassend, in welchem sie sprachen. „Dieser liebevolle Empfang gleicht dem Aeugeln und Züngeln der Schlange, welche ihr Opfer zu gelegener Stunde erdrückt."

„Haltet Ihr den König fähig, seiner Gemahlin am Leben zu schaden?" fragte der betroffene Abt.

„Für fähig? Wer das Leben eines ganzen Volkes niedertreten möchte, wird das verhaßte Leben des Einzelnen nicht schonen," entgegnete der Sachse. — „Am hellen Tage freilich wird er die schwarze That kaum wagen. Aber es gibt schleichende Mittel, die ein getreues Weib ebenso sicher dem Tode überliefern, als der Mordstahl."

Hier wurden Beide durch Engelbert unterbrochen. Er hatte mit einem prächtig gekleideten Diener wenige Worte gewechselt, und trat nun rasch auf die Prälaten zu.

„Der gnädige Herr Kämmerer, sprach er, will mit seinen Freunden einige Erfrischungen nehmen; des Kämmeres Diener wünscht Einen meiner Leute, der ihn beim Mahle unterstützt. Weil dies eine Ehrensache ist, stelle ich es vorerst meinem ehrwürdigen Diener anheim, ob er die Ehrenstelle begleiten will."

Stephan gab Bucco einen Wink und führte ihn bei Seite.

"Nehmt das Anerbieten an, ehrwürdiger Bruder, bat der Abt. Es liegt mir Alles daran, Heinrichs Plan mit Bertha kennen zu lernen. Diese Angelegenheit bildet jedenfalls den Inhalt der Gespräche am Hof. Könnt Ihr etwas hierüber erfahren und mir mittheilen, werdet Ihr mich sehr verbinden."

"Meister Engelbert, sagte der Bischof, ich mache Gebrauch von dem Vorzuge, den ihr mir einräumt."

Nun zeigte es sich, daß Engelberts Anerbieten nur Höflichkeit gewesen, welche er in der Meinung sich erlaubte, Bucco werde sie zurückweisen.

"Ja, — aber — es ist schon recht!" that der Koch verlegen, wobei er hinter den Ohren kratzte und die Mütze lüftete. "Ihr könnt's übernehmen, — allein es fragt sich, ob Ihr das Vorschneiden versteht? Es will viel heißen, den edeln Herren die Sachen nach der Kunst zurecht zu legen, was Ihr jedenfalls unter meiner Leitung noch erlernen werdet."

"Seid deßhalb unbesorgt, beruhigte Bucco. Jahre lang versah ich als Mönch im Kloster dieses Geschäft. Euer Lehrling wird mit Ehre bestehen."

"Wenn das ist, hab' ich nichts dagegen! Die Klosterköche verstehen ihre Kunst vortrefflich, — hab' ihnen Manches abgesehen. Also kommt an Euer Amt, und macht uns Ehre!"

Nachdem Bischof Bucco von Meister Engelbert noch mehrere kluge Verhaltungsmaßregeln vernommen, folgte er dem Diener mit einem Korb voll Weinkrügen in das Speisezimmer. Am obern Ende dieses Gemaches stand eine kleine Tafel, Hezel und der neue, buckelige Abt von Hornbach saßen dort. Sie waren im Geldzählen begriffen. Der Kämmerer, rührig und vorsichtig im Zählen, warf das Geld, nach befundener Richtigkeit, in ein weitbauchiges kupfernes Gefäß. Die Form des Gefäßes hatte viele Aehnlichkeit mit den Urnen, in welchen die Heiden die Asche verbrannter Todten aufbewahrten.

„Dreihundert voll!" rief Hezel, das letzte Gold einstreichend. „Verteufelt billig — dreihundert Mark! Gar nichts für solche Pfründe."

„Du scheinst wirklich den billigen Kauf mit scheelem Auge zu betrachten," sagte Wibo, der Höckerige. „Was anders konnte dich sonst bewegen, dem Könige gegenüber den Kaufpreis als zu gering darzustellen?"

„Fehl geschossen — Freund; ein kleiner Kunstgriff, weiter nichts," versetzte Hezel. „Der König darf nicht wissen, daß er mir durch Belehnung meines Freundes einen Gefallen erwies, — daher mein scheinbares Widersprechen. Uebrigens wünschte ich jetzt, Hornbach wäre dir nicht zugefallen, — Limburg ist frei, das wäre so was! Allein wer konnte voraussehen, daß jener frömmelnde Narr uns so bald in's Garn läuft?"

„Limburg? Um keinen Preis!" wehrte der Simonist. „Stephan hat die Abtei ganz verborben durch seine römische Disziplin, — lauter Heilige und Gelehrte! Du weißt, daß ich die Heiligkeit ebensowenig ausstehen kann, als die Gelehrsamkeit. Schwert und Streitkolben sollen auch künftig meine besten Freunde bleiben."

"Ohne Zweifel wirst du mit deinen Mannen auf St. Matthäustag dem Zweikampfe beiwohnen," horchte Hezel.

"Natürlich, — und der König wird so gefällig sein, nicht blos seinen Kämpen und den jungen Bardenfels, sondern auch andere Leute einige Waffengänge machen zu lassen."

Der Kämmerer ließ des Freundes ausgesprochenen Wunsch unbeantwortet. Seine Züge hatten einen lebendigen Ausdruck angenommen, zum Beweise, daß wichtigere Gegenstände seinen Gedankenkreis berührten. Er rückte näher zu Wido heran, das Gespräch in flüsterndem Tone fortsetzend.

Bucco folgte bei dem ihm obliegenden Dienste aufmerksam der Unterredung, und die Entdeckung des Pfründeverkaufs verdiente seine tiefste Entrüstung. In der gegenwärtigen Tracht, die er mit allen dienstfertigen Geistern der Küche Engelberts gemein hatte, konnte man nur bei genauer Prüfung den ehmaligen Bischof herausfinden. Nichts bestoweniger zog er die Mütze tiefer über die Stirne herab, als er, an der Speisetafel beschäftigt, den Beiden sich möglichst in der Absicht näherte, etwas über die unglückliche Königin zu erfahren. Allein die Unterredung wurde so leise geführt, daß sie dem feinsten Gehör unverständlich blieb.

"Gräfin Ethelinde wegschnappen?" flüsterte Wido verwundert. "Ein gewagter Streich! — Ist denn Heinrich die schöne Irmensinde schon wieder satt?"

„Das nicht — im Gegentheil!" versetzte der Kämmerer. „Irmensinde fängt an, die Herrschaft zu führen, nimmt sich heraus, Befehle zu ertheilen, und Heinrich ist dermaßen von ihren Reizen umstrickt, daß er Alles bestätigt, was Königin Irmensinde befiehlt. Ich mag aber von keinem Weibe abhängig sein! — Also muß die Schöne von einer noch Schönern ebenso ausgestochen werden, wie sie selbst eine weniger Schöne aus der Wiege königlicher Gunst geworfen hat."

„Nun versteh' ich's!" sagte Wibo. „Indessen mag der Fall doch seine Schwierigkeiten haben. — Graf Raymund besitzt Macht und Willen, das entführte Täublein mit Gewalt zurückzufordern."

„Dafür laß mich sorgen!" lachte Hezel verächtlich. „Wir haben Mittel, Ehemänner und Väter in solchen Händeln bald zum Schweigen zu bringen. Fülle Du nur deinen Posten wacker aus, wozu die geistliche Würde Dich vollkommen befähigt."

„Gott grüß' Euch, Herr Abt!" rief Boleslav, der eben an der Spitze mehrerer Edelleute hereinkam. „Segen und Gedeihen zu Eurer neuen Würde! — Verzeiht, daß mein Dienst mich zwang, unter den Letzten zu sein, die ihre Glückwünsche darbringen."

„Ein herzlicher Wunsch kommt niemals zu spät," entgegnete der Simonist. „Meinen Dank, Herr Marschalk!"

„Ich fange wirklich an zu glauben, daß heute noch Wunder geschehen," sprach Hezel, den Kreis seiner Gäste musternd. „Volkbrand verschmäht die Einladung zu einigen Krügen Rheinwein, — in der That höchst wunderbar!"

„Thut ihm nicht unrecht," versetzte Immel. „Er mußte gegen Limburg reiten, um den Geächteten, „den elenden Mörder seiner göttlichen Hunde," einzufangen. Ich fürchte, er wird ihn nicht lebend an Hof bringen."

Gerade als die Herren zum Mahle saßen, wurde Hezel von einem Diener des Königs abgerufen. Der Höfling vernahm den Befehl nicht ohne Verdruß und verließ, nach einer Entschuldigung an seine Gäste, das Speisezimmer.

Irmensinde.

Die außerordentliche Pracht des Zimmers, in welches Hezel dem Diener folgte, übertraf sogar die reiche Ausstattung der fürstlichen Prunkgemächer im Gebrauche des Königs. An Stelle der Tapeten, die jene Zeit an die Wände hing, waren fein gewirkte, kostbare Teppiche getreten. Auf farbigem Grunde enthielten sie Darstellungen der Jagd und des gewöhnlichen Lebens. Selbst die Zimmerdecke verhüllte das üppige Grün eines verschlungenen Strauchwerks, goldene Vögel saßen darin, und silberweiße Täublein schnäbelten zwischen Blättern von Seide und Gold. Die feinen, in orientalischem Style gearbeiteten Möbelwaren aus Cedernholz vom Libanon und Geschenke des griechischen Kaisers. Der Grieche hatte es sich zur besondern Ehre angerechnet, dem Herrscher der stolzen und mächtigen deutschen Nation, Geschenke anbieten zu dürfen. Auf nieblichen Tischen, aus lauterem Silber, standen krystallene Gefäße, sie verbreiteten den Duft wohlriechender Wasser, und aus Rauchpfännchen kräuselte der Wohlgeruch morgenländischen Rauchwerks.

Die Besitzerin dieses Prunkgemaches saß auf reichem Pfühl und schaute verdrießlich, wie ein verwöhntes Kind, durch das Blätterwerk der Weinreben, die am Fenster emporwuchsen. Kostbare Gewänder umhüllten eine Gestalt von so vollendeter Schönheit, daß sie ohne Zweifel das kritische Auge des empfindlichsten Beurtheilers würde befriedigt haben. Um sie her lagen die seidenen Falten ihres Prachtgewandes. Der kleine Fuß, in goldgestickten Schuhen, stand auf einem Schemel von seltenem Holze, zugleich ein Meisterstück der Schnitzarbeit. Die Beinkleider, damals von Frauen knapp anliegend getragen, waren mennigroth und mit silbernen Punkten übersät. Das dunkle Lockenhaar rollte frei über den Rücken hinab, und lag in glänzender Fülle auf dem Pfühle zerstreut. Den Hals zierte weder Gestein noch Ringlein, aber das Haar wurde um die Stirne von einem Goldreif festgehalten, in welchem Edelsteine verschiedener Farben blitzten. Die Schönheit des Angesichtes stand zwar im Einklange mit der Vollendung des übrigen Körperbaues, aber das, was menschliche Schönheit krönt, fehlte diesem Angesichte, — der heitere Ausdruck eines schuldlosen Bewußtseins. Aus den dunklen Feueraugen leuchtete Eigensinn und Stolz. Das bewegliche Mienenspiel mochte jede Gemüthserregung lebhaft ausdrücken, oder nach Belieben zur Täuschung Empfindungen meisterhaft heucheln. Wenigstens sah keine Wahrheit aus diesem Antlitze. Den Beobachter verletzten düstere Schatten, welche aus dem tiefsten Grunde der Seele emporsteigend, gleich schwarzem Gewölk über dem Antlitze lagerten und all diese Reize verfinsterten.

Auf niederen Schemeln zu der Schönen Füßen, saßen zwei Kammerfrauen, die bereits alle Kunstgriffe erschöpft haben mochten, die böse Laune der Gebieterin zu verscheuchen.

„Was ist Euer Befehl, schönste Irmensinde?" fragte der eintretende Hezel im Tone tiefster Unterwürfigkeit, und nach Vollendung seiner letzten Verbeugung.

„Ist dies das kostbare Geschmeide aus dem Kloster Hersfeld?" fragte sie, geringschätzend auf einige Kirchengefäße hindeutend. „Zwei vergoldete Kelche, — ein silbernes Rauchfaß, — und gar ein Psalterbuch! Aus solchem Tröbbel möchte der Herr Kämmerer Armspangen für mich anfertigen lassen?" — und die Röthe des Aergers überströmte ihr Gesicht.

„Die Mönche haben uns betrogen, — schändlich betrogen," versetzte der Höfling, die Gefäße besichtigend. „Sie schickten vergoldetes Silber und behielten das reine Gold für sich. Gott behüte, — solches Zeug darf den minniglichsten Frauenleib nicht schmücken. Silber paßt nicht zum Edelstein der Frauenwelt. — Geruht aber zu erwägen, reizende Irmensinde, daß die Täuschung der Mönche nicht meine Schuld ist; die ächten Gefäße wurden bestellt, — nicht die falschen."

Hezels schmeichelndes Lob wirkte zwar besänftigend, die üble Laune aber vollständig zu beschwören, vermochte es nicht. Sie saß schmollend und den Kopf übermüthig hebend, bedrohten die finster geschürzten Lippen und die funkelnden Augen Herrn Hezel mit voller Ungnade, — ein Fall, der gewiß jedem Höfling, in des Kämmerers Lage, unangenehm ist.

„Wann wird der Herr Kämmerer um eine Ausrede verlegen sein?" rief sie spöttisch. „Und wüßte er sich nicht mehr zu helfen, reichte er jenen, die er betrogen, Honigbrod, das wenigstens bei Kindern für den Augenblick alles Andere ersetzt."

"Besonders bei jenen Kindern," sagte der glatte, im Loben unverschämte Höfling mit bedeutsamen Lächeln, "deren persönliche Vollkommenheit jeden Mangel ausschließt. Irmensindens Reize dürften durch Gold und Edelsteine eher verdeckt, als gehoben werden."

"Einfältige Lobhubelei!" schalt die Schöne mit abgewandtem Gesichte, das ein Lächeln befriedigter Eitelkeit zu verbergen strebte.

"Die Mönche sandten übrigens doch ein Kleinod," fuhr der Höfling fort, das Büchlein betrachtend, dessen Decken aus Elfenbein mit goldener Einfassung bestand. "Seht nur, welch herrliche Schrift, durchaus mit Goldbuchstaben geschrieben! Wie prachtvoll die Initialen, — jede ein reiches Gemälde; — herrlich, ein wahres Bilderbuch."

"Für Kinder, — oder beschauende Mönche! Wollt Ihr etwa Mönch werden, Herr Kämmerer?"

"Ihr beliebt zu scherzen," antwortete Hezel. "Wer möchte sich im Kloster begraben, der das Glück hat, täglich solche Reize bewundern zu dürfen?"

"Ihr beliebt zu scherzen," spöttelte sie. — "Ich aber will eine ernste und treffende Frage an Euch stellen: — wer möchte nicht Nonne werden, welche das Unglück hat, täglich den Blicken eines so geschmackvollen Beurtheilers ausgesetzt zu sein?"

"Nun, — ich verdiene Euren Unwillen," sagte Hezel, "will aber meine Schuld schleunigst ausgleichen. — Droben zu Limburg stehen Kirchengefäße, deren Pracht jene zu Hersfeld weit übertrifft. Erwirkt vom Könige den Befehl, und ich selbst will in Eurem Dienste hinaufreiten, das Geschmeide abzuholen."

"An der königlichen Vollmacht soll's nicht fehlen, — aber hütet Euch, Herr Kämmerer, zum zweiten Male uns täuschen zu lassen," versetzte die befriedigte Irmensinde. "Da Euch dieses Bilderbuch gefällt, mögt Ihr es, zur Belohnung Eurer Dienstfertigkeit, hinnehmen. Aus den Gefäßen laßt Armspangen für meine Frauen machen."

"In diesem Augenblicke ging eine Thüre auf, sie lag jener gegenüber, durch die Hezel eingetreten war. Der Thürsteher verkündete des Königs Nahen. Der Kämmerer verließ, auf Irmensindens Geheiß, das Zimmer. Sie trat zum Spiegel, ihr Blick streifte prüfend Gesicht, Tracht und Gestalt. Sie belächelte den siegbewußten Ausdruck ihres Auges, und kehrte auf den Pfühl zurück.

Sie hatte gerade Zeit genug, in ihrem Wesen jene verführerische Macht der Formen und des Mienenspieles, womit sie den wollüstigen Salier in Bande geschlagen, in gewünschter Weise zu entfalten, als Heinrich, mit den eilfertigen Schritten des brennenden Liebhabers, hereinkam. Ihre Wangen färbten sich bei seinem Anblicke dunkler, ihre Brust stieg höher, den schönen Mund umschwebte minnigliches Lächeln, ihre glühenden Augen schmachteten ihm entgegen, — kurz sie entwickelte solche Mannigfaltigkeit fleischlicher Lockungen, daß am wenigsten der verweichlichte Heinrich dergleichen Schlingen sich aussetzen durfte.

Die Kammerfrauen verschwanden auf Irmensindens Wink. Der Fürst kniete vor ihr nieder, drückte einen Kuß auf die schön geformte Hand, und nachdem er so edle Rittersitte im Dienste der Sünde und Verführung entweiht, nahm er auf dem Schemmel zu ihren Füßen Platz. Seine Hände lagen über ihren Knieen gefaltet, und mit trunkenem Auge in ihrem Anblicke schwelgend, glich er einem Sklaven, der unter entwürdigenden Fesseln schmachtet.

„Steht auf, Herr Heinrich, nehmt an meiner Seite Platz," flüsterte der Schönen süßklingende Stimme.

„Laß mich! Der König ist glücklich, im Bereiche Deines schönen Fußes seinen Thron errichten zu dürfen."

„Wir sollten doch wenigstens die Plätze so lange wechseln, bis ich meine Bitte vorgetragen."

„Deine Bitte? Könnte ich einen Wunsch Dir versagen? — Bin ich doch entschlossen, Krone und Reich mit Dir zu theilen!"

„Die Hersfelder Kleinodien sind angekommen. Prächtige Schmucksachen für Eure Irmensinde! Zwei vergoldete Kelche, ein Rauchfaß und ein Gebetbuch."

„Ihr scherzt!" that er überrascht. „Wir selbst haben jenen Kirchenschatz bewundert und ihn sogar für würdig gehalten, Euch damit ein Geschenk zu machen."

„Am Vorzuge Eurer Wahl zweifle ich nicht, mein Heinrich! Aber die Mönche fanden für besser, das zu schicken, was ihnen entbehrlich schien."

„Das wagten sie?" rief er voll Unmuth. „Für solchen Schwank will ich jene Pfaffen blutig geißeln und aus dem Kloster werfen lassen."

„Ihr Spiel mit dem Könige verdient natürlich schwere Züchtigung," sagte Irmensinde. „Ich möchte mich aber nicht weiter auf die Folter langen Wartens spannen lassen, und erbitte von Eurer Liebe die Limburger Kleinodien."

„Du hast sie! — Mein Großvater beschenkte ohnedies jene Abtei zu kaiserlich, was er nicht hätte thun sollen; denn Reichthum macht die Mönche stolz und trotzig."

Sie äugelte ihn dankbar an, und Heinrich, mit ihren Locken spielend, begann sich in abgeschmackten Liebesergüssen zu verlieren, die füglich zu übergehen sind, und in der Chronik wohl nur deshalb eine Stelle fanden, um zu zeigen, wie tief sogar der höchste Würdenträger hinabsinken kann.

Er hatte den Sitz auf Irmensindens Fußschemel verlassen und eben an ihrer Seite Platz genommen, als im Vorzimmer schwere Schritte erdröhnten. Ein sechs Fuß hoher Mann, von ungelenkem Wesen, mit breiten Schultern und gewaltigen Fäusten, kam herein. Graf Eckbert. Der Graf stack vollständig in den Kettenringen seiner Rüstung, nur das Haupt war unbewehrt und die Stahlkapuze des Kettenhembes hing zurückgeschlagen auf die Schultern hinab. Beim Anblicke des liebenden Paares, blieb der Krieger überrascht und verlegen stehen. Die großen, fast glotzenden Augen trieb höchstes Erstaunen weit aus den Höhlen. Die Wangen des eblen Herrn, wie roth angemalt in dem von Lebenskraft strotzenden Gesichte, wurden noch feuriger. Er murmelte eine unverständliche Entschuldigung, und mehr seine Bewegungen als seine Worte verriethen die Absicht, sich zurück zu ziehen, um zur gelegneren Stunde des Königs Befehle zu empfangen.

„Bleibt, Herr Eckbert und tretet näher!" gebot Heinrich, ohne seine Stellung zu verändern.

Der Edelmann that zwei Schritte vorwärts, und blieb dann unbeweglich und schweigend stehen. Der Fürst sah anfangs erwartungsvoll, dann drängend und endlich zürnend auf die steife, eiserne Gestalt. Eckberts Benehmen erfüllte ihn offenbar mit Unzufriedenheit und Staunen.

„Was soll dies — Graf?" hob der Monarch an, den Arm von Irmensindens Nacken zurückziehend. „Ist euch schuldige Rittersitte fremd? Wo bleibt die pflicht= mäßige Huldigung für Eure Königin?"

Eckberts rauhe Züge wurden finster, und das in starken Farben aufgetragene Roth wurde bläulich. Man sah es, — die anbefohlene Huldigung nahm der edle Herr ungefähr wie einen Faustschlag in sein Angesicht. Zum Glücke erinnerte er sich, daß Faustschläge, von königlicher Hand gegeben, stillschweigend hinzunehmen seien, in Erwägung des besonderen Umstandes, daß Herr Heinrich ganzen Völkern Fußtritte gab, sogar in das göttliche Angesicht des Rechtes und der Kirche schlug. Er trat zu Irmensinde heran und beugte stumm das Knie. Die Schöne, über die träge und aufgezwungene Huldigung verletzt, unterließ es, dem Ritter ihre Hand zum Kuße hinzureichen. Heinrich folgte aufmerksam allen Bewegungen des Grafen, als bewache er die ge= naue Beobachtung einer Sache von höchster Wich= tigkeit.

„Ein ziemlich unbeholfener Verehrer der Frauen!" tadelte er. „Man meint, Eure Gelenke und Sehnen wären ebenso steif, wie die Ringe Eures Kettenhembes. Schwerlich werdet Ihr beim schönen Geschlechte zu Ehren kommen, bester Graf! — Aber zur Sache! Seid Ihr mit Euren Leuten zum Aufbruche bereit?"

„Vollständig, gnädigster Herr! Ich bin da, weitere Befehle zu vernehmen."

„Euer Auftrag ist von einiger Bedeutung, Graf!" fuhr der König fort, und seinen Zügen untermischte sich düsterer Ernst. „Ihr habt meine Verwandte Bertha, welche heute unberufen am Hoflager erschien, sicher an Ort und Stelle zu geleiten, und zwar — nach Trifels!"

Das Wort „Trifels," — jene verrufene, unheimliche Veste, wo in dumpfen Kerkerlöchern manches Opfer schmachtete, erschütterte sogar des Grafen festen Bau. Er starrte den König verwundert an, erschrocken und zweifelhaft über die vernommene Bezeichnung des Ortes. Von des Fürsten ehelicher Treue und Neigung, saß vor Ekberts Augen ein lebendiger Beweis. Dagegen hielt er den königlichen Eheherrn doch nicht für grausam genug, ein edles Weib in jene Verließe des Schreckens hinabzustoßen.

„Nach Trifels?" wiederholte er zögernd. „Ich hab' Euch falsch verstanden, Herr König, — sagtet ihr Trifels?"

„Ja nach Trifels! Freilich nach Trifels, — Graf!" sprach der Salier nachdrucksam. „Welchen Grund habt Ihr, wie es scheint, unsern Befehl mit Widerwillen zu vollziehen?"

Ekbert sah den listig schielenden Blick, und er zögerte mit der Antwort. Er kannte die Gefahr, Heinrichs Ausschweifungen entfernt zu mißbilligen, oder dessen Haß gegen die Opfer seiner Nachsucht beschränken zu wollen. Dies überlegte er, und darum lautete des Grafen Entgegnung mehr seiner Sicherheit, als seinen Gefühlen entsprechend.

„Widerwille gegen Eure Befehle wäre Trotz gegen den Oberlehnsherrn. Eure Hoheit weiß aus Erfahrung, daß ich solcher Schwäche unfähig bin. Ich vermuthete, Bertha gegen Lorsch geleiten zu sollen. Deßhalb mißtraute ich meinem Gehör, da Ihr eine Burg nanntet, welche ihre Gefangenen selten zurückgibt."

„Selten zurückgibt? Ihr seid voreilig, Graf! Wer sagt Euch, Bertha sei eine Gefangene? Liegen auf dem Trifels nicht auch die Kleinodien des Reiches aufbewahrt? Auch Bertha ist uns ein Kleinod, das sicher aufgehoben werden muß. Der stolze Trifels hütet seine Schätze besser, als die Klostermauern zu Lorsch. Zum Ueberflusse leidet unsere Verwandte an krankhafter Einbildung. Meine Pflicht ist es, sie davon zu heilen. Der Trifels, hoch gelegen in frischer Gebirgsluft, sei das Krankenhaus. Das ist Alles. Jetzt geht! Und mit Eurem Leben haftet Ihr für die genaue Vollziehung unseres Willens."

Der Graf verbeugte sich und ging.

Während er durch die Schloßgänge hinschritt, um Berthas Gemach zu erreichen, trat ihm das Ungerechte und Herzlose des übernommenen Auftrages klarer vor die Seele. Der König redete zwar von „Krankenhaus," verwarf jede feindselige Absicht, schützte seine beste Meinung vor. Allein der Graf kannte den Heuchler. Sah er doch hinter der gleisenden Maske deutlich Zorn und Ingrimm. Jetzt empfand er heftige Vorwürfe über seine feige Bereitwilligkeit, zur Vollziehung des unnatürlichen Befehles. Ekbert gehörte nämlich zu Jenen, die persönliches Interesse am Hoflager Heinrichs IV. festhielt, deren Charakter jedoch jene Versunkenheit fremd ist, mit der man zur Erlangung fürstlicher Gunst bereitwillig das Gewissen beschwert. Darum gerieth sein besseres Selbst in Streit mit den Planen der Selbstsucht. Lebhaft drängte es ihn, augenblicklich umzukehren, und dem Könige den Dienst abzusagen. Er wollte lieber es sich an seinen beschränkten Besitzungen genügen lassen, als auf solchem Wege zu hohen Würden gelangen. Schon lenkte er die Schritte rückwärts: da bedachte er Heinrichs Jähzorn und die Lebensgefahr, welche auf der beabsichtigten Weigerung ruhte. Er kehrte daher nach wenigen Schritten wieder um, und bald lag die Thüre zu Bertha's Gemach vor ihm.

Nach ihrer Entfernung aus der großen Halle war die Königin von Boleslav in ein Zimmer des westlichen Schloßflügels geführt und daselbst bewirthet worden. Hier saß Bertha bereits über zwei Stunden, und zwar jede Minute mit gesteigertem sehnsüchtigen Verlangen, der Ankunft Heinrichs entgegen, lebhaft die langwierigen Staatsgeschäfte bedauernd. Freudig lauschte sie den Versicherungen ihrer Frauen, daß ihres Gemahles Liebe bei ihrem bloßen Anblicke in doppeltem Maße zurückgekehrt sei, und daß seine gewissenhaften Bedenken, bezüglich der ehetrennenden Verwandtschaft, durch den ehrwürdigen Abt Stephan sicher beseitigt würden. Obgleich frühere Erfahrung triftige Gründe lieferte, die Versicherungen der Kammerfrauen zu bezweifeln, unterdrückte Bertha dennoch jeden Zweifel an die aufrichtige Anhänglichkeit des Gatten. Nicht entfernt dachte sie an das Schreckliche, welches ihr be=

vorstand. Sie hatte den besten Schmuck angelegt zum Empfange des Gatten. Die Frauen waren geschäftig um sie her, und mußten, nach ihrer Anweisung, jene Putzstücke hervorlangen, von denen sie wußte, daß sie Heinrichs Auge gefielen.

„Eilike, lege diesen blauen Schleier weg," sagte sie, der Zofe das feine Gewebe reichend. „Er liebt das Blaue nicht, und ich möchte keine Farbe tragen, die er nicht gerne sieht."

„Ihr habt Recht, gnädigste Frau, er liebt das Blau nicht!" bestätigte die emsig geschäftige Zofe, mit Freude bemerkend, daß seit langer Zeit ihre Herrin wieder einmal für reichen Putz besorgt sei. „Blau gehört eigentlich zur Trauerfarbe, es würde sich für den heutigen Freudentag am wenigsten schicken. — Wollen wir den weißen Schleier nehmen mit den goldenen Blumen?"

„Nicht doch, meine Gute! Roth ist seine Lieblingsfarbe," entgegnete Bertha.

„Du liebe Zeit, — wie Ihr ihn doch liebt!" rief Adela, das bezeichnete kostbare Gewebe an das glänzende Diadem befestigend. „Ich weiß, daß Euch dieses schreiende Roth zuwider ist, — aber wenn es nur ihm gefällt. Wo gab es je ein Weib, das ihrem Manne so zu Gefallen lebte? Ich glaube, Ihr würdet alle Leiden und Bitterkeiten der Welt gerne dulden ihm zu Liebe! — Er ist aber auch ein gar zu stattlicher Herr. Wie saß er auf dem Throne, da wir eintraten! Großer Gott, es liegt etwas Furchtbares darin, einen König zu sehen, der auf seinem Throne sitzt, um ihn her die Großen des Reiches! Ich habe unsern gnädigsten Herrn niemals so gesehen, wie heute, —

mit den strengen gebietenden Mienen, mit dem flammenden Feuerauge, und in dieser Haltung voll Hoheit und Herrschergewalt. Die Sinne vergingen mir fast, als wir mitten durch die Herren ihm entgegengingen."

„Das ist des Königs angeborne Majestät, was Dich so in Schrecken setzte," sprach die Fürstin.

„Das ist es, — seine angeborne Majestät," bestätigte Abela. „Und wie milde wurde sein Gesicht, da er vom goldenen Stuhle niederstieg. Er weinte gar, der arme Herr, beim Gedanken an die vermeintliche Verwandtschaft. Ja, er hat ein gutes Herz. Gewiß müssen noch jene Schelme seinen Zorn fühlen, welche ihm die leidige Verwandtschaft in den Kopf setzten."

„Was Schlimmes an ihm scheint, liegt keineswegs in seinem eigenen Selbst," sagte Bertha. „Verkehrten Rathgebern gehört das Verkehrte seines Thuns. Er aber ist voll Edelsinn und ausgerüstet vom Himmel mit seltenen hohen Eigenschaften."

„Das habt Ihr immer behauptet, gnädigste Frau," sagte Eilike. „Obwohl ich im Geheimen oft anderer Ansicht war, möchte ich doch jetzt beistimmen."

„Still! — hört Ihr nichts?" sprach die Fürstin, indem sie gegen die Thüre hinlauschte und hoffnungsfreudige Spannung ihr liebliches Antlitz noch reizender machte. „Ach, — die Schritte verhallen, — er ist es immer noch nicht! Wo bleibt er nur?"

„Die lästigen Reichssachen!" murrte Eilike. „Ganz gewiß sehnt er sich ebenso nach Euch, wie Ihr nach ihm. — Und jetzt könnte er kommen, — der Putz ist fertig und ich wette, kein Fäßlein daran wird ihm miß=

fallen," schloß die Zofe, wohlgefälligen Blickes die reiche und geschmackvolle Tracht musternd.

Selbst Bertha schenkte ihrer reizenden Gestalt im Spiegel einige Aufmerksamkeit. Die Zofen erfüllte dieß mit nicht geringer Freude. In den vorausgegangenen Tagen herben Leides, hatten sie die Gebieterin stets in Trauerfarben gekleidet und überhaupt fürstliche Pracht vernachläßigen gesehen.

Indeß Bertha nicht ohne Anflug weiblicher Eitelkeit sich betrachtete, welche Schwäche jedoch die Erwägung entschuldigen mag, daß sie nur um des Geliebten willen sich selbst gefiel, und die beiden Zofen in stiller Bewunderung an ihrer Herrin kostbaren Gewändern hie und da ein Fältchen zurecht legten, dröhnten schwere Tritte durch den Gang. In dem Schalle dieser langsamen, gewichtigen Tritte lag etwas Düsteres, Unheimliches. Gedanken voll Bangigkeit, oder drückendes Leid mochten auf dem Manne lasten, welcher dem Gemache nahte, und jene Gefühle, seine Bewegungen regelnd, schienen Ausdruck und Wiederhall in seinen Fußtritten zu finden.

Die Fürstin schrack unwillkürlich zusammen; es flog sie an, wie unheilverkündende Ahnung. In ängstlicher Spannung lauschte sie und ihre Bangigkeit wuchs mit der Gewißheit, daß die Schritte ihrem Zimmer näher kamen.

„Eben kommt er!" jubelte Abela. „Sollen wir uns zurückziehen, gnädigste Frau?"

„Das ist der schwere Tritt eines Gewappneten," sprach die Königin. „Wie langsam und bedächtig der

Mann einhergeht! Nein, — mein Heinrich wird keinen solchen trägen Gang einschlagen, — seine Schritte folgen rasch aufeinander, — beflügelt vom Drange der Sehnsucht."

„Ihr habt doch immer Recht, gnädigste Frau!" meinte Abela. „Der Mensch kriecht ja entsetzlich langsam und scheint jeden Schritt vorerst abzuwägen, bevor er ihn thut. Hört, — eben steht er still! — Nun geht er wieder!"

In diesem Augenblicke öffnete der Thürsteher und meldete Graf Ekbert.

Nach dem Trifels.

Der Edelmann betrat in tiefer Niedergeschlagenheit und großer Verwirrung das Zimmer. Seine Haltung enthielt in offener Schrift das Schmerzliche seines Auftrages. Als er jetzt, den Forderungen ritterlichen Anstandes Rechnung tragend, vor der Königin niederkniete, glich er einem Verbrecher, der um Gnade fleht. Nachdem er sich wieder vom Boden erhoben, stand er schweigend in peinlicher Verlegenheit da, vergebens nach einer möglichst schonenden Form zur Erledigung seines Auftrages suchend.

„Gewiß bringt Ihr Botschaft von meinem Gemahl, Herr Graf!" sagte die Königin. „Reichsgeschäfte halten ihn wohl immer noch zurück und entziehen uns das Glück seines Besuches."

„Die Sitzung ist längst aufgehoben, gnädigste Frau, — indessen komme ich doch im Auftrage meines Herrn," entgegnete Ekbert, wollte weiter sprechen, blieb aber nach wiederholten Versuchen in einem unverständlichen Gemurmel stecken.

„Vielleicht macht ihn Ermüdung zum Besuche nicht aufgelegt, — bringt ihr etwa die Erlaubniß, vor ihm erscheinen zu dürfen, bester Graf?" forschte Bertha in steigender Aengstlichkeit.

"Das nicht," — antwortete Ekbert, machte eine unbeholfene Bewegung, sah in der Königin banges Angesicht und dann zur Erde nieder.

"In Gottes Namen sprecht es aus, was Euch drückt!" drängte die Fürstin. "Euer Angesicht schon verkündet Unheil und Trauerbotschaft! — Sprecht den Willen meines Gatten aus, damit er die qualvollen Einflüsterungen schlimmer Ahnungen verscheuche."

"Schlimm genug, gnädigste Frau! Doppelt schlimm, weil mich das unselige Loos trifft, der Bote solcher Kunde zu sein."

"Hört ihr, meine Lieben, das Vorspiel zur Fortsetzung des alten Leides?" wandte sich die Königin an ihre Frauen, die, von Schrecken erstarrt, bewegungslos standen. "Faßt Muth, Herr Graf, leert ohne Scheu, bis zur Neige, den bittern Leidenskelch, welchen mein Gemahl mir bietet! Sind ja doch Kummer und herbes Wehe bisher meine treuesten Gefährten gewesen, — die einzige Frucht unseres jungen Ehestandes. Führt unbarmherzig den tödtlichen Schlag, — wir beugen in Ergebung unser königliches Haupt."

"Nun, — so arg ist's doch nicht!" sprach Ekbert, durch Bertha's Verhalten ermuthigt. "Der König befiehlt nur, Ihr sollt das Hoflager verlassen, und ich soll Euch das Geleite geben."

"So schickt er mich wieder in Verbannung!" klagte sie mit schwacher Stimme, kaum fähig, ihre Thränen zurückzuhalten. "O ich armes, verlassenes Weib! Wann enden meine Klagen und meine Leiden!"

Sie wandte sich im Uebermaße ihres Kummers ab, trat vor den Tisch, auf welchem ein Krucifix stand, und indem sie in das peinvolle Angesicht des Erlösers schaute, brachen ihre Thränen unaufhaltsam hervor. Sie weilte einige Minuten vor dem Gekreuzigten, und rang nach Fassung. Die Kammerfrauen schluchzten laut, und der Gewappnete sah in düsterem Ernste vor sich hin.

„Ihr sollt mein Begleiter sein, Herr Graf! Und wohin sollt Ihr mich geleiten?"

„Nach Trifels, gnädigste Frau!

„Nach Trifels?" wiederholte sie im Tone tödtlichen Schreckens und mit einem so schmerzlichen Ausdrucke des Gesichtes, als hätte dieses Wort ihr Herz durchbohrt. „Großer Gott, — in die Grabgewölbe des Trifels stößt er mich hinab!"

Die Stimme versagte ihr, sie stand einen Augenblick stumm und erstarrt, und brach lautlos zusammen.

„Hilf, heilige Jungfrau, — Ihr habt sie getödtet!" schrieen die Zofen. Graf Ekbert, gleichfalls bestürzt, half den Frauen, die Leblose auf ein Ruhebett tragen. Die Zofen liefen nach Wasser und Essig, indem sie begannen, die gewöhnlichen Wiederbelebungsversuche anzuwenden.

Endlich öffnete die unglückliche Königin das Auge. Ihr matter und verwirrter Blick stierte die Umstehenden anfänglich bewußtlos an, bis sie allmälig klare Besinnung wieder gewann. Jetzt schloß sie das Auge. Volle Tropfen perlten über die blassen Wangen herab, tief und schmerzlich stöhnte ihr bleicher Mund.

„Wie ist Euch, gnädigste Frau?" fragte Ekbert theilnahmsvoll.

„Fast wäre mir gut, — Eure Kunde hätte nur etwas tiefer da eindringen sollen," und sie deutete auf die Brust. „O Heinrich — Heinrich!"

Der Schmerz erstickte ihre Stimme, die Lippen zuckten in krampfhaftem Beben, und aus den geschlossenen Augen flossen immer reichlicher ihre Thränen. Auch die Kammerfrauen ließen ihren Empfindungen freien Lauf. Ekbert sah voll Mitleiden, Verwirrung und allmälig aufsteigendem Unwillen auf das marteroolle Bild des unglücklichen Weibes. Plötzlich schoß ihm alles Blut in das Gesicht, er stieß seinen Fuß heftig auf den Boden, brummte etwas wie Drohung in den Bart, und verließ in großen Schritten das Zimmer.

Entrüstung flammte aus des Grafen Augen, als er das Prunkgemach neuerdings betrat, wo Heinrich noch immer tändelnd bei Irmensinde saß.

„Herr König, Euer Befehl ist unausführbar für mich!" begann der Graf. „Der bloße Name „Trifels" hat Eure Gemahlin getödtet."

„Meine Gemahlin? Bist Du irrsinnig bester Graf?" versetzte Heinrich mit erkünsteltem Erstaunen und einer Miene, die nur allzugut seine Freude über den Sinn von Ekberts Rede verrieth. „Du sprichst wohl von unserer Verwandten Bertha, mit der wir, nach den Satzungen unserer heiligen Kirche, niemals ehlich verbunden sein konnten. — Doch will ich nicht hoffen, daß ihr ein Leid geschah! Wir lieben unsere gute Verwandte, — wehe dem Haupte Jener, die es wagten, sie zu kränken!"

„Dann jagt mich nur gleich von Eurem Hofe," sagte Ekbert. „Meine Rede warf die Unglückliche ebenso schnell nieder, wie ein Pfeil, der in's Herz bringt."

„Dafür sollst Du mir büßen!" erhob sich der Salier drohend. „Wer hieß Dich, mit herzloser, grausamer Rede unsere inniggeliebte Verwandte mißhandeln? Erliegt sie in meinem Hause an Deinem barbarischen Verfahren, wird dann die böse Welt nicht sagen, die That sei mit unserem Einverständnisse geschehen? Aber wir wollen solchem Gerede zuvorkommen und Dich elenden Schurken aufknüpfen lassen."

„Worin liegt mein Vergehen, gnädigster Herr? Ich überbrachte ihr einfach Euern Befehl, — darauf fiel sie in schwere Ohnmacht."

„In Ohnmacht? Ei Du Schwätzer, was plauderst Du von Tod?"

„Ihr Leben riß bis zu einem schwachen Fäblein, Herr! Den Rest wird der schauervolle Trifels bald zerstören."

„Was geschehen wird, dafür seid Ihr ein zu ungeschickter Prophet. Ihr hättet einfach und ohne Uebertreibung melden sollen, was geschah. — He, ihr da draußen!" rief der König nach der Thüre hin. Ein Diener kam herein.

„Geh' nach der Kammer unserer Verwandten Bertha, und sieh', wie es mit ihr steht, — ob sie den Ritt nach Trifels heute noch antreten kann!" — „Ihr werdet Euch recht knabenhaft benommen haben — Graf," fuhr der König nach Entfernung des Dieners fort. „Sicher stürzte sie der Trifels weniger in Ohnmacht, als die jämmerliche Melodie, in welcher Ihr unsern Befehl habt eingekleidet. Zu dem gleicht Euer jetziges Benehmen ganz den Vorwürfen die man Euch macht. Wir kennen Eure spitzigen und gehässigen Ausfälle über unsern Hofhalt. — Nehmt Euch in Acht! Unsere Langmuth ist erschöpft, und Ihr wißt, wie schnell man verläumberische Zungen für immer zum Schweigen bringen kann."

„Stellt mir Jene gegenüber, gnädigster Herr, welche Eure Gunst mir zu rauben trachten," sprach Ekbert betroffen.

„Nicht nothwendig! Ihr wißt, wir hassen langwierige Verhandlungen, — unser Gericht ist kurz und furchtbar. Hütet Euch in Zukunft! — Nun, — wie steht's?" fragte er den zurückkehrenden Diener.

„Sie fiel in Ohnmacht, von der sie wieder völlig sich erholte, — sodann bittet sie Eure Herrlichkeit, den Hof sogleich verlassen zu dürfen."

„Vorwärts, Herr Ekbert!" drängte Heinrich. „Erfüllt den Wunsch unserer Verwandten, — brecht schleunigst gegen Trifels auf."

„Erlaßt mir diesen Auftrag, gnädigster Herr!" bat Ekbert. „Sendet mich zum Kampfe gegen die wilden Luticier, — verbannt mich für immer von Eurem Hofe, legt mir die härteste Strafe auf, — nur erlaßt mir in Gnaden das Geleite gegen Trifels."

„Was soll das heißen?" that der Fürst erstaunt. „Abgesehen von der Geringschätzung unserer Gunst, die am wenigsten Ihr verscherzen sollt, gleicht Euer Weigern beinahe strafwürdigem Trotze."

„Verkennt meine Gesinnung nicht, Herr König!" entgegnete Elbert in trüber Niedergeschlagenheit. „Nicht Trotz treibt mich zur Bitte um Enthebung des Befehles — sondern Gefühle, die mit schwerer Anklage gegen mich aufstehen. Strafte mich nicht ewig der Vorwurf, Eure Verwandte dem elendesten Dasein überliefert zu haben?"

„Seid kein Weib!" sprach der Salier in kalter Strenge. „Selbst Gefühle müßt Ihr nach des Lehens=herrn Willen lenken. Hat sie doch selbst verlangt, unsern Hof schleunigst verlassen zu dürfen, — destoweniger habt Ihr Grund, Gefühlsschwächen vorzuschützen."

„Sie hat es verlangt — ja! sowie ein gequältes Opfer den letzten töbtlichen Stoß sehnsüchtig erwartet, damit endlich seine Leiden enden."

„Was soll das, elender Knecht? Zur Stelle voll=ziehe meinen Willen, oder!" — rief der König mit drohender hobener Rechten, Grimm in den Zügen und in den Augen unheimliche Flammen, — die Vorboten sicheren Verderbens.

„Verdammt mich zu diesem Schritte nicht, gnädiger Herr!" bat Elbert bringender. „Laßt mir die Wahl zwischen Eurer Ungnade, und einer That, die unmänn=lich ist und tagesscheu."

„Gut, — Ihr habt die Wahl!" sprach der Fürst mit verhaltenem Zorne. „Entweder nach Trifels, oder — an den Strang. — Wählt!"

Der Graf sah in peinvoller Unentschlossenheit nie=der. Des Fürsten angebotene Wahl war keine leere Drohung. Das Schicksal Anderer belehrte ihn, daß sein Leben gefährdet sei, beharrte er auf der Weigerung.

„Schmählicher Tod ist noch schlimmer, als eine schmähliche That, sagte er endlich. Wüste Flecken löscht die Zeit aus, begangene Fehler büßt strenge Sühne. Ich gehorche darum Eurer Herrlichkeit, und bin zum Geleite bereit."

„Ihr braucht lange, Euren Vortheil zu erspähen, bester Graf," sagte der König. „Vorwärts denn, — laßt sie keine Minute länger warten. Und hört, — gleich nach Eurer Rückkunft berichtet Ihr über den genauen Vollzug meines Willens." — „Dann will ich Dir gleichfalls einen passenden Ort anweisen, blöder Knecht," fuhr er fort, den unheilverkündenden Blick auf die Thüre geheftet, durch die Ekbert verschwunden war. „Leute solchen Schlages gleichen lästigen Insekten, die man zertreten muß."

Wenige Schritte vom königlichen Gemache entfernt, begann Ekbert ein ziemlich lautes Selbstgespräch, wie es bei Leuten geschieht, deren Empfindung mächtige Eindrücke bewegen.

„Gott verzeihe mir, wenn ich meine Hand in diesem Schurkenstreiche besuble," sprach er. Meine Feigherzigkeit ist offenbar, — meine Schuld gewiß, — aber mein schmachvolles Ende am Strange, oder meine Haft ohne Ende, wären auch gewiß, wenn ich der besseren Stimme gehorchte. — Das arme Weib! Dieser Edelstein ihres Geschlechtes, — dieses langsam verblutende Schlachtopfer eines herzlosen Wütherichs — o es ist schrecklich! Guter Gott, ende bald ihre Leiden, nimm diesen Engel zu Dir! — Aber still, — mein Gebet beleidigt den Himmel! Wie kann Einer beten, der auf dem Wege schwarzer Thaten geht? — Zum Andern ist mein Gebet überflüssig; — nach wenigen Tagen werden verzehrender Kummer und des Trifels schauervolle Verließe sie hingemordet haben."

Während dieses Gespräches blieb er mehrmals stehen, den verwirrten Blick zu Boden geheftet, und im Aeußern das getreue Abbild seiner innern Vorwürfe tragend. Er bemerkte Stephan nicht, der jede Gelegenheit benützte, über Bertha's Lage und die Absichten gegen sie Gewißheit zu erlangen. Bis jetzt war ihm dies nicht gelungen, und nun folgte er dem Grafen, indem er jedes seiner Worte begierig auffing.

Der Abt legte seine Hand auf Ekberts Schulter. Erschrocken sah dieser auf.

"Erlaubt eine offene Frage, Herr Graf! — Betrifft Eure Klage die Königin?"

"Ganz gewiß, — die Königin!"

"Und was verhängt unser gnädigster Herr über sie?"

"Pfui — mit Eurem „gnädigster Herr!" Kein Funke Gnade wohnt in ihm, — und wenn ein Weib ihn gebar, so sog er gewiß an der Brust eines Tigers."

"Ich spreche vom Könige, Herr Graf!"

"Ich spreche vom Könige, Herr Abt, — vom nämlichen, der auch Euch den Bratspieß drehen läßt, und seine Gemahlin zu Molch und Natter des Trifels hinabstößt. Glaubt mir, bester Abt, nach tausend Jahren werden noch die verwetterten Thürme des Trifels erzählen, wie ein König seine Gemahlin da verfaulen ließ, und wie ein Graf jener Königin das Grab öffnete, in welchem sie lebendig begraben lag."

Stephan stand schweigend und gebeugten Hauptes da. Kein Ausruf der Entrüstung entfuhr ihm. Dennoch ergriff ihn Berthas Unglück weit schmerzlicher als den Grafen, und sein Zorn, über den gefühllosen Tyrannen, war tiefer und gewaltiger. Der Schyre gehörte zu jenen Menschen, welche der Schmerz wohl tödten, aber keinen Klagelaut erpressen kann. Die einzige Aeußerung der inneren Bewegung bestand in einer flüchtigen, sein Angesicht überströmenden Röthe. Der Röthe folgte rasch eigenthümliche Blässe, — ein zusammengepreßtes Herz lag in seinen Zügen, und in den Augen das Verdammungsurtheil über eine ruchlose That. Er hatte den Edelmann beim Arme gefaßt, er stand schweigend und sinnend. Jetzt leuchtete es in Stephans Blicken, wie fester Entschluß, wie Rettung und hoffnungsvolle Zuversicht.

„Seid nicht voreilig, Herr Graf!" warnte er. „Jedenfalls gab der König diesen Befehl in jähzorniger Aufwallung; er könnte ihn bereuen, bevor ihr zu Trifels anlangt."

„In jähzorniger Aufwallung?" rief Ekbert. „Mit lachender Miene gab er ihn! O ich kenne dieses Lächeln! Es gleicht dem Lachen der Hyäne, wenn sie ihr Schlachtopfer niedergeworfen und mit blutgieriger Lust daran geht, es zu zerfleischen."

„Und Ihr gebt Euch zur Ausführung solcher That willig her?" tadelte Stephan. „Wie möcht Ihr das vor Eurem Gewissen verantworten?"

„Ich gebe mich her — ja, so wie Einer, der am Strange hängt, und zur Nothwehr einen schlechten Streich führt, vom Galgen zu kommen. Wollte mich gerne hängen lassen, könnte mein Tod die Königin retten. Wie ist aber Rettung hier möglich? Der Trifels bleibt ihr gewiß, — was ich unterließe, thäte ein Anderer."

„Wann gedenkt Ihr aufzubrechen?" horchte der Abt.

„Wann ich muß und sie es wünscht," antwortete der Graf, wandte sich in düsterm Ernste ab und verfolgte seinen Weg.

Zu Ekberts Verwunderung erwartete Bertha seine Rückkehr mit großer Ungeduld. Sie hatte sich vollständig erholt und trug mit starker Seele ihr trauriges Geschick. Vielleicht entsprang diese äußere Ruhe nur hoffnungslosem Bewußtsein, — sie wollte den letzten Schritt zum Grabe bereitwillig thun, nachdem ihr Lebensglück unwiderruflich zerstört war. Es mochte sie drängen, einen Ort zu verlassen, welchen die Nähe des herzlosen Gatten qualvoll machte. Todesblässe und fieberhafte Zuckungen des Angesichts, straften die äußere Fassung Lüge. Sie verriethen den nagenden Schmerz, welchen ihre Anstrengung, denselben äußerlich zu verbergen, noch steigern mußte.

„Wo bleibt Ihr denn, Herr Graf?" fragte sie mit erzwungener Ruhe und ängstlicher Sorgfalt, das Zittern der Stimme zu verhüten. „Längeres Verweilen ist uns hier nicht gestattet; wir müssen bedacht sein, den Willen unseres Herrn zu vollziehen."

„Beim heiligen Kreuz!" rief Ekbert. „Wenn Ihr Euch mit solcher Engelsgeduld b'rein fügt, werde ich alle Fassung verlieren. — Flucht ihm, adeligste Königin! Ich will Euch redlich beistehen und mein Gedächtniß kreuzigen, bis es die letzte, schmählichste Verwünschung auf die Zunge legt."

„Ihm fluchen? Nein —! vergebe ihm der Himmel! Seine einzige Strafe möge die Erkenntniß sein, daß ich Liebe und Treue ihm bis in den Tod bewahrte, — daß er ein Herz gebrochen, in welchem, nächst Gott, nur er verehrt und angebetet wurde."

„So laßt mich Eure Schuldigkeit thun!" sprach Ekbert in finsterer Leidenschaft. „Tag und Nacht verfolge ihn Schuldbewußtsein, gleich nagendem Gewürm! Eure Gestalt, strahlend in Unschuld und holder Weiblichkeit, stehe strafend vor seinem bösen Gewissen. Und alle Opfer seiner Rachsucht, in Verließen schmachtend, oder meuchlings hingemordet, — stehet auf, — erhebt euch, tretet als scheußliche Gespenster vor sein Ruhebett, bis er selbst zum abschreckenden Gespenste abgezehrt. — Das ist mein Gebet!"

„Still doch Graf, — still! wehrte Bertha. Gottes Strafgericht müssen wir abzulenken suchen, aber nicht herausfordern. — Wohlan, Herr Ekbert! Ihr habt die Ehre, Eure Königin zum Grabe zu geleiten, — ordnet den Leichenzug, damit wir zur Gruft gelangen."

Bei diesen Worten brachen die Zofen in lautes Weinen und Jammern aus. Selbst dem gerade nicht weichherzigen Grafen zitterten die Lippen, und mühevoll brachte er den Wunsch hervor, die Königin möge noch so lange hier verweilen, bis er mit dem Zelter angelangt sei.

„Wir wollen zu Fuß in Eure Wohnung gehen," versetzte Bertha. „Der Verurtheilten geziemt das Gehen besser, als das Reiten." Sie schritt gegen die Thüre und verließ mit ihren Frauen und Ekbert das Schloß.

Bald nach des Grafen Eintritt in das stattliche Haus, in das er die Königin geleitet hatte, wurde ihm ein beschriebener Zettel überbracht mit dem Ersuchen, denselben gleich zu lesen. Der würdige Edelmann, des Lesens unkundig, befahl dem Ueberbringer, seine Botschaft mündlich auszurichten. Dieser versicherte, vom Inhalte der zu überbringenden Nachricht keine Kenntniß zu haben.

„Nur so viel weiß ich," sagte der Bote, „daß diese wenigen Worte sehr wichtige Nachricht enthalten müssen; denn ich sah die Hand meines Herrn zittern, als er schrieb."

Ekbert brummte verlegen in den Bart, betrachtete das Pergamentstück von allen Seiten, dessen Schriftzüge er mit derselben ärgerlichen Miene anstarrte, wie der Engländer Radcliffe die Hieroglyphen Aegyptens, wohin der Insulaner zu deren Entzifferung gereist war.

„Wäre Dein Herr klug gewesen, hätte er gleich einen Schriftkundigen mitgeschickt, um das Ding da heraus zu buchstabiren," sagte der Krieger.

„Mit Eurer Erlaubniß will ich Euch diesen Dienst erzeigen," sagte der Bote.

„Wer — Du?" — und Graf Ekbert betrachtete voll Staunen Meister Engelberts Küchenjungen, — denn als solchen verrieth ihn die weiße Tracht — der es sogar bis zur Gelehrsamkeit des Lesens gebracht hatte. „Der Koch scheint eine Mönchsschule in seinem Gebiete errichtet zu haben, seitdem er über Bischöfe regiert. Da nimm, — will doch sehen, was Du herausbringst."

„Tragt Ihr schuldige Liebe zu Eurer Gebieterin," — las der Bote, „dann brecht vor Sonnenuntergang nicht auf gegen Trifels."

Zweimal mußte der Leser diese Zeilen wiederholen, und eben so oft überlegte der Graf Sinn und Bedeutung derselben.

„Und wer ist Dein Herr?"

„Bischof Bucco von Halberstadt, mit dem ich freiwillig in Gefangenschaft und Küchendienst zog."

„Dann bist du wohl der Mönch Bruno — gut! Sag' Deinem Herrn, ich würde nicht eher aufbrechen, bis meine gnädigste Frau zum Ritte sich vollkommen erholt und gestärkt hätte, und sollte es darüber Mitternacht werden. — Uebrigens sei die Mahnung überflüssig. Wäre selber des Frauendienstes kundig. Wisse auch, was der Königin gebühre. Im Uebrigen, bericht' ihm, mache diese Aufmerksamkeit dem Bischofe alle Ehre."

Der Bote verbeugte sich und ging. Ekbert sah ihm nach und bemerkte, wie Bruno auf einen Burschen zueilte, der in geringer Entfernung vom Hause auf ihn zu warten schien. Der Mönch wechselte Worte mit ihm, und überreichte schließlich demselben ein Papier. Der Bursche bestieg ein Pferd und ritt schnell davon.

„Hm, — was mag der Bischof im Schilde führen?" brummte der Edelmann vor sich hin. „Uebrigens," — schloß er sein kurzes Nachsinnen, „ist Bucco ein gerader, biederer Mann, — man kann seinem Rathe folgen."

Damit wandte er sich um und ertheilte weitere Befehle zur Bedienung der Königin, sowie zur bevorstehenden Reise.

Nach Sonnenuntergang bestieg die unglückliche Bertha ihren Zelter, — oder vielmehr sie wurde darauf gehoben. Mit solcher Schnelligkeit schwand ihre Körperkraft. Sie hatte das Aussehen einer Person, welche das Lager einer tödtlichen Krankheit eben verlassen. Sie sprach kein Wort. Gebrochen und schwankend saß sie auf dem Pferde, kaum vermögend, im Bügel sich zu halten.

Von der Burg hernieder tönten Hörner, Saiteninstrumente trugen frohe Weisen herab, dazwischen klangen laute Reden einer zechenden Gesellschaft. Bertha blickte zu den hellerleuchtenden Fenstern empor. Sie kannte des Gatten Gelage. Ausgelassen und schwelgend unter lustigen Gesellen, — vielleicht an der Seite Irmensindens.

Noch tiefer sank das Haupt der Königin, und ihre Hand legte sich, den jähen Schmerz nieder zu drücken, auf die Brust.

„Fort, — fort!" hauchte sie tonlos. „Fort, — hinweg von dieser Stelle!"

Niemand hörte sie. Ein niederbrausender Strom schmetternder Fanfaren, hatte die Klagetöne verschlungen. Ihr Blick suchte den Himmel, und der Blick schwamm in Thränen. Um sie her schnaubten und stampften die Rosse, rasselten die Waffen aufsitzender Reiter.

In dunkle Gewänder gehüllt, saßen die Zofen zu Pferde, der Fürstin dicht zur Seite. Auch ihre Haltung war gebeugt, und ihre Theilnahme für das harte Geschick der Gebieterin preßte unaufhaltsam Thränen aus den verweinten Augen. Bertha hatte ihnen freigestellt, sogar geboten, die Haft nicht mit ihr zu theilen. Die getreuen Mägde aber baten bringend, der liebevollen Herrin folgen zu dürfen.

Das Gefolge bestand aus zwölf Bewaffneten, alle trefflich gerüstet und beritten. Zwei von ihnen sandte Ekbert als Vorhut voraus. Die Uebrigen folgten, auf des Grafen ausdrücklichen Befehl, in ziemlicher Entfernung. Wahrscheinlich sollten hiedurch trübe Empfindungen geschwächt werden, die, beim Waffengerassel der Krieger stets an die Gefangenschaft erinnernd, in Berthas Gemüth unterhalten und gesteigert werden mußten. Der Edelmann ritt fortwährend an ihrer Seite. Er gab sich alle Mühe, durch anziehende Gespräche Berthas Geist von dem Schmerzlichen der Wirklichkeit abzulenken. Er betheuerte, die gegenwärtige unnatürliche Lage der königlichen Frau könne unmöglich von langer Dauer sein. Die Verstoßene widersprach nicht, aber in die leidenden Züge trat kein frohes Hoffen. Sie bewahrte stets schweigendes Dulden, großen Seelen eigen, bei ungerechter, gewaltthätiger Unterdrückung. Kein bitteres Wort gegen Heinrich kam über ihre Lippen, ihre Thränen versiechten allmälig, und sie glich einem Opfer, das in schweigender Hingabe von inneren Qualen sich verzehren läßt. Der Graf versicherte später, jener Ritt habe ihm die bittersten Stunden seines Lebens bereitet, und es sei ihm beim Anblicke der großmüthigen Dulderin unmöglich gewesen, Gefühle des tiefsten Abscheus gegen Heinrich zu unterdrücken.

Der kleine Zug kam mittlerweile den dunklen Bergkuppen näher, auf deren Gipfel der berühmte Trifels trotzt. Bereits athmete man die kühle, kräftige Gebirgsluft, welche sich in die lauwarme Ebene ergoß und die üppigen Blätter der Weinberge leise bewegte', zwischen denen sie hinritten. Der Graf hatte die Quelle seines Trostes erschöpft und ritt schweigend an Berthas Seite. Oftmals blickte sie zum Himmel empor, dessen zahllose Sternlein der kummervollen Frau Zuversicht und Hoffnung herabwinkten. Die Zofen wischten zuweilen Thränen von ihren Wangen, hüteten sich aber durch Schluchzen den drückenden Kummer laut werden zu lassen.

So ging es ohne Unterbrechung dem tiefen finsteren Thale entgegen, auf dessen Höhe der Trifels ruht. Da störte plötzlich eilender Hufschlag die Einförmigkeit des Zuges. Die Vorhut sprengte mit der Kunde heran, ein bewaffneter Haufen halte den Ausgang des Weges besetzt. Ekbert vernahm diese Kunde ohne besondere Ueberraschung; denn seitdem Heinrich das Scepter führte, gehörten Beraubung und Ueberfall nicht zu den Seltenheiten. Der Graf theilte zwar Kampfeslust und Neigung zu Abenteuern mit den Edeln seiner Zeit. Im gegenwärtigen Falle wäre er jedoch dem Streite gerne ausgewichen. Die umliegenden Weingelände erlaubten nicht, den bisherigen Weg zu verlassen, und umzukehren hielt der Graf für schimpflich. Er stieß in das Horn, welches an silberner Kette um seine Schultern hing. Augenblicklich hörte man die Nachhut daherjagen. Es wurde beschlossen, mit dem unbekannten Feinde vorerst zu unterhandeln, bevor man mit Gewalt den Durchgang erzwingen wollte.

„Geruht einige Augenblicke hier zu warten, abeligste Königin," sprach Ekbert. „Es hat sich ein Hinderniß in den Weg geschoben. Ich gehe, es zu beseitigen."

Während Bertha zur Stelle hielt, ritt der Graf an der Spitze des Häufleins und mit gezogener Waffe dem Feinde entgegen. So viel das Dunkel unterscheiden ließ, war dessen Anzahl weit überlegen und gut bewaffnet. Der Anführer des feindlichen Haufens ritt etwas näher heran. Ekbert erkannte aus der dunkelschimmernden Rüstung, sowie am Benehmen des Unbekannten, daß ihm eine Person von Stand und kühner Entschlossenheit gegenüber hielt.

„Herr Graf," begann der Fremde laut und kräftig, „wir möchten ersuchen, den Zweck Eurer Reise nicht weiter zu verfolgen. Ihr solltet Eure Hand nicht mit einem Verbrechen besudeln, welches Eurer Ritterwürde schlecht ansteht. Folgt meinem Rathe: — kehrt ohne die Königin zu Dem zurück, Dessen Auftrag Euren Wappenschild beschimpft. Sagt ihm, daß er ein König ohne Würde, ein Ritter ohne Ehre, ein Gatte ohne Gewissen sei. Verschmäht Ihr jedoch meinen Rath, dann soll die Schärfe des Schwertes Heinrichs ruchlosen Plan entzwei hauen."

Diese nachdrucksame und kühne Sprache verletzte Ekberts Stolz. Er musterte mit forschendem Auge den Sprecher, konnte aber kein Abzeichen an dessen Waffenrüstung entdecken, welches über den Unbekannten nähern Aufschluß gab.

„Und wer seid Ihr," fragte er endlich, „der es wagt, der Ausführung königlichen Willens sich trotzig entgegen zu stellen?"

„Erlaubt, Eurem Wunsche nicht zu entsprechen," lautete die Antwort. „Mein Name darf zwar im ganzen Reiche genannt werden, — Umstände gebieten aber, im Augenblicke denselben zu verschweigen."

„Eure Stimme hat den stolzen Klang des Löwen Gieselbert," sprach Ekbert. „Auch die Haltung, voll Trotz und Drohen, gehört dem Löwen. Täuscht mich darum nicht Gehör und Gesicht, wäre diese wiederholte Gesetzlosigkeit eine neue Aufforderung, den Geächteten längst verdienter Strafe zu überliefern."

„Wie verderblich wirkt doch Heinrichs Hofleben auf Rittersitte und Mannesehre!" sagte der Fremde, in einem von Aerger und Trauer gemischten Tone. „Wie konnte Graf Ekbert so schnell und tief sinken! Kläglich ist das, Graf! In Gieselberts That, der einem rechtlos bekriegten und in seiner Freiheit bedrohten Volke Hilfe leistete, seht Ihr ein Vergehen. Und jetzt gebt Ihr Euch dazu her, das edelste Weib der Christenheit in die Verließe des Trifels hinabzustoßen. Verdient Gesetzlosigkeit Strafe und Rittersinn Ehre, dann krönt den Markgrafen des Elsaßes, — Euren Herrn laßt hängen."

„Ihr führt scharfe Reden! doch mich trifft Eure spitze Zunge nicht. Ein Vasall des Königs bin ich, und dem Vasallen kommt es nicht zu, die Rechtlichkeit königlicher Entscheidung zu untersuchen. Genug, — ich übernahm das Geleite und bin entschlossen, es auszuführen."

„Eine sehr hinkende Entschuldigung!" warf der der Fremde spöttisch hin. „Wie der Herr, so der Knecht! Der freie Mann soll Herren meiden, die ihn der Gefahr aussetzen, bei gewissenlosen und grausamen Befehlen hilfreiche Hand zu leisten. Dienste werden freilich belohnt, — sogar Henkersdienste."

„Dank für Eure Lehre! versetzte Ekbert. Nun laßt uns zur That schreiten, und durch die Waffen entscheiden, wem das Feld gehört."

„Nach Eurem Willen!" lautete die Antwort, und sogleich ritt der Unbekannte zurück.

Es entstand ein kurzes, rasselndes Geräusch, indem die Krieger ihre Schwerter zogen und die Schilde zum Kampfe erhoben. Eben sollte das Zeichen zum Treffen gegeben werden. Da flackerte in einiger Entfernung, ungefähr in der halben Höhe des nahen Gebirgszuges, ein grelles Licht auf, das nach wenigen Sekunden wieder verschwand.

„Der Kampf ist entschieden!" rief der Fremde mit lauter Stimme. „Der Weg nach Trifels ist frei und die Königin in wohlbesorgter Hand."

Ekbert hörte den Hufschlag davoneilender Rosse. Auf den Platz zurückgekehrt, wo er die Königin gelassen, war diese mit ihren Frauen verschwunden.

„Verdammter Streich!" zürnte der Graf, unmuths=
voll in die Nacht hineinschauend. „Wie schlau es die
Schurken angestellt! Doch es war ein verteufelt saue=
rer Auftrag," — setzte er zu sich selbst gesprochen bei;
„dieser Ausgang gefällt mir fast besser, als der Einzug
in Trifels."

Der würdige Edelmann empfand zwar keinen wei=
tern Aerger über die Vereitlung des königlichen Befehles,
wohl aber beunruhigende Bedenken über die Aufnahme
seiner Kunde von Seite Heinrichs.

Zweiter Theil.

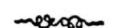

Das Gottesgericht.

Das geheimnißvolle Verschwinden Berthas erregte des Königs Argwohn. Der ganze Vorfall, wie Ekbert ihn berichtet, ließ auf geheime Beschützer der Fürstin schließen, welche sie Heinrichs Gewalt entrissen, um ihre Sache auf dem nahen Reichstage, oder gar in Rom zu vertreten. Diese Vermuthung erfüllte den Salier mit banger Unbehaglichkeit, — der unbeneidete Antheil Aller, die auf schlimmen Wegen gehen, sobald sie merken, daß man ihren Schritten nachspürt. Zugleich reizte Berthas vermeinte Anwaltschaft des Königs Zorn. Weder Rom noch Fürstentag durften seinen Neigungen Schranken setzen. Am wenigsten sollte irgend ein Vasall es wagen, durch Beschützung der Verstoßenen, des Oberlehensherrn sehnlichsten Wünschen entgegenzutreten. Graf Ekbert und Abt Stephan erweckten vor Allen Verdacht. Kurze Zeit nach dem vereitelten Zuge gegen Trifels, verschwand Ekbert spurlos. Niemand zweifelte, daß er Heinrichs Rache verfallen war. Stephan wurde immer noch zu Hainfelden zurückgehalten. Wahrscheinlich hätte auch er längst schon des Grafen trauriges Loos getheilt, allein des Schyren hohe Abstammung und mächtige Familienverbindung, noch mehr

deſſen Anſehen zu Rom, hielt des Königs Hand zurück.
Das Verweilen des ſittlich ſtrengen Prälaten am Hof=
lager begann ſogar dem Fürſten läſtig zu fallen. Wieder=
holt gab man ihm die ſchicklichſte Gelegenheit zur Flucht
nach Limburg. Allein der Abt wollte das Kloſter in
ſein perſönliches Mißgeſchick um ſo weniger verwickeln,
als er des Königs Abſicht wohl durchſchaute, die reiche
Abtei ſeinen Zorn fühlen zu laſſen. Stephans Entwei=
chen nach Limburg, und deſſen Aufnahme von Seite
der Mönche, hätte Heinrich den gewünſchten Anlaß
gegeben. Abgeſehen von andern Gründen, lag es dazu
im Plane des Abtes, am Hoflager ſo lange zu weilen,
bis er den Zeitpunkt zum entſcheidenden Eingreifen in
die Eheſcheidungsſache gekommen ſah. Scheinbar un=
thätig, leitete er mit geſchickter Hand die Fäden zu jenem
Gewebe, worin des Fürſten Gewaltthat und Liſt gefan=
gen werden ſollte.

Mittlerweile ließ Heinrich über Berthas Loos genaue
Nachforſchungen anſtellen. Dieſe blieben ohne beſtimm=
ten Erfolg. Nirgends entdeckte man eine Spur der
Verſchollenen. Nur ein Stück ihres Schleiers wurde
am Dorngeſträuch eines wilden Thales gefunden. Letz=
terer Umſtand warf einiges Licht über das Schickſal
der Königin. Wie man glaubte, gerieth ſie, um ihres
nicht unbedeutenden Schmuckes willen, in die Hand
eines kühnen Räubers. Nach Heinrichs Meinung mußte
dieſer in ſeinem Intereſſe dafür ſorgen, daß die Be=
raubte niemals gegen ihn als Klägerin auftreten konnte.
Kaum gewann dieſe Meinung über Berthas Geſchick
beim Könige Ueberzeugung, als er ihrer nur mit jenen

Gefühlen gedachte, die man beim Verluste einer schweren Last empfindet.

Dagegen büßte Heinrichs Zorn gegen Bardenfels an Stärke nichts ein. Des Grafen strafwürdiger Trotz, sogar in öffentlicher Versammlung, erheischte strenge Züchtigung. An Raymunds Verbindung mit Sachsen oder Thüringen glaubte der Monarch wohl selbst nicht. Aber schon des Vasallen Widerspruch gegen den Willen seines Oberlehensherrn, dünkte ihm höchst strafwürdig; — abgesehen von den Grundsätzen, denen Raymund offen huldigte, und in welchen der Salier Beeinträchtigung königlicher Gewalt erblickte. Wie der Adel allmälig den freien Bauernstand zur Leibeigenschaft herabdrückte, so gedachte Heinrich der Fürstenschaft einflußreichen Standpunkt zu untergraben, und sie allmälig des Königs Machtgebot zu unterwerfen. Gelang dieses Bestreben weder ihm, noch seinen gesinnungsgleichen Nachfolgern, so trägt hieran Niemand mehr Schuld, als der Bischof von Rom.

Bardenfels that keinen Schritt zur Besänftigung des fürstlichen Unwillens. Er beging sogar die Unvorsichtigkeit, denselben zu steigern. Als Limburgs Schirmvogt hielt es nämlich der Graf seiner Pflicht gemäß, dem Könige zu erklären, daß er mit bewaffneter Hand Jeden zurückweise, der auf Limburgs keineswegs erledigte Abtswürde Ansprüche erhebe. — Hofmarschalk Boleslav benützte auch diese Veranlassung, Heinrichs Zorn gegen Bardenfels zu schüren. Mit dem racheburstigen Herzen des zurückgewiesenen Liebhabers sah er der Stunde entgegen, welche namenloses Wehe über das Grafenhaus verhängen sollte.

St. Matthäustag kam indessen heran. Soweit die Kürze der Zeit erlaubte, ließ der König von Nah und Fern die Fürsten= und Ritterschaft zum Turniere entbieten. Diese Versammlung sollte ihm zugleich Gelegenheit geben, sich, wenn anders Bertha wider Erwarten persönlich oder durch Vertreter auf dem Reichstage erschiene, jener Fürsten, deren Zustimmung noch schwankte, für die Ehetrennung zu versichern.

Vom niederen Adelsstande traf eine nicht unbedeutende Anzahl kampflustiger Herren ein; von Reichsgroßen erschien Keiner. Einige schützten die zu kurz gestellte Einladung und die Rüstung zum Reichstage vor. Andere übergingen die Einladung mit Stillschweigen.

In geringer Entfernung von der Kaiserburg lagen üppig grüne Wiesenmatten, von jeher zu Turnieren und Wettkämpfen benützt. Schon Karls des Großen Paladine sollen hier Kunst und Kraft in Führung der Waffen gezeigt haben.

Es mochte auch schwerlich zu Waffenspielen eine passendere Oertlichkeit gefunden werden, als der Turnierplatz bei Hainfelden. Ein freundliches Thälchen, nach der einen Seite von stolzem Eichenforst, nach der andern von einem nicht unbedeutenden Hügel begrenzt, war in einer Länge von ungefähr vierhundert, — und in der Breite von zweihundert Schritten, mit starkem Pfahlwerk eingehegt. Die ganze schön geebnete Fläche bedeckte eine dichte Sandschichte, um die herabstürzenden Ritter vor Schaden zu bewahren. Auf beiden Seiten lief eine fünfzig Schritte lange Bühne hin, mit Sitzen für Zuschauer von Stand und Rang versehen. Unterhalb der Bühnen waren Bänke für die Freisassen an=

gebracht. Das Volk pflegte in dichten Haufen die Planken zu umbrängen, und den terrassenförmig abgestochenen Hügel Kopf an Kopf besetzt zu halten. Selbst die Eichen am Waldessaume gewährten einigen hundert jugendlichen Zuschauern erwünschte Stand- und Sitzpunkte.

An beiden Enden des Turnierplatzes befanden sich abgesteckte Räume, worin die Herren kampfgerüstet der Oeffnung der Schranken harrten. Die schönen, mitunter prächtigen Zelte, lagen bogenschußweite von den nördlichen und südlichen Schranken-Enden entfernt. Vor Beginn der Turniere dienten sie den betheiligten Edelleuten zum Aufenthalte; gleicherweise zogen kampfunfähige Ritter sich dahin zurück, um ihre Wunden verbinden und pflegen zu lassen.

Der leidenschaftlich geliebte Genuß blutiger, dem kriegerischen Geiste der Deutschen entsprechender Turniere, hatte auch diesmal zahlreiche Schaaren Schaulustiger herbeigelockt. Das massenhafte Herbeiströmen des Volkes vermehrte noch der Umstand, daß dem eigentlichen Waffengange ein Gottesgericht vorausgehen sollte. Als solches wurde nämlich Raymunds Zweikampf mit dem Kämpen des Königs betrachtet. Nach dem Glauben jener Zeit griff Gott selbst in solche Kämpfe ein, um des Angeklagten Schuld oder Unschuld an's Licht zu bringen. Mit Kraft und Nachdruck eiferte zwar die Kirche gegen solche Ordalien oder Gottesgerichte. Sie belegte deren Theilnehmer mit Excommunikation, und sogar den Boden, worauf sie Statt fanden, mit dem Interdikt. Allein dieser Ueberrest des untergegangenen Heidenthums wurzelte zu tief im Volke, und nur all=

mälig wurde die katholische Kirche deßselben Meister. Hatte doch selbst Heinrich II., ungefähr fünfzig Jahre vor dem Waffengange zu Hainfelden, seine Gemahlin, die heilige Kunigunde, gezwungen, zum Beweise ihrer Unschuld über glühende Pflugscharen zu gehen, als sie ehebrecherischen Umgangs beschuldigt wurde. Wie die Geschichte erzählt, wandelte zwar die Heilige mit unverletzten nackten Füßen über das glühende Eisen, gewiß aber wäre es vermessene Herausforderung göttlicher Allmacht, solche Ausnahmen zur maßgebenden Regel zu machen. Jedenfalls unvernünftig und vielleicht auch unmenschlich waren die Ordalien des heidnisch mittelalterlichen Geistes, und es ist zu verwundern, wie jene Kämpfe theilweise in den s. g. ehrenrettenden Duellen sogar in aufgeklärteren Zeiten fortbestehen können.

Zwei weitere, die Neugierde spannende Umstände bildete das über die Wahl des königlichen Kämpen schwebende Geheimniß, sowie die sonderbare Einrichtung der Schranken. Bei ähnlichen Fällen wurde Jener mit Bewunderung genannt und in Gesängen verherrlicht, dessen bisheriger Waffenruhm durch des Königs Wahl und Vertrauen gekrönt wurde. Diesmal schwebte völliges Dunkel über diesen bevorzugten Krieger.

Die seltsame Anordnung der Schranken erregte gleichfalls Bedenken und allerlei Vermuthungen. Der Raum nämlich, auf dem das Gottesgericht Statt finden' sollte, war von der übrigen Fläche durch hohes, enge zusammenstehendes Pfahlwerk abgesondert. Dieses abgesperrte, ungefähr fünfzig Fuß lange und ebenso breite Viereck, befand sich in Mitte des Turnierplatzes, gerade dem rothausgeschlagenen, thronähnlichen Sitze des Kö=

nigs gegenüber. Die Oeffnungen an beiden Seiten, durch welche die Streiter eingelassen werden sollten, verschlossen feste Thore. Vor dem Eingange des Angeklagten stand ein Zelt, auf dessen Spitze an hohem Lanzenschafte Raymunds Fahne flatterte. An der gegenüberliegenden Seite sah man weder Zelt, noch Wappenzeichen, Stand und Namen des erwählten Kämpen anzudeuten.

Bühnen und Bänke hatten sich mittlerweile mit Zuschauern dicht angefüllt, deren bunte Trachten einen malerischen Anblick darboten. Während das Volk ringsum lärmte, mitunter schreiende Unterhaltungen führte, zeichneten sich die Herren auf den Bühnen, größtentheils vorgerücktem Mannesalter angehörend, durch den Ernst ihres Benehmens aus. Sie trugen reich verbrämte Obergewänder, über der Schulter durch Agraffen von Silber oder Gold zusammengehalten, und durch ihren faltenreichen Schnitt an orientalische Tracht erinnernd. Hiebei lag das Gepräge von Würde und Stärke in diesen markigen, kraftvollen Gestalten, was, in Uebereinstimmung mit ihrem gemessenen Ernste, ihnen den Anschein stolzen Trotzes verlieh.

Das schöne Geschlecht glänzte ebenso durch natürliche Reize, wie durch kostbaren kunstvollen Schmuck. Die buntfarbigen rauschenden Gewänder, das schimmernde Geschmeide und die strahlenden Gold- und Silberreife in den reichen Locken, gewährten einen lieblich reizenden Anblick. Manches schöne Auge blickte wiederholt nach den nördlichen und südlichen Enden der Schranken, wo die ehernen Reihen der Ritter ungeduldig des Kampfes harrten. Bei diesem Hinüber=

schauen glitten manchmal trübe Schatten über die schönen Züge der Edelfräulein, wenn zuletzt der Blick auf den Kampfplatz gerichtet blieb, und bange Ahnung den Geliebten auf den Sand hingestreckt sah.

Den angrenzenden Hügel hatte eine solche Menschenmasse besetzt, daß er vollständig verschwand, und in geringer Entfernung einem mit Menschenköpfen angefüllten riesenhaften Gerüste glich. Die Bäume auf der andern Seite stöhnten unter der Last junger Leute, die lärmend, singend und jauchzend in den Aesten sich wiegten. Um die Schranken herum drängten und schoben dichte Massen, in der Hoffnung, auf den Bänken ein Plätzchen zu erhaschen. Allein die zur Handhabung der Ordnung bestimmten Waffenleute hielten strenge Wache, wiesen jeden Unberufenen vom eroberten Sitze zurück, und mußten sich dafür manche derbe Spottrede gefallen lassen.

Meister Engelbert genoß das unaussprechliche Glück, gerade dem für das Gottesgericht ausgeschiedenen Raume gegenüber, einen Platz zu finden. Mit vieler Behaglichkeit dehnte sich die runde Gestalt auf dem Sitze, und da er das buntfarbigste seiner bunten Kleider angezogen, glänzte der Koch wie ein lichter Punkt auf dem dunklen Grunde zusammengedrängter Massen.

Ihm zur Seite saß in selbstbewußter Haltung ein Glied des stolzen Frankenvolkes, dessen Tapferkeit insbesondere Karl der Große Europas Unterwerfung zu verdanken hatte. Die einfache Tracht des Freisassen kennzeichnete zwar den schlichten Bauersmann, allein das Schwert, auf dessen Griff er den Arm stützte, und noch mehr das ungezwungene Benehmen, bekundete ebenso den freien Mann. Meister Engelbert mußte seinen Nachbarn aus früherer Zeit kennen; denn er that sehr vertraut und flüsterte ihm sogar Geheimnisse in das Ohr, die nicht Jedermann wissen durfte. Sein Nachbar zur Linken war ein frater barbatus, — wenn der lange Bart und das Ordenskleid nicht täuschten. Die Kirchengesetze verboten strenge jede Theilnahme der Cleriker an Turnieren. Da jedoch hohe Prälaten nicht blos thatlose Zuschauer bei solchen Gelegenheiten bildeten, sondern auch zuweilen 'ihre Waffenkunst in den Schranken zeigten, fiel der einfache Bruder Niemand auf. Im Benehmen des Ordensmannes lag viele Unruhe, die fortwährend stieg, je näher der Augenblick des Gottesgerichtes heranrückte. Oft sah und horchte er gegen die Kaiserburg hin, ob nicht schmetternde Fanfaren des Königs Nahen verkündeten. Dann blickte er ängstlich vom Zelte des Grafen auf das Thor, durch welches der geheimnißvolle Kämpe die Schranken betreten sollte, zuletzt zog er die Kapuze, welche das Gesicht größtentheils verhüllte, noch tiefer herab, die Züge möglichst zu verbergen.

„Da schaut Euch den Hügel an, Vetter Herrand," plauderte Engelbert mit seinem Nachbar; „Kopf an Kopf und nichts als Kopf! Wenn man die Köpfe mit Weinbeeren vergleicht, wäre dies ein wahrhaftiger Berg von einer Weinrebe und gewiß noch größer als jene, welche hundert Mann Juden aus dem Lande Canaan in's Lager schleppten."

„So viel ich weiß," sagte der Bauer, „trugen keine hundert, sondern nur zwölf Kriegsleute des Josue an jener Weinrebe. — Uebrigens ein sonderlicher Vergleich!"

„Sonderlich? Wüßte doch nicht, Vetter!" meinte Engelbert. „Bei Vergleichen muß man immer Dinge wählen, mit denen man von Amtswegen zu schaffen hat. Da ich nun das unaussprechliche Glück und die große Ehre genieße, des Königs Leibkoch zu sein, und seit mehreren Tagen mit der Sorge geplagt bin, für den heutigen Nachtisch Trauben zu bekommen, an denen sich Beere an Beere drängt, dürft Ihr Euch nicht wundern, wenn mir dieser mit Menschenköpfen vollgepropfte Hügel wie 'ne Weinrebe vorkommt."

„Ich finde es ganz natürlich, Meister Engelbert, daß Euch die Zurüstungen zum heutigen Mahle den Kopf schwindeln machen, — es soll ein fürchterliches Schmausen absetzen. Habe ich doch selbst mehrere Wagen voll Hirschen, Wildschweinen und Rehen gegen Hainfelden fahren gesehen."

„Hirsche und Wildschweine? Ich sage Euch, Vetter Herrand, das sind heute Nebensachen! Selbst die hunderte von Auerhahnen, Haselhühnern, Schnepfen, Birkhühnern, Rebhühnern, die doch sonst eine stolze Rolle spielen auf der Tafel, dürfen sich heute neben den köstlichen Leckerbissen kaum sehen lassen. Und wißt Ihr auch, daß heute der Rheinwein nichts gilt, — selbst der Deidesheimer nicht? Da wird nur Rebensaft aus Ungarien, Italien und Spanien getrunken und zwar an einer Tafel von dreihundert Gedecken. Bedenkt, was dies sagen will!"

„Kein Rheinwein?" sagte Herrand und zog die Stirne finster zusammen. „Mag der Spanier auch glühender sein, als der Rheinwein, — nimmer dürfte mir der Welsche den Deutschen verdrängen, wo's gilt, Ehre einzulegen."

„Das mag sein, Vetter, — aber meine Gewalt gilt nichts bei Fässern und Weinschläuchen, das ist Sache des Kellermeisters. Glaubt mir, ich hab' heute so viel auf meinem Gebiete zu befehlen, daß ich kaum die Zeit herausschlüge, dem Gottesgericht beizuwohnen, wenn meine ausgezeichneten Oberköche nicht eine kleine Weile meine Stelle vertreten könnten. Natürlich, — wenn man Bischöfe unter seinem Gesinde hat, kann man schon einen Augenblick wegschlüpfen und solchem Schauspiel beiwohnen."

„Schade, Meister Engelbert, daß Ihr beim Turniere nicht aushalten könnt. Allem Anscheine nach wird's tüchtige Stöße absetzen und mancher Ritter in den Sand kollern."

„Bis zum letzten Mann wollte ich aushalten, Vetter, — aber seht, Leute meines Amtes sind am Hofe kaum eine Stunde entbehrlich. Ohne Köche könnten Hoflager gar nicht bestehen; denn große Herren empfangen von Gott selten die Gaben der Kochkunst und müßten alle verhungern, im Falle das Geschlecht meiner Amtsbrüder ausstürbe. Aber ich weiche nicht von der Stelle, bis das heilige Gottesgericht vorbei ist. Graf Raymund soll ein frommer Herr sein, was er freilich nicht wäre, wenn er's mit den Reichsfeinden, den Sachsen, hielte. Nun — ist er sauber, wird ihm unser Herrgott schon zur Seite stehen im Kampfe."

„Sagt, Meister Engelbert, wer ist denn eigentlich des Königs Kämpe? Wohl hundert Namen hörte ich nennen, und am Ende hat Keiner den Rechten getroffen."

Engelbert zog die Achseln in die Höhe, lächelte geheimnißvoll und that gewichtig, ganz nach Art der Hofschranzen aller Zeiten, die sich herablassen, für Geld und gute Worte einige Brosamen fallen zu lassen, die sie unter dem Tische ihrer Herren aufgelesen. Der Koch war indessen zu offener und gutmüthiger Natur, um eine Kenntniß zu heucheln, die er im Grunde nicht besaß. Auch er schraubte gelegentlich an seiner Stellung, und zwar immer aufwärts, niemals abwärts, dies liegt einmal in der Hofluft aller Zeiten. Allein der schlechte Geist des eilften Jahrhunderts ließ Köche, Bartscheerer oder Lakaien nicht aufkommen, die sich anmaßten, Rathgeber von Fürsten zu sein. Darum wagte es Herr Engelbert nicht, des Königs Geheimnisse zu wissen, obwohl seine Meinung von der Kunst des Bratspießes nicht gering war.

"Was kann man da sagen, — ich will auf Keinen schwören, Vetter Herrand. Jedenfalls wird sich der König n'en wackern Degen auserlesen haben, der in des Himmels Gunst ebenso hoch angeschrieben ist, wie im Rufe der Tapferkeit. — Seht, eben kommt Graf Raymund mit seiner Tochter! Bei der Hochzeit zu Cana, — ein hübsches Kind! — Nur etwas bleich, was auch kein Wunder ist, weil des Vaters guter Name und des Bruders Leben auf dem Spiele steht."

Engelberts letzte Worte, von einem Winke nach der gegenüberliegenden Bühne begleitet, warfen in das stille Wesen des schweigenden Ordensbruders eine starke innere Bewegung. Beim Anblicke Ethelindens, deren ungemeine Schönheit aller Augen fesselte und ein Geflüster der Bewunderung und dann des Bedauerns erregte, wechselte er wiederholt die Farbe. Die breite Brust unter der Kutte stieg hoch empor, von banger Sorge aufgetrieben. In die männlich schönen Züge trat tiefes Wehe und innige Theilnahme für das bedrohte Grafenhaus. Dazu hatte der bescheidene frater barbatus Augen von solchem Feuer, und um den Mund legte sich ein Zug so eisernen Trotzes, daß offenbar die Strenge klösterlicher Zucht an dem jungen Herrn noch Vieles abzuschleifen fand.

„Das arme Fräulein thut mir in der Seele weh, sagte Herrand. Ich gelobe, meinem Patron eine pfündige Kerze anzuzünden, wenn der junge Graf den Sieg davonträgt."

„Ihr habt ein gutes Herz, Vetter, und ich hab' für Euch einen schönen Trost. Dort seht auf den Thron, Ihr wißt, was er zu bedeuten hat. Wer von jenen eisernen Herren am Besten haut, sticht und am festesten im Sattel sitzt, — der wird Sieger. Ist er vom Könige als Sieger erklärt und vom Herold ausgerufen, dann ist das erste Geschäft des siegreichen Herrn, aus all' den Edelfräulein die Schönste auszusuchen zur Königin des Festes. Glaubt mir, der Sieger im Turnier wird ganz gewiß die reizende Ethelinde auf den Thron der Schönheitskönigin erheben. Schaut nur all' die Frauen und Fräulein an, ob sie der schönen Gräfin die Stange halten? Ganz gewiß, — sie muß Königin werden. — Da fällt mir Eure Wulfhild bei, Vetter, — habt Ihr sie nicht mitgebracht?"

„Nein, sie muß den Herd besorgen; es werden heute meine Nachbarn bei mir zu Gast sein."

„Seid stolz auf eure Wulfhild, Vetter, — seid stolz!" lobte Engelbert. „Zu Eurer Freude laßt Euch sagen, daß ihre Schönheit selbst den Herren am Hofe auffiel."

„Den Herren am Hofe — so!"

„Glaubt mir, Ritter Immel, des Königs bester Freund, ist ganz vernarrt in sie."

„Ganz vernarrt?"

„Mit eignen Ohren hörte ich ihn Eure Wulfhild dermaßen rühmen, daß ich stolz b'rauf bin, solche Base zu haben."

„Viele Ehre," — sprach Herrand mit finsterer Stirne.

„Ei Vetter, Ihr nehmt das Lob Eurer Tochter mit essigsauerm Gesichte auf? Das ist doch seltsam! Väter und Mütter hören es sonst doch gern, daß sie schöne Töchter haben."

„Natürlich, — besonders wenn Töchter die Augen solcher schuftigen Höflinge anziehen, wie jener Immel einer ist"

„Nun — nun, Immel steht hoch in des Königs Gunst," sagte der Koch in herabgestimmtem Tone.

„Jawohl, und vielleicht auch auf des Teufels Liste," entgegnete Herrand zürnend.

„Was habt Ihr gegen den Edelmann — Vetter? Trat er etwa beim Jagen Eure Waizenfelder nieder, weil Ihr so erboßt auf ihn seid?"

„Meine Waizenfelder wollte ich gegen Hunde, Knechte und Jäger schon schützen, — selbst der König darf, nach altem fränkischem Gesetze und Herkommen, gegen meinen Willen auf meinen Feldern nicht jagen. Aber der Immel ist ein Schurke, — ein Mörder und ein Ehebrecher, — daß Ihr das nicht wißt! Hat er nicht den Ackerer auf dem Münchweiler erschlagen, dessen schönes Weib gewaltsam entführt, entehrt und mit Schmach und Schande hinausgestossen? Und dieser Immel hat ein Auge auf meine Tochter? Beim heiligen Kreuz, ich darf nicht hier bleiben! Wulfhilb ist ohne Schutz. Nur zwei Mägde sind bei ihr, — da könnte etwas vorgehen, was mir oder Anderen das Leben kostete."

„Bleibt doch — bleibt!" wehrte der kurzsichtige Koch, dem es zu tagen begann. „Wäre auch Immel schlecht genug, böse Streiche gegen Wulfhilb im Kopfe zu führen, heute hätte er keine Zeit dazu. Ach seht, — ganz recht, dort reitet er eben heran, — ganz in Waffen, was beweist, daß auch er am Turniere Theil nimmt."

Das Erscheinen des Höflings bewirkte zwar, daß Herrand Engelberts Vorstellungen nachgab und seinen Platz beibehielt. Allein er folgte dem gesprächigen Koche nicht mit derselben Aufmerksamkeit, wie bisher. Sorglosigkeit und Ruhe waren dahin, und schlimme Ahnungen schienen den Vater zu quälen.

Herrands düstere Gedanken verdrängte ein Gegenstand, der mit Recht allgemeine Aufmerksamkeit erregte. Dem Sitze Heinrichs gegenüber, tauchte Irmensindens verlockende Gestalt auf, prangend in seidenen Gewändern und goldenem Geschmeide. Stolz rauschte sie über die Bühne nach dem Sitze hin. Der Sitz stand zu=

nächst dem Throne, für die Königin der Schönheit errichtet. Irmensinde saß mit zwei Schritten auf der heißersehnten Höhe, und als Nachbarin mochte sie die nächste Anwartschaft zur Krone der Schönheit haben.

Von Zofen umgab sie ein bunter Kranz, deren reiche Trachten und angenehme Körperformen sie ebenso überstrahlte, wie die blühende Centifolie alle übrigen Blumen des Gartens. Unzählige Augen ruhten gefesselt auf ihr. Sie bemerkte es, und das Lächeln befriedigter Eitelkeit spielte um ihren schönen Mund. Auf dem reichen Polster ruhend, schien sie nur gekommen, Aller Huldigung mit stolzer Herablassung zu empfangen. Selbst Meister Engelberts Blicke wechselten in abwägendem Zweifel zwischen ihr und Ethelinde, wobei sein Urtheil schwankte, welcher von beiden die Krone der Schönheitskönigin von Rechtswegen zuertheilt werden müßte. Irmensinden's Triumph war indeß von kurzer Dauer. Die Bewunderer forschten nach Stand und Namen der seltenen Schönheit. Blitzschnell fuhr Irmensinden's Stellung und Ruf durch die Massen. Und jetzt saß, vor allen Augen, die aufgeblähte Schöne entwürdigt, in namenloser Schmach. Von irgend einem Punkte ausgehend, und schnell über das wogende Meer von Menschenköpfen sich verbreitend, zog ein Flüstern, und dann ein drohendes Murren, gleich den ersten Windstößen, welche die Oberfläche des See's kräuseln und das Nahen des Sturmes verkünden. Blicke voll Zorn und Verachtung flogen Irmensinde entgegen. Manche Ausdrücke wurden in der Menge laut, welche die reizende Sünderin tief gedemüthigt und ihr alle Lust am

Feste verbittert haben würden, hätten dieselben ihr Ohr erreicht.

„Ist das die Irmensinde, — die Metze?" hieß es da und dort. „Die Nichtswürdige beraubt Kirchen und Klöster, stiehlt heilige Gefäße, um in Perlen und goldenem Geschmeide prangen zu können. O die Elende, — möge der Goldreif ihre Stirne versengen!"

Immer unheilvoller schwoll das drohende Murren. Selbst auf der Bühne hing man die Köpfe zusammen, und erklärte in Irmensindens Nähe laut genug die Ursache des plötzlichen Volksunwillens. Hiebei mag es auffallen, daß kein verurtheilendes Wort den König traf. Den sittlich starken Volksgeist riß zwar das öffentliche Aergerniß zu lebhaften Aeußerungen der Entrüstung hin. Allein die zähe Anhänglichkeit der deutschen Nation an ihren Herrscher, und die hohe Ehrfurcht, welche sie immer gegen Krone und Scepter in den Zeiten ihrer Kraft bewahrte, leitete auch diesmal die erbitterte Stimmung schonungsvoll an des Fürsten geheiligter Person vorüber.

Indessen schwächte diese Hochachtung königlicher Würde keineswegs den Zorn gegen Irmensinde. Das Grollen und Murren wurde allgemeiner, lauter, drohender. Ist einmal die Gährung der versammelten Menge zum Ausbruche gekommen, reißt sie jede Schranke zusammen, um den Gegenstand ihres Grimmes niederzutreten. — Da wurde noch rechtzeitig der bewegliche Volkssinn auf den Zweck der Versammlung hingerichtet. Schmetternde Trompeten verkündeten des Königs Nahen und damit das baldige Beginnen der Waffenspiele.

Donnerndes Freudengeschrei umbrauste Heinrich, da er jetzt an der Spitze eines glänzenden Gefolges in die Schranken ritt. Selbst der Koch erhob seine ansehnliche Gestalt, in den Ruf einstimmend: „Heil dem vierten Heinrich! Heil unserm Herrn!"

Nach allen Seiten dankend, mit einer Mischung von stolzer Hoheit und freundlicher Herablassung, nahte der Salier dem Mittelpunkte des umpfählten Platzes. Hier verweilte er wenige Augenblicke, überschaute zufriedenen Blickes die ungeheure Menschenmenge, und setzte sodann, zur Besichtigung der Schranken, das Pferd in langsamen Schritt. Und es muß ihm zur Ehre nachgerühmt werden, daß er jener lockenden Versuchung widerstand, vor so vielen schönen Augen zu glänzen. Nicht einmal das Pferd bäumte sich, durch Sporne und Zügel gezwungen, des Reiters Kunst zu bewähren. Ihn leitete einzig die Pflicht, prüfend die Tüchtigkeit des Kampfplatzes zu untersuchen — das sollte Allen klar sein, die ihn beobachteten. Kundigen Blickes wurden die Vorrichtungen geprüft und manches lobende Wort den Turniermarschällen ertheilt. Der Stand der Sonne, der Strom des Luftzuges, und andere den Kampf beeinflußende Umstände forderten Berücksichtigung. Sogar die Sandschichte ließ der König aufgraben, ob dieselbe zum Schutze der Herabfallenden dicht genug aufgetragen sei.

Nach dieser genauen Besichtigung des Kampfplatzes vergaß der Salier jene Klugheit nicht, welche dem Monarchen die Herzen zuwendet und die ergebenen befestigt. An manchen Herrn von Abel richtete er, beim Vorüber=

reiten, huldreiche Worte. Selbst auf den untern, von Freisassen eingenommenen Bänken, fand Heinrich Bekannte, die seine Aufmerksamkeit verdienten. Des Herrschers freundliches Wort, oder auch nur der flüchtig zugeworfene Wink von wohlwollendem Lächeln begleitet, that den Betreffenden ungemein wohl. Als der Monarch bereits eine Strecke entfernt war, glänzte noch Freude auf den Gesichtern der Glücklichen über die schmeichelhafte Aufmerksamkeit.

Der Fürst nahte jetzt der vom schönen Geschlechte besetzten Bühne. Er zog den Zaum straffer an, so daß sein stattliches Pferd, ungehalten über den trägen Schritt, schäumend die Zügel biß. Hezel, im Gefolge des Königs und der herrschsüchtigen Irmensinde nicht gewogen, drängte sich näher, jede Bewegung des Fürsten belauschend. Mit kalter Höflichkeit grüßte Heinrich die schönen Frauen und minniglichen Fräulein. Der schärfste Beobachter würde in des Saliers gemessenem Wesen nicht gefunden haben, daß Reize körperlicher Formen ihn leidenschaftlich beherrschten. Sogar jene Schönen, die es mit dem schuldigen Frauendienste und allen damit verbundenen Förmlichkeiten strenge nahmen, waren zufrieden mit dem ritterlichen Verhalten des jugendlichen Monarchen.

Anziehend war es, das verschiedenartige Benehmen der reizenden Zuschauerinen zu beobachten. Manche erröthete, wenn sie des Königs besondere Aufmerksamkeit zu verdienen glaubte. Andere, deren Reize den Zeitpunkt der Blüthe längst zurückgelegt, thronten in stolzer Würde auf ihren hohen Sitzen, die dargebrachte Huldigung als eine selbstverständliche Schuldigkeit hin=

nehmend. Wieder Andere, die an der Grenze des Herbstes standen, sahen kalt lächelnd auf Gefolge und König, geistig erhaben über eine veraltete Form des Frauendienstes.

Heinrich kam jetzt zur Stelle, wo Ethelinde saß, nicht ohne bange Erwartung des Gottesgerichtes. Ihr Anblick überraschte den Salier, und sein staunendes Auge ruhte länger auf dieser lieblichen Erscheinung, als Klugheit in Gegenwart so vieler Beobachter anrieth.

Die Gräfin bemerkte des Fürsten Ueberraschung. Sie erröthete und schlug verschämt das Auge nieder. Der ungeschickte Griff in die rein gespannten Saiten ihres Zartsinnes wurde jedoch schnell überwunden, sie hob das schöne Haupt, und begegnete in ruhiger Würde Heinrichs glühenden Blicken. Diesen verließ dagegen vollständig das stolze, förmliche Wesen, mit dem er bisher den Adel begrüßte. Seine Wangen brannten, seine Augen glühten, seine Bewegungen drückten leidenschaftliche Erregtheit, fast Verwirrung aus. Hezel gewahrte den Eindruck, er lächelte in sich hinein, und sah schadenfroh nach Irmensinde.

Berthas Gatte verneigte tief das Haupt vor Raymunds Tochter, und sein Pferd, vom Zwange des Zügels frei, schoß über den Plan. Erstaunt bemerkten Viele des Königs auffallendes Benehmen. Für die ganze Hälfte des Zuschauerraumes hatte er keine Aufmerksamkeit, kein Wort, keinen Wink und freundliches Nicken. Viele des schönen Geschlechtes verletzte diese Rücksichtslosigkeit. Ihr beleidigter Blick folgte dem raschen Reiter, der eben am oberen Ende der Schranken anlangte. Er warf das Pferd herum, sein Gesicht brannte, und sein Auge spähte nach der Richtung hin, wo Ethelinde saß.

Sogar den Koch hatte der Monarch verletzt.

„Seltsam ist's doch," sprach Meister Engelbert unmuthsvoll, als jetzt der König in Mitte des Turnierplatzes hinabritt, „daß Herr Heinrich nicht auch für uns ein freundliches Wort hat, wie für die andere Seite. Seht, er reitet nach seinem Throne hin, — am wenigsten sollte er doch meine Person zu begrüßen vergessen, die ihm so manchen süßen Genuß bereitet."

„Wie seid Ihr mit unserer Rundschau zufrieden, Herr Bischof?" fragte der Monarch den Prälaten von Speyer, der in prächtige Gewänder gehüllt und in der Haltung eines Mannes ihm zur Seite ritt, welcher nicht unbeachtet sein und gerne glänzen möchte.

„Vollkommen, mein Fürst!" antwortete mit bedeutsamem Lächeln des Königs Jugendgenosse. „Scheint doch unsere Rundschau nicht blos Eure Zufriedenheit, sondern auch Eure Bewunderung für irgend Jemand erregt zu haben."

„Ich muß gestehen, Du hast eine scharfe Beobachtungsgabe," sagte der Salier. „Uebrigens müßte man blind sein, um jene duftende Rose unter diesen gewöhnlichen Feldblumen zu übersehen."

„In Deiner Schule gebildet, Freund Heinrich, dürfte man selbst blind sein, und dennoch so etwas herausfinden," scherzte Scharfenberg.

„Wer ist wohl jenes Engelskind?" fuhr Heinrich mit gedämpfter Stimme und trunkenen Blicken fort. „Beim heiligen Kreuze, — eine wahre Fee! Man darf sie nicht ansehen, ohne bezaubert zu werden. Zur Erwerbung ihrer Gunst wollte ich alle Arbeiten des Herkules verrichten."

„Vielleicht wäre es doch gerathen, meinte der Prälat, den Pfeilen des Erzschelmes Amor eine gepanzerte Brust entgegen zu setzen. Wäre es nicht möglich, daß jenes reizende Kind wirklich zum Feengeschlechte gehört, oder selbst für einen König zu strenge bewacht wird?"

„Still, Heinz — still, mit Deinen Befürchtungen! Den Vater möchte ich sehen, welcher dem Könige sein Bestes vorenthält!"

Indem der Salier dieses sprach, bäumte sich schäumend und schnaubend sein Rappe, — ein Windstoß bauschte die weiten fliegenden Gewänder auf, und schwarzes Gewölk lag dräuend auf seiner Stirne. Von jenen bösen Geistern, welche nach Versicherung der Schrift den Luftkreis bewohnen und dem Menschen feindlich nahen, mochte eben eine ganze Legion, treibend, schürend und Verderben schmiedend, in den Wüstling gefahren sein.

Scharfenberg wußte aus Erfahrung, wie gefährlich es sei, des fürstlichen Gönners zügellose Leidenschaften irgendwie beschränken zu wollen. Er beeilte sich, die übel aufgenommene Rede zu verbessern.

„Ich bin mit Eurer Herrlichkeit vollkommen einverstanden," sagte er. „Man dürfe nur überlegen, wie der Handel schicklicher Weise einzuleiten wäre."

„Pah — schicklicherweise!" that der Fürst verächtlich. „Die geistliche Würde scheint in der That aus meinem kühn verwegenen Heinrich einen ängstlichen Gewissensrath gemacht zu haben."

Der König stieg zum prunkenden Sitze empor. Ihm gegenüber saß Irmensinde, die glühendsten Herrscherblicke nach dem Sklaven entsendend. Wie verwandelt erschien er ihr plötzlich! Die Feueraugen wurden nicht einmal bemerkt, und heiße Rache schwur ihm die verletzte Herrin.

Durch das Volk ging eine lebhafte Bewegung. Blitzschnell lief die Kunde um, vom Herannahen des vielbesprochenen Kämpen. Tausend Augen sahen nach der Gegend hin, wo der Ruf erscholl: „Platz für des Königs Kämpen, — Sieg Leo, dem Starken!"

Obwohl es Niemand gelang, unter dem ankommenden, einen geschlossenen Wagen umgebenden Troße, eine Person herauszufinden, die man für des Königs Kämpen halten konnte, ging dessen ausführliche Beschreibung doch bald von Mund zu Mund.

Während sich das Volk in Erfindungen und Uebertreibungen übte, langte der Wagen, von der Masse kaum beachtet, vor den Schranken an. Er fuhr an den für das Gottesgericht abgesteckten Platz, und wurde daselbst so aufgestellt, daß seine Längenseite das in den Planken befindliche Thor ausfüllte. Die Pferde wurden ausgespannt, der Troß ritt zurück, und zwei in schreienden Farben gekleidete Männer machten sich um den vollständig geschlossenen, geheimnißvollen Wagen zu schaffen. Jetzt erregte derselbe des Volkes Aufmerksamkeit. Die seltsamsten Vermuthungen über die Bestimmung dieses Wagens wurden ausgesprochen. Meister Engelbert gerieth sogar auf den merkwürdigen Einfall, des Königs Kämpe habe sich aus Bequemlichkeit in diesem Wagen zu den Schranken fahren lassen.

„Das Räthsel wird sich bald lösen, — eben reitet der Herold zum Zelte des Angeklagten," bemerkte Herrand seinem redseligen Nachbarn.

Des Königs Kämpe.

Der jugendliche Graf Gottfried, von dem Monar=
chen ausersehen, des Vaters Unschuld durch ein
Gottesgericht zu beweisen, lag in den Armen Ray=
munds. Der Abschied des alten Mannes vom Ver=
fechter seiner Unschuld war rührend. Im Bewußtsein
der Schuldlosigkeit den Sieg zuversichtlich hoffend, und
am Beistande des Himmels nicht zweifelnd, konnte er
sich banger, schwerer Ahnung doch nicht erwehren. Ueber=
ließ er ja den Einziggebornen, den Stammhalter des
alten Grafengeschlechtes, den Wechselfällen eines höchst
gefährlichen Kampfes. Gottfried hatte kaum das Jüng=
lingsalter zurückgelegt, — er stand zwischen neunzehn
und zwanzig Jahren, — und es war zu erwarten, daß
ihm Heinrich einen tapfern, im Kampfe wohl erprob=
ten Ritter gegenüberstellen würde. Dazu verdiente der
Jüngling Raymunds unbegrenzte Liebe vollkommen;
denn er ragte durch Rittersinn, geraden Wandel und
Kühnheit im Felde rühmlich unter der fränkischen Rit=
terschaft hervor. Diese Umstände machen es erklärlich,
weßhalb Raymund, trotz seines Glaubens an übernatür=
lichen Beistand, dennoch für den Sohn zitterte.

Gottfried hatte sich vor dem Crucifixe erhoben, das
auf einem bedeckten Tische inmitten zweier brennenden
Kerzen stand, nachdem er zuvor dem Benediktiner, wel=

cher gesenkten Hauptes in einem Winkel des Zeltes kniete, reumüthig gebeichtet und den Leib des Herrn empfangen hatte. Letzterer Umstand bewies, daß Gottfried wenigstens seit Mitternacht keinen Bissen über die Lippen brachte, — denn durch Reinigung der Seele, durch Fasten und Gebet, wollte man sich göttlichen Beistandes im Gottesgerichte würdig machen.

„Der allmächtige Gott, dessen Allwissenheit meine Unschuld kennt, möge dein Hort und Helfer sein im Streite," sagte der Greis seinen Sohn umarmend.

In diesem Augenblicke wurde der Zeltvorhang hinweggehoben. Hoch zu Roß, hielten die Marschälle, in reicher Amtstracht, und der Herold mit dem silbernen Stabe, vor dem Zelte. Der Herold fragte mit lauter Stimme, ob der Angeklagte zum Kampfe bereit sei.

„Er ist es!" antwortete Raymund, unter den Eingang tretend. „Aber, edle Herren, wer ist mein Gegner? Nur einem Manne von unbescholtenem Rufe und edler Abkunft, werde ich zum Kampfe bereit stehen."

„Mischt Euch nicht in des Königs Wahl," sagte barsch der Marschall. „Würde unser gnädigster Herr durch einen Leibeigenen seine Stelle vertreten lassen, stünde Euch kein Widerspruch zu."

Raymunds hierauf erhobener Einwand blieb unbeachtet und wurde durch des Marschalls Befehl unterbrochen: „Herold, wartet Eures Amtes!"

Einige langgezogene Trompetenstöße geboten Ruhe. Tiefe Stille folgte. Die Augen von Tausenden hingen erwartungsvoll an dem Manne mit dem silbernen Stabe. Nur Ethelinde beugte das schöne Haupt in Angst und Bangigkeit. Der Frater Barbatus machte eine heftige Bewegung, das Ordenskleid flog bei Seite, und enthüllte blanke Kettenringe der Rüstung.

Mit mächtiger Stimme begann der Herold: „Jedermann wird anmit kund gethan, daß Graf Raymund von Bardenfels des Meineids und Treubruchs gegen seinen allergnädigsten König und Herrn, den vierten Heinrich, beschuldigt ist. Da Herr Raymund des Verbrechens nicht geständig ist, soll im heiligen Gottesgerichte dessen Schuld oder Unschuld dargethan und er, im Falle der Ueberführung, nach des Reiches Gesetzen an Leib und Gut gerichtet werden. Des Grafen Stelle im Kampfe vertritt dessen Sohn Gottfried, wobei ihm alle Wehr und Waffen nach ritterlichem Brauche gestattet sind. — Im Vertrauen auf die Wahrheit der Anklage, wählte unser gnädigster Herr König keineswegs den tapfersten Degen aus der Blüthe der Ritterschaft zu seinem Kämpen. Er wählte ein vernunftloses Thier, das weder Brünne, noch Harnisch gegen Gottfrieds starkes Schwert schützt, — das nicht in ritterlichen Kampfspielen erfahren ist, und das seinen Sieg allein des Himmels Fügung verdanken soll. — Gott walte es!"

Den letzten Worten folgte ein Gemurmel des Staunens und der Verwunderung, in das sich Zeichen des Schreckens mischten, da jetzt die Seite des Wagens geöffnet und durch die Eisenstäbe ein ungeheurer Löwe sichtbar wurde. In großen Schritten umkreiste der Leu den Käfig. Auf Augenblicke hielt er inne, hob stolz den Kopf, sah knurrend über die Menschenmasse hin, schüttelte brüllend die Mähne, und begann neuerdings die Rundgänge im Käfig. Als die Eisenstangen sich bewegten, blieb er stehen, seine großen Augen glühten feuriger und kaum sank das Gitter, als er mit mächtigem Satze in die Schranken sprang. In Mitte des Platzes stehend, schaute er stolz ringsum, mit dem Schweife nach Katzenart heftige Reife schlagend. Der König der Wüste war offenbar in sehr ungnädiger Stimmung, und er hätte Gründe. Von allen Seiten hoch umpfählt, auf den hohen Sitzen, Krallen und Zähnen unerreichbar, die staunenden Menschen, denen er unfreiwillig Gegenstand des Schreckens und der Neugierde sein mußte, und vor Allen kein Feind, den er in ritterlichem Streite, nach allen Regeln seiner Kampfweise niederwerfen konnte. Noch heftiger peitschte der Schweif die Seiten, und sogleich erließ er, Muth und Streitlust zu bewähren, an sämmtliche Herren, die zum Erschlagen und Erstechen herbeigeritten waren, seine Herausforderung. Aus der breiten zottigen Brust dröhnte es anfänglich, wie ferner Donner. Die Donnertöne schwollen immer stärker an, und endigten zuletzt in jenem furchtbaren Gebrüll, wodurch der König der Wüste dem zitternden Gethier sein Nahen verräth, und die Entsetzten in ihre Schlupfwinkel treibt. Nach diesem Ausbruche des Grimmes und blutiger Mordgier, noch mehr gereizt durch langes Fasten, betrachtete der Leu, fast mit anscheinender Ueberlegung die hohen Pfosten um sich her. Die Unmöglichkeit war ihm klar, dieses Hinderniß zu überwältigen, welches durch aufgestellte Bewaffnete noch vermehrt wurde. Zornig schüttelte es die Mähne, streckte sich in den Sand und hielt, den Feind erwartend, die glühenden Augen gegen das Thor gerichtet.

Alle diese Bewegungen geschahen in wenigen Augenblicken und wurden von den Zuschauern mit starrem Entsetzen beobachtet. Das Ungewöhnliche und Schreckhafte des Anblickes, hatte Bedeutung und Aufgabe des grimmen Kämpen anfänglich übersehen lassen. Als nun die Besonnenheit zurückkehrte, richtete man das Auge mit dem Ausdrucke des Vorwurfes auf den König. Man fand den Löwenkampf unchristlich und grausam. Man forderte, als die Begierde nach dem blutigen Schauspiele im Volke dennoch zu erwachen begann, wenigstens einen tapfern Ritter zum Beistande des Angeklagten. Zuletzt erhoben sich sogar Stimmen zur Vertheidigung des Löwenkampfes.*)

„Grausam sei dieses Gottesgericht keineswegs," hieß es; „gehe man ja mit bloßen Füßen über glühendes Eisen, tauche man doch die Hände in siedendes Wasser, und der Allmächtige könne einem Kinde Sieg über den Leuen schenken. Ungerecht sei der Kampf nicht, weil selbst ehrwürdige Prälaten in des Königs Umgebung, — (nämlich. der Bischof von Speyer, der Abt von Hornbach, nebst anderen Simonisten), — dagegen keine Einsprache erhöben."

Diese Gründe wurden mächtig durch die Neigung des Volkes unterstützt, blutige und grausame Schauspiele mit Wohlgefallen zu betrachten. Bereits entstand Murren über die Verzögerung des Kampfes. Man wünschte das furchtbare Thier, in majestätischer Ruhe auf dem Platze des Feindes harrend, durch verhaltenes Knurren und mächtige Schläge des Schwanzes seinen Grimm bekun-

---
*) Siehe Voigt's Gesch. Gregor's VII.

bend, im Streite mit dem Ritter zu sehen. Selbst Meister Engelbert drängte zum Beginne des Gottes=
gerichtes.

„Ich kann den Herrn Leo nicht so faul da liegen sehen, und möchte ihn fast mit meinem Bratspieße auf=
rütteln," sagte der muthige Koch. „Aechte Ritter dür=
fen solche Vierfüßler nicht fürchten; — hat doch Samson ohne Wehr und Waffe 'nen Löwen erwürgt, und deutsche Degen dürfen jüdischen Rittern nicht nachstehen."

Diese Rede verletzte den so schweigsamen Laienbru=
der, und mit zorniger Geberde fuhr er den Koch an.

„Wenn Ihr Lust zum Kampfe habt, will ich Euren fetten Wanst sogleich über die Schranken werfen! Eure Fleischmasse würde das hungrige Vieh für eine ganze Woche befriedigen."

„Sankt Veit, — was die Mönche heutigen Tages für schamlose Reden führen!" sagte Engelbert, scheuen Blickes den Ordensmann betrachtend. „Mich — den Leibkoch unseres gnädigen Herrn den Löwen vorwerfen? Solches Ansinnen ist zum Mindesten ein Majestätsver=
brechen."

Der Bärtige würdigte den Koch keiner weitern Be=
achtung. Er schaute in banger Unruhe auf Ethelinde hinüber, die bleich und entsetzt da saß, alle Kraft auf=
bietend, die schreckliche Wirklichkeit zu ertragen. Zugleich nahte Graf Raymund, unter Vortritt eines Marschalls, dem königlichen Sitze. Er hatte mit fester Entschieden=
heit erklärt, sein eigenes Fleisch und Blut dem Löwen nicht vorwerfen zu lassen. Er forderte vor den König geführt zu werden, zur Einsprache gegen diese unchrist=
liche Kampfesweise.

Entschlossenen Schrittes, Unmuth und Entrüstung auf der Stirne, stieg er die Stufen empor, und trat vor den Salier. Mit erheucheltem Staunen empfing ihn der König.

„Seid Ihr gekommen, Graf Raymund, durch rechtzeitiges Eingeständniß der Schuld, wenigstens Euren Sohn zu retten? Euren väterlichen Gefühlen gereicht dies zwar zur Ehre, — allein Ihr hättet mit dem Sündenbekenntniß nicht so lange warten, das Volk nicht auf die Folter spannen und den Adel der Kampfspiele nicht berauben sollen."

„Vom Schuldbekenntniß ist keine Rede," sagte Barbenfels; „das Gottesgericht wird meine Unschuld beweisen. Aber," — und des Grafen Stimme stieg bei jedem folgenden Worte, „Herr König, nach welchen Gesetzen wollt Ihr freie Männer zwingen, gegen reißende Thiere und Ungeheuer in die Schranken zu treten? Hieße das nicht gegen Brauch und Herkommen, gegen Fürstenwürde und Christenpflicht freveln? Stellt Euren besten Degen meinem Gottfried gegenüber, — erwartet aber nicht, daß er mit unvernünftigen Thieren das Gottesgericht bestehe."

„Ich erwarte," sprach der Salier in finsterer Strenge, „daß Euer Sohn mit dem Löwen kämpfe, oder daß Ihr euer Vergehen bekennt und an Leib und Gut die Strafe des Meineides und der Empörung büßt."

„Keine Qualen sollen mir das Geständniß von Verbrechen abtrotzen, von denen ich rein bin, und die ich verabscheue," sagte Barbenfels.

„Dort — beweist Eure Reinheit," — und Heinrich deutete auf den harrenden Löwen.

Herr Raymund bewegte schmerzlich sein greises Haupt. Von dem Salier war kein Erbarmen zu erwarten, — dies sah er. Sein ängstlich suchender Blick fiel auf des Königs Hofclerus.

„Bin ich denn der Einzige," rief er schmerzlich aus, hülfesuchend seine Arme gegen die gegenwärtigen Prälaten ausbreitend, „bin ich der Einzige, welcher laut und offen solches sündhafte Beginnen verdammt? Euch, ehrwürdiger Vater," — wandte er sich an den Bischof von Speyer, „bitte und beschwöre ich, kraft Eures heiligen Amtes, solchen gotteslästerlichen Kampf zu untersagen, auf welchem der Kirche Bannfluch ruht! Möge das Herz unseres Königs den Mahnungen der Kirche zugänglicher sein, als den Vorstellungen und Bitten eines tiefgebeugten Vaters."

Die Berufung auf die Kirchengewalt steigerte Heinrichs Unwille. Mit Blicken, in denen das unheimliche Feuer seines Rachedurstes brannte, rief er:

„Da seht, meine Herren, wie erhaben der Graf vom Herrscher eines freien Volkes denkt! Unter welche Vormundschaft möchte er ihn stellen, und ihm drohen mit des heiligen Vaters Zuchtruthe!"

Ein Gemurmel des Unwillens wurde unter des Königs Umgebung laut, und Raymund erkannte, daß von diesen feilen Günstlingen kein Beistand zu erwarten sei. Die Wahrnehmung einer so niedrigen, knechtischen Gesinnung ließ den Grafen sogar vorübergehend seine unheilvolle Lage vergessen, und goß ihm die Gluth edler Entrüstung über das Angesicht.

„Vom Könige eines freien Volkes erwarte ich Gerechtigkeit!" rief er laut, so daß weithin der Schall seiner kräftigen Stimme klang. „Ich erwarte von ihm Achtung vor unseren Gesetzen und Herkommen, aber nicht, daß er wie ein Tyrann über uns herrsche! Ja, — möge die Zuchtruthe unserer heiligen Kirche alle Jene treffen, die gegen Gesetze Gottes und der Menschlichkeit freveln."

Dunkle Gluth überströmte des Saliers Gesicht. Das spähende Auge im Kreise umherwerfend, schien er den Eindruck beobachten zu wollen, welchen dieser verfängliche Auftritt auf die Menge hervorbrachte. Von Natur vorsichtig und schlau, bemeisterte er den aufsteigenden Grimm, fest entschlossen, vor so vielen Augen durch leidenschaftliches Aufbrausen der Würde nichts zu vergeben. Er schwieg so lange, bis er die Herrschaft über seine Bewegung und die Sicherheit der Stimme vollkommen erlangt hatte.

„Damit Graf Raymund über Denkungsart und Rechtsgefühl des Mannes beruhigt ist, welcher gegenwärtig durch Gottes Gnade das Reichsscepter führt," begann der Monarch mit kalter Strenge, „sei obschwebender Fall unserm hier versammelten Hofe zur freien Entscheidung vorgelegt. Spricht die Entscheidung für Euch, dann wird mein Kämpe die Schranken verlassen und einem Andern Platz machen. Im entgegengesetzten Falle aber sind wir nicht weiter gesonnen, unsere Person Angriffen auszusetzen, die sich ein hochfahrender Vasall gegen seinen Oberlehensherrn erlaubt. — Herr Abt von Hornbach, habt die Gefälligkeit, Euer einsichtsvolles Urtheil in der Sache hören zu lassen!"

Der buckelige Prälat zögerte mit seinem Votum keinen Augenblick. Vom Geiste der Kirche lebte kein

Funken in ihm, von Bändigung der Roheit und
gesetzloser Ausschreitung durch straffe Kirchengesetze,
hatte er kein Bewußtsein. Selbst roh, gewissenlos und
blind dem simonistischen Fürsten ergeben, stimmte er
seinen Neigungen und seinem Vortheile gemäß.

„Nach meinem Bedünken, steht es dem Grafen nicht
zu, Einsprache zu erheben gegen den erwähnten Käm=
pen," sagte er. „Ist die Anklage grundlos, wird durch
Gottes Allmacht der Löwe selbst der hölzernen Klinge
eines Narren erliegen."

In gleichem Sinne lauteten alle Stimmen. So
oft eine solche abgegeben wurde, sah Raymund mit
steigender Angst zum Himmel, als suche er dort Hülfe
und Gerechtigkeit.

Auch das Volk fing zu murren an; denn es bemerkte
die Gefahr, um ein genußreiches, nie gesehenes Schau=
spiel zu kommen.

„Oeffnet die Schranken, — Löwenkampf, — Got=
tesgericht!" — schrie eine Stimme, und tausend andere
brüllten nach: „Löwenkampf, — Gottesgericht!"

Dem Grafen klangen diese Stimmen so furchtbar
und schauerlich, als hätte sie der Schlund der Hölle
ausgestoßen. Sein bisheriger Muth wankte, wie ein
Thurm, dessen Grundmauern untergraben wurden. Die
Gefühle des Vaters gewannen dermassen die Oberhand
über die trotzige Natur, daß er dem Monarchen flehend
zu Füßen sank. Die heißen Bitten des ehrwürdigen
Greises, in Verbindung mit dem Leiden auf seinen
Zügen, erweichten sogar Einige aus des Königs Um=
gebung. Der Salier aber saß verschlossen und kalt,
wie eine Marmorsäule.

Immer lauter stürmte das Volk, durch rasendes Getümmel die Gefühle der Menschlichkeit zu unterdrücken, welche der rührende Anblick des unglücklichen Vaters ihm erzwang. In das Schreien und Getöse mischte der Löwe den Donner seiner gewaltigen Stimme, und er und das herzlose wilde Volk zerrissen das blutende Herz eines Vaters, der sich vor dem Könige auf den Knieen wand. Auf den Bühnen hingegen, wo der Adel saß, sah man innige Theilnahme für Barbenfels, sogar manche Thräne in schönen Augen. — Ethelinde litt unaussprechlich. Kaum hörte sie das stürmische, blutgierige Geschrei ringsum. Nur der Schrecken schien sie aufrecht zu erhalten. Sie rang die weißen Hände, blickte entsetzt auf das reißende Thier, sah den Vater vor Heinrichs Füßen sich krümmen, und drohte jeden Augenblick ohnmächtig in die Arme ihrer Frauen zu sinken.

Der Laienbruder folgte allen Bewegungen der Gräfin. Er theilte offenbar ihre Qualen, nur mit dem Unterschiede, daß dieselbe Ursache, welche das Fräulein ohnmächtiger Schwäche nahe brachte, in der Brust des Ordensmannes heftige Leidenschaften anblies, sein Gesicht glühen, und seine Augen flammen machte. Plötzlich sprang er rasch empor, verließ seinen Sitz, stieß links und rechts die Menschenmasse auseinander, und sprang mit vieler Behendigkeit über die Schranken. Gestoßene weichen taumelnd zurück, fluchten dem unhöflichen Bruder, bewunderten seine Kraft und sahen erstaunt die fliegende Kutte, als der Ordensmann über die Pfähle sprang. Er eilte dem Zelte entgegen, wo Gottfried zum Kampfe bereit stand. Im Innern des Zeltes, wohin er den Grafen nicht ohne Ungestüm zog, warf er den falschen Bart und das Ordenskleid weg. Der geharnischte Markgraf Gieselbert stand vor dem überraschten Jünglinge.

„Gottfried," — bat er, „um Gotteswillen gib mir Schild und Helm, — laß mich für Dich in die Schranken treten! Eher mögen mich die Klauen des Ungeheuers zerfleischen, als ich solchen Anblick länger aushalte."

Zu gleicher Zeit entriß er dem Widerstrebenden den Schild, und wollte sich nun auch des Helmes bemächtigen.

„Was beginnt Ihr?" wehrte dieser mit unterdrückter eindringlicher Stimme. „Wollt Ihr uns und Euch zugleich verderben? Erkennt man Euch, seid Ihr verloren, ohne einen Schwertstreich im Gottesgerichte führen zu dürfen."

„Man wird mich nicht erkennen! Wir haben dieselbe Größe, — Helm und Kettenhaube verbergen mein Gesicht und Niemand fällt es bei, nähere Untersuchung anzustellen."

„Auch dann sollt Ihr nicht das Opfer Eures Edelmuthes werden," versetzte der Graf bestimmt.

„Widerstrebt nicht länger," bat Gieselbert dringend. „Erbarmt Euch Eures Vaters, — und Eurer Schwester, — sie leiden schrecklich! Hier nehmt Kutte und Bart; seid nur zehn Minuten ein frater barbatus."

Während dieses edlen Wettstreites stieg die Bewegung im Volke jeden Augenblick. Die wiederholten stürmischen Aufforderungen wurden durch Zusammenschlagen der Waffen bekräftigt, und viele Stimmen verlangten vom Könige geradezu, er solle das Zeichen

zum Kampfe geben. Raymund hatte bei diesem furcht=
baren Getöse, welches ihm wie das Gebrüll blutgieriger,
nach seinem Fleisch und Bein heißhungriger Bestien
vorkam, alle Besinnung verloren. Wiederholt stürzte
er vor dem Fürsten nieder, umklammerte dessen Kniee,
unter Thränen und heißen Bitten um Gnade flehend.
Heinrich aber sah voll Härte auf den gedemüthigten
Grafen herab, den er jetzt ebenso verachtete, wie er ihn
vorher um seiner Freimüthigkeit willen hochschätzte. Er
griff nach dem Stabe, das Zeichen zum Kampfe zu
geben. Bei dieser Bewegung Heinrichs brüllte das
Volk seinen Beifall, wie die empörte See, und der
Löwe, durch den Tumult gereizt, vermischte seine don=
nernde Stimme mit dem allgemeinen Getöse, wobei er,
den ungeheuren Rachen weit aufreißend, das schreck=
liche, Alles zermalmende Gebiß zeigte.

Der Monarch erhob seinen Stab, die Trompeten
schmetterten, der Zeltvorhang des Angeklagten wurde
mit Heftigkeit zurückgeschoben, und in lebhaftem Rin=
gen erblickte man Giesebert und Gottfried unter dem
Eingange. Die weit überlegene Stärke des Markgrafen
hatte Gottfried auch den Helm entwunden. Vergebens
bemühte sich Letzterer, den beim Trompetengeschmetter
ungestüm Vordringenden zurückzuhalten, vergebens be=
schwor er ihn, unfehlbarem Verderben sich nicht auszu=
setzen. — Den Geächteten nicht zu verrathen, hatte er
dessen Oberkleid anlegen müssen. Die Kapuze über
das Haupt ziehend, folgte er ihm bis vor das Zelt,
seine Bemühungen in den wärmsten Vorstellungen fort=
setzend. Giesebert hörte ihn nicht. Sein Auge ruhte
unverwandt auf der bleichen, schmerzerfüllten Ethelinde.

„Dort seht Eure Schwester für Euch zittern!" rief
er in das Geschrei der Menge, welche beim Heraus=
treten des vermeintlichen Angeklagten ihren Beifall
stürmte. „Zehnmal wollte ich sterben, um sie solchen
Qualen zu entreißen."

Das blanke Schwert in der Faust, stürzte er auf
die Schranken los. Aber gerade in dem Augenblicke,
als sich die Knechte anschickten, das Thor zu öffnen,
nahm die Scene eine überraschende Wendung.

Zu den Gründen, welche Abt Stephan bestimmten,
am Hoflager zu verweilen, gehörte auch Raymunds
Anklage. Von des Grafen Unschuld war er nicht min=
der überzeugt, wie von der Gewißheit, die erhobene
Anklage sei nur äußerer Vorwand geheimer Ränke.
Besaß Bardenfels unter des Königs Günstlingen einen
Todfeind, — oder gelüstete den Fürsten nach der Habe
des reichen Herrn ebenso, wie nach Limburgs Schätzen?
— dies mochte Stephan nicht entscheiden. Aber sein
Plan stand fest, Raymund dem drohenden Verderben
zu entreißen, das Gottesgericht zu vereiteln.

Gewissenhafte Befolgung kirchlicher Vorschriften ge=
stattete dem Prälaten nicht, Zuschauer der Waffenspiele
zu sein, deren Schluß, wie er meinte und es der Brauch
in solchen Fällen mit sich brachte, das Gottesgericht
bilden sollte. Kaum hatte er nun vernommen, das
Gottesgericht werde sogleich beginnen, als er, die ver=
messene That zu hindern, herbeieilte. Da ihm der
König freie Bewegung erlaubt, ihm sogar die Wache
genommen hatte, um ihn zur Flucht nach Limburg zu
reizen, so stand dem Schyren kein Hinderniß in Voll=
führung seines Entschlusses entgegen.

Gieselbert wollte eben die Schranken betreten, da rief ihn des Abtes gebieterische Stimme zurück.

„Herr Ritter, im Namen Gottes und der Kirche befehle ich Euch, das Schwert einzustecken!" gebot Stephan, seine würdevolle Gestalt in zürnender Majestät aufrichtend. „Wie könnt Ihr es wagen, eine That zu beginnen, auf welcher Gottes Zorn und der Kirche Bannfluch ruht?"

Der Markgraf stand betroffen, unentschlossen. Der heilige Zorn in Stephans leuchtendem Auge, das Beherrschende seines ganzen Wesens, und vielleicht auch das Bewußtsein, menschlicher Neigung höhere Gesetze zu opfern, machte ihn verstummen.

Während er so schweigend niedersah, schritt Stephan durch das geöffnete Thor. Todesstille lag plötzlich über den Tausenden, beim Eintritte eines Unbewaffneten, Wehrlosen in den furchtbaren Zwinger. Alle Augen starrten hinab, jede Person war eine Bildsäule ohne Bewegung, ohne Leben, ohne Athem. In dieser allgemeinen Erstarrung trat Stephan ruhigen Schrittes dem Löwen entgegen. Der heilige Ernst seiner Züge, die Würde und Majestät seiner Gestalt, und die wunderbare Wirkung seines Erscheinens, machten ihn einem hehren Wesen ähnlich, das eben vom Himmel niederschwebte, das grausame Schauspiel zu hindern.

Kaum erblickte ihn der Löwe, so lag er schon zum mörderischen Sprunge bereit. Hart an den Boden hingedrückt, kroch er langsam vorwärts. Die furchtbaren Tatzen schwollen zum doppelten Maße ihrer gewöhnlichen Größe an, und die scharfen, gräulichen Krallen sprangen hervor. Seine Augen glühten in blutgieriger

Luſt dem Opfer entgegen, das er in geringe Entfernung kommen ließ, um es mit einem Satze zu erreichen. Jetzt folgte jenes krampfhafte katzenartige Zuſammenziehen des Körpers, welches zeigt, daß die ganze Muskelkraft concentrirt iſt. Der Schweif hörte auf, den Sand zu peitſchen, und mit ſicherem Inſtinkte maß das Raubthier den Zwiſchenraum zum Sprunge.

Der Abt ging ſtäten Schrittes dem Mittelpunkte des Platzes, gerade dem lauernden Löwen entgegen. Sein durchdringender Blick hatte einen ſcharfen, gebietenden aber ruhigen Ausdruck angenommen, und war unabläßig auf den Leu gerichtet. Jeden Augenblick erwartete man den Angriff des gewaltigen Thieres und eine Scene, welche ſogar das Blut des Gefühlloſen zu Eis erſtarren macht. Allein der Löwe rührte ſich nicht. Er ſtieß ein kurzes Gebrüll aus und blieb, wie von höherer Macht gebannt, bewegungslos liegen.

Kaum drei Schritte von ihm entfernt ſtand Stephan. Indem er das Auge zum Sitze des Königs erhob, brannte Zornesgluth auf ſeinem Geſichte. Dieſe Bewegung trat auf den geiſtreichen, ausdrucksvollen Zügen des Abtes noch ſchärfer und ſchneidender hervor. Dieſe Blicke voll zürnender Gewalt, in Verbindung mit der unausſprechlichen Hoheit und dem Gebietenden ſeines Weſens, wirkten auf den Zuſchauer faſt erſchreckend. Viele aus dem Volke behaupteten ſpäter, Stephans Körper habe ſich, bei Verkündigung des Bannfluches, mehrere Fuß vom Boden erhoben, Augen und Mund ſeien feurige Pfeile entſtrömt, und ſeine Stimme ſei ihnen vorgekommen, wie die Poſaune des jüngſten Gerichtes. Andere bekannten, bei Stephans bloßem

Anblicke hätten sie die Schuld tief empfunden, einem gottlosen, blutigen und von der Kirche verbotenen Schauspiele beiwohnen zu wollen.

„Im Namen Gottes des Dreieinigen," — rief der Prälat mit weithin schallender Stimme, „im Namen unserer heiligen Kirche, verkünde ich, durch Gottes Barmherzigkeit und des apostolischen Stuhles Willen Abt von Limburg, daß Gottes Zorn und der Kirche Bannfluch Alle trifft, die solches vermessene Gericht befehlen, ihm beiwohnen oder daran Theil nehmen. Gleichen Fluch trifft Wald und Feld im Umkreise einer Meile, wo solcher Kampf stattfindet."

Diese Worte brachte er fast im Tone des Ausrufers vor, der nur den Willen eines Andern verkündet. Nun folgte eine kurze, kräftige Ermahnung an König, Adel und Volk, dem Gottes- und Kirchengebote zu gehorchen. Stephans Glaubensinnigkeit und Menschenliebe prägte sich in diesen Worten so lebhaft aus, daß sie auf Alle tiefen Eindruck hervorbrachten.

„Selbst du, unvernünftige Creatur," schloß er, in befehlendem Tone zum Löwen gewandt, der mit seinen großen, runden Augen den merkwürdigen Mann anstarrte, — „gehorche augenblicklich deinem Schöpfer, verlasse einen Ort, der zu fluchwürdiger That bestimmt war."

Die Wahrheit schien sich hier zu bestätigen, daß Jener, der sich selbst bezwang, der ganzen Schöpfung befehlen darf, und daß jene königliche Würde des Menschen über die ganze sichtbare Schöpfung zwar verdüstert, und durch Leidenschaft verkehrt, aber nicht zerstört ist. Denn zum höchsten Erstaunen Aller, erhob sich der Leu,

Abte nicht geringe Gefahr. Bekanntlich trug König Conrad der Hohenstaufe bei ähnlicher Volksbegeisterung den hl. Bernhard auf seinen Schultern aus dem Münster zu Speyer, um den berühmten Abt gegen das Erdrücken zu schützen. Auch Stephan fühlte sich plötzlich erfaßt und von der Erde erhoben. Herrand, der stolze Freisasse, hatte zuvor in tiefster Ehrfurcht Stephans Hand geküßt und ihn mit starkem Arm auf seine Schultern gesetzt.

Ohne Widerstand überließ sich Stephan der Menge, deren vielseitiger Zuruf Herrand bald da- bald dorthin einlud. Keine unzufriedene Miene zeigte Verdruß über die angethane Gewalt. Wie ein lächelndes Kind blickte er von des Freisassen Schultern auf Alle nieder, die um ihn her auf den Knieen lagen, und seinen Segen erflehten. Die sanften, milden Züge des sonst ehrwürdig ernsten Angesichtes, glichen jenen der Unschuld, die mit Staunen auf ein Gebahren herabsieht, wovon sie wenig versteht. Hätte nicht vernünftige Ascese den letzten Funken hochstrebenden Stolzes aus Stephans Brust verbannt, unmöglich würde er in solcher Fassung die Verehrung ertragen haben. War ja für ihn eine religiöse Begeisterung erwacht, die sich wie ein Strom durch die Lande fortgewälzt und ihn über den blinden Gehorsam von Hunderttausenden hätte verfügen lassen. Nur die seelenleitende Schule der Kirche, die neben andern großartigen Persönlichkeiten auch seinen Geist erzogen, und die zur Grundlage die Demuth bestimmt, konnte ihn vor der Klippe des Hochmuthes bewahren. Das Mittelalter zählt nicht wenige Männer nach Art des berühmten Abtes von Limburg, um deren Person sich die Geschichte ihrer Zeit dreht. Das Außerordentliche ihrer Lebensweise und das Wunderbare ihrer Thaten, ließen sie über Millionen herrschen, — aber nirgends findet man, daß sie diese furchtbare Macht zu eigennützigen Zwecken mißbraucht hätten.

Der König und dessen Umgebung theilten das allgemeine Staunen über Stephans Auftreten in den Schranken. Heinrichs Angesicht wurde finster, als der Abt gegen Jene den kirchlichen Bannfluch verkündete, welche derartige vermessene Gottesgerichte befehlen. Wurde ja dieser Fluch, im Angesichte des Volkes, gegen ihn persönlich geschleudert. Allein Stephans Macht über den Löwen, verwandelte des Fürsten Aerger in Verwunderung. Wenn auch in Schlingen der Ausschweifung befangen und durch Wollust zu manch schwarzer That verleitet, theilte er doch den religiösen Glauben seiner Zeit. Sah er vorher in dem Prälaten einen Mann von ungewöhnlichem Muthe, den er um dieser Eigenschaft willen schätzte, so erkannte er jetzt in ihm den Heiligen. Vorwürfe über Stephans Absetzung und rücksichtslose Behandlung beunruhigten ihn. Er fühlte sogar Gewissensbisse über seine Lebensweise, die so oft Gegenstand ernster Rüge von Seite des frommen Abtes gewesen. Da fiel unglücklicher Weise sein Blick wieder auf Ethelinde, und schnell hatte sündhafte Neigung den Zug zum Guten erstickt.

„Das rasende Volk wird den Mönch erdrücken," rief der König besorgten Blickes. „Auf Herr Marschalk, schickt ihm die Lanzen der südlichen Schranke zu Hülfe!"

„Seine Lage würde hiedurch nur verschlimmert," entgegnete Jener. „Soll er gerettet werden, müssen wir Alles vermeiden, was das Gebränge steigert. — Ha — seht, ein breitschulteriger Bursche hat besser gesorgt."

"Gottlob, daß mein heiliger Mönch außer Gefahr ist," sprach der Monarch sichtlich erfreut. "Da seht, wie sie vor ihm auf den Knieen herumrutschen, — ihre Verehrung artet fast in Götzendienst aus! Meine Krone gegen einen Herzogshut, wenn Stephan, selbst gegen unsern Willen, die Massen nicht ebersogut leiten könnte, wie die Zofe ihren Säugling. Für unsere Sicherheit wäre es fürwahr nicht ersprießlich, besäße Mancher dieselbe Macht."

"Hoffentlich lebt kein Mann von Ehre innerhalb der Reichsmarken, der seine Geltung wider Eure Hoheit mißbrauchte," versetzte Raymund, dem Heinrichs Bemerkung zu gelten schien.

"Wir wollen es glauben, uns aber hüten, verdächtigen Leuten den Finger in den Mund zu legen, sprach Heinrich. Herr Graf, — habt die Gefälligkeit, unserm Marschalk zu folgern! Da Eure Unschuld durch Gottesgericht nicht erwiesen wurde, sollt Ihr, bis zum Entscheid schwerer Anklagen in ritterlicher Haft bleiben."

"Nach Gesetz und Herkommen steht Euch diese Verfügung zu; — ich will dagegen nichts einwenden," versetzte Bardenfels mit trüber Miene. "Indeß könnte meine Haft wider Erwarten sich verlängern. — Ich bin alt und meine Tage sind gezählt. Gönnt mir deßhalb einige freie Augenblicke, zur Festsetzung meines letzten Willens."

Für den König lag in des Grafen Worte ein schwerer Vorwurf. Sie enthielten die Meinung, der

Salier wollte ihn, nicht bis zum Austrage der Beschuldigung, in Haft legen, sondern ohne Spruch zu lebenslänglichem Gefängnisse verdammen. Raymund erwartete keine Gerechtigkeit von dem Monarchen. Die Gesetzlosigkeit im Reiche, berechtigte ihn hiezu.

Der Fürst verstand diesen Sinn, und finster blickte er auf den Bittenden.

„Dies könnt Ihr auch am Orte Eurer Haft," entgegnete er. „Bezeichnet dem Marschalk jene Personen, mit denen Ihr zu verkehren wünscht. — Eure Bitte müssen wir bestimmt abschlagen."

Barbenfels war vielleicht zu stolz, weiter vergeblich zu flehen.

Er folgte dem Marschalk.

Zuvor warf er noch einen schmerzlichen Blick nach dem Orte hin, wo seine Tochter gesessen. Der Platz war leer und Ethelinde von der Bühne verschwunden.

Der Gottesfrieden.

Das Pfahlwerk wurde aus den Schranken entfernt, die Beschädigung in der Umfriedung des Turnierplatzes schnell ausgebessert, das ersehnte Kampfspiel konnte beginnen.

Verdrüßlich über die vorausgegangene Verzögerung, hatten sich manche Ritter in ihre Zelte zurückgezogen. Jetzt erschienen sie abermals unter lautem Waffenlärm vor den Schranken. Die Chronik enthält zwar die Namen der hier kämpfenden Edeln nicht; aber sie rühmt die „stattlichen Recken" wegen ihres ungestümen Muthes, wegen ihrer großen Stärke und Gewandtheit in Führung der Waffen, und wegen der Pracht ihrer schimmernden Rüstungen.

Anfänglich schoben und drängten sich an beiden Enden der Schranken die geharnischten Männer, bis endlich vier unbeweglich starre Eisenmauern aufgerichtet standen. Ein allgemeines Treffen sollte das Turnier einleiten, und aus Jenen, welche durch Tapferkeit hervorragten, sollten sechs Ritter gewählt werden, denen die Ehre blieb, das Feld gegen Alle zu halten, die Lust zeigten, scharfe oder stumpfe Lanzen mit ihnen zu brechen.

Die frühere Theilnahme für das Turnier war geschwunden. Abt Stephan schien nämlich die Begeisterung des Volkes benützen zu wollen, um dasselbe von einem durch die Kirche verbotenen Schauspiele abzuhalten. Immer weiter entfernte er sich mit der Menge vom Turnierplatze. Ungefähr zweitausend Schritte von den Schranken entfernt, erhob sich ein mäßiger Hügel. Dorthin strömte das Volk, und bald stand der Prälat belehrend und mahnend auf der Spitze der Anhöhe, welche Tausende, des Predigers begeisternden Worten lauschend, umlagerten.

Unmuthsvoll sah der König auf die Volksmassen hinüber. In seiner Macht stand es nicht, ein Hinderniß zu entfernen, das Glanz und Feier des Tages vernichtete. Es mochte ihm selbst der ungemeine Gegensatz zwischen dem blutigen Schauspiele der Schranken, und der friedlichen Bergpredigt lebhaft vor Augen treten. Den weiten, sandbestreuten Platz sollten bald sterbende Pferde, verstümmelte Glieder gefallener Ritter, im Tode röchelnde Körper bedecken. Es sollten Grimm und Wuth entbrennen im heißen Streite, die Schärfe des Schwertes sollte tiefe Wunden schlagen, das Blut in Strömen fließen, alle Schrecken der Schlacht sich entfalten zur — Augenweide. Und in geringer Entfernung der schreiende, laut anklagende Gegensatz, — das Volk in Andacht versammelt, lauschend den heiligen Lehren eines frommen Mönches.

Auch Heinrichs Umgebung fühlte diesen lästigen, beschämenden Umstand, der das Waffenspiel in tiefe Schatten stellte.

Der Geächtete hatte bei der plötzlichen Wendung des unheilbrohenden Gottesgerichtes die frühere Verkleidung wieder angelegt. Die Verwandlung konnte offen geschehen; denn Niemand fand Beachtung, als der Abt. Der Markgraf allein bildete eine Ausnahme. Auch er sah nur eine Person, aber nicht den Abt, sondern Ethelinde. Sie hatte ihren Sitz verlassen, nachdem Raymund, vom Marschall geleitet, hinweggegangen war. Von trüben Ahnungen erfüllt, folgte Gieselbert der Gräfin. Er hatte des Fürsten tiefe Verbeugung gesehen, den Eindruck Ethelindens auf ihn mit den scharfen Augen der Liebe wahrgenommen, — und er kannte das Leben am Hofe des vierten Heinrich.

Gewaltthat gegen Weiber und Jungfrauenraub, Schandthaten, in denen der ausschweifende Fürst seinen Günstlingen voranging, bildeten zu laute Klagen im Reiche, um Gieselbert unbekannt zu sein. Nicht ohne Grund war er in banger Sorge um Ethelindens Sicherheit. Sah er doch Heinrich oftmals bedeutungsvolle, glühende Blicke hinüberwerfen! Einem längeren Zwiegespräche des Königs mit Hezel unterschob er gleichfalls boshafte Anschläge auf Raymunds reizendes Kind.

Kaum lag das Volksgedränge hinter ihm, als er in stürmischer Hast einen Weg hinabrannte, wo ihre flatternden Gewänder zwischen Bäumen verschwanden. Bald tauchte die reitende Gruppe wieder auf, und jetzt sagte ihm das violette Gewand an ihrer Seite, daß einer hohen geistlichen Person zunächst ihr Geleite vertraut sei. Diese Wahrnehmung beruhigte den geängstigten Beobachter, insofern die Ausführung ruchloser Absichten von Prälaten nicht zu erwarten stand. Allein die Erwägung, daß Heinrich am liebsten Begünstiger seiner Ausschweifungen zu hohen Kirchenämtern erhob, zerstörte Beruhigung und Trost.

In geringer Entfernung folgte er der Gesellschaft, — fest entschlossen, für Ethelindens Abreise unter sicherem Geleite die nöthigen Schritte zu thun, sobald ihm das Ziel ihres gegenwärtigen Rittes bekannt sei.

Der Troß hielt vor einem stattlichen, zwischen Baumgruppen und Gebüsch versteckten Hause. Gedeckt durch einen Baum, beobachtete Gieselbert genau jeden Umstand. Sie trat nicht sogleich in das Haus, sie redete mit dem Violetten. Die allzugroße Entfernung gestattete dem Lauscher das Verständniß des kurzen Wechselgespräches nicht.

Aus des Prälaten Geberden und Ethelindens Verhalten glaubte er, schließen zu müssen, daß sie nicht auf ihren ausdrücklichen Willen hieher gebracht wurde.

Zögernd folgte das Fräulein dem freundlich geschäftigen Höfling, bis sie unter dem Eingange des Hauses verschwanden. Die Kriegsleute stiegen ab. Sie führten die Pferde in die anstossenden Stallungen, und die vorige Einsamkeit sank über Haus und Umgebung herab.

Der ganze Vorgang schien dem Markgrafen verdächtig. Er überlegte, was zu thun sei, da wurde er durch das Geräusch eines nahenden Reitertrupps unterbrochen. Zur Vermeidung aller Aufmerksamkeit, ließ er sich am Fuße des Baumes nieder, lehnte den Rücken gegen dessen Stamm und stützte das Haupt in die Hand. Der Ordensmann hatte diesen stillen Ort zur Betrachtung auserwählt. Und der Bruder war in heilige Betrachtungen so vertieft, daß er von dem nahenden Trosse nichts sah, nichts hörte, nicht einmal die Hand von der sinnenden Stirne wegzog. Die bei=

den Anführer an der Spitze sprachen und lachten sehr laut.

„Wir alle sind Stümper gegen unsern allerliebsten Heinz," rief der Eine. „Mit welcher Kunst hat er das liebliche Täubchen von Barbenfels weggefangen! Kaum gewahrte er sie in den Schranken, ist sie schon sein."

„Und wie unbemerkt der Handel verlief," sagte der Andere. „Kein Mensch wurde etwas davon inne; ich glaube, die Schöne weiß am allerwenigsten, woran sie ist."

„Jedenfalls müssen wir uns vom Abte die nöthigen Aufschlüsse verschaffen, was Ethelinde von ihrer Lage hält. Sie wird fragen und forschen, und wir müssen wissen, was zu antworten ist. Die Gefangenschaft des Alten ist ihr gewiß unbekannt, und es steht dahin, ob sie etwas hievon erfahren darf."

„Hm, — des Grafen Stunden mögen gezählt sein," meinte der Andere. „Unser Heinz muß im ungestörten Besitze seines Fanges bleiben. Ihr wißt, wie nachhaltig er alle Hindernisse der Art zu beseitigen weiß."

Die Hindeutung auf des Saliers grausame Handlungsweise warf selbst über die Züge dieser nichtswürdigen Höflinge trübe Schatten. Es folgte düsteres Schweigen. Sie ritten vorüber, ohne Gieselbert bemerkt zu haben.

Ueber den Geächteten aber war ein Wirbelsturm gekommen, der für klare Vernunft besorgen ließ. Er schoß jäh empor, stand stramm und angewurzelt, wie die Eiche neben ihm. Die Augen brannten Feuerflammen, es fuhr wild in Arme, Beine und alle Glieder: Gegen alle Schicklichkeit wirbelte es den frater barbatus um sich selbst, tobsüchtige Gewalten zwangen ihn zu einem Wirbeltanze, der meisterhaft Wuth und Raserei darstellte. Endlich schwand die Besessenheit, die treibenden Geister zogen aus den ungestümen Gliedern. Nur die Fäuste ballten sich noch, der Fuß stampfte den Grund und in den Augen loderte hinsterbende Feuersbrunst.

Jetzt kamen beängstigende Geister über den jungen Mann. Sie zeigten ihm Ethelinde, und trieben zur Rettung.

Lebhaft malte sich tiefer Seelenschmerz in seinen entstellten Zügen. Er fuhr mit der Hand über die glühende Stirne, ging schnell vorwärts, blieb wieder stehen und zeigte ganz das Benehmen eines Menschen, den schweres Unglück der Besinnung beraubte.

Als endlich ruhigere Besonnenheit dem Sturme folgte, überlegte er, wie der verruchte Plan zu vereiteln sei. Er wollte die Wächter der Gefangenen anfallen, Ethelinde mit dem Schwerte in der Faust befreien. Der Geist der Klugheit aber stellte ihm vor, daß er es nicht mit zehn oder zwölf unbewehrten Männern, sondern mit einer nicht unbedeutenden Abtheilung waffenkundiger Krieger zu thun habe. Er verwarf das tollkühne, fruchtlose Wagestück. Ein streitsüchtiger Kobold trieb ihn, gegen Heinrich in den Schranken aufzutreten, des Frauenraubes zu beschuldigen. Er hoffte die Theilnahme mancher Edeln zu gewinnen, die gleichen Abscheu gegen die Schandthat empfanden. Abermals trat abwehrend die Klugheit dazwischen. Sie überzeugte ihn von der Unmöglichkeit dieses Vorhabens. Geächtet, nach Herkommen zu jeder rechtsgiltigen Anklage in den

Schranken unfähig, würde sein Auftreten ihn zu Grunde gerichtet haben, ohne dem Zwecke zu dienen.

Während er in solcher Weise Pläne ersann und verwarf, rauschte Kriegsgeschrei und Schlachtgetümmel durch die Bäume. Anfänglich schrieb er das Getöse dem allgemeinen Kampfe in den Schranken zu. Der Lärm erscholl aber nicht vom Turnierplatze, sondern von der Kaiserburg herab. Er horchte genauer, und deutlich unterschied er den Schlachtenruf: „Hie König, — hie Bardenfels!"

Die Losungsworte verriethen die Bedeutung des Kampfes. Mit der Schnelligkeit des flüchtigen Wildes eilte er dem Kampfplatze entgegen. Aber schon am Fuße des Schloßberges verkündete die eingetretene Waffenruhe, daß der Streit entschieden sein müsse. Im Schutze des Gebüsches hinansteigend, nahte er vorsichtig dem grauen Thurme. Leichname von Raymunds Kriegern, mit Feinden vermischt, lagen umher. Der Graf saß im Thurme gefangen; offenbar war es auf dessen Befreiung abgesehen gewesen. Ebenso gewahrte Gieselbert, daß sich Raymunds Freunde in die Burg geworfen und darin festgesetzt hatten, indeß der König mit den Seinen die Mauern umzingelte und zum Sturme sich anschickte.

Kaum hatten nämlich die Herren in den Schranken mit Ehre die ersten Waffengänge bestanden, als die Nachricht eintraf, Raymunds Vasallen hätten den Thurm angegriffen, den Grafen gewaltsam zu befreien. Schon hätten sie die aufgestellte Wachmannschaft niedergehauen. Sogleich ließ Heinrich das Turnier einstellen, vertauschte die fürstlichen Prachtgewänder mit der

Rüstung, und sprengte an der Spitze einer auserlesenen Schaar heran. Raymunds Befreier mußten von ihrem Versuche abstehen, die stark mit Eisen beschlagene Thüre zu erbrechen, und auf ihre Vertheidigung bedacht sein. Der Kampf war kurz, hartnäckig und blutig. Bei der ungeheuren Ueberzahl der Königlichen erkannte Nothar, Raymunds tapferer Lehensmann, daß der Kampf mit ihrer völligen Niedermetzlung enden würde. In Voraussicht möglicher Störung, hatte er die Thore der eben nur von wehrlosem Gesinde bewohnten Burg besetzen lassen. Die Seinen zur eng geschlossenen Schaar sammelnd, brach er durch den Feind, und warf sich mit solcher Kunst und Schnelligkeit in die Veste, daß Viele seine Absicht erst erkannten, nachdem dieselbe bereits ausgeführt war.

„Ha, freche Empörung, — die Schwellen des eigenen Hauses mir verrammeln," zürnte König Heinrich, vor der aufgezogenen Brücke und den verschlossenen Thoren haltend. „Stoßt in die Trompete, und räumen sie bei der ersten Aufforderung nicht sogleich den Platz, soll von ihnen, — das schwöre ich beim heiligen Kreuz! kein Einziger um eine Stunde älter werden."

Die Aufforderung zum Unterhandeln wurde sogleich im Innern durch schmetternde Trompetentöne beantwortet. Die trotzigen Klänge ließen gehorsame Unterwerfung nicht erwarten. Auf den Mauern erschienen mehrere Edle, voran der wackere Nothar. Man konnte hoffen, beim Anblicke des Feindes, der wie eine zweifache Stahlmauer sich rings um die Burg herzog, in den Mienen der Belagerten Entmuthigung und Verzagen zu lesen. Dem war nicht so. Trotzig vernahmen dem Sturme unmittelbar vorausgehende Ruhe ein, und bewies, daß Alles bereit sei. Der Trompeter sah forschend auf den König, auf dessen Wink sogleich den Schlachtenruf hinauszuschmettern. Die unbeweglichen Reihen nahmen bereits jene Haltung an, welche die Richtung ihres stürmischen Anlaufes zum Voraus bezeichnete. In diesem Augenblicke todesstiller Spannung, klang aus der Ferne melodisches Glockengeläute, immer lauter und mächtiger, bis die sechsfach ehernen Stimmen der Abtei Limburg, um die Mauern der Kaiserburg rauschten, ernst mahnend zu Frieden und Waffenruhe.

Auffallend war des Geläutes Wirkung auf die zum Kampfe gerüsteten Krieger. — Ueber Heinrichs Angesicht flammte die Glut unlieber Ueberraschung. Rasch gab er das Zeichen zum Angriffe, allein die Trompete versagte ihren Laut, und der Mann horchte in fast andächtiger Stimmung hinauf gegen Limburg, dessen heilige Mauern von den bläulichen Höhen friedlich niederwinkten. Gleiche Ueberraschung fesselte alle Uebrigen. Ein Zaubermittel schien die eben noch zu Mord und Gemetzel gestählten Glieder gelähmt zu haben. Viele bekreuzten sich, und andächtig flüsterten ihre Lippen: "Treuga Dei — der Frieden Gottes!"

"Wird's bald, verwetterter Bursche?" rief Heinrich dem Trompeter zu. "Sogleich das Zeichen, — oder ich lasse deine lahme Zunge aus dem Halse reißen!"

Der Krieger sah den Fürsten verwundert an, als hätte er den Befehl nicht verstanden oder begriffen.

"Hört Ihr nicht den Gottesfrieden anläuten, mein Fürst?" sprach der eben herzutretende Ruthard.

„Laßt die Mönche den Teufel anläuten!" rief Heinrich, dessen Leidenschaft einem niederstürzenden, schäumenden Wildbache glich, sobald er nicht für nöthig fand, ihren Ausbruch zu hemmen. „Der Papst befiehlt Frieden, — und ich, Euer König und Herr, befehle Sturm."

Der Edelmann sah schweigend nieder, und hielt es für gerathen, den Jähzorn des Fürsten nicht weiter zu reizen. Desto unbeholfener platzte Volkbrand heraus.

„Ihr seid blos Herr über meinen Leib, nicht aber über meine Seele," sprach er. „Heißt mich des Teufels glühenden Stuhl in der Hölle stürmen, und ich will Eurem Befehle gehorchen; — hat's aber den Gottesfrieden angeläutet, dann soll mein Schwert so fest in der Scheide stecken, als ob's angerostet wäre."

Volkbrands Gesinnung beseelte alle Uebrigen.

„O ihr Pfaffenknechte, — ihr Schurken!" tobte der Salier. „So laßt ihr euern König stecken? Von Feinden laßt ihr ihn verhöhnen, die sein eigenes Haus besetzt halten? Schmach und Schande über euch, ihr Memmen! Zur Stelle werft solche Engherzigkeit von euch, oder bei meiner Krone! ich lasse eure Adelsbriefe in Stücke reißen und euern Namen an den Pfahl schlagen."

Vergebens war der Zorn, vergebens dräuende Ungnade. Von allen Seiten zogen die Krieger heran, das Schwert in der Scheide, den Schild auf dem Rücken, und mit so ernsten Gesichtern, als wären sie eben in kriegerischem Schmucke zum Kirchengange bereit. Solche Macht besaß in jener Zeit des Glaubens die Kirche auf die Gemüther, und nur ihr Einfluß vermochte es, zügel=

losen Ungestüm zu bändigen und enblosen Fehden Schranken zu setzen.

Heinrich stürmte noch eine Weile fort. Da er keinen Widerspruch fand, erlosch allmählig sein Grimm. Wiedergewonnene Besonnenheit ließ ihn erkennen, daß auf dem Wege des Zornes nichts zu erlangen sei, und schnell griff er zur Maske kluger Deutung.

„Da habt Ihr in deutscher Offenherzigkeit unsere Meinung, meine Herren!" fuhr er in fast milbem Tone fort. „Glockenklang darf keinen ächten Ritter zaudern machen, sobald die Hand am Schwertgriffe liegt. Eure Gewissenhaftigkeit überzeugt mich indessen," sagte er mit anfliegendem Lächeln, „daß auf Eure Treue zu bauen ist; denn wer Treue dem Gewissen hält, wird sie auch dem Fürsten halten. — Hört mich, — erwägt, seid keine Schafsköpfe! Seht ihr nicht ein, daß in vorliegendem Falle die Satzung unserer heiligen Kirche keine Anwendung findet? Die Kirche verbietet unter Androhung des Bannes, von heute bis Morgen Abend jede Fehde, — allein Nothwehr verbietet sie nicht. Jene Empörer haben uns angegriffen, sie haben die Burg Eures Lehensherrn besetzt, werfen wir sie hinaus, üben wir bloße Nothwehr. Mithin brechen wir den Gottesfrieden keineswegs, — uns droht keine Kirchenstrafe."

Die Edelleute staunten anfänglich über Heinrichs Deutung; sodann wunderten sie sich, daß ihnen diese natürliche Erklärung der Nothwehr nicht sogleich eingefallen, und endlich stimmten sie dem Könige vollkommen bei, das Schloß vom Feinde zu säubern. Aber der tiefste, obige Erklärung den edlen Herren am mei=

ſten empfehlende Grund, war doch nur ihre Schlagluſt und die Trauer, über den durch den Gottesfrieden verhinderten vielgeliebten Kampf.

„Will nun deſto wackerer d'reinſchlagen," ſagte Volkbrand. „Aber mit dem Bannfluch auf dem Gewiſſen, hätte ich keinen rechten Streich thun können. Auf jeder feindlichen Schwertſpitze hätt' ich den Teufel geſehen, wie er nach meiner armen Seele trachtet."

„Ich hoffe, unſer Volkbrand wird noch ein frommer Mönch, da er ſo lüſtern nach dem Himmel iſt," ſcherzte Heinrich. — „Wohlan, meine Herren, nehmen wir unſere Poſten wieder ein, — friſch an's Werk!"

Die Krieger wollten auseinander gehen, das abgewandte Gemetzel drohte dennoch zu beginnen. Da trat Abt Stephan in den Kreis der Edelleute. Tief verbeugte er ſich vor dem Monarchen, und grüßte die Herren ringsum.

„Ah ſieh' da, Herr Stephan!" rief Heinrich überraſcht und nicht ohne verhaltenen Aerger. „Ich möchte Euch faſt bitten, unſere Waffen zu ſegnen, damit ihre Schärfe jene Verräther bis zur Vernichtung treffe!"

„Möge Eure Gerechtigkeit, mein Fürſt, Gnade und Schonung vereinen, ſobald die Pflicht Euch mahnt, das Schwert ſtrafend gegen Frevler zu erheben," ſagte voll Ernſt der Abt. „Mit Schmerz ſah ich an den entſeelten Körpern, daß Eure zürnende Hand bereits das Blut Jener reichlich vergoß, die es unternahmen, Herrn Raymunds geſetzloſe Haft zu brechen."

„Raymunds geſetzloſe Haft?"

„Eurer Hoheit iſt nicht unbekannt," ſprach Stephan ruhig weiter, „daß Niemand ohne Ankläger vor

Gericht gezogen ober in Banden geworfen werden darf. So lauten des Reiches weise Gesetze, damit nicht Leben und Freiheit rachsüchtiger Willkür verfällt. Ihr aber, mein Fürst, habt den Grafen ohne Ankläger, ohne gesetzlichen Urtheilsspruch eingethürmt. Bedenkt, allergnädigster Herr, daß Barbenfels nach den Rechten seines Standes, freie Vertheidigung vor dem Reichstage fordern kann. Vor Allem ist es die Pflicht des Herrschers, gesetzliche Forderungen zu gewähren. Herr Raymund selbst verging sich schwer durch Annahme des vermessenen Gottesgerichtes, selbst dann, wenn kein unvernünftiges Geschöpf sein Gegner gewesen wäre; denn Glück und Zufall der Waffen, schänden die Würde des Richterstuhles."

Fast jedes Wort dieser in ernster Ruhe gesprochenen Rede, enthielt für den Salier einen schmerzlichen Stich. Unfähig den Abt zu unterbrechen, hörte er ihn bis zum Schlusse ruhig an, — glühend vor Zorn, und zitternd vor unbändiger Wuth.

„Da hören wir schöne Dinge, meine Herren!" rief er jetzt in spöttischer Laune. „Wir alle müßen Buße thun für das vergossene Blut jener, welche den eingethürmten Verräther befreien wollten. Ich möchte wirklich das mürrische Gesicht unseres Volkbrand im Bußsacke stecken sehen, — ha ha!"

Hiebei sah er lachend im Kreise herum, die Uebrigen zu gleicher Laune auffordernd. Die Krieger aber blickten ernst b'rein. Stephans ehrfurchtgebietendes Wesen, durch die wunderbare Begebenheit in den Schranken von Heiligenschein umflossen, nöthigte selbst die sonst Beifall klatschenden Höflinge zu würdigem Verhalten.

„Sodann möchte ich erinnern, — und ich glaube hierdurch Eurer Herrlichkeit sowohl, wie diesen edlen Herren großen Dienst zu erweisen, daß bereits von Limburgs Thürmen die ernste Mahnung zum Gottes= frieden erklang," fuhr der Abt unbeirrt fort. „Wahr= scheinlich verhallten jene mahnenden Glockenstimmen im Getöse des Kampfes, sonst könnte ich unmöglich so viele christliche Ritter zum Streite bereit sehen."

„Und endlich möchte ich Euch sagen, Herr Mönch," brach Heinrich los, „daß ich alle Lust habe, Euch in den Thurm zu stecken. Wir brachten der Gerechtigkeit ein schweres Opfer, indem wir Euren Troß, durch un= freiwilligen Aufenthalt an unserm Hoflager, bestraften. Eure Gegenwart fängt an, höchst beschwerlich zu fallen. Bei unserem Zorne! — Entfernt Euch augenblicklich, wagt uns nicht eher wieder zu belästigen, bis wir Eures Rathes bedürfen."

„Man muß Gott mehr gehorchen, als den Men= schen," versetzte Stephan würdevoll, und seine Stimme streng erhebend rief er: „Im Namen Gottes bitte und beschwöre ich Euch, den heiligen Gottesfrieden nicht zu brechen. Bedenkt Euer ewiges Heil und erwägt, daß jede Seele, welche in diesem Streite den Körper verläßt, mit ewigem Fluche beladen, des Himmels beraubt ist."

„Aber — ehrwürdiger Vater," hob Volkbrand an, „üben wir denn nicht Nothwehr aus, indem wir den Feind aus der Burg werfen?

„Nothwehr? Trug und List des höllischen Feindes ist das, sagte der Abt. Diese Thürme und Mauern bilden vielmehr die Nothwehr der Belagerten, Ihr aber seid die Angreifenden. — Bedenkt, mein Fürst,

wie tief ein Frevel gegen den heiligen Gottes=
frieden Euch in. des Volkes Augen herabwürdigen
müßte! — Ja es steht dahin, ob nicht jene Massen
in gerechtem Zorne den Frevel hindern würden," —
und er wies bedeutungsvoll gegen den Hügel, wo
man dichte Schaaren versammelt sah, indeß andere in
Gruppen auf der Ebene lagerten oder sich zum Auf=
bruche rüsteten.

Heinrich verstand die Drohung.

„Leicht möglich," — warf er in stolzer Verachtung hin.
„Ihr dürft nur das von Eurer Heiligkeit überzeugte Volk
zum Kampfe gegen seinen König führen. — Aber genug! Da
meine tapferen Herren durch das Wort eines Mönches zu
Memmen geworden, so bitte ich Eure Heiligkeit, die
Empörer zum Abzuge aus meinem Hause zu bewegen."

Er trat zurück und ließ sich unter der nahen Eiche
auf eine Bank nieder. Diese plötzliche Veränderung
des Vorsatzes entsprang triftigen Gründen. Vor den
Augen der Volksmenge, welche lieber auf das blutige
Schauspiel verzichtete, als die Kirchensatzung überschritt,
durfte er nicht wagen, seinen rachsüchtigen Neigungen
zu folgen, selbst dann nicht, wenn die Lehensleute zu
deren Verwirklichung Lust gezeigt hätten. Während er
aber, das Haupt in die Rechte gestützt, unter dem
Baume saß, brüteten neue Rachepläne in den finstern
Zügen.

Auf des Abtes Ersuchen, hatten Raymunds Waffen=
leute geöffnet. In stolzer Haltung ritten sie aus dem
dunklen Thorweg. An der Spitze Graf Gottfried, und
da er zur Stelle kam, wo König Heinrich saß, senkte
er vor ihm die Lanze. Der Monarch erhob sich, und

kaum gab er durch einen Wink die Absicht zu erkennen, mit dem Führer des Zuges zu sprechen, als Gottfried und alle Uebrigen aus den Sätteln sprangen; denn es gestattete die Rittersitte nicht, während des Zwiegesprächs mit dem Fürsten auf stolzem Streitrosse zu sitzen, wenn die königlichen Füße auf deutscher Erde standen.

„Bei näherer Betrachtung fanden wir," — sprach der Salier zum Grafen nicht ohne Strenge in den Zügen, aber ohne alle Zeichen von Haß oder Unwillen, „daß Euer Schritt zur Befreiung Eueres Vaters mehr Lob, als Tadel verdient. Möchten meine Söhne, welche der Himmel dereinst nicht versagen möge, gleicher Treue und Aufopferung für ihren Erzeuger fähig sein. Nur hättet Ihr diese Befreiung eher in unserer Gnade und Huld, als durch die Stärke Eures Armes suchen sollen."

„Das Rühmen ist kaum schmeichelhaft, Herr König! Ich gehorchte dem natürlichen Drange. Jeder ächte Sohn würde an meiner Stelle ebenso gehandelt haben. Will Eure Gnade die Befreiung meines Vaters bis zur bewiesenen Schuldlosigkeit nicht gestatten, wäre ich glücklich, an seiner Stelle die Haft bis zur Entscheidung zu tragen. Geruht meine Bürgschaft anzunehmen."

Er bog das Knie vor dem Feinde seines Hauses, — vielleicht ein größeres Opfer kindlicher Liebe, als der Kampf mit dem Löwen.

„Steht auf, Herr Gottfried!" sprach der Fürst. „Die stattgehabten Vorgänge machen Eures Vaters Lösung unmöglich, — ebensowenig will ich Eure Bürgschaft annehmen. Bereits habt Ihr Treue über Eure Schuldigkeit bewiesen. Würde sich dagegen," setzte er nach kurzem Bedenken bei, „ein Edelmann, von gleichem Range mit Graf Raymund, zur persönlichen Bürgschaft bereit finden, hätten wir gegen den Tausch nichts einzuwenden."

Es mag dahin gestellt bleiben, ob es Heinrich mit diesem Anerbieten ernst gewesen. Vielleicht sollte dies nur eine Falle für jene sein, deren Anhänglichkeit an Bardenfels sogar durch dessen Zwiespalt mit dem Könige nicht beeinträchtigt wurde, und die nun, durch ihre Bürgschaft, freundliche Gesinnung gegen den Salier nicht bewiesen hätten.

„Indessen freute es mich, gezeigt zu haben," fuhr er nach längerer Pause gnädig lächelnd fort, „daß ich gegen Euer Haus keinen Haß trage. Für den Vater öffnete ich, unter leichter Bedingung, die Pforte des Thurmes. Und Eurer Schwester Ethelinde erschloß ich, zur Rast und Erholung, meine eigene Wohnung. — Ehrwürdiger Vater," — wandte er sich an den Abt von Hornbach, „Ihr habt auf mein Geheiß die Gräfin geleitet. Führt diese Herren an den Ort ihres Aufenthaltes."

„Allen Dank für Eure Huld und Gnade," sagte Gottfried, offenbar durch die fürstliche Aufmerksamkeit für seine Schwester in lebhafter Unruhe.

„Zugleich wollen wir keine Pflicht der Rittersitte versäumen," sagte Heinrich weiter, „und bieten Euch zur Heimfahrt so viele von unsern Lanzen, als Ihr zum sicheren Schutze für nothwendig erachtet. Denn," — setzte er mit vortrefflich erkünsteltem tiefen Bedauern bei, „die Wege sind höchst unsicher; — wurde doch unsere liebe Verwandte Bertha von ruchloser Hand aufgehoben und entführt."

„Wir sind stark genug, jedem Ueberfall mit Nachdruck zu begegnen," dankte Gottfried.

„Nun, — so geleite Euch Gott!" wünschte Heinrich. „Möge der Reichstag Eures Vaters Unschuld besser beweisen, als das Gottesgericht."

Damit winkte er Lebewohl und schritt der Burg zu. Die Krieger saßen auf, und bald verschwanden ihre schimmernden Rüstungen unter den Bäumen.

Neue Tücken.

Heinrichs herablassendes Benehmen war dem jungen Grafen aufgefallen, — noch mehr dem bedächtigen Nothar. Am gegenseitigen Austausche der Vermuthungen hinderte bisher des Abtes Gegenwart. Dieser höckerige Freund des Königs hatte für die Begleiter kein freundliches Wort. Er spornte das Pferd, in Eile den Auftrag zu erfüllen, und dann für ein Thun freie Hand zu erlangen, das seinen Neigungen und Trieben mehr entsprach. Wie beschaffen dieses Thun sein mochte, deuteten des Buckeligen Griffe nach dem Streitkolben an, der eisern und drohend um die geistlichen Schultern hing.

Der Troß hielt vor dem Landhause. Ethelinden's Wache erschien neugierig im Hofe. Des Königs Mannen befahl der kriegerische Abt, sogleich mit ihm aufzubrechen. Erstaunt über diese Weisung, wahrscheinlich ihrer Meinung über Ethelindens Lage und Bestimmung widerstreitend, — zeigten sich die beiden Edelleute eher geneigt, Einsprache zu erheben, als dem Befehle zu gehorchen.

„Ihr habt keinen Grund, meine Herren," sagte der Prälat nachdrucksam, „den Befehl unseres gnädigsten Monarchen zu bezweifeln. Die schöne Gräfin bedarf keines fremden Schutzes mehr, seitdem sie unter der

Obhut der Ihrigen steht. — Entschuldigt meine Eile, Herr Gottfried! Für gastfreundliche Pflege ist gesorgt. Dort, jener Mann," — deutete er an den Eingang des Hauses hinüber, „wird Euch in des Königs Namen empfangen und bewirthen."

Er warf das Pferd herum, und trieb die Knechte zur Eile. Gottfried und Nothar wurden von einem reichgekleideten Diener, der zu ihrem Empfange am offenen Eingange bereit stand, in ein Zimmer geführt, wo sogleich ein Tisch mit Erfrischungen besetzt wurde. Gleich darauf verkündete rascher Hufschlag, daß der Abt mit den Kriegern eilig davonritt.

„Das Alles dünkt mir ein Räthsel, sagte Nothar. Am wenigsten will mir des Königs freundliche Miene gefallen. Er hatte ganz das Aussehen einer schmeichelnden Katze, die nur günstige Gelegenheit abwartet, um ihre Krallen fühlen zu lassen."

„Ich theile Euren Argwohn," sagte der Graf. „Wir haben alle Ursache, auf der Hut zu sein. Beinahe möchte ich vorschlagen, sogleich gegen Bardenfels aufzubrechen, ohne die Rückkehr unserer Leute abzuwarten, welche mit der Beerdigung der Gefallenen beschäftigt sind."

„Es geht nicht, — unser Häuflein ist zu klein! Täusche ich mich nicht, so ist es auf einen Ueberfall abgesehen, versetzte Nothar. Warum hätte sonst der schlaue Fuchs die Wegnahme seiner Gemahlin bedauert, die er seine „liebe Verwandte" hieß? Er verdammte vor vielen Zeugen Frauenraub als ruchlose That, damit ihm Niemand das nämliche Verbrechen zur Last lege."

„Bei Gott, Ihr habt es getroffen!" sprach der Jüngling, mühsam Stimme und Erregung niederdrückend. „Ha, seine gegenwärtige Aufmerksamkeit für meine Schwester ist erklärt. Der Bösewicht rechnete auf meine Niederlage in den Schranken, — in diesem Falle hätte er meinen Vater zum Strange verurtheilt und Ethelinde, das arme, verwaiste Kind, — ha der Elende!" und der Graf ballte die Faust.

„Seine erste Rechnung wurde falsch, hoffentlich wird es auch die zweite," meinte Nothar.

Ethelindens Eintritt zwang sie, diesen Gegenstand fallen zu lassen. Besorgniß und Angst sprachen aus ihren reizenden Zügen, die vorübergehend durch Gottfrieds Anblick ebenso verscheucht wurden, wie düstere Schatten durch das Sonnenlicht, wenn es graues Gewölk auf Augenblicke zerreißt. Das Zusammentreffen beider Geschwister enthüllte viele Zärtlichkeit, sie umarmten und küßten sich, wie nach langer Trennung. Die Lebhaftigkeit geschwisterlicher Zuneigung entsprang dem Bewußtsein, einer drohenden Gefahr entronnen zu sein. Raymunds Abwesenheit versetzte das Fräulein neuerdings in Schrecken. Sie kannte Heinrichs grausamen Sinn gegen vermeinte oder wirkliche Feinde, und die Gefahr für ihren Vater, so lange sich derselbe in des Saliers Gewalt befand. Wahrscheinlich hätte sie ihre Befürchtungen sogleich ausgesprochen, — da erschien der Frater Barbatus. Kaputze und Bart verhüllten zwar unkenntlich das Gesicht. Dennoch durchbrach Ethelindens Scharfblick die täuschende Hülle, und schälte den tapferen Markgrafen aus der groben Kutte heraus, so lauter und frei von allem klösterlichen Beigeschmack, daß sie erröthete und das schöne Auge senkte.

„Gottlob, unser Häuflein ist durch ein unbezwingliches Schwert vermehrt worden!" rief Gottfried in froher Ueberraschung, wurde aber in der Fortsetzung seiner Rede durch einen geheimen Stoß und vielsagenden Wink Nothars unterbrochen.

Zum Glücke überhörte die Gräfin den Sinn dieses Ausrufes, der sie in neue Angst würde versetzt haben. Der Geächtete hatte sich nämlich vor ihr auf ein Knie niedergelassen. Ethelinde belohnte diesen ritterlichen Anstand durch Darreichung ihrer Hand, welche Gieselbert ehrerbietig an seine Lippen drückte.

„Beinahe hätte die edle Aufopferung unseres lieben Markgrafen diesen unheilschwangeren Tag noch mehr verdüstert," sagte Gottfried. „Denkt Euch nur, als die Trompeten zum Kampfe riefen, stürzt er in's Zelt, wirft Kutte und Bart weg, entreißt mir Schild und Helm, — Alles in der Absicht, an meiner Stelle mit dem Löwen zu kämpfen."

Hier begegnete Gieselberts Auge jenem der Gräfin, und der liebende Jüngling glaubte in ihrem Blicke die wohlverstandene Ursache zu lesen, welche ihn zu diesem lebensgefährlichen Schritte getrieben.

„Durch jene vereitelte Absicht," sagte Gieselbert, „würde nur ein kleiner Theil meiner Schuld für Eure liebevolle Behandlung, seit den Tagen meines Unglückes, abgetragen worden sein."

„Dieser Vorwand hindert uns nicht, Herr Markgraf," sagte Ethelinde, „das Vorhaben Eures Edelmuthes vollkommen zu würdigen. — Aber Gottfried,"

— sagte sie, unfähig ihre quälende Angst länger zu beherrschen; „hast Du den Vater nicht gesprochen? Wie der ehrwürdige Abt von Hornbach mir sagte, habe der König allen Groll gegen ihn vergessen."

„Wir haben ihn gesprochen," fiel Nothar schnell dazwischen, „und mit dem Könige um dessen Freilassung unterhandelt; denn bis zur Reinigung der Anklage ist die Haft des Angeklagten kaum zu umgehen. Heinrich will indessen, gegen persönliche Bürgschaft eines Mannes von gleichem Range, meinen gnädigen Herrn freigeben."

„Großer Gott, — so ist er eingekerkert!" rief Ethelinde schmerzlich aus.

„Wenige Tage wird er freilich diese Unannehmlichkeit ertragen müssen, — das heißt, wenn sich keine Geiselstellung auftreiben läßt," tröstete Nothar. „Indessen ist's ja bis zum Reichstage nur kurze Zeit, und der König darf nicht wagen, die Vorrechte ritterlicher Haft zu beschränken."

„So wenig kennt Ihr Heinrichs Gesinnungsweise?" rief Ethelinde voll schmerzlicher Entrüstung. „Täuschen wir uns nicht über die Lage meines armen Vaters! Heinrich hält nichts heilig, sobald er zügellose Leidenschaften befriedigen möchte, und Nachsucht gehört ja zu seinen hervorragenden Fehlern. Ließ er nicht den Grafen Wilhelm elend im Kerker umkommen, ohne ihm zur Vertheidigung freies Gericht zu gestatten? Und wie viele andere Beispiele lassen nicht das Schrecklichste für meinen unglücklichen Vater befürchten? Ach, — er wird Ausflüchte genug finden, um dessen verhindertes Erscheinen vor den Fürsten zu rechtfertigen; — und mittlerweile unterliegt der edle Greis den Qualen irgend eines schauerlichen Verließes! O würde doch Jemand die Bürgschaft leisten, — er dürfte zur Vergeltung jedes Opfer von mir fordern," — versicherte sie in bebender Angst.

Lebhaft malte sich peinvolle Seelenangst in ihren Zügen und Thränen brachen aus ihren Augen. Gieselbert sah den herzzerreißenden Harm und ein edler, großmüthiger Entschluß schien plötzlich ihn zu beseelen.

„Versprach der König wirklich, gegen Bürgschaft Herrn Naymund freizugeben?" fragte er.

„Er verhieß es," bestätigte Gottfried. „Nur müsse die Geisel von gleichem Range mit meinem Vater sein."

„Gut!" sagte der Geächtete aufstehend." Ich kenne einen Freund, der sich hiezu verstehen wird. Der Mann ist nicht fern von da, und sogleich will ich ihn bestimmen."

Bevor die freudig überraschten Geschwister ihren Dank ausdrücken konnten, hatte Gieselbert das Zimmer verlassen und eilte der Burg zu.

Als der Markgraf den Schloßhof betrat, erfüllte denselben Waffengeräusch und heftiges Gezänke. Ersteres rührte von Rittern her, die in voller Rüstung über den Hof eilten, und durch ihre rasche, fast stürmische Bewegung lautes Klirren und Rasseln hervorbrachten; — letzteres aber fand zwischen zwei Freisassen und mehreren Edelleuten Statt. Die Freisassen wollten mit Gewalt in das Schloß dringen, die Adeligen hinderten sie. Es entstand darüber leidenschaftlicher Streit, der allem Anscheine nach zu Schwertzücken und Blutvergießen führen mußte.

Der Eine dieser Freisassen war Herrand Engelberts Nachbar beim Gottesgericht, dessen Gesichtszüge Schmerz und Wuth so entstellten, daß man ihn kaum wieder erkannte. Sein Begleiter, ebenfalls in hohem Grade aufgebracht, suchte zwischen dem ungestümen Herrand und den Edelleuten zu vermitteln.

„Warum verwehrt ihr uns den Zutritt zu unserm gnädigen Herrn?" fragte er befremdet. „Dieser Mann hat eine Klage von Bedeutung vorzubringen, welche keinen Aufschub duldet."

„Ihr seid höchst zudringliche, rohe Leute!" rief Boleslav, ebenfalls vollständig gewappnet, und durch diesen Auftritt am Aufsitzen verhindert. „Seine Herrlichkeit bedarf der Ruhe und will hierin durch Niemand gestört sein; — kommt Morgen mit Eurer Klage."

„Morgen? Sogleich will ich mein Kind!" schrie Herrand wild. „Zwischen Heut und Morgen liegt eine ganze Nacht, — und was kann in dieser Nacht geschehen? Zurück, Ihr Herren, — laßt mir den Weg frei! Meine Tochter, mein geraubtes Kind, soll mir der König heute noch zurückstellen."

„Der König? Bist Du verrückt, Mann?" that Ruthard erstaunt.

„Ja, der König — freilich der König! rief Herrand. Seine Hofleute sind die Räuber. — Will er über Christen regieren, muß er auch christlich Hof halten, und seine teuflischen Bestien zwingen, den Raub herauszugeben."

„Geht, — geht Mann, nehmt Verstand an!" begütigte Folmar. „Hatte Eure Tochter mit einem schönen Jungen Liebeshändel und ist nun mit ihm durchge=

brannt, dürft Ihr den König mit solcher Kleinigkeit nicht belästigen."

"Durchgebrannt? Meine Wulfhild mit Einem durch=
gebrannt?" schrie Herrand außer sich.

"Natürlich wird sie ein wenig sich gesträubt haben, damit das Ausreißen ihrem Jungfernthum keine Schande macht," meinte Immel.

"Still, elender Bube, rief Herrand; gerade Deine Leute haben sie geraubt! Und Du ehrloser Schuft, wagst es, meiner Tochter Ehre zu beflecken?"

Augenblicklich blitzte das Schwert in Immels Faust, den Schimpf zu rächen. Vielleicht beabsichtigte er, durch einen tödtlichen Schwertstreich für immer den lästigen Ankläger zum Schweigen zu bringen. Auch Herrand zog, und es würde zu einem Kampfe gekommen sein, in welchem die beiden Freisassen jedenfalls der Ueber=
macht erlegen wären. Allein der Lärm drang bis in Meister Engelberts friedliches Gebiet, der mit Bucco und Abt Stephan, welcher sich beim Bischof eben be=
fand, herbeieilte. Ohne Säumen drang der Sachse zwischen die Erbitterten, und auch Engelbert ermuthigte das Beispiel seines Dieners dermaßen, daß er mit vieler Behendigkeit seine umfangreiche Gestalt zwischen die Streitenden schob. Hiebei verurtheilte der Koch mit schreiender Stimme das unritterliche Benehmen, vor des Königs Thüre Händel anzufangen.

"Wir sind nicht zu Streit und Blutvergießen her=
gekommen," sagte Herrands Begleiter; "wir verlangen nur freien Zutritt zu unserm Herrn Heinrich."

"Niemand darf Euch diesen Zutritt verwehren," sagte Stephan. "Ihr, meine Herren, verdient des

Königs strengsten Tadel," wandte er sich an die Edelleute; „denn Euer gegenwärtiges Benehmen möchte den Glauben erwecken, König Heinrich sei nicht jeden Augenblick bereit, Klagen und Beschwerden des Volkes geneigtes Gehör zu schenken. — Folgt mir, gute Freunde, und faßt frischen Muth," — damit schritt er den Freisassen voran, ohne zu bemerken, daß sich Gieselbert anschloß, welcher diese ihm günstige Verwirrung benützte, um schnellen Zutritt beim Könige zu erlangen.

„Es bleibt keine Zeit zu verlieren," sagte Boleslav; „sitzt auf, ich folge bald nach. Und Du, sei unbesorgt," tröstete er den verblüfften Immel. „Das Wetter wird sich gegen deine Ankläger kehren. Wann wäre unser Heinz einem kühnen Liebeshandel gram gewesen? Ich will ihnen stracks folgen, und Dich wacker heraus hauen. Auf schnelles Wiedersehen," — damit eilte er in das Schloß.

Die Edelleute bestiegen ihre Pferde, und als sie am Fuße des Hügels anlangten, stellten sie sich an die Spitze wohl bewaffneter Reiterhaufen, die nach verschiedenen Richtungen davonsprengten.

Der Marschalk erreichte Stephan und dessen Schützling noch rechtzeitig. Bereits standen sie vor dem Eingange zu den fürstlichen Gemächern. Dort hatte Stephan die Hartnäckigkeit des Thürstehers zu bewältigen, der wohl den Abt, nicht aber dessen Begleiter einlassen wollte. Boleslav schob nun den gewichtigen Mann mit dem Stabe ohne weitere Umstände bei Seite, und mit den Uebrigen rasch eintretend, wunderte er sich, König Heinrich in diesem Zimmer zu sehen, wo er ihn nicht vermuthete.

Der jugendliche Monarch ging mit langen, heftigen Schritten im Gemache auf und nieder, das Haupt etwas über die Brust herabgebeugt, die Augen starr auf den Boden gerichtet, die Wangen mit fieberhafter Gluth überzogen und in den Mienen alle Anzeichen des inneren, bitteren Kampfes. Das Geräusch der Eintretenden weckte ihn aus seinen Betrachtungen. Er blieb stehen und betrachtete schweigend die Gruppe, gerade wie Jemand, der aus schweren Träumen aufgerüttelt wird.

„Eure Hoheit möge geruhen," begann Boleslav, vortretend, „die höchst seltsame Klage dieses Mannes anzuhören, welche eher in die Kinderstube paßt, um die Kleinen zu erschrecken." —

„Still Marschalk, keine Einleitung!" herrschte ihm der König zu. — „Wer bist Du Mensch?"

„Ich bin Herrand, ein Freisasse aus Dagastisheim!" entgegnete dieser nicht ohne Selbstbewußtsein.

„Ein Freisasse — so! Heute will doch Alles frei sein, — sogar Bauern und Leibeigene tragen ritterliche Wehr und Waffe," sprach der Salier.

„Mit Verlaub, Herr König," sagte Herrand über den in Heinrichs Ton liegenden Spott verletzt," meine Vorältern waren freie Leute, wie ich, und trugen schon Waffen, als deutsche Kraft die römischen Heiden aus den Marken warf."

„Ein kühner Geselle — und Dein Begehren?" forschte Heinrich, dem Herrands männliches Auftreten gefiel.

„Sie haben meine Wulfhild geraubt, meine einzige Tochter," sprach Herrand. „So Ihr dereinst vor Gottes Richterstuhl bestehen mögt, bitte und beschwöre ich Euch, Herr König, helft mir zu meinem Kinde."

"Als ob ich alle Räuber und Diebe gleich beim Schopfe fassen könnte," sprach der Fürst. "Ha, — wunderlicher Einfall, von der Allmacht eines Königs."

"Ihr könnt allerdings den elenden Jungfrauenräuber greifen und ihn zwingen, seinen Raub herauszugeben," versicherte Herrand.

"Schweigt! — Bringt Eure Klage vor den Grafen Eures Gaues," befahl der König. "Wir haben keine Zeit, Liebeshändel auszufechten und entlaufene Dirnen ihren Vätern heimzuführen. — Ihr aber Herr Marschalk, wartet Eures Amtes schlecht, — solche Leute sollten nicht vor uns kommen."

"Verzeiht, gnädigster Herr!" verbeugte sich der Höfling. "Gegen meinen Willen drang der Mann herein, und ich wagte nicht, ihn aufzuhalten, da Herr Stephan ihn geleitete."

"Schon wieder dieser anmaßende Mönch!" und Heinrich richtete seinen drohenden Blick auf den Abt. "Wir sind Eurer Gegenwart vollkommen müde, und damit ihr die Anmaßung nicht weiter treibt, habt Ihr innerhalb einer Stunde unser Hoflager bei Strafe zu verlassen. Unserer Hochachtung gegen Euer erlauchtes Haus verdankt Ihr diese Schonung. — Hütet Euch aber, Limburg jemals wieder zu betreten; denn Amt und Würde ist für immer verwirkt."

Der Prälat ertrug des Fürsten empfindliche Rüge mit seiner gewöhnlichen Ruhe, was Männern von Stephans hohem Seelenadel, welche niemals sich selbst, sondern immer die erhabenen Ideen im Auge haben, von denen sie geleitet und getragen werden, nicht schwer, fallen mag. Vielleicht hätte er den Tadel stillschweigend hingenommen, würde er ihm nicht Veranlassung geboten haben, den unglücklichen Herrand zu unterstützen, und den König auf seine Pflicht in zarter Weise hinzulenken.

„Ich danke Eurer Hoheit, für die wiedergeschenkte vollkommene Freiheit," sagte er; „habt jedoch die Gnade, meine Handlungsweise nicht anmaßender Gesinnung, sondern höhern Rücksichten zuzuschreiben, die ich Gott und meinem Fürsten schuldig bin. Ich glaubte nämlich in Eurem Sinne, Herr König, zu handeln, indem ich diesem unglücklichen Vater, dem Opfer himmelschreiender Gesetzlosigkeit, vor dem Schirmherrn des Gesetzes, und dem Rächer ruchloser Thaten Gehör verschaffte."

„Gnädigster Herr König," bat jetzt Herrand bringender und flehentlicher, als man von dieser trotzigen Natur erwarten mochte, „erbarmt Euch doch meiner Noth! Helft mir zu meinem Kinde, — Ihr allein könnt es; denn Ritter Immel ist der Räuber und Ihr habt den Elenden in Eurer Gewalt.

„Wer — was?" Ritter Immel?" fuhr Heinrich auf.

„Gott verzeihe mir, daß solche Schurken an Eurem Tische essen, gnädigster Herr," sprach Herrand weiter, ohne das Unwetter zu gewahren, welches auf des Saliers Stirne zusammenzog. „Ich will es beweisen, daß Immel durch seine Leute meine Wulfhild gewaltsam entführen ließ."

„Herr Marschalk," befahl Heinrich mit verhaltenem Zorne, „laßt diesem frechen Knechte, der es wagte, gegen Edle unseres Hofes in solcher Weise aufzutreten, dreißig Hiebe aufzählen, damit er zur Besinnung komme und künftig seine Frechheit mäßige. Fort, — bei Eurem Leben, keine Sylbe weiter!"

Herrand erhob zwar bringender sein Bitten, auch Stephan machte Vorstellungen, aber Boleslav und einige Diener drängten Alle aus dem Zimmer. Giesel=
bert verschonte der allgemeine Schub. Er versicherte, mit diesem Handel nichts gemein zu haben, sondern Angelegenheiten von Wichtigkeit dem Könige mittheilen zu müssen.

Heinrich betrachtete forschend den vermeinten Ordens=
bruder, bevor er ihm gebot: „Heraus mit Deinen wich=
tigen Sachen, — aber mach's kurz!"

„So kurz nur immer die Freilassung des Grafen Raymund und die Gefangennehmung des geächteten Markgrafen Gieselbert berührt werden mag," sagte der scheinbare Laienbruder.

Auf den König wirkten diese wenigen Worte wie ein Zauberschlag. Seine üble Laune und der ärger=
liche Mißmuth, durch Bitten und Vorstellungen belästigt zu werden, wichen unruhiger Spannung und Neugierde.

„Kennst Du des Geächteten Schlupfwinkel? Gewiß sandte Dich Raymunds schönes Kind, — wer möchte ihre Bitten abschlagen können?" fragte der Monarch in einem Athem, Gieselbert einen Schritt näher tretend.

Den Markgrafen überzeugte des Fürsten Erregtheit vollständig von dessen leidenschaftlicher Neigung zu Ethelinden. Es kochte und stürmte in dem jungen Manne. Die Geister wilder Raserei wollten neuer=
dings in alle seine Glieder fahren. Es zerrte in den starken Armen, und bohrte in den gewaltigen Fäusten, Ethelindens Feind zu erwürgen. Auf des Königs

bringendes Fragen blieb er stumm, und sah, die nöthige Sammlung zu erringen, schweigend nieder. Der Fürst sah in dem auffallenden Benehmen Aengstlichkeit und Furcht.

„Sei frohen Muthes, guter Bruder!" ermunterte er. „Sprich offen, und für jede Nachricht über Ethelinde und den Geächteten, darfst Du Belohnung und Gunst hoffen."

„Ihr habt versprochen," begann der Geächtete unsicher und rauh, „den gefangenen Grafen gegen Bürgschaft eines Mannes frei zu geben, der mit Raymund ebenbürtig ist."

„Allerdings, — aus besonderer Gnade will ich dieß gestatten!"

„Ein solcher Mann hat sich gefunden, nämlich — der Markgraf Gieselbert."

„Gieselbert, — der Geächtete?" horchte der Salier erstaunt.

„Der Markgraf wird sich augenblicklich zur Haft stellen, sobald Ihr durch Ehren- und Fürstenwort Raymunds Freilassung gegen seine Bürgschaft bekräftigt habt."

„Sonderbar, — höchst sonderbar," sprach Heinrich mehr zu sich selbst; „der Geächtete kennt sein Loos, wenn er in unsere Hände fällt, — dennoch will er sein Leben für den Alten hingeben! Ha," — that er überrascht, „so ist es: ein Verräther steht für den Andern! Diese Herren haben einen ziemlich engen Bund gegen uns geschlossen."

Gieselbert fürchtete, Heinrichs ausgesprochener Argwohn möchte Raymunds engere, unlösbare Haft herbeiführen, und nur diese Befürchtung konnte ihn zu nachfolgender Erklärung bestimmen, die er mit gesenktem Blicke und mühsam beherrschter Aufregung vorbrachte.

„Darin irrt ihr Herr König! Dankbarkeit allein bewog den Markgrafen zu diesem Entschlusse; man wird Euch berichtet haben, daß Ethelinde den Geächteten sicherem Untergange entriß. Wenn er nun sein verwirktes Leben hingibt, macht er einen schuldigen Gebrauch von dem, was ohne die Gräfin längst nicht mehr sein eigen wäre."

„In der That edelmüthig!" sprach Heinrich mit aufrichtiger Bewunderung. „Es sei, — Ihr habt mein Fürstenwort für Raymunds Freilassung gegen des Geächteten Bürgschaft. — Ha, — der Elsäßer Löwe darf uns nicht beschämen.

„Der Geächtete soll nun augenblicklich ausgeliefert werden!" sprach Gieselbert, zog die Kapuze zurück, nahm den falschen Bart ab, schlug das Gewand aus einander, und vor dem erstaunten Fürsten stand die stolze, in Stahl gehüllte Gestalt seines Feindes.

„Herr König!" sprach der Markgraf, mit der Verkleidung zugleich die bemüthige Haltung des Ordensbruders ablegend; „verfahrt mit mir nach Belieben. Ich könnte zur Vertheidigung manches anführen; doch ich gab mein Leben in Eure Hand, — nehmt es hin für des Grafen Freiheit."

So groß war Heinrichs Staunen, daß er anfänglich kein Wort hervorbrachte, und von Natur selbst großmüthig und edler Gefühle fähig, betrachtete er voll Bewunderung den jungen Mann.

„Diese Handlungsweise gleicht vollkommen Giesel=
bert dem Löwen," sagte er endlich. „Möchte dieser Löwe
niemals seine Klauen gegen des Königs Banner aus=
gestreckt haben, — Ihr hättet an mir einen Fürsten
gefunden, der Manneskraft zu würdigen versteht. Doch
läßt sich die Vergangenheit nicht auslöschen," fuhr er
bedauernd fort. „Das Leben sei Euch geschenkt. Viel=
leicht läßt sich der schonungslosen Gerechtigkeit auch
Eure Freiheit abtrotzen. — Geht hinab, überliefert
Euch dem Kerkermeister und schickt den Mann zu mir
herauf, damit er aus unserem Munde den Befehl zu
Raymunds Freilassung empfange."

Der Geächtete verließ mit einer Verbeugung das
Gemach, und zwar im nämlichen Augenblicke, als Hezel
von der entgegengesetzten Seite herein kam. Der Höf=
ling mochte an der Thüre gelauscht haben, wenigstens
lag es wie Unzufriedenheit und Tücke in dem verschmitz=
ten Gesichte. Er wartete, bis Heinrich selbst das Ge=
spräch auf diesen Gegenstand lenken würde, was so=
gleich geschah.

„Wir haben heute einen wahrhaftigen Tag der
Wunder," sagte er. „Stephan macht einen ausgehun=
gerten Löwen, — ja sogar ein wildbewegtes Volk zum
Lamme, und denkt Euch, eben übergibt sich der geächtete
Markgraf Gieselbert freiwillig unserer Hand, zur Lö=
sung des Grafen Raymund. Sind dieß keine Wun=
der?"

„Wunderbar, — auffallend, — gewiß klug — sehr
klug!" sprach der Höfling mit feinem Lächeln.

„Klug? Mir wenigstens scheint es nicht sonderlich
klug, Leben und Freiheit wegzuwerfen."

„Dennoch that Gieselbert sehr klug, — er rechnete auf Eurer Herrlichkeit grenzenlose Großmuth," sprach Hezel. „Setze ich doch meinen Kopf zum Pfande, daß Ihr den Grafen frei laßt und gar dem Geächteten das Leben schenkt. — Indessen sind dies nur Kleinigkeiten, — ich bringe wichtige Mähre. Macht Euch auf ein drittes Wunder gefaßt," fuhr der Kämmerer fort, beißend und höhnend. „Denkt Euch, der heilige Vater schickt seinen Legaten, Cardinal Petrus Damiani, zum Fürstentage nach Mainz. Der heilige Mann soll die Ehescheidung hintertreiben, — Euch unter der Ehe geheiligtes Joch zwingen, und schließlich dem klagenden Sachsenvolke Recht schaffen. Seiner Heiligkeit Botschafter ist bereits in Mainz eingetroffen."

Bei jedem dieser Worte hob sich des Königs Haupt stolzer empor. Seine Gestalt blähte sich auf, sein Angesicht glühte, und die lodernden Augen schienen größer zu werden.

„Verwegenes, tollkühnes Rom!" drohte er mit verhaltenem Grimme. „Mir gar einen Vormund auf dem Reichstage setzen? Und dazu jenen frömmelnden Mönch, der im Geruche der Heiligkeit steht? — Laßt augenblicklich einen Herold gegen Mainz reiten und den Fürstentag absagen. Den frechen Römer aber, — hört Ihr? den Legaten, laßt aufheben, und ihn so festsetzen, daß ihm künftig alle Lust zu solchem Wiederkommen vergeht. Wir wollen zeigen, wer im Reiche Herr ist!"

Der kluge Höfling sah schweigend in den Sturm; aber schnell kam er dem Monarchen zuvor, als dieser den ertheilten Befehl wiederholen wollte.

„Eurer Hoheit Entrüstung ist vollkommen gerecht=
fertigt," sprach er. „Aber bedenkt, mein Fürst! „Viele
Eurer Getreuen zogen gegen Mainz und harren sehn=
süchtig Eurer Ankunft. Sagt Ihr nun den Tag ab,
werdet Ihr sie nicht blos tief kränken, sondern auch
Roms Ränken gewichtigen Vorschub leisten."

„Still mit allen Gründen!" unterbrach ihn der Fürst.
„Ich will von keinen Einwürfen hören! Mich von des
Papstes Abgesandten zur Rechenschaft ziehen lassen?
In alle Ewigkeit nicht!"

„Gewiß nicht!" bestätigte Hezel. „Der König führt
auf dem Fürstentage den Vorsitz, — der Papst sitzt
eine Stufe tiefer, er kann berathen, gleich anderen Glie=
dern der Fürstenbank — weiter nichts! Und wenn
Ihr zu Mainz diesen Grundsätzen Geltung verschafft, —
ist dies kein Sieg?" — schloß der Höfling mit listiger
Miene.

Diese schlau berechnete Hindeutung schmeichelte Hein=
richs Stolz, untergrub seinen Troz. Sein Jähzorn er=
kaltete, und die Widersprüche verloren an Heftigkeit.

„Immerhin mögt Ihr bei dieser Gelegenheit Eurer
Oberherrlichkeit über den Fürstentag Rechnung tragen,"
sagte Hezel. „Verlegt die Versammlung nach Frank=
furt, damit der Legat Euren Befehlen gehorchen lerne,
und die Bequemlichkeit deutscher Straßen ihn nicht
außer Athem kommen lasse. Ohnedies," — schloß er
mit schlauem Lächeln, „liegt Burg Lützelhardt Frank=
furt ganz nahe. Nach zwei Tagen ist Ethelinde Be=
wohnerin jenes Schlosses. Ich dächte, Eure Hoheit
sollte, um der reizenden Nachbarin willen, Frankfurt
allen übrigen Städten vorziehen."

Hezel brachte die letzte Bemerkung fast mit den
Geberden eines Arztes vor, welcher seinem höchst em=
pfindsamen Nervenkranken angenehme Arzneien reicht,
um ihn für weitere Maßregeln fügsamer zu machen.
Die Erwähnung Ethelindens, und die Hindeutung auf
den ausgesponnenen Plan zu ihrer Entführung, regte
Heinrichs leidenschaftliche Neigungen mächtig auf, Alles
übrige, womit er sich eben noch so lebhaft beschäftigte,
in den Hintergrund drängend. Dieser schnelle Wechsel
der Willensrichtung lag eben in des Fürsten verkehrter
Jugendbildung. Niemals bändigte er zügellose Neig=
ungen. Dem Strome seiner Leidenschaft willenlos hin=
gegeben, wechselten nach empfangenen Eindrücken, Streben
und Wollen in raschen Folgen. Regententugenden und
Fürstenpflichten kannte er nicht, — keine Erziehung
und kein Unterricht hatten sie empfohlen. Bei aller
Ausschweifung und Fertigkeit im Schlimmen, war er den=
noch kein verhärteter Bösewicht. Rathgeber im Schlechten,
Leidenschaftlichkeit und heißer Andrang niederen Be=
gehrens, trieben zu schwarzen Thaten, — sobald die=
selben zur Befriedigung der Leidenschaft geschehen mußten.
Bei Heinrichs hohen Anlagen, die oftmals seiner Ver=
kehrtheit zum Trotze sich Geltung verschafften, so daß
bei ihm Tugend und Laster neben einander zu liegen
schienen, ist es darum schwer zu beklagen, daß schlechte
Erziehung und schlechte Rathgeber das deutsche Reich
eines ruhmreichen Monarchen beraubten, dessen Thaten
manche Blätter der Geschichte mit goldenen Buchstaben
würden ausgefüllt haben.

„Verzeiht," fuhr Hezel fort, nach Empfang der
nöthigen Befehle zur Verlegung des Fürstentages, —

„wenn ich mit aufrichtiger Ergebenheit meine Ansicht über Raymunds Freilassung ausspreche. Eure Großmuth widerstreitet hierin geradezu Eurem Glücke! Der beleidigte Vater würde niemals Ethelindens Erhebung zur Königin Eures Herzens gestatten. Er würde das Reich mit Klagen erfüllen, und die Umstände müßten Euch zwingen, Euren Neigungen zu gebieten."

„Meiner Neigung zu gebieten, — von ihr lassen? Das hieße Unmögliches verlangen! Rathe, lieber Hezel, — besinne Dich, — was ist zu thun?"

„Vor Allem darf Raymund nicht vor den Fürsten erscheinen," rieth der Kämmerer; „man hat ja ganze Register von Gründen zur Entschuldigung seines Nichtkommens. Ich dächte, der Hunnenthurm wäre der sicherste Aufenthaltsort für Gefangene von solcher Wichtigkeit, wie Raymund und Gieselbert, — das heißt," setzte er bedenklich bei, „wenn Ihr dem Geächteten großmüthig das Leben schenken wollt."

„Es sei ihm geschenkt — ja! Er mag darin Entschädigung finden, für die Rücknahme unseres voreilig gegebenen Wortes," sagte Heinrich.

In diesem Augenblicke betrat der Kerkermeister das Gemach, — ein stämmiger Mensch mit gefühllosen Zügen und einem Schlüsselbunde am Gürtel.

„Aribo," — befahl der König, „heute Abend wirst Du dem Ritter Volkbrand die beiden Grafen Raymund und Gieselbert ausliefern. Versäume nicht, die Handfesseln gehörig enge und fest zu schrauben, damit kein Entweichen möglich ist. — Jetzt geh' Mensch," — schloß er mit finsterer Stirne.

Der Mann mit den Schlüsseln knixte unbehülflich und ging.

„Wäre es nicht gut," sagte Hezel, „den Mönch Stephan ebenfalls in Sicherheit zu bringen? Ihr habt ihn freigegeben, — benützt er nur diese Freiheit nicht zum Nachtheile Eurer Herrlichkeit. Petrus Damiani, in Verbindung mit Stephan, möchten auf dem Fürsten= tage Eurer Sache höchst ungünstig sein."

„Thut, was Euch gefällt, — aber geht!" sprach Heinrich in übler Stimmung, dem Kämmerer zum Gehen winkend.

Hezel entwich, und der Fürst sank wie erschöpft auf den nahen Polster. In düsterem Sinnen starrte er vor sich hin, finstere Gedanken lagen wie Nacht auf seinen Zügen. Die Stille umher brütete über mancher schwarzen That, das Schuldbewußtsein nahm Mark und Bein an, und abschreckende Gestalten stiegen vor dem Salier auf. Fressende Gewissensbisse, nagende Seelenpein umfingen abschreckend sein Wesen — ein zweiter König Saul, den schwarze Gedanken in seine Gemächer bannten. — Und dies Alles zusammen ge= währte einen Anblick, vor dem man gerne das Auge schließt.

Jungfrauenraub.

""Schraub' die Handfesseln gehörig fest,"" — das heißt ungefähr so viel als: "laß sie nicht entwischen, damit sie sicher gehängt werden!" brummte der Kerkermeister vor sich hin, trägen und schwerfälligen Schrittes seinen Rückzug zum Thurme nehmend. "Warum die armen Teufel erst meilenweit fortschleppen, — ihnen die Handgelenke blau und schwarz schrauben, — den Strang 'nen halben Tag ihnen vor die Augen halten, bevor der Hals in die Schlinge kommt? Könnte man ihnen den Gefallen nicht gleich am ersten besten Baum in der Nähe des Thurmes thun? Unser Einer wüßte dann auch, wohin seine Schützlinge kommen, und könnte sich durch den Augenschein überzeugen, daß sie wirklich die große Reise angetreten haben."

Als der Kerkermeister diese theilnahmsvolle Betrachtung für seine Gefangenen schloß, stolperte er im Halbdunkel des Burgthores über einen Stein. Diese Erschütterung seines Hirnschädels blieb nicht ohne günstige Einwirkung auf die Gedächtnißschärfe des ansehnlichen Mannes. Denn kaum war die schwankende Körperbewegung ausgeglichen, und das unwillige Brummen über die nahe Gefahr des Sturzes verhallt, als er stehen blieb und gegen das Schloß zurückschaute.

"Heiliger Kilian," sprach er, — "da fällt mir jetzt erst des Alten Auftrag bei! Will ich ihn ausrichten, muß ich wenigstens hundert Schritte zurück, was meinen alten Beinen gerade nicht zuträglich ist. Aber — ich hab's ihm versprochen, und der Marschalk hat befohlen, Jeden zu ihm zu lassen, den er verlangt. — Dazu hat er nicht lange mehr zu leben und ungefähr eben so viele graue Haare wie ich! — Daraus folgt, daß meine knurrigen Füße zu kurz kommen in der Rechnung, und sich b'rein fügen müssen."

Nach dieser scharfsinnigen Darlegung, die bewies, daß Kerkermeister Aribo, gleich anderen klugen Leuten, nur durch triftige Gründe zu Gefälligkeiten bewegt werden konnte, begann er seinen Rückzug nach dem Gebiete Meister Engelberts.

Bei Aribos Eintritt nahm Stephan gerade Abschied von Bischof Bucco. Der Abt hatte seinen Aufenthalt am Hoflager zu häufigen Besuchen bei dem bischöflichen Koche benützt. Beide Männer hatten sich achten und lieben gelernt. Sogar Engelbert, dessen Selbstbewußtsein durch die Aufsicht über den Prälaten von Halberstadt nicht wenig gehoben wurde, und der, in Rücksicht seines wichtigen Amtes, wie er meinte, durch Zudringlichkeit die Prälaten belästigen durfte, schied nicht ohne Bedauern von Stephan. Obwohl nicht scharfsichtig, besaß der Oberkoch dennoch so viele Menschenkenntniß, um des Schyren hervorragenden Seelenadel einigermassen zu begreifen und zu bewundern.

"Wäre es möglich, ehrwürdiger Vater," sagte er, "würde ich mein Amt niederlegen und Euch in's Kloster folgen. Aber ich bin der Küche so nothwendig, wie

Ihr dem Kloster! Herr Heinrich könnte ohne meine Kunst ebenso wenig den Speisen Geschmack abgewinnen, als die Mönche ohne Eure Leitung dem Klosterleben."

„Jeder harre in Gebuld auf seinem Posten, Bruder Engelbert!" sagte der Abt.

„Ach ja, — besonders haben Aebte und Köche die wichtigsten Posten," versicherte Engelbert. „Man könnte sagen: Aebte und Köche sind Herren der ganzen Menschheit; — den Köchen gehört der Leib, den Aebten die Seele!"

Zu Stephans großem Troste befreite ihn jetzt der Kerkermeister von Engelberts Zudringlichkeit. — Der Mann mit dem Schlüsselbunde verwünschte bisher des Kochs Geschwätzigkeit, die ihn nicht ankommen ließ, und indem Aribo mit entschlossener Miene auf den Prälaten zuging, gestaltete sich sein gefühlloses Gesicht noch härter und bärbeißiger.

„Seid Ihr der Abt Stephan?" fragte er mit rauher Stimme und zugleich mit den Schlüsseln rasselnd.

Die plötzliche Ansprache dieser unheilbedeutenden Person brachte Alle, den scharfsichtigen Engelbert ausgenommen, auf den Gedanken, Stephans bisherige freie Bewegung werde auf eine Kammer des unheimlichen Thurmes beschränkt. Tiefe Betrübniß malte sich in Bucco's Angesicht. Der Oberkoch hingegen fuhr den Thurmhüter gewaltig an.

„Bei meiner Seele, Du bist noch so dumm und rauh, wie vor dreißig Jahren, Aribo! So sprichst Du mit dem ehrwürdigen Vater Stephan? Weißt Du nicht, daß er ein heiliger Mann ist, und daß sogar wilde Bestien vor ihm Knixe machen? Und Du hast keine Knixe für einen solchen Mann? Fährst sogar mit solcher ungehobelten Einsprache b'rein?"

"Hm, — auf's Knixmachen verstehe ich mich ebenso gut, wie auf glatte Ansprache," versetzte Aribo mürrisch. "Ich hab' an den, — meinetwegen "ehrwürdigen Vater," — 'nen Auftrag vom alten Raymund, welcher drüben hinter Schloß und Riegel sitzt, — und dazu braucht's keine Knixe."

"Vom Grafen Raymund?" fragte der Abt mit lebhafter Theilnahme. "Was wünscht er? Womit kann ich ihm dienen?"

"Vorerst sollen ihm Eure Beine dienen, — das heißt, er will ein Wort mit Euch reden, und der Marschalk befahl, Jeden zu ihm zu lassen, den er begehrt. Wollt Ihr d'rum sein Wort hören, müßt Ihr Euch stracks auf die Beine machen."

Der Abt säumte nicht, und verabschiedete sich schnell von seinem Freunde.

"Leider darf ich die Freiheit mit Euch nicht theilen, — königliche Huld gibt mir auch fernerhin Gelegenheit, Fortschritte in der Kochkunst zu machen," sagte Bischof Bucco in trübem Scherze.

"Möge Gott die Stunde Eurer Prüfung abkürzen, ehrwürdiger Bruder," versetzte Stephan.

Nach herzlicher Umarmung schieden die Prälaten.

"Soll etwa Graf Raymund Eurer Obhut entzogen werden?" fragte Stephan den Kerkermeister, da sie jetzt über den Gang hinschritten.

"Natürlich!" lautete die kurze Antwort.

"Wohin wird Herr Raymund gebracht, bester Freund?"

"Müßt den König fragen!"

„Wird er etwa in Freiheit gesetzt?"

„Kann sein, daß der Strick ihn frei macht."

Der Abt schrack zusammen. Dann trieb es ihn zur Eile, das greise Haupt des Vogtes von Limburg schwebte in Gefahr, Stephan liebte den biederen Mann, und leicht fiel es ihm, Alles einzusetzen für seine Rettung. Aber des Schyren Eilfertigkeit und besorgte Hast erregte Aribos Unwillen, den kaum irgend Etwas in der Welt aus dem trägen, gleichmäßigen Schritte bringen konnte.

„Beim Teufel, — was lauft Ihr so?" schalt er. „Ohne den großen Schlüssel und noch vier andere, die alle hier am Gürtel hängen, können Euch Eure Füße doch nicht zum Alten helfen. Thut d'rum gemach, wollt Ihr vor der Thüre nicht warten."

Der Prälat überhörte Aribos Ermahnung, so lebhaft beschäftigte ihn des Grafen Geschick. Ungefähr hundert Schritte seinem Begleiter vorauseilend, rauschte die flatternde Kutte über den Platz zwischen der Kaiserburg und dem düstern Thurme, da fesselten zwei Gestalten Stephans Aufmerksamkeit und hemmten seine Schritte.

Zwischen zwei hervorragenden Wurzeln eines Baumes saß Herrand der Freisasse. Der Mann hing das Haupt tief über die Brust herab; seine Glieder schienen gebrochen, zerschmettert. Allenthalben zeigten Blutspuren auf seinen Kleidern von der erlittenen Mißhandlung. Die herzlosen Knechte hatten die vom Könige bestimmte Anzahl Hiebe unbarmherzig aufgezählt, und den entblößten Rücken Herrands gräßlich zerfleischt. Obwohl jeder Streich den Körper unter qualvollen Zuckungen krümmte, hatte der trotzige Mann ohne Klagelaut die schreck=

liche Pein ertragen. Vielleicht wollte des Freisassen Stolz den Henkern keine Schwäche zeigen, oder, — was wahrscheinlicher ist, der Seelenschmerz des unglücklichen Vaters überstieg die körperlichen Qualen. Auf seinen Gefährten gestützt, war er vom Schloßhofe bis hieher gelangt, wo er zusammenbrach, und jetzt mehr durch die stützenden Wurzeln des Baumes, als durch eigene Kraft in sitzender Stellung gehalten wurde.

Der Abt beugte sich zu ihm nieder. Herrand, durch Stephans Stimme aus seiner Bewußtlosigkeit erweckt, erhob das Haupt, und zeigte ein Gesicht, in welchem die Tiefe seines Unglückes und seiner Vernichtung ausgeprägt lagen. Selbst der Kerkermeister schüttelte den Kopf, indem er vor sich hinbrummte:

„Sie hätten ihn lieber gleich todt schlagen sollen, den armen Tropf."

„Faßt Muth, lieber Freund!" sagte der Abt. „Habt doch Vertrauen, ich bitte Euch! — vertraut auf Gott, den Schirmer und Helfer aller Bedrückten. — Ich fühle ganz die Größe Eures Schmerzes und trage ihn mit Euch," — fuhr er fort, und der Ton seiner Stimme verrieth das innigste Mitgefühl, ein besserer Trost für Leidtragende, als alle Worte und viele Gründe. „Für den Augenblick müssen wir uns beugen unter die harte Prüfung, von Gottes allwaltender Hand aber wollen wir zuversichtlich Hülfe erwarten."

„Mein Kind, — mein Kind, — o mein Kind, — o — o!" stöhnte Herrand in namenlosem Schmerze.

„Es soll Euch unberührt wiedergegeben werden," versicherte Stephan. „Der Bösewicht Immel wird seine Absicht niemals erreichen! — Jener, welcher mich heute über den Löwen siegen ließ und das blutige Schauspiel verhinderte, nimmt Eure Tochter unter seinen allmächtigen Schutz. Vertraut ihm, lieber Freund, — fasset Muth und verzaget nicht."

Des Abtes fortgesetzter Zuspruch blieb nicht ohne heilsamen Erfolg. Natürlich trug zu Herrands Beruhigung Stephans außerordentliche Persönlichkeit nicht wenig bei, dessen Worte bei ihm fast dieselbe Kraft enthielten, als kämen sie aus dem Munde eines überirdischen, von Gott ihm zu Hülfe geschickten Trösters.

"Gott wird Euch keine Bitte versagen, ehrwürdiger Vater," sagte Herrand. "O fleht ihn an, daß er meine Wulfhild den Klauen jenes Elenden entreiße! Ich gelobe drei Jahre lang den halben Ertrag meiner Aernte unter die Armen zu vertheilen."

"Gewiß ein gottgefälliges Gelübde," sagte der Prälat. "Aber in solchem Zustande dürft Ihr nicht verweilen; Eure Wunden müssen ausgewaschen und verbunden werden."

"Ich habe Jemand nach Dagastisheim geschickt — und dort kommen sie schon," sagte Herrands Gefährte, auf einige Männer deutend, welche mit einer Tragbahre herbeieilten. "Der Bursche, den ich nach Dagastisheim sandte, hat wirklich seine Beine wacker gebraucht."

Herrand bestieg mit erleichtertem Herzen und ziemlicher Beruhigung die Bahre. Stephan nahm von ihm herzlichen Abschied, nachdem er zuvor noch einige Winke zur Behandlung der Wunden gegeben.

Indeß die Männer mit vieler Vorsicht den Schloßberg mit ihrer Last hinabschritten, geleitete Aribo den Abt in das düstere Gewölb, in welchem Graf

Raymund gefangen saß. Bei ihrem Eintritte erhob sich Bardenfels von dem Strohbündel in der Ecke des Kerkers, und nahte der schmalen Oeffnung, durch die gerade so viel Licht fiel, um die kummervollen Züge des greisen Edelmannes zu beleuchten.

„Dank Eurer Bemühung, ehrwürdiger Vater, für einen unglücklichen, verlornen Mann," sprach Raymund, nachdem er des Prälaten Gruß erwidert.

„Sprecht nicht so, bester Freund!" versetzte Stephan. „Bei Eurer Unschuld kann diese Haft nur schnell vorübergehend sein. Ihr habt Freunde, die Euch auf dem nahen Reichstage warm vertreten werden."

„Schnell vorübergehend, ohne Zweifel!" entgegnete Bardenfels. „Der Tod befreit aus allen Banden, und ich hoffe von Heinrichs Grausamkeit, daß dieser Befreier nicht lange wird auf sich warten lassen. — Aber dies ist es nicht, wovon ich mit Euch sprechen wollte."

Hier seufzte er tief, und nach kurzem Schweigen fuhr er mit bewegter Stimme fort.

„Es lastet mir noch etwas schwer auf dem Herzen! Gerne gebe ich meinen Leib der Erde zurück, — ich würde sogar in freudiger Erwartung dem Fluge meines Geistes in eine bessere Welt entgegensehen, lägen nicht schwere Sorgen auf mir für mein liebes Kind.— Ethelinde. — Wie ich erfuhr, kehrte sie zwar unter starkem Geleite nach Bardenfels zurück, — allein der König hat sie in den Schranken erspäht. Ich sah ihn wohl, den Falkenblick, den er nach ihr hinwarf! — Eher vergißt ein hungriger Geier seine Beute, als dieser verkommene Wüstling die Opfer seiner Gewaltthat. — Herr Abt, es ist euch unmöglich, die schrecklichen

Qualen eines Vaters zu ahnen, der sein Kind solcher Gefahr ausgesetzt weiß. — Unterbrecht mich nicht, — laßt meine Rede mich zu Ende führen! Die Begründung meiner Befürchtungen kennt Ihr so gut, wie ich; — Heinrichs Schandleben schreit ja laut genug durch's Reich!"

Abermals machte er eine Pause. Stephan unterbrach das Stillschweigen nicht, wohl wissend, alle Trostgründe seien vergeblich, so lange sie nicht den ihm noch unbekannten Gegenstand berührten, welcher Raymund schwer zu belasten schien.

„Gegen jenen Unhold reicht die Festigkeit meiner Burg zum Schutze der Bedrohten nicht aus," fuhr Bardenfels fort, — „sie bedarf der Hut einer starken schirmenden Macht. Somit übergebe ich mein Kind der Obhut unserer heiligen Kirche, — sie allein wird des Saliers Tyrannei trotzen, sollte er auch Alles unter seinen Fuß treten. Wäret Ihr selbst der Freiheit nicht beraubt, würde ich Ethelinde Euch übergeben, damit Ihr das bald verwaiste Kind seiner Mutter, der Kirche, zuführet. Nun aber bitte ich Euch, ehrwürdiger Vater, in meinem Namen an den frommen Erzbischof Hanno von Cöln zu schreiben, mit dem dringenden Ersuchen, Ethelinde in seine Stadt aufzunehmen."

„Die zärtliche Sorgfalt für Euer Kind soll auf mich übergehen," sprach der Abt nicht ohne Bewegung. „Indessen seht Ihr Eure Lage, und jene Eurer Tochter, schwärzer an, als sie in Wirklichkeit ist. Im Geheimen mag manches Opfer der Leidenschaft des Königs fallen. — Eure Sache aber ist zu offenkundig, sie muß auf dem Reichstage zur Sprache kommen."

„Ich dächte doch, Herr Abt," widersprach Raymund, — „Berthas Schicksal könnte belehren, welche eifrige Vertheidiger unterdrückte Unschuld im Reiche findet! Heinrichs grausame Rachsucht wird der Königin Anwälte auf dem Tage ebenso zum Schweigen bringen, wie die Verfechter meiner Sache."

„Dort stehen wir noch nicht, bester Graf!" sagte der Prälat mit erhobener Stimme und leuchtenden Blicken. „Zitterte auch die ganze Fürstenschaft vor dem Machtgebote eines Tyrannen, — hätte er jede edle Regung, jedes Rechtsgefühl durch seines Namens Schrecken in Bande geschlagen, immerhin stände unbezwungen unsere heilige Kirche da, als schützende Mutter des Einzelnen, wie ganzer Völker."

„Ohne Zweifel!" sagte Barbenfels. „Wären nur alle Prälaten Eurer Gesinnung, aber leider," —

„Leider, wollt Ihr sagen," ergänzte Stephan den zögernden Grafen, „leider sitzen auf vielen Bischofsstühlen des Königs verworfene Werkzeuge, — mit dem Bannfluche beladene Creaturen! Freilich, — unter jenen Simonisten dürft Ihr keine Vertreter Eurer Unschuld suchen, — aber diese sind die Kirche nicht. Der Kirche Geist waltet unbezwinglich auf Erden, unberührt vom sündigen Treiben der Menschen."

„Ganz richtig, Herr Abt! Wenn kaum ein deutscher Bischof es wagt, um meinetwillen des Königs Zorn zu verdienen, wer wird es wagen?"

„Wer es wagen wird?" rief Stephan, und bereits schwebte ihm die Entgegnung über den Lippen. — Da hielt er inne, blickte auf den Kerkermeister und ersuchte diesen, auf wenige Augenblicke den Kerker zu verlassen.

„Meint Ihr? das will ich bleiben lassen!" sagte dieser mürrisch. „Ihr habt in den Schranken ein Schaf aus einem Löwen gemacht, — ebenso gut könnt Ihr mit meinem Gefangenen dort durch jenes Loch entwischen, und mir hiedurch den Strick um den Hals ziehen. D'rum bin ich so klug, und bleibe auf meinem Posten. Wollt Ihr mit dem Alten dennoch eine Luftreise versuchen, will ich mich so fest an Euch klammern, daß Ihr mich wenigstens mitnehmen müßt."

Der Abt sah den abergläubischen Kerkermeister vorwurfsvoll an, und fuhr dann gegen Bardenfels gewandt fort: „Soviel kann ich Euch sagen, Herr Graf, daß mir König Heinrich die volle Freiheit wiederschenkte. Wie ich dieselbe für Euch benütze, möcht Ihr meiner Pflicht und den Gesinnungen entnehmen, die ich stets zu Euch trage."

„Gott sei gelobt!" rief Bardenfels in freudiger Ueberraschung. „Frei seid Ihr? — nun verstehe ich Eure Sprache und Hinweisung auf den Reichstag."

„Um Vergebung, Herr Raymund!" unterbrach ihn der Prälat. „Wir stehen auf feindlichem Boden, und als bewährter Krieger wißt Ihr, daß man Angriffspläne dem Feinde nicht verrathen darf, wenn man siegen will."

„Wahr," — versetzte der Graf, nachdem seine freudige Aufwallung schnell der vorigen Niedergeschlagenheit gewichen. „Wer Feinde angreifen will, muß wenigstens glücklichen Erfolg hoffen können. Ihr aber steht zu Mainz wie Einer gegen Hundert! Euer Edelmuth wird Euch zu Grunde richten, ohne den Unglücklichen zu nützen."

„Laſſen wir dieſen Punkt fallen!" unterbrach ihn Stephan abermals. „Vertraut Gottes Hülfe und dem guten Willen Eurer Freunde."

Allein Herr Raymund kam immer wieder auf den Reichstag zurück, und der Abt fand für gut, ein Geſpräch abzukürzen, deſſen Inhalt von dieſem Orte leicht des Königs Ohr erreichen und ſeine Abſicht vereiteln konnte. Er nahm deßhalb von Barbenfels Abſchied, nachdem er ihm das Verſprechen gegeben, durch ſein perſönliches Erſcheinen, auf des Grafen Burg, deſſen Familie zu tröſten, und Maßregeln anzuordnen, die ihm gut dünkten. Nach herzlicher Umarmung verließ Stephan das Gewölbe. Durch die Spalte der ſich ſchließenden Thüre bemerkte er, wie der Greis vor der ſchmalen Fenſteröffnung auf die Kniee ſank, und das Auge zum ſpärlichen Himmelsraum emporrichtete, den die eiſerne Fenſtervergitterung noch mehr verkümmerte.

Beim Heraustreten aus dem Thurme, richtete der Prälat, zur Erforſchung der Zeit, ſeinen Blick gegen die Sonne. Sie ruhte als glühende Kugel auf dem fernen Gebirgsrücken, und übergoß die weſtliche Seite der Kaiſerburg mit rötlichem Schimmer. Sodann betrat er den Pfad, welcher in vielen Windungen den Hügel hinabführte, das Thälchen durchſchnitt, in welchem der Turnierplatz lag, und endlich im jenſeitigen Forſte verſchwand.

Im Gegenſatze zum geräuſchvollen Treiben des eben vergehenden Tages, lag jetzt tiefe Ruhe über dem Thale und deſſen nächſter Umgebung. Das ſchauluſtige Volk war heimgekehrt, und die ſtreitluſtigen Ritter ſaßen wohl in den Herbergen bei Humpen und Würfel. Nur die kahlen Planken ragten aus dem Boden hervor, und die ihrer Zierden beraubten Bühnen mahnten lebhaft an die Vergänglichkeit irdischen Glanzes. Stephan blieb einen Augenblick stehen, die leeren, öden Räume nicht ohne wehmüthige Empfindung betrachtend, für so Manchen die Stätte des Ehrgeizes und der Auszeichnung, — aber auch der Niederlage, der Verstümmelung und des Todes. Den klarbenkenden Abt mochte die Bedeutung des Ortes und die stille Abenddämmerung zu ernsten Betrachtungen über das Verkehrte menschlicher Neigungen und Leidenschaften einladen, ohne deren Dasein manches Leben ruhig und glücklich würde abgelaufen sein, die aber erfinderisch Gelegenheiten erdenken, um das Jammerthal hienieden noch furchtbarer zu machen an bitteren Erfahrungen und getäuschten Erwartungen.

Nach kurzer Rast verschwand Stephan im jenseitigen Gebüsche. Kaum war dies geschehen, als zwei Männer diesseits den Pfad herabkamen, hastigen Schrittes das Thälchen durcheilten, bis sie den Abt wieder im Auge hatten. Jetzt gingen sie langsamer, blieben stehen, wenn der Prälat anhielt, und setzten ihren Weg so fort, daß sie immer in geringer Entfernung Stephan folgten. In diesem Nachschleichen lag viel Verdächtiges und Veranlassung zu schlimmen Vermuthungen. Ebensowenig ließen die kalten, entschlossenen Züge der Beiden und ihre Bewaffnung, friedliche Absichten vermuthen. Sie trugen kurze Schwerter, und im Gürtel stacken lange Dolche. Die breiten Hutkrempen waren tief in das Gesicht hereingezogen, und die stechenden Blicke funkelten gleich den Augen des Raubthieres, wenn es auf nahende Beute lauert. Selten sprachen sie, und wenn es geschah, war es nur ein kurzes, unheimliches Geflüster.

Der nichtsahnende Prälat verließ eben den Forst, und betrat eine angebaute Fläche. Die vorausgegangene Aerndte hatte den Segen des Landes bereits gesammelt. Nur hie und da wogte gelbes Haferfeld leise in der kühlen Abendluft.

Stephan schritt rüstiger voran, und bald lag einsam und friedlich eine Kapelle vor ihm. Sie erhob sich auf niedrigem Hügel, umflossen von dem vollen Lichte des Mondes und traurend in Mitte schmuckloser Grabhügel eines sehr bescheidenen Friedhofes. Dieses Kirchlein bildete den Ueberrest eines Dorfes, das vor mehreren Jahren in einem furchtbaren Brande untergegangen war. Ein Bruder hatte seine Hütte an den Fuß des Hügels gebaut, um in christlicher Liebe und Entsagung die Gräber zu schmücken, und in der Kapelle Küsterdienste zu versehen, wenn ein Mönch die Messe über den Gräbern des daselbst ruhenden Abels feierte. Ein lebendiger Zaun umgab das Kirchlein und den anstoßenden Gottesacker. — Der Abt öffnete das angelehnte Thor und schritt dem Kreuze im Mittelpunkte des Leichenhofes zu. Hier blieb er stehen, ganz den Eindrücken hingegeben, welche der nächtliche Besuch eines Gottesackers auf das menschliche Gemüth hervorbringt.

Noch ein anderes Gesicht schwebte betrachtend über dem Kirchhofe. Dieses Gesicht war hinter dem Rücken des Odenwaldes aufgetaucht, langsam und bedächtig. Zuerst die Stirne, — sie stand glühend auf der höchsten Spitze eines Berges, sie wurde breiter und höher, bis sich ein dunkles Auge allgemach nachschob. Dem ersten Auge folgte ein zweites, und beide sahen vorwitzig hinter dem Gebirge in das Rheinthal herein. Vor den Blicken des leuchtenden Gesichtes zerrann die Finsterniß auf Erden. Dämmernde Lichter flogen über Wald und Flur. Silbern zitterte es in den Baumkronen, der Silberschein wuchs nach Unten, er sprang von Ast zu Ast, immer tiefer, und vor ihm floh die Nacht. Hartnäckig klammerte sich an die Erde die Finsterniß, — sie flüchtete hinter Bergwände, sie rang mit dem Fortschritte des Lichtes in tiefen Thälern, in Abgründen, in Krümmungen, hinter jedem Strauche. Ein scharfsichtiger, kluger Stratege, die Finsterniß! Doch alle Scharfsicht und jede List erliegen höheren Gewalten. Groß und mächtig war das glühende Gesicht hinter den Bergen angewachsen, und jetzt stand der Vollmond mit triumphirendem Leuchten am Himmel. Auch über den Kirchhof goß er den silbernen Glanz, und geisterhaft regten sich Rosengesträuch und Trauerweide.

Stephans Empfindungen waren keineswegs trüber Art. Er blickte über den Kirchhof mit der Miene des Ackersmannes, welcher den Samen dem Boden anvertraut hat in der freudigen Zuversicht, der Auferstehungsfrühling werde die Saat in vollkommenerem Maße wiedergeben. Jedenfalls ist Stephans Glauben an dereinstige Auferstehung der hingestorbenen Menschensaat, sowie an das Fortleben der Seele, sehr trostreich, und auch erhebend für denjenigen, der sich mit dem Vorzuge nicht begnügt, ein Stück vom ewigen Roth zu sein. Und wenn der fromme Abt gar zum Gebete für die Seelenruhe der Hingeschiedenen niedersank, so sprach er seine Ueberzeugung dahin aus, daß selbst der Tod Verbindungen des Lebens nicht aufheben könne, welche der göttliche Bezwinger des Todes über die Gräber ausdehnte.

Während Stephan bewegungslos vor dem Kreuze kniete, tauchten hinter dem Zaungebüsch die unheimlichen Gestalten der beiden Männer auf. Unschlüssig blickten sie hinüber, bis der Eine seinen Dolch hervorzog, dessen Klinge im Mondlichte blitzte.

„Was meinst Du?" flüsterte er. „Sollen wir ihn hier kalt machen? Wir sind eine Stunde von Hainfelden entfernt, und kein Mensch hat das Recht zu behaupten, daß Jener in der Kaiserburg wohnt, der uns bezahlt."

„Du bist ein Narr, Hesso!" entgegnete der Andere. „Der Gottesacker ist geweihter Boden, und der Teufel selber, dem wir dienen, verliert da seine Macht. Zudem geht die Sage, daß die Todten Jene beschützen, welche für sie beten, und ich möchte mir die todten Gesellen da nicht Alle auf den Hals hetzen. Hui, — das müßte ein lustiges Geklapper geben, wenn die Knochenmänner aufstünden, um uns die Hälse zu brechen!"

„Meinethalben!" flüsterte Hesso. „So wollen wir warten, bis er zehn Schritte vom Kirchhof weg ist. Weiter aber lassen wir ihn nicht laufen! Mein Dolchgriff fängt zu brennen an, und je länger man so was hinausschiebt, desto unschlüssiger geht man b'ran."

„Sieh', — eben steht er auf!" sagte der Andere. „Beim Henker, — gerade auf die Kirche zu! Richtig,

— b'rin ist er und ich will ein Schuft sein, wenn ich ihm in der Kirche ein Haar krümme."

„Der Teufelsabt, ist aber auch rasend verseſſen auf's Beten," zürnte Heſſo. „Da können wir eine Weile warten, bis er wieder herauskommt. Entwiſcht er, verlieren wir Hezels Kundſchaft, und die Hälfte des Handgeldes iſt beim Teufel."

„Pah," — ſagte der Andere nach kurzem Bedenken, „ich will den Fuchs gleich aus der Höhle locken. Gib Acht, wie wir die Sache anſtellen. — Du legſt Dich zwanzig Schritte von hier auf die Erde und fängſt jämmerlich zu winſeln an, — ſowie Einer, den der Knochenmann feſt am Kragen hat. Ich laufe zur Kapelle und bitte den ehrwürdigen Vater um Gotteswillen, er möge doch herauskommen und einem Sterbenden beiſtehen. Du ſollſt ſehen, wie er läuft! Beugt er ſich dann zu Dir herab, um eine arme Seele der Hölle zu entreißen; dann gibſt Du ihm Eins unter die kurzen Rippen. Fehlt noch was, mach' ich ihm vollends den Garaus, der Handel iſt abgethan und die zehn Mark des Herrn Kämmerers ſind unſer."

„Meinethalben!" entgegnete Heſſo. „Ich lege mich dort unter jenen Baum, und will jammern und winſeln, daß ſich die Steine im Wege erbarmen."

Während Heſſo dem bezeichneten Baume zuſchritt, und im Gehen ſchon verſuchsweiſe ächzte und ſtöhnte, ſchlich der andere Meuchelmörder der Kirchthüre entgegen. Man konnte bemerken, daß ihm das Ueberſchreiten der Grabhügel und das Zuſammenbrechen morſcher Kreuze, an die er ſtieß, fröſtelnde Empfindungen erweckte. Sein ſcheuer Blick ſchweifte über die Gräber, und ſchon begann jede Bewegung der Weiden und Gesträuche, ihm luftige Geistergestalten zu zeigen, die sich zum Schutze ihres bedrohten Fürbitters erhoben. Des Meuchlers Beklommenheit wurde zum panischen Schrecken, da er über ein Grab stürzte, und beim Aufstehen das niedergetretene Kreuz an seinem Beine festhielt. Das Haar stand auf unter seinem Hute, er sah die Knochenhand des Todten aus dem Grabe hervorlangen und nach seinem Fuße greifen. Erschreckt stürzte er vorwärts, das Kreuz eine Strecke nachschleppend. An der Kirchenthüre blickte er bange um, ob nicht eine ganze Schaar bleicher Schatten hinter ihm her sei. Aber ruhig und still lag der Friedhof, — nur durch die Trauerweiden zog es mahnend und grollend.

Nach kurzer Rast schaute der Mörder durch die Spalte der Thüre in das Innere der Kirche, wo er auf den Stufen des Altares, von hellem Lichtglanze umgeben, den betenden Abt erblickte. Zahlreiche kleine Lichtlein funkelten um den Altar herum, und vom Gewölbe nieder schwebte feierlich ernst die ewige Lampe. Mehrere Gestalten umgaben Stephan im Halbkreise, deren kalte Gesichtszüge flackernder Lichtschimmer belebte.

In starrem Entsetzen sah es der Mörder. Er glaubte den Prälaten von einem Kreise abgeschiedener Seelen umgeben, welche durch das Feuer ihrer Qual dem Priester leuchteten, damit er aus dem vor ihm liegenden Buche heilige Gebete zu ihrer Erlösung verrichten könne. Schon wollte er dem schrecklichen Orte entfliehen. Da erinnerte er sich, daß jene Lichtlein vor den Grabmälern des hier ruhenden Abels brannten. Zugleich drang ihm das jämmerliche Gestöhn seines

Gesellen zu Ohren, und der böse Entschluß gewann über die Schrecken des mahnenden Gewissens die Oberhand. Anfangs leise und dann immer stärker klopfte er an die Thüre. Die Schläge weckten das Echo in der Kirche, die alte Thüre klapperte, die Riegel rasselten, — Stephan hörte es nicht.

„Teufel!" — that der Bösewicht ärgerlich. „Mein Klopfen möchte eher die Todten erwecken, als den Abt im Beten stören. Vielleicht meint er, das Klopfen rühre vom Winde her, welcher an der Thüre rasselt; — warum sollte ich ihn also nicht mit lauter Stimme rufen? Hab' doch in Hezels Dienst schon Etliche kalt gemacht, — und jetzt sollte ich zittern? Vor wem zittern? Vor den Lichtern dort? Dummheit! Vor den steinernen Männern? Eselei! Hm — vor dem Klopfen da drinn," deutete er mit grinsender Miene auf seine Brust, — „der Kämmerer mag's verantworten! Bin ja nur ein armer Schelm, der keinen Lohn umsonst nimmt, — also ein ehrlicher Kerl! D'rum vorwärts, — sei weder Schuft noch Memme!"

Nach dieser Selbstermuthigung stieß er die Thüre weit auf, in der Absicht, den hartnäckigen Beter durch lauten Zuruf zu stören. Zuvor aber sah er nochmals zurück gegen den Leichenhof, ob ihm keine drohenden Geister im Rücken säßen. Denn jedenfalls schenkten sie innige Theilnahme dem Prälaten, dessen frommes Gebet ihre Pein linderte und abkürzte. Der geängstigte Mörder bemerkte zwar nicht deutlich die gefürchteten Beschützer Stephans, aber von entlegeneren Punkten glaubte er doch luftige, nebelhafte Gebilde heranschweben zu sehen. Zu gleicher Zeit vernahm er dumpfes

Getöse, hohl und schauerlich aus den Gräbern aufsteigend. Es war keine Täuschung! Immer lauter und drohender schwoll das Gerassel an, deutlich bebte unter seinen Füßen die Erde, und allenthalben stiegen vor seinen verwirrten Blicken furchtbare Todtengestalten auf. Dem Menschen vergingen alle Sinne, er fühlte die Haare unter dem Hute aufstehen, lähmend fuhr es in alle seine Glieder. Entsetzt ergriff er die Flucht, brach durch die Umzäunung und verschwand schnellen Laufes auf dem Felde.

Kaum war der Mörder entflohen, so trat Stephan unter den Eingang der Thüre. Befremdet forschte er nach dem unbekannten Störer seiner Andacht, bis das verschwommene Gerassel auch seine Aufmerksamkeit erregte. Gespannt horchte er in die Nacht hinaus. Waffenklirren und Pferdegetrapp zog aus unbestimmter Richtung über das Feld. Rasch kam es näher auf dem Wege, der am Gottesacker vorüberzog. Ein starker Reitertroß nahte in schleunigem Trab. Helme leuchteten im Mondscheine, hohe Gestalten schwebten über die Fläche und Waffenröcke flatterten im Winde.

„Halt!" befahl eine kräftige Stimme, als die vordere Reihe vor dem offenen Thore hielt. „Was bedeuten jene Lichter dort?"

„Seelenlichtlein, gnädiger Herr, welche über den Gräbern des hier ruhenden Adels brennen," lautete die Antwort.

„Ein prächtiger Anblick in der stillen Nacht," bemerkte der Krieger, zum Beweise, daß ihm Beobachtungssinn nicht mangelte. Die Hände fuhren aus den Stahlhandschuhen und lagen gefaltet über dem Halse des Rosses. „Requiescant in pace!" schloß der Ritter sein kurzes Gebet. „Haben wir noch weit in's Kloster?"

„Nach zweistündigem Ritte liegt es vor uns!"

„Vorwärts!" lautete der kurze Befehl, und die Reihen setzten sich in Bewegung. Da trat eine Gestalt aus dem Friedhofe zum erstaunten Führer. Kaum erkannte dieser den Abt, als er in freudiger Ueberraschung aus dem Sattel sprang. Beide Männer umarmten und küßten sich.

„Nun, — da ich nach Empfang Deines letzten Briefes das Pferd bestieg," sagte der Krieger, „hatte ich nicht geahnt, meinen guten Abt vor einem Kirchhofe zu finden."

„Unser gegenwärtiges Zusammentreffen rührt wohl daher, lieber Luitpold," versetzte der Prälat, „weil ich mich etwas verspätet habe, und Deine Liebe zum schnellen Ritte Dich anspornte. — Sieh' da, Bruder Siegibod!" fuhr der Abt fort, dem vormaligen Klosterverwüster und jetzigen Büßer warm die Hand schüttelnd. „Habt Ihr die Botschaft ausgerichtet?"

„Wie Ihr sagt, ehrwürdiger Vater! Arnold ritt nach Eußersthal, weil der Weg nach Worms seinen alten Gliedern etwas beschwerlich fiel."

„Möge Arnolds Botschaft derselbe Erfolg krönen!" sagte Stephan, das ledige Pferd besteigend, welches ein Krieger für ihn am Zügel führte.

„Zweifelst Du am Gelingen unserer Absichten?" fragte Luitpold, da sie jetzt ihre Pferde zur Weiterreise spornten und ihm Stephans banger Ton auffiel.

„Manche Gründe lägen freilich vor, das Mißlingen unseres Planes befürchten zu lassen," antwortete Stephan. Gott walte fürsorgend über dem Werke! — König Heinrich umgibt eine starke Streitmacht. Er ist entschlossen, jedes freie Wort auf dem Reichstage zu unterdrücken. Alles bietet er auf, dem Gerichte zu entgehen. Den letzten Mann würde er opfern, zur Vernichtung unserer Absichten. Mögen diese ihm verborgen bleiben, bis zur entscheidenden Stunde! — Morgen schon zieht er gegen Frankfurt, — wir kommen ihm so in den Rücken und laufen nicht Gefahr, die Reise unterbrechen zu müssen."

„Gegen Frankfurt? Liegt der Tag zu Mainz nicht vor der Thüre?"

„Welcher nach Frankfurt verlegt wurde, — wie ich in den letzten Augenblicken meines Aufenthaltes zu Hainfelden vernahm," entgegnete der Abt.

„Und was bestimmte ihn zu dieser verspäteten Veränderung?"

„Bei Heinrichs Launen mag dies schwer zu errathen sein," antwortete Stephan. „Vielleicht geschah es aus Staatsschlauheit; — die Verlegung muß Siegfried von Mainz verletzen, der wohl diese unverkennbare Beleidigung veranlaßt haben mag. — Vielleicht wechselte er den Versammlungsort, weil ihm die Frankfurter Luft besser zusagt, als jene der Rheingegend," — schloß er nicht ohne Ironie.

„Unwürdige Bestimmungsgründe für einen König!" tadelte der Krieger.

„Solche Sandkörner verschwinden zu Nichts vor den bergähnlich aufsteigenden Missethaten an Heinrichs Hoflager," versetzte Stephan, bittere Klage anhebend über die in jüngster Zeit verübte Grausamkeit und Tyrannei.

„Schrecklich, — unmenschlich!" unterbrach der Fremde den klagenden Abt. „Raymunds Edelmuth, — sein hohes Alter, — sein im ganzen Reiche gefeierter Name, hätten ihn gegen solche schreiende Gewaltthat schützen sollen. Tyrannen aber steht gerade das im Wege, was Andere hochschätzen und verehren. Ha, — meines Vaters Waffengenosse in Thurm und Banden, — Ekbert tobt, — Jungfrauen entführt und geschändet, — feile Knechte auf Bischofsstühlen und würdige Prälaten zu Sklavendienst verurtheilt oder in Verließe gestoßen, — die Kirchen ihrer Gefäße beraubt, um lüsterne Dirnen zu schmücken! Wo findet dieses Saliers gesetzloses Treiben Schranken? Beim heiligen Kreuz, ich selbst will mit diesem ganzen Sündenregister im versammelten Fürstenkreise klagend aufstehen!"

Der Krieger hatte mit der ganzen Entrüstung eines lebhaften und edlen Gemüthes gesprochen; bei jedem Satze war seine klangvolle Stimme höher gestiegen, und Zorn loderte in den Worten. Da sie eben gegen das volle Mondlicht ritten, sah man die männlich schönen Züge in strafendem Ernste glühen, und die kriegerische Gestalt sich drohend aufrichten. Er schlug den wallenden Waffenrock auseinander, so daß der silberne Schuppenpanzer sichtbar wurde, der seine Brust umgab, durchsichtig und leuchtend, wie ein Lichtgewand. Das zwei-

schneidige Schwert zur Hälfte herausziehend, richtete er
das Auge auf dessen Kreuzgriff und schien im Stillen
ein feierliches Gelübde zu thun. Er stieß den Stahl
zurück und wollte nach kurzem Schweigen das Gespräch
fortsetzen. Bevor dies aber geschah, wurde seine und
aller Uebrigen Aufmerksamkeit von einem Gegenstande
angezogen, dessen Gewicht hinreichte, dem Zuge eine
andere Richtung zu geben, und ihn sogar in gefährliche
Vorgänge zu verwickeln.

Die Entführung.

Der Troß ritt bisher durch ein mäßig tiefes Thal. Jetzt trabte er über die Stoppelfelder eines breiten Hügelrückens. Das Hardtgebirge, auf einige Zeit dem Blicke entzogen, thürmte seine Kuppen in geringer Entfernung, und die Höhenzüge liefen in matten Linien am Horizonte hin. Scharfe Augen konnten sogar den stolzen Barbenfels unterscheiden, wie er über dem finstern Föhrenwalde zum gestirnten Himmel emporstrebte. Zwischen dem Hügel, auf welchem der Zug hinritt und dem Grafenschloß, lagen dunkle Waldesschatten. Es rauschte durch den Forst und kräftige Windstöße fuhren über das Feld. Einer dieser Windstöße trug Waffenlärm und Schlachtgetöse vom Walde her, und kaum trafen diese Töne des Ritters Ohr, als er das Pferd anhielt.

„Horch, — das klingt wie Schlacht!" sprach er, gegen den Forst hinlauschend.

„Es ist so!" bestätigte der Prälat. „Selbst der Schlachtenruf bringt herüber."

„Räuberischer Ueberfall; — irgend ein Bubenstück wird da verübt," sagte der Krieger. „Wozu sonst dieser nächtliche Kampf?"

„Unser Weg nimmt zwar eine abweichende Richtung," versetzte Stephan; „indessen ist es kein Umweg, dem Hilferuf gegen Gewaltthat zu folgen."

Weitere Vorstellungen waren überflüssig. Seines kriegerischen Gefährten weithinschallender Befehl ordnete schnell die Schaar, und sogleich sprengte der Troß den Hügel hinab dem Walde entgegen.

Gleich eilenden Wolkenschatten sah man die Reiterschaar den Abhang niederjagen, und über die anstoßende Fläche wegsprengen. — Da hemmte plötzlich ein Morast weiteres Vordringen.

Vergeblich suchte der kühne Führer, an verschiedenen Stellen in den Sumpf hineinreitend, den Uebergang zu erzwingen. Sein Pferd sank bei jedem Schritte tiefer. Vom Walde herüber, in geringer Ferne, brauste es wie heißer Kampf, Schwertschläge klangen, Geschrei und Getümmel. Der Mond aber sah theilnahmslos auf den edlen Recken, der im Vollzuge seiner Ritterpflicht durch einen Morast aufgehalten wurde. Obwohl dieser von geringer Breite war, schien es doch unmöglich, den gegenüberliegenden Waldessaum und damit festen Boden zu gewinnen.

„Wir müssen den Moorgrund umreiten, gnädiger Herr Markgraf!" rieth Siegibod, dessen Streitlust beim nahen Waffengetümmel, trotz seines Mönchgewandes, erwachte. „Am obern Ende desselben zieht ein Weg vorbei; — wahrscheinlich führt uns dieser auf den Kampfplatz."

Demzufolge machten die Reiter eine Schwenkung, und ritten am Rande des Sumpfes aufwärts, bis sie einen breiten Fahrweg erreichten.

„Alles stille!" sagte Stephan, da sie augenblicklich zur Stelle hielten, nach der Gegend hinhorchend, wo das Getöse erschollen war.

„Das Gefecht ist entschieden!" sprach Markgraf Luitpold. „Wer mag unterlegen sein? — Hoffen wir das Beste für die Angegriffenen; denn aller Wahrscheinlichkeit nach, sollte hier irgend ein Schurkenstreich ausgeführt werden."

Noch sprach der Ritter; da sprengte ein Reitertrupp gegen den Ort heran. Luitpold befahl zwei Reitern, mit einem Trompeter den Ankommenden entgegenzueilen und dieselben anzurufen, damit man wisse, wessen man sich zu versehen habe. Diese Maßregel war indessen überflüssig. Der Troß hatte einen abweichenden Weg eingeschlagen, und brauste in geringer Entfernung in sausendem Galopp durch den Wald. Zu gleicher Zeit hörte man von der Gegend des Kampfplatzes her Trompetengeschmetter, das in weiter Ferne von gleich kriegerischen Tönen beantwortet wurde.

„Es scheint da einen wohlangelegten, und von einer bedeutenden Streitkraft ausgeführten Plan gegolten zu haben, sagte der Graf. Wir müssen Licht in der Sache haben, — die Wahlstatt wird es verschaffen. Vorwärts!" —

Auf das „Vorwärts" folgte jedoch ein rasches „Halt!" Wieder galoppirten Reiter durch den Wald, und wieder brauste der Troß in geringer Entfernung durch das Dickicht. Nach verschiedenen Richtungen klangen Hörner, schmetterten Trompeten, lärmten Männerstimmen, zerrissen jähe Rufe kurz und grimmig, die Luft, der ganze Forst kam in Bewegung. Und dies Alles trieb sich in engen und weiten Kreisen wild um den Platz, auf den Stephan mit seinen Gefährten hielt. Es lag etwas Unheimliches in dem nächtlichen Treiben.

Einige Reiter wollten zwischen dem Getöse der Hörner, dem Anstürmen der Pferde und dem Geschrei der wilden Jagd zugleich Hundegebell und Peitschenknall vernehmen. Sie drängten sich näher und enger um Stephan. Sogar Luitpold schüttelte verwundert den Kopf, auch ihn überkam ein Grauen. Der Mond aber sah mit einem lachenden Schelmengesicht auf die Reiterschaar, aus der sich Manche bekreuzten, andrängende Geister des Aberglaubens zu verscheuchen.

„Wie sonderbar, wie eigenthümlich!" sagte Luitpold. „Ringsum ein Rennen und Jagen, und nicht ein einziges Mal kreuzt die Bahn der nächtlichen Gesellen unseren Weg!"

„Herr Markgraf," versetzte ein Dienstmann, „das geht nicht mit rechten Dingen zu. Gehen wir in Gottes Namen unseren Weg weiter. Mischen wir uns nicht in das Treiben der wilden Geisterjagd."

„Seid nicht abergläubisch, Curd," entgegnete Stephan. „Freilich ist das eine wilde Jagd, aber nicht jene, die Ihr meint. Fleisch und Bein haben diese Jäger so gut, wie wir."

Allein Curd schüttelte geheimnißvoll den Kopf und behielt seine Meinung. Dazu würde eine Umfrage ergeben haben, daß der abergläubische Curd mehr Anhänger für seine Meinung hatte, als der klar denkende Abt.

„Endlich wird es stille," sprach der Markgraf. — „Hört, — weit in der Ferne verklingen die Hörner!"

„Das ist Täuschung, Herr!" versicherte Curd. „Die Hörner sind uns so nahe, wie vorhin. Hört Ihr? Gott sei uns gnädig — jetzt rennt es gerade auf uns los."

In der That rauschte es neuerdings durch den Wald. Es kam auf dem Wege daher, den die Reiter gezogen waren. Kein Horn erklang dießmal, kein Ruf wurde vernommen, aber die Erde dröhnte unter dem Hufschlage anstürmender Rosse.

„Gib ein Zeichen!" befahl Luitpold dem Trompeter.

Allein die wilde Geisterjagd war dem Trompeter lähmend in alle Glieder gefahren. Nicht einmal zu dem Versuche brachte er es, den Befehl seines Herrn zu vollziehen. Dagegen zeigte er große Lust, vom Pferde zu steigen, und im Dickicht zu verschwinden, bis die wilde Jagd vorbeigebraust war. Und so mochte durch den Anprall der Anstürmenden großes Unheil entstehen, hätte Stephan dies nicht rasch verhütet.

Mühevoll trieb er sein Pferd durch den Knäuel, von Angst und Schrecken enge zusammengezwängt. Er ritt einige Schritte den Heranjagenden entgegen, hielt mitten auf dem Wege, und zwar in einer Lichtung, so daß seine Gestalt vom Monde hell beleuchtet war. Er winkte den Reitern lebhaft entgegen, und zu Curds größtem Erstaunen, bannte des Abtes bloßer Wink die Geisterjagd. Es folgten kurze Ausrufe der Verwunderung und flüchtiges Wechselgespräch.

Luitpold fand den Abt in tiefster Niedergeschlagenheit, und ihm gegenüber zwei Reiter, an der Spitze eines Troßes. Frisches Blut hing an den Rüstungen der fremden Edelleute, und durch die Kettenringe des Einen rann fortwährend aus tiefen Wunden das Blut.

„Graf Gottfried, Sohn des Grafen Raymund von Barbenfels," sagte Stephan vorstellend. „Mein Bruder, Markgraf Luitpold von Bayern."

Unter anderen Umständen würde gegenseitige Achtung durch warmen Handschlag Ausdruck gefunden haben. Gegenwärtig aber verhallten Stephans Worte theilnahmslos; denn auf Allen lag der Schrecken, nagte der Grimm, oder brannten Wunden. Gottfried wurde rasch bleicher und bleicher, kaum vermögend, den Sattel zu behaupten.

„Es ist abermals eine That der Gottlosigkeit geschehen," sprach der Abt zum Bruder gewandt. „Ethelinde, heimkehrend vom Turniere zu Hainfelden, wurde von vermummten Rittern entführt."

„Jungfrauenraub? Fluchwürdig und frevelhaft!" stieß der Markgraf zürnend hervor. „Aber," — und er sah über den Troß hin, „wie konnte der Raub in Mitte schirmender Lanzen geschehen?"

„Wir thaten unsere Schuldigkeit, Herr Markgraf," entgegnete Nothar. „Doch es geschah der Ueberfall durch eine zehnfach überlegene Macht und mit einer Berechnung, die jeden Widerstand nutzlos machte. Dort im Walde liegt ein freier Platz, es münden Wege aus verschiedenen Richtungen in denselben. Auch die Straße von Hainfelden nach Limburg, die wir gezogen, führt über den Ort. Als wir nun, die Grafenburg bereits im Angesichte, über den Platz ritten, stürzten plötzlich von allen Seiten Bewaffnete auf uns ein. Im Augenblicke waren unsere Reihen durchbrochen, Ethelinde mit ihren Frauen von uns getrennt. Wir hieben töbtlich auf die Feinde los, sie aber begnügten sich, die Streiche aufzufangen, und in dem Kreise uns fest zu halten, den sie gezogen, um Ethelindens Entführer nicht verfolgen zu können. So währte der Kampf eine Weile. Mit einem Male stäubten die Feinde nach allen Richtungen auseinander und wir jagten, nach Ethelinde suchend, durch den Wald. Da und dort klangen Hörner, dröhnten Hufschläge, — und wir ritten in der Irre."

"Habt Ihr keinen der Elenden erkannt?" forschte Luitpold.

"Nein! — Auf Ritterwort darf ich Keinen des Raubes bezüchtigen. Sie Alle waren vermummt, Einige trugen Larven. Aufgefallen ist mir jedoch eine verwachsene buckelige Gestalt, die große Aehnlichkeit mit dem neuen Abte Wido von Hornbach hat."

"Ein Abt unter Frauenräubern? Nicht möglich, Herr Ritter," widersprach der Markgraf.

"Allerdings, — ein Abt, nach des Königs Wahl, unter Frauenräubern," entgegnete Stephan traurig. — "Dieser Wido, ein wilder, fehdesüchtiger Mensch, ohne allen Beruf für den heiligen Stand, erkaufte um hohe Summen die Pfründe von Hornbach."

"Und jetzt, — was ist zu thun?" sprach der Markgraf. "Habt Ihr eine Ahnung, wohin Ethelinde gebracht wurde? Ich stelle meine ganze Streitkraft zur Verfügung, das Fräulein den Räubern zu entreißen."

"Beruhige Dich! versetzte Stephan. Ethelinde ist für jetzt nicht gefährdet. Ihr Entführer aber ist greifbar, — und bei Gott! Auf dem Tage zu Frankfurt will ich sie aus seiner Hand zurück fordern. — Reiten wir nach Limburg."

Gottfried verhielt sich scheinbar theilnahmslos. Das Blut rann unausgesetzt durch die Kettenringe. Als die Schaar aufbrach, wankte er, taumelte und sank ohnmächtig in die Arme des aufmerksamen Nothar.

Die Herren sprangen von den Pferden. Im feuchten Grase lag der leblose Jüngling, vor ihm kniete Stephan, Nothar entwappnete seinen jugendlichen Gebieter, und der Mond beleuchtete eine tiefe Schulterwunde.

„Seid unbesorgt, tröstete Stephan. Gott waltete, — kein edler Theil ist verletzt. Die Ohnmacht ist nur eine Folge des Blutverlustes."

Und der kundige Prälat, der sich mit Armen und Kranken so viel zu schaffen machte, legte einen ausgezeichneten Verband an. Gottfrieds Bewußtsein kehrte zurück. Aus Zweigen wurde rasch eine Bahre gefertigt und der Verwundete behutsam durch den Forst getragen. Neben den Trägern schritt Stephan.

Bald gelangten sie außerhalb des Waldes, und jetzt schlugen sie den von Hainfelden kommenden, und in gerader Richtung gegen Limburg führenden Weg ein.

Am nächsten Weidengebüsch verschwamm eben die letzte Reihe der Krieger mit den grauen Schatten der Nacht, als von der entgegengesetzten Seite abermals ein bewaffneter Haufen heranzog. Nach wenigen Augenblicken erschien der hundefreundliche Herr Volkbrand, gegenwärtig Führer und Hüter des alten Barbenfels und des jungen Gieselbert. Der edle Markgraf war so hochherzig gewesen, durch Hingabe seiner Freiheit jene des vielgeliebten und von Ethelinde vielbeweinten Raymund zu erkaufen. Nun traf ihn zum Unglücke noch der Hohn, gefangen an der Seite des gefesselten Grafen zu reiten, dessen Freiheit um so hohen Preis erkauft, durch Königswort verbürgt worden war. Für Heinrichs Benehmen fand der gute Junge keine Bezeichnung, und so oft er des Wortbruches gedachte, arbeitete es in seiner Brust gewaltig, es kochte und siedete immer höher, bis in das Gesicht, welches feurig brannte, und bis in die Augen hinein, welche den matten Schein des Mondes beschämten.

Ritter Volkbrand hatte vor dem Aufbruche ziemlich tief in den Krug gesehen. Er schwatzte sehr viel und wog die Worte nicht ab, weßhalb manches Unkluge und Anstößige über die beredten Lippen des einsichtsvollen Herrn kam. Gegen die Gefangenen benahm er sich rücksichtsvoll. Aufrichtig bedauerte er Raymunds Geschick, fand sogar des Königs Verfahren unbarmherzig und hart. Für Gieselbert aber, den Mörder seiner unvergeßlichen Hunde, hatte er kein Wort des Mitgefühls. Er fand vielmehr in dessen gegenwärtiger Lage gerechte Strafe für das verübte Verbrechen.

Beiden Grafen waren die Hände mit Stricken zusammengebunden, was ihnen das Reiten erschwerte, und besonders dem altersschwachen Bardenfels lästig fiel. — Im Uebrigen bewies der greise Herr mehr Unverdrossenheit und Muth, als zu erwarten stand. Seine Lage beurtheilte er klar, ohne alle Täuschung der Selbstliebe. Er kannte Heinrichs Nachsucht, hoffte von ihr das Schlimmste und wußte mit Bestimmtheit, daß die gegenwärtige Reise mit jener in die Ewigkeit in sehr enger Verbindung stand. Dennoch war die Stimmung des Alten gerade nicht gedrückt. Das Liebste auf Erden wußte er in Sicherheit. Ethelinde stand unter der schützenden Fürsorge Stephans, dessen strenge Gewissenhaftigkeit ihn beruhigte, und der seine Vaterstelle vollkommen ausfüllen würde. Anderseits tröstete ihn sogar des Königs geheime und gesetzwidrige Rachesättigung. Wäre er im Gotteskampfe, oder vor Gericht des angeschuldigten Verbrechens überführt worden, würde das ganze Grafenhaus abgebrochen worden sein. Nun durfte er allein zum Opfer fallen, denn Heinrichs Interesse gebot, eine Sache niederzuschlagen, deren genaue Untersuchung ihn als Verletzer von Recht und Gesetz blosgestellt haben würde.

Der jugendliche Gieselbert hingegen, dem Ruhe und Kaltblütigkeit des Alters fehlten, war den finsteren Mächten des Grimmes und der Verzweiflung beinahe vollständig Preis gegeben. Durch die bekannten Wirbeltänze unter der Eiche hatte er bewiesen, daß er sich zuweilen von Geistern beherrschen ließ, die weder in kühler Luft wohnen, noch in kalter Erde, am wenigsten in himmlischen, über alles Irdische erhabenen Regionen. Das Element der Lebensgeister Gieselberts war das Feuer. Darum brannte es fortwährend in Gesicht und Augen des Gefangenen. Hätte man in sein Herz hineinsehen können, so würden auch dort mächtige Feuer bemerkt worden sein. Diese Feuer waren gefährlicher Art; denn am Sitze des Lebens, drohten sie, dasselbe zu vernichten. Schon war die frühere Kraft des Herzens gebrochen und schürende Geister waren geschäftig, den vollständigen Einsturz zu beschleunigen. Mit vollen Backen bliesen die Kobolde in die wilde Gluth. Sie erinnerten unablässig an des Königs Leidenschaft für Ethelinde, an den Anschlag gegen sie. Klug und zart, ganz nach Geister Art, machten sie aufmerksam, daß dem königlichen Liebhaber sogar die Schmach der Wortbrüchigkeit geringer geschienen, als der Verzicht auf Ethelinde. Hätte nämlich der Fürst, — so argumentirten die geistigen Gewalten, den Vater freigegeben, dann durfte er, mit Wissen des Alten, an die Tochter nicht einmal denken. Mithin opferte er den Vater und das eigene Manneswort der Begierlichkeit zum Bösen. Auch diese Begierlichkeit malten die Geister vor Gieselberts Augen hin, und zwar in schreienden Fleischfarben. Hochauf schoß die Gluth in dem gepeinigten Markgrafen, so daß er tief stöhnte, an den Fesseln zerrte und mit den Zähnen knirschte.

Und dies Alles geschah, während Herr Raymund mit dem weinseligen Volkbrand gemüthlich plauderte. Freilich hätten drei Worte Gieselberts alle Gemüthlichkeit des Alten vernichtet. Wahrscheinlich sogar ist es, daß jene nicht ausgesprochenen Worte dieselbe vernichtende Gewalt auf den nichts ahnenden Vater geübt hätten, wie ein Dolch auf das Leben, wenn er mitten durch das Herz fährt. Darum hörte der Elsäßer Löwe nicht auf, großmüthig zu sein, die ganze Qual allein zu tragen. Nicht einmal das Opfer von Freiheit, und wahrscheinlich von Leben berührte er, daß er für Raymund gebracht hatte.

„Ich kann Euch alten Mann nicht länger so auf dem Gaul herumschlottern sehen," sagte Volkbrand. „König Heinz mag Ursache haben, Euch binden zu lassen, — und ich hab' Ursache, Euch von dieser hänf'nen Sperrkette zu befreien."

Damit ritt er zum Grafen heran, und durchschnitt mit einem Dolche den Strick.

„Dank Eurer Theilnahme, Herr Volkbrand!" sagte Bardenfels. „Ihr habt meine Lage um Vieles verbessert. Hätte nicht gedacht, in meinen alten Tagen noch zu erfahren, welcher Unterschied zwischen freien und geknebelten Handgelenken ist."

„Je — nun, mancher Hals macht mit dem Strange Bekanntschaft, ohne zu wissen warum," meinte Volkbrand, nachdem er in langen Zügen seinen Durst aus dem ledernen Schlauche gestillt, der am Sattelknopfe hing. „Heut zu Tage kann Niemand für Hals, Hand und Bein gut stehen; — das Alles kann heute noch mein, — und morgen schon bem Henker sein. — Ueberhaupt scheint das Henkeramt unter Heinrichs Regiment zu Ehren zu kommen. Bald wird's neben dem Reichsmarschall und Reichsseneschall auch einen „Reichshenker" geben! Ha — ha — ist das nicht lustig?"

„Den Reichshenker haben wir bereits," erwiederte Raymund mit Laune.

„Wirklich? Davon wußte ich doch nichts," sagte Volkbrand verwundert. „Sonst höre ich von Boleslav Alles, was am Hofe geschieht, — vom Reichshenkeramt hat er mir aber noch nichts gesagt. — Kann sein, daß er's über dem Strauß, den er heut Abend für unseren Heinz — hum — potz Wetter, — davon sagte er nichts!" — und der geschwätzige Freund des Bachus gerieth in eine großartige Verwirrung. Nahe daran, ein schreckliches Geheimniß zu offenbaren, fuhr es grell und leuchtend durch die Nacht seines Kopfes. Er sah, daß die drängenden Worte nicht gesprochen werden durf=

ten, sollte Herr Raymund nicht toll werden, — noch toller als er selbst gewesen, da der Geächtete seine Hunde erschlug.

Volkbrand räusperte sich daher wiederholt, und schwatzte Allerlei durcheinander, was ihm beim vorherrschenden Weingeiste vortrefflich gelang. Dagegen bewies Gieselberts dumpfes Stöhnen, daß er Volkbrands unvollendeten Satz sehr gut verstanden und ergänzt hatte.

„Ha — hum, — ein Reichshenker!" lachte der Ritter. „Aber sagt, Herr Raymund, was fällt denn eigentlich in den Amtskreis dieses Mannes?"

„Viel — sehr viel! Als da sind: Gut, Leben, Recht, Gesetz, — kurz Alles," antwortete der Graf.

„Nun, — das Leben versteht sich von selbst, meinte der Ritter. Aber Recht und Gesetz, — Donnerwetter! Das wird man doch nicht aufhängen wollen? Hängt Recht und Gesetz am Galgen, wird's noch lustiger durcheinander gehen, als es jetzt schon der Fall ist. Müßen doch heutigen Tags wegen Hochverraths, Meineids, Verschwörungen, und dergleichen Geschichten, Leute ins Gras beißen, von denen man so was nimmer geträumt hätte. Am Ende ist Keiner mehr sicher, ob er nicht so 'nen Meineid beging, oder in Verschwörungen verstrickt ist, — und erfährt er davon nicht eher etwas, bis ihm der König Lehen und Leben absagt."

„Sehr wahr! Meine eigene Erfahrung bestätigt Eure Behauptung vollkommen," sagte Bardenfels.

„Und wen hat der König mit diesem vermaledeiten Reichshenkeramt betraut?" fragte Volkbrand in fröstelndem Tone.

„Der König behielt dieses Amt für sich selbst, — er ist der Reichshenker," antwortete in trübem Ernste der Graf.

Der Ritter sah Bardenfels verblüfft an, ohne jedoch der Behauptung desselben zu widersprechen.

„Die Sache klingt Euch unwahrscheinlich, Herr Volkbrand," fuhr Raymund fort. „Betrachtet Heinrichs Reichsverwaltung etwas näher, und Ihr werdet finden, daß ich Recht habe. Wie Ihr selbst sagt, ist Niemand sicher, angeklagt und wegen Verbrechen gerichtet zu werden, die ihm völlig fremd sind. Recht, Gesetz und Herkommen tritt der Salier nieder; — er wirthschaftet mit Leben, Gut und Ehre ganz nach Henker Art! Ich zweifle, ob jemals eine Henkersnatur das Licht der Welt erblickte, die so tadellos und vollkommen gewesen wäre, als jene des Vierten Heinrich."

„Beim Teufel, Ihr habt Recht!" rief Volkbrand. „Hätt' ich eher Zeit gehabt, darüber nachzudenken, würde es mich längst schon gewurmt haben, daß deutschem Namen solche Schmach geschieht. — Aber, — was kümmert's mich," — fuhr er fort, abermals den Schlauch tief zu Rathe ziehend. „Der König mag verantworten, was er befiehlt. Ich thue die Schuldigkeit eines getreuen Lehensmannes, — damit fertig!"

Bardenfels vermuthete den Grund, welcher den in manche Schandthaten verwickelten Höfling zur letzten Bemerkung veranlaßte. Schonungsvoll überging er die berührte, in Volkbrands Seele so mißtönend klingende Saite. Aber mit Wärme setzte er das Gespräch über Pflichten und Würde des Reichsoberhauptes fort, und bedauerte die tiefe Erniedrigung dieser Würde durch

Heinrich. Nicht minder beklagte er den Verfall von Ordnung, Sitte und herkömmlichen Rechten, in welchem Volkbrand ihm beistimmte, so daß es immer mehr den Anschein gewann, Graf Raymund werde dem Könige einen dienstwilligen, tapferen Kriegsmann abwendig machen.

Mittlerweile gelangte der Troß an den Rhein, welchen sie in früher Morgendämmerung in einer Fähre übersetzten. Nach beinahe zweistündigem Ritte erreichten sie ein Kloster. Dort wurde bei ausgezeichneter Bewirthung den ganzen Tag gerastet. Raymund wurde mit Gieselbert in ein mit Eisenstäben an den Fenstern vergittertes Zimmer gebracht. An Speisen und Trank war kein Mangel. Beiden sprach Barbenfels tüchtig zu. Der Jüngling genoß dagegen nur wenig, und zog sich deßhalb nicht minder seines Leidensgefährten Tadel zu, als wegen seines düsteren Wesens.

„Wie möcht Ihr so finster d'rein schauen, Herr Markgraf!" sagte Raymund. „Eßt — trinkt und seid guten Muthes! Sterben müssen wir ja doch Alle, — ob's nun etwas früher oder später geschieht. Hoffentlich habt Ihr keinen Grund, den Tod zu fürchten; — klebt noch irgend etwas an Eurer Seele, das Euch den Hingang versauert, nun, — so laßt Euch einen frommen Mönch kommen, damit durch's heilige Sakrament das lästige Ding entfernt werde."

Die eigentliche Angabe seines Kummers würde wohl auch Herrn Raymund alle Lust benommen, und ihn verzweifelter Stimmung überantwortet haben. Gieselbert zog es vor, die wahre Ursache seines Trübsinns nur anzudeuten.

„Mein eigenes Geschick drückt mich weniger," entgegnete er. „Aber des Reiches traurige Lage und des Königs himmelschreiendes Verfahren gegen Sitte und Gesetz, lasten schwer auf mir."

„Wahr, — Manches ist faul!" sprach der Graf nach ernstem Sinnen. „Indessen hoffe ich das Beste vom gesunden Mark des Volkes, und von Roms klugem und kraftvollem Einschreiten. Im Uebrigen laßt Gott walten."

Ritter Volkbrand trat eben mit der Nachricht herein, daß Alles zum Aufbruche bereit sei. Gieselbert wurden die Hände wieder gefesselt, und nach wenigen Augenblicken nahm die Reise ihren Fortgang.

Als sie eine Strecke geritten waren, zog ein Reitertroß in geringer Entfernung vor ihnen her. Raymund glaubte, unter dem Trupp flatternde Frauengewänder zu bemerken.

„Wer mag das sein dort vorn?" sagte er. „Wie mir dünkt, schickt es sich für Frauen schlecht, so in die Nacht hinein zu reiten."

„Unter tapferer Bedeckung haben Frauen nichts zu befürchten," warf Volkbrand ausweichend hin. — „Ich habe da mit dem Abt des Klosters arge Händel gehabt, an welchen Niemand schuld ist, als Ihr, mein bester Graf."

„Ich? Wüßte doch nicht!"

„Nun ja, — Ihr seid doch eigentlich der Veranlasser des Streites, — oder vielmehr ist es unser Gespräch in voriger Nacht, über Heinrichs Henkerregiment. Hab' dem Abt beim Humpen offen meine Meinung ge=

sagt, worauf der grimme Herr in arger Hitze über mich herfuhr."

„Der ehrwürdige Vater wird ein Simonist sein, und dann ist dessen Freundschaft für König Heinrich sehr natürlich," meinte Bardenfels.

„Es ist so, — aus Heinrichs Hand empfing er das Stäblein gegen Bezahlung von hundert Mark."

„Die er den Klosterleuten durch Schinden und Schatzen wieder herauspreßt, — der gottlose Wicht," zürnte Raymund, und voll Entrüstung begann er des Königs Handel mit geistlichen Würden zu verurtheilen.

In der ziemlich langen Verdammungsrede wurde endlich Herr Raymund durch Waffenlärm unterbrochen, der ihnen vom vorausreitenden Troß entgegenschallte. Offenbar war jener in dem waldigen, engen Thale, durch das sie eben ritten, angegriffen worden. Vergebens forderte Bardenfels den Ritter auf, den Bedrohten zu Hilfe zu eilen.

„Sie mögen ihrer Haut sich wehren, so gut es geht!" sagte Volkbrand gleichgültig. „Mit meiner Hand voll Leuten könnte ich ihnen doch nur geringen Beistand leisten."

„Schämt euch, Herr Volkbrand, den Feind oder Eure Leute zu zählen! Bei solchen Vorfällen ist jeder einzelne Ritter verpflichtet, sogar zwei Angegriffene gegen hundert Lanzen zu vertheidigen. Vorwärts! Laßt mir freie Hand, und ich will mit unbewaffneter Faust die Bedrohten vertheidigen."

„Es geht nicht, — ich darf meine Schutzbefohlenen nicht der Gefahr aussetzen, weggeschnappt zu werden.

Uebrigens ist der Kampf schon entschieden, — hört! Das Getöse schweigt."

„Die haben sich schlecht gewehrt," sagte der Graf. „Guter Gott! Was ist's doch für eine traurige Zeit! Allenthalben Ueberfall, Beraubung, Mord und Brand."

Er versank in trübes Nachsinnen, und da Volkbrand nicht dieselbe Redseligkeit von gestern bewies, wurde die Reise größtentheils ohne Unterhaltung fortgesetzt.

Drei Stunden nach Mitternacht, stießen sie neuerdings auf ein Kloster, und auch hier brachten sie den ganzen Tag zu. Graf Raymund erwies dem wohlbesetzten Tische der gastfreien Benediktiner alle Ehre. — Gieselbert fastete abermals; Herr Volkbrand hatte tüchtig gezecht, so daß er beim Aufbruche zum Schwätzen noch geneigter war, als am ersten Abend.

Der Hunnenthurm.

Am Morgen des dritten Tages lag endlich der Bestimmungsort den Reisenden vor Augen.

"Da seht nur, wie das Morgenroth dem alten, verwetterten Gesellen um den grauen Kopf blitzt!" rief Volkbrand, auf einen runden Thurm der nahen Bergeshöhe hindeutend. "Ihr werdet lustiges Quartier haben dort oben, Herr Raymund, — und auch 'ne schöne Aussicht, wenn Ihr Freund von solchen Liebhabereien seid."

Graf Barbenfels erhob den Blick zum düsteren Gemäuer, dessen gezackte Zinne im jungen Morgenlichte brannte. Der Hunnen= oder Heidenthurm, wie er auch genannt wurde, trotzte von steiler Bergesstirne herab, ringsum die Landschaft beherrschend. Germaniens Bezwinger, die kriegskundigen Römer, sollen ihn zur Bändigung der umwohnenden Deutschen erbaut und darin eine starke Besatzung unterhalten haben. Von der Zinne der Veste gewahrte man auf entfernteren Bergkuppen ähnliche Thürme zu gleichem Zwecke, so daß sich die unruhigen, freiheitsliebenden Germanen von einem Netze drohender Zwingburgen umgeben sahen. Gegenwärtig lagen die Schlösser größtentheils in Trümmern, von Moos und Strauchwerk bedeckt, und boten in ihrer Verödung ein treues Bild von Roms untergegangener Weltherrschaft.

An den Heidenthurm stießen mehrere Außenwerke, halb zerfallen und in ebenso verwahrlostem Zustande, wie der halb verschüttete Wallgraben. Heinrich IV. erneuerte möchlichst die ursprüngliche Bedeutung der alten Veste, indem er Personen von Stand und Rang, seinen Umtrieben abgeneigt oder feindselig, in die festen Gewölbe jenes Thurmes sperren ließ. Der Besatzung der nahen Burg Lützelhardt war zugleich die Hut der unglücklichen Bewohner jenes Thurmes vertraut, sowie die Verhinderung allenfallsiger gewaltsamer Befreiungs=versuche.

Im Reiche stand der Hunnenthurm in üblem Rufe. Kaum vernahm Herr Raymund den Namen des alters=grauen Gemäuers, als ihm des Königs tödtliche Ab=sichten gegen allen Zweifel klar wurden. Indem er schwermüthigen Blickes zum Berge emporblickte, dessen Spitze sie sich jetzt auf einem beschwerlichen steinigten Wege näherten, sah er die Raben die umheimlichen Zinnen umkreisen, und ihr heiseres Krächzen schien die Beute herauszufordern, deren Todtengeruch sie angelockt hatte. Er gedachte vieler Sagen, voll Schrecken und Grausen, die sich an den Hunnenthurm knüpften. Er dachte nicht daran, das Sagenhafte von der Wirklichkeit zu sichten. Sein erzürnter Geist erwog nicht, daß gegen Heinrich Vieles gelogen, und ihm manch schwarze That angedichtet wurde, die er niemals begangen. Persön=liche Erfahrung war ihm Bürgschaft, für die Wahrheit aller Verläumdungen gegen den König.

Auch an die Mißhandlungen der Gefangenen glaubte er. Beim Gedanken an das allmälige Hinsterben in den von Moder und Fäulniß geschwängerten Gewölben, fühlte der alte Herr zum ersten Male ein leises Schaudern seine Glieder durchriefeln. Den Blick abwendend, betrachtete er den stolzen, Berg und Thal bedeckenden Forst, dessen tausendjährige Stämme ihn antrauerten, und durch dessen stolz emporragende Wipfel Klagelieder rauschten. Mit solcher Stärke legte Gott in des Menschen Brust den Freiheitsdrang, daß alle Herrlichkeit der Welt veröbet und vertrauert, wenn sich des Schöpfers Meisterwerk in Ketten und Banden weiß.

Der Kerkermeister des Hunnenthurms, ein hagerer Mensch, dessen widriges Grinsen kalter Grausamkeit ein sichtliches, die Lippen stets umschwebendes Lächeln noch steigerte, beobachtete an einem hoch gelegenen Fenster den bereits angesagten nahenden Troß. Mit freudig bewegter Stimme rief er jetzt nach seinen beiden Knechten, unter steten Verbeugungen Volkbrand entgegentretend, nachdem dieser vor dem Thurme angelangt war.

„Habt Ihr zwei Kammern hergerichtet, Meister Werinhar?" rief ihm der Edelmann zu.

„Zwei Kammern, — edler Herr?" that der Kerkermeister erstaunt. „Wir haben hier nur Verließe, aber keine Kammern."

„Meinethalben, — heißt Eure Löcher wie Ihr wollt! Ich meine nur, ob Ihr die Gefangenen gleich unterbringen könnt, damit sie aus meiner Verantwortung kommen. Mein Magen bellt entsetzlich, und mein durstiger Gaumen überschreit noch den hungrigen Kläffer."

„Alles in Ordnung, gnädiger Herr!" versetzte der freundlich lächelnde Werinhar. „Es müßte gerade sein, daß der Steinkrug ein Loch bekam, oder das Strohbündel völlig verfaulte. Aber da ist gleich abgeholfen.

Besonders wird der junge, schöne Herr da frisches Stroh brauchen können," — fuhr er mit verbindlicher Verbeugung gegen Gieselbert fort. „Man muß seine Schuldigkeit thun, und mir wenigstens soll Niemand nachsagen, daß ich dieselbe versäumt hätte."

„Und weßhalb dem alten Herrn kein frisches Stroh? Dächte ich doch, der Alte bedürfe solches eher, als der Junge," meinte Volkbrand.

„Weil ich diesen ehrwürdigen Herrn höchstens zwanzig Tage in Kost und Pflege haben werde," entgegnete Werinhar süßlich grinsend. „Es wäre aber sündhafte Verschwendung, für so kurze Zeit einen Bündel frisches Stroh zu vergeuden."

„Wird Herr Raymund nach zwanzig Tagen der Haft entlassen?" horchte Volkbrand.

„Eher noch — vielleicht!" bedauerte Werinhar. — „Grenzt ja das Verließ, wohin Graf Bardenfels, nach des gnädigsten Herrn Kämmerers ausdrücklichem Befehl gebracht werden soll, näher an die Himmelspforte, als alle übrigen. Dafür liegt es auch siebzehn Fuß tief unter der Erde, — läßt weder Licht, Luft, noch irgend ein Geräusch der Oberwelt zu, so daß man dort ungestört heiligen Betrachtungen obliegen und sich auf eine selige Sterbestunde vorbereiten kann."

„Ein ruhiges Grabgewölbe also!" sprach Raymund, innere Bangigkeit durch den zitternden Ton seiner Stimme verrathend.

„So ganz ruhig doch nicht, bester Herr!" bemerkte Werinhar in salbungsvoller Freundlichkeit. „Ratten, Molche und dergleichen Geschöpfe, werden Euch Gesellschaft leisten, und ihr Gesang wird manchmal Eure Be-

trachtungen stören. Aber man gewöhnt sich an Alles!
— Ebenso wird Euch das vom Gestein niederrieselnde
Wasser anfangs beschwerlich fallen. Wollte man es aber
aus dem Verließe entfernen, so müßte der Fels selber
in Stücke zerschlagen werden. Dabei überzieht es die
Wände mit grüner Tapete, wie Ihr selbst wahrnehmen
könnt, wenn alle zwei Tage der Lichtschimmer meiner
Laterne durch die Oeffnung des Schiebers fällt, wodurch
Ihr frisches Wasser und Brod empfangt. Zuletzt muß
ich noch erwähnen, daß Eure Wohnung gerade vier
Fuß lang, vier Fuß hoch und drei Fuß breit ist, so daß
Ihr weder zu stehen, noch zu liegen braucht, und fort=
während in gemächlicher Ruhe dasitzen könnt."

Die sonderbare Art, mit welcher Werinhar das schau=
bererregende Verließ beschrieb, erweckte selbst Volkbrands
Abscheu. Voll Aerger blickte er dem lächelnden Kerker=
meister in das fahle Gesicht, dessen kalte Grausamkeit
sichtliches Wohlbehagen empfand, indem er Gefühle des
Schreckens im erbleichenden Angesichte Raymunds auf=
steigen sah.

„Beim heiligen Kreuz, Meister Werinhar," zürnte
der Ritter, „Euer grinsendes Teufelsgesicht ist noch häß=
licher, als das elende Loch, welches Ihr das Himmels=
pförtlein nennt. Uebt Euer Henkeramt und seid dafür
verflucht! Das Lachen aber laßt bleiben, sonst will ich
Euch mit meinem Lanzenschafte heulen machen."

„Verzeiht, gnädiger Herr!" entgegnete Werinhar,
Volkbrand einen stechenden, giftigen Basiliskenblick zu=
werfend. „Man muß freundlich sein gegen seine Gäste
und ihnen die Haft nicht schwerer machen, als sie ist.
— Richtig, — zu guter Stunde fällt mir ein," setzte

er ruhig bei, „daß Graf Ekbert die Himmelspforte noch nicht verließ. Geh' hinab Gotebald, trage die Leiche herauf; die Ketten sind schon abgefeilt, — du kannst den guten Herrn ohne Hinderniß aus seiner Behausung bringen."

„Todt, — Ekbert todt!" sprach Volkbrand in trübem Sinne vor sich hin. „Wann starb der Graf?"

„Gestern, gestrenger Herr, — gestern! Offenbar wollte er dem guten Grafen Raymund Platz machen, sonst hätte er wohl noch einen Tag länger gelebt, als vier Wochen. — Seht, da kommt seine sterbliche Hülle, — freilich etwas verändert, seitdem Ihr ihn das letzte Mal gesehen."

Er deutete auf Ekberts Leichnam, welchen der Knecht eben aus der Thüre schleppte und neben dem Eingange niederlegte.

Mit Ausnahme Werinhars und seiner entmenschten Knechte, ergriff Alle Schauder und Entsetzen, beim Anblicke der furchtbar entstellten Leiche. Nicht entfernt bot dieser verwelkte Leib eines hochbejahrten Greises Spuren der Aehnlichkeit mit dem blühenden Grafen Ekbert, wie ihn die Anwesenden im Leben kannten.

Graf Raymund blickte zuerst auf den Leichnam, — dann gegen Himmel, und obwohl seine zitternden Lippen keinen Schmerzensruf ausstießen, verrieth doch die wankende, bebende Gestalt des alten Mannes hinlänglich seine Gefühle.

Die eigenthümlichste Wirkung brachte der Leichnam auf den jugendlichen Markgrafen hervor. Anfangs starrte er in seiner bisher bewiesenen Theilnahmslosigkeit für Alles, was um ihn vorging, auf die entseelte Hülle

eines Mannes, mit dem er früher in näherer Beziehung
gestanden. Krampfhaft fuhr es dann durch seinen Kör=
per, sein Gesicht flammte, sein Auge glühte, und offen=
bar zerriß ein gewaltiger Seelensturm die lähmenden,
betäubenden Fesseln, worin des Jünglings Geist gefan=
gen lag. Der Mensch ist eben nicht immer Herr seines
Schicksales, — er gehorcht der gebietenden Stunde. —
Und auch der Geächtete gehorchte anstürmenden Gewal=
ten, von denen eine ganze Legion über ihn herfuhr, sein
ganzes Wesen erfüllend, treibend, peitschend, zum Aeuß=
sersten aufstachelnd. Die gefesselten Hände zur Brust
emporhebend, schwollen seine Arme durch die angespannte
Muskelkraft hoch auf, ein Ruck — und die Stricke lagen
zerrissen zu Füßen. Wild umherblickend stand er da,
mit geballten Fäusten und weitaufgetriebener Nase, die
errungene Freiheit aufs Aeußerste zu vertheidigen ent=
schlossen.

Das Krachen der Fesseln verrieth zuerst Meister
Werinhar den Vorgang. Mit einem Schrei des Ent=
setzens, ausdrucksvoll genug, den Einsturz der halben
Welt anzudeuten, forderte er seine Knechte auf, den Ge=
fangenen zu greifen. Zwei wüthenden Kettenhunden
gleich, stürzten diese auf Gieselbert los.

„Ha, — verfluchte Henkersbrut!" rief der grimme
Markgraf, erhob drohend die geballte Faust, und zwei
furchtbare Schläge streckten die Knechte betäubt zu Boden.

Dies geschah so unvorhergesehen und schnell, daß
Gieselbert dem zunächst stehenden Krieger die Streitaxt
entrissen, und sich zur Abwehr weiterer Angriffe an
einen Pfeiler gestellt hatte, bevor nur Volkbrand zur
klaren Einsicht des Vorfalles gelangte.

„Ha — ha!" lachte jetzt der Edelmann laut auf, Werinhars grämliches Gesicht und die herumtaumelnden Knechte bemerkend. „Vergeht Dir's Lachen, rothköpfiger Wicht? Nur Schade, daß des Löwen Tatzen nicht auch Dich so lustig auf den Kopf herumtanzen ließen."

„Um Gotteswillen, gnädigster Herr!" bat der erschreckte Kerkermeister. „Geht ihm zu Leibe, — fesselt ihn, bindet ihn mit Ketten, da er Stricke wie Bindfäden zerreißt."

„Was — hältst Du mich für 'nen Henkersknecht?" zürnte Volkbrand. „Das Binden ist Deine Sache; — hab' den Gefangenen Dir ausgeliefert, sieh' zu, wie Du zurecht kommst."

„Ausgeliefert? Was Ihr nicht sagt!" rief Werinhar nicht ohne Hohn. „Wer einmal in meinen Händen ist, zerreißt keine Stricke mehr. Entrinnt der Gefangene," fügte er bei, „trifft Euch alle Verantwortlichkeit. Nicht mit Hellerstricken, sondern mit Ketten hättet Ihr ihn binden sollen. Was es aber heißt, mein bester Herr," — und er lachte bedeutsam, „dem Könige einen Gefangenen von solcher Wichtigkeit entwischen zu lassen, möcht Ihr selbst beurtheilen."

Die letzte Bemerkung schlug an. Volkbrand fürchtete Heinrichs Zorn und gleiches Schicksal mit Ekbert und Anderen, die wegen geringfügigerer Dinge des Saliers Rachsucht verfallen waren.

„Haltet das Thor besetzt!" befahl der Edelmann seinen Leuten. „Dieser hundsföttige Rothkopf soll keinen Grund haben, beim Könige gegen mich zu heulen."

Hierauf nahte er Gieselbert in der freundschaftlichen Absicht, ihn mit den Ketten zu belasten, welche der dienstfertige Kerkermeister ihm gereicht hatte. Der Markgraf war übrigens anderer Ansicht. Da ihm Volkbrand auf sechs Schritte nahe kam, hielt er drohend die Streit= axt vor.

„Steht!" rief er in befehlendem Tone. „Meine Fesseln sind zerrissen, und weder Ihr, noch jener ent= menschte Knecht eines unmenschlichen Herrn, soll mir dieselbe lebend wieder anlegen."

„Eure Sprache gefällt mir, Herr Markgraf!" sagte der Ritter. „Wunderte mich längst schon, daß Ihr Euch so geduldig habt d'rein gefügt, und aus einem Löwen ein Schaf geworden seid. Da ich's aber über= nommen habe, Euch jenem lachenden Schuft auszulie= fern, werdet Ihr erlauben, daß ich mein Versprechen halte."

„Findet Ihr es mit Ehre und Gewissen vereinbar, eines Tyrannen Rachsucht zu dienen, — immerhin!" sagte der junge Mann.

Volkbrand schoß alles Blut in das Gesicht.

„Mit Ehre vereinbar?" wiederholte er. „Wann gab ich Euch Veranlassung, mein Ehrgefühl zu bezwei= feln? Ich vollziehe den Willen meines Königs und habe nicht nothwendig, zu untersuchen, ob seine Befehle nach Tyrannei schmecken."

„Wäret Ihr ein Geschöpf ohne Vernunft und freien Willen, könnte Euer blinder Gehorsam entschuldbar sein," erwiederte Gieselbert. „Da Ihr nun ein Mensch und zu gewissenhafter Erwägung verpflichtet seid, ob die übernommenen Befehle mit Pflicht und Ehre überein= stimmen, so bedeckt Ihr schlecht die Schmach des Skla= vendienstes, mit der Ihr Euren Wappenschild besudelt."

„Sagt, was Ihr wollt!" rief Volkbrand ärgerlich. „Doch — sehen sollt Ihr, daß ich Ritterehre ebenso hoch schätze, als Ihr oder ein Anderer. Leicht wäre mir's, diese Eisenringe Euch umzuhängen. Da Ihr aber von edlem Blute seid, will ich selbst den Mord meiner edlen Hunde vergessen, und im Zweikampfe Euch bezwingen."

Es mag dahin gestellt bleiben, ob Volkbrands Edelmuth oder Schlaglust den größten Antheil an dem Vorschlage hatte. Kaum fand sein Anerbieten Gieselberts Einwilligung, so gerieth der streitbare Edelmann in lebhafte Bewegung, unverholen seine Freude über den Zufall ausdrückend, mit dem „Elsäßer Löwen" einen Zweikampf bestehen zu dürfen.

Beide traten auf den freien Platz vor den Außenwerken, da ihnen der Hofraum zu beschränkt für ihre Bewegungen dünkte.

„Nehmt diesen Schild, Herr Markgraf!" sagte der Ritter, dem Gegner den eigenen Schild aushändigend. „Ich selbst kämpfe ohne Schild. Panzer und Kettenhemd bilden Schutz genug, — und da Ihr ohne Harnisch seid, wäre unsere Bewaffnung ziemlich ausgeglichen."

„Alle Heiligen des himmlischen Heeres stehen uns bei!" rief Werinhar entsetzt, eben aus dem Thurme zurückkehrend, wohin er Bardenfels schnell gebracht hatte, aus Furcht, auch dieser möchte Befreiungsversuche machen. „Gnädigster Herr, seid Ihr von Sinnen? Was soll ich mit dem edlen Grafen anfangen, wenn Euer scharfes Schwert ihn verstümmelt, oder gar todt schlägt? Ist er dann noch im Stande, die Wohlthat der Verließe zu empfinden, welche unſer allergnädigſter König ihm zubachte?"

„Halt's Maul, — feuerköpfiger Spitzbube!" ſchalt Volkbrand, das blanke Schwert ziehend. „Schwätze nicht in's Waffenwerk ebler Männer, oder ich will meinen Schwertknauf an Deinem Schädel verſuchen."

Erwartungsvoll umreihten bie Krieger beibe Kämpfer, bie ſich jetzt ſchlagfertig gegenüber ſtanden. Da ſenkte Volkbrand abermals das Schwert.

„Herr Markgraf — noch bies!" ſagte er. „Tragt Ihr ben Sieg über mich davon, — was ich aus Leibeskräften verhüten will, werben Euch meine Leute unbehelligt ziehen laſſen. Ihr habt es bann nur mit bem Fuchsſchwänzer ba und mit beſſen Wolfshunden zu thun, mit benen Ihr leicht fertig werbet. Wohlan — ſeht Euch vor!" rief er, das Schwert erhebend. „Nehmt dies für Euren Morb an meinen Hunden."

Damit holte er weit aus, einen töbtlichen Hieb gegen bes Markgrafen Haupt führend. Blitzſchnell fuhr ber Streich nieder und traf krachend Gieſelberts Schild. Immer raſcher und gewaltiger folgten jetzt Volkbrands Schwertſchläge, ſo baß in ber Luft ein fortwährendes ziſchendes Sauſen entſtand. Da Gieſelbert nur burch ben Schild gegen bes Feindes furchtbare und mit außerorbentlicher Schnelligkeit geführten Hiebe gebeckt war, mußte er ſich auf Vertheibigung beſchränken, ohne bes ſtürmiſchen Gegners Streiche erwibern zu können. Dieſer focht nämlich mit ſteigenber, ungewöhnlicher Hitze, faſt jeben Augenblick ſeine Stellung veränbernd, von allen Seiten mit bem gewichtigen, langen Schwerte ben Markgrafen bebrohend. Indeß ber ungeſtüme Kämpe

Feuerfunken aus dem Stahlschilde schlug, sein Fuß den Grund aufwühlte, seine Schwertstreiche durch den Forst rasselten, und am gegenüberliegenden Berge lauten Wiederhall weckten, focht Gieselbert mit der größten Behutsamkeit. Wohl erkennend, daß seine Rettung von ruhiger Kaltblütigkeit abhänge, beobachtete er jede Wendung des Gegners, der öfter falsche Ausfälle machte, um den Grafen zu entblößten Lagen zu reizen. Letzterer aber war auf der Hut, fing geschickt Volkbrands Streiche auf und lauerte eine günstige Gelegenheit ab, die gewichtige Streitaxt auf des Feindes Haupt niederzuschmettern.

Die Krieger standen bei Seite, jede Bewegung der Kämpfenden gleichsam belauschend, und in ihren lebhaft erregten Zügen den Verlauf des Streites ausdrückend. Stolz blickten sie auf ihren Herrn, dessen Scharfblick, Gewandtheit und Kraft, sogar dem waffenmächtigen Löwen des Elsasses zu schaffen machte.

Werinhars rother Kopf schaute hinter dem Thorpfosten hervor, wohin er sich zurückgezogen hatte, aus Furcht, ein Seitenhieb möchte ihn erreichen. Sein hageres, grausames Gesicht zeigte keine Spur jener freudigen Stimmung der Krieger, und beinahe jeder Streich Volkbrands vermehrte seinen Schrecken, den er für eine ehrenvolle Niederlage seines Opfers empfand. Plötzlich stieß er einen jähen Schrei aus, und sprang entsetzt aus seinem Versteck hervor. Von Gieselberts Streitaxt getroffen, war Volkbrand lautlos zu Boden gesunken.

Des Ritters Leute sprangen herbei, und der Geächtete selber löste des Gefallenen Helmband.

Zu gleicher Zeit schallten von Lützelhardt her verworrene Menschenstimmen. Man sah einen Haufen Bewaffneter herbeieilen, welche durch Werinhars Hilferuf und Bewegungen des Schreckens noch mehr zur Eile angetrieben wurden.

Mittlerweile überzeugte sich Gieselbert, daß sein Gegner zur Fortsetzung des Kampfes unfähig, jedoch nur betäubt sei, indem der Hieb den Helm nicht durchbrochen hatte. Der Kerkermeister umkreiste mit seinen Knechten den Markgrafen gleich hungrigen Raben, die gerne auf ihre Beute niederstossen würden, fürchteten sie nicht deren Klauen.

„Greift ihn, — packt ihn — um Gotteswillen, er entwischt!" zetterte Werinhar.

Volkbrands Knechte kümmerten sich um sein Geschrei gar nicht, und des Kerkermeisters Gesellen empfanden noch die Nachwehen der Faustschläge, weßhalb sie sich damit begnügten, in ihres Meisters Lärm einzustimmen, sogleich aber erschreckt zurückwichen, sobald Gieselbert einen Schritt vorwärts that.

Die Krieger der Lützelhardter Besatzung kamen indessen auf Bogenschußweite heran, und der Geächtete fand es für gut, auf seine Sicherheit bedacht zu sein.

„Sagt Eurem Herrn schönen Gruß," sprach er zu Volkbrands Leuten, — „und ich würde ihm Schild und Streitart wieder zustellen, sobald ich in meiner hilflosen Lage nicht mehr genöthigt bin, davon Gebrauch zu machen."

Damit eilte er dem Walde zu und verschwand sogleich im nahen Dickicht, bis an dessen Rand von Werinhar und den Knechten mit kläglichem Geschrei verfolgt.

„Was geht hier vor?" rief Immel erstaunt, der mit Ruthard auf dem Platze erschien. „Volkbrand zusammengehauen, — in's Teufels Namen, was ist da geschehen?"

„Ja, — das sind wieder von Eures Herrn tollen Streichen," tabelte Ruthard, nachdem ein Krieger den Hergang erzählt. „Mit dem Teufel selbst würde er anbinden, — wär's auch nur, um mit seiner höllischen Majestät einmal Hieb und Stoß zu wechseln."

Volkbrands tobte Züge fingen sich zu beleben an. Jetzt schlug er den wirren Blick zu den Umstehenden auf.

„Gottlob, — St. Peter schickt Euch wieder heim!" lachte Immel. „Zech- und Raufbrüder werden scheint's durch die Himmelspforte nicht eingelassen, sonst hätte uns der Geächtete ganz sicher um des Königs allzeit durstigen und streitbaren Schnapphahn gebracht."

„Thut gemach!" meinte Ruthard mit erkünsteltem Ernste. „Vielleicht kehrt er als Büßer zurück, und geißelt künftighin das sündige Fleisch durch Fasten und Bußhemd."

„Gesellen," — sagte Volkbrand, indem er sich aufrichtet; „ich habe entsetzlich Durst! — Habt Ihr keinen guten Schluck?"

Schallendes Gelächter begrüßte des Edelmannes erste Worte.

„Da habt Ihr's!" rief Immel. „Ich glaube, er fiel nur deßhalb in Ohnmacht, weil ihm der Geächtete keine Zeit ließ, einen tiefen Zug zu thun. — Aber kommt nur mein leeres Faß! Ihr sollt getränkt werben, und müßte darüber der Burgkeller den letzten Tropfen herausgeben."

Immel und Ruthard nahmen Volkbrand in ihre Mitte, und kehrten auf das Schloß zurück, wo nach kurzer Zeit der wackere Rittersmann lärmend und zechend hinter dem Tische saß, und kaum mehr des bestandenen Straußes gedachte. Als jedoch die Sprache auf Raymund von Barbenfels kam, zog büsterer Unmuth über seine Stirne.

„Hat's der König auf des Alten Tochter abgesehen und sie wegfangen lassen, warum wirft er jenen ehrenwerthen Grafen dem lachenden Teufel da drüben in den Rachen?" rief er zornig. „Will Heinz mit der Tochter kosen, muß dafür der Vater im Thurme zusammenschrumpfen, gleich dem armen Ekbert? Donnerwetter, — das ist kein ehrlich Spiel!" — und der rauhe Waffenmann schlug auf den Tisch, daß die Humpen klirrten.

„Bst — bst!" machte Immel bedeutsam. „Wollt Ihr Euch in Werinhars Krallen plaudern? Laßt den König solche Reden vernehmen, und ich gebe keinen Heller für Euer Leben."

Diese gewichtige, in drohendem Ernst vorgebrachte Bemerkung schlug Volkbrands Entrüstung völlig nieder. Kleinlaut brummte er in den Bart, griff zum Weinkruge, und während er langsam den Rebensaft hinabgoß, schien er sich auf eine schickliche Vertheidigung zu besinnen.

„Meinethalben, — mag der König den ganzen Adel einthürmen und aufhängen lassen," sagte er. „Kommt hiebei die Reihe auch an mich, begeht Herr Heinrich wenigstens einen dummen Streich; denn Keiner hatte für ihn den Fuß öfter in den Steigbügel gesetzt, als ich."

„Seid unbesorgt, — Ihr kennt unsern Heinz," sprach Ruthard. „Erwiesene Dienste belohnt Niemand königlicher, als er. Nur muß man ihn ruhig gewähren lassen, und für seine tollsten Streiche keinen Tadel haben."

„Glaubt mir, unser Volkbrand wird noch Abt oder gar Bischof," meinte Immel. „Ich hörte so was munkeln, als sollte er Abt von Limburg werden."

„Leicht möglich, — er hat allen Anspruch, und der König ist nicht undankbar," bestätigte Ruthard.

„Gegen jene Pfründe hätte ich gerade nichts," schmunzelte Volkbrand. „Das Einkommen von Limburg — hm! — das wäre so was!"

„Das Einkommen von Limburg wird hinreichen, Euren Durst zu stillen," sagte Ruthard. „Dazu bauen die Mönche selber Wein."

„Führt einmal Abt Volkbrand den Krummstab," meinte Immel, „werden die Limburger nichts thun, als Wein bauen und Wein trinken. Kirchen und Schulen werden geschlossen, die Metten schweigen, — Alles, was eine Kutte trägt, wird Winzer, Rober, Küfer, Kelterer."

„Und wer nach Limburg kommt, Freunde, hat die Pflicht, eine namhafte Anzahl Humpen mit mir zu leeren, das wird das Limburger Offizium. — Nun, — Gesellen, Spaß bei Seite! Gäbe ich keinen ehrenhaften Abt? Wollte Limburg gegen Jeden halten und den Mönchen den letzten römischen Teufel austreiben. Auch hab' ich keinen Buckel, wie der von Hornbach, — bin gerade, kann einen Abt manierlich vorstellen. Aber, Freunde, mir fehlen Wido's Goldfüchse. Mein Seckel ist leer, — kann nicht eine Mark bezahlen für Limburg!"

"Euer Schwert und Arm wiegt dem Könige mehr, als tausend Mark," sagte Immel aufstehend.

"Wohin?" fragte Volkbrand, da Immel das Schwert umgürtete.

"Gegen Frankfurt! Muß ihm Kunde bringen, daß Ethelinde, das reizende Täubchen, wohl behalten hier anlangte. Gebt Acht, ob er nicht morgen schon ihr einen Besuch abstattet."

"Wobei er in einer Stunde weiter kommt, als Du in einem Monat bei Deiner Wulfhilde," neckte Ruthard.

"Hm, — meine Stimme ist eben zu rauh zum Girren und Kosen," sagte jener. "Laßt's aber mein sprödes Kind auf einen Sturm ankommen, soll's erfahren, daß ihre ganze Besatzung die Waffen strecken muß."

"Sollte die Gräfin nicht ahnen, sprach Volkbrand, daß ihre Befreier aus der Hand jener Räuber, welche sie bei Bardenfels aufhoben, im Dienste des nämlichen Herrn steh'n?"

"Mag sie's ahnen oder nicht!" warf Immel gleichgiltig hin. "Heinz wird mit ihr fertig, das könnt Ihr glauben! Sie ist einmal in seiner Gewalt, und wenn sie klug ist, steht sie ihm zu Willen."

"Aber wo Teufel ist denn die Irmensinde hingekommen?" horchte Volkbrand.

„Wohl aufgehoben, — sie hat das Gnadenbrod, wie ein treues abgerittenes Pferd!" entgegnete Immel. „Im Kloster thut sie Buße, und" — „„„ist sie entwöhnt, — sagte der König, mag sie den Schleier oder einen Mann nehmen.""„

Nach üblichem Handschlage verließ der Edelmann das Zimmer, und trat in den Schloßhof, wo mehrere Bewaffnete zu Pferde saßen. Nachdem der kleine Troß die Burg verlassen, wurde die Zugbrücke aufgezogen und das Thor verschlossen, — eine Vorsicht, welche König Heinrich selber anbefohlen hatte.

Ein kleines Bild vergangener Größe.

Scharfen Rittes eilte der Höfling gegen Frankfurt. Er kannte seines Herrn glühende Leidenschaft zu Ethelinde, er wußte, daß Heinrich in banger Erwartung der Kunde entgegensah und hoffte keinen geringen Beweis königlicher Huld, für das glücklich ausgeführte Unternehmen.

Wie schon angedeutet, entriß Immel, getroffener Verabredung gemäß, an der Spitze einer kleinen Schaar die entführte Gräfin den Händen Jener, welche sie bei Barbenfels aufgehoben. Auch die Tochter Herrands brachte Immel, mit der Miene des beschützenden Ritters, in seine Gewalt. Er hatte Wulfhild, am Tage des Turniers zu Hainfelden, durch einige Knechte rauben lassen. Zufällig begegnete der edle Herr den Räubern, und die Ritterpflicht forderte, sich der gewaltsam Entführten warm anzunehmen.

Der Gedanke an beide Abenteuer warf ein wüstes Lächeln über die rauhen Züge des Höflings. Bot ja der Schwank für lange Zeit Gegenstand anziehender Unterhaltung unter gleichgesinnten Zechbrüdern, abgesehen von den lockenden Stunden der Wollust. — Hätte indessen der Wüstling geahnt, daß Gottes strafende Hand diesmal sogleich dem Verbrechen auf dem Fuße folge, würden seine Gefühle und Betrachtungen wohl anderer Art gewesen sein.

Langsam ritt er einen Hügel empor, von dessen
Spitze man die nahe Stadt Frankfurt übersehen konnte.
Oben angelangt, hielt er unwillkürlich das Pferd an,
durch ein Schauspiel überrascht, dessen Großartigkeit
selbst dieses rauhen Waffenmannes Staunen und Be=
wunderung erzwang.

Jene Periode des Mittelalters wußte bekanntlich
nichts von tausend Bequemlichkeiten verzärtelter Lebens=
weise, und von der unbestrittenen Herrschaft des sich
blähenden Luxus neuerer Zeit. Die Schwächen jenes
starken, kriegerischen Zeitalters lagen mehr in einer
Ueberfülle vollwüchsiger, oft in wilde Rohheit ausarten=
der Kraft, als in verweichlichter, zum Weltschmerz hin=
neigender körperlicher und geistiger Ohnmacht. Einfach
und schlicht lebten die markvollen Kinder des frühen
Mittelalters, vom Kaiser, — dem Herrn der Welt
angefangen, bis hinab zum Hintersassen. Bei öffent=
lichen Feierlichkeiten hingegen entwickelte sich damals
eine Pracht, durch welche die glänzendsten Festlichkeiten
neueren Zeitalters weitaus verdunkelt würden. An=
spruchslos bewegte man sich im Familienkreise, — aber
in die Oeffentlichkeit herausgetreten, trug Alles das
Gepräge reicher Lebensfülle und stolzen Nationalbewußt=
seins. Hiefür zeugen heute noch die gewaltigen Münster
jener Zeit, deren tiefsinnige Bauart und kunstvolle
Großartigkeit die Hoffart neuerer Zeit tief demüthigen.

Vor Immels erstaunten Blicken entfaltete sich ein
kleines Bild seiner Zeit, lebhaft in den Farben, ge=
waltig in der Anlage und tiefsinnig in der Auffassung.
Der Frankfurter Reichstag bot bei Weitem nicht das
Großartige jener Nationalversammlungen, zu denen

sämmtliche deutsche Volksstämme zur Berathung wichtiger Reichsangelegenheiten herbeiströmten. Manche Stämme waren gegenwärtig in Frankfurt durch ihre Fürsten und deren kleines Gefolge gar nicht vertreten; andere Großen blieben aus, weil ihr Gewissen ihnen ebenso verbot, für die Ehescheidung zu stimmen, wie ihr Eigennutz gegen dieselbe. Dennoch glich das Mainthal einem Schauplatze, auf dem sich alle Pracht und Herrlichkeit der Erde zusammengedrängt. Wogende Volksmassen, so weit das Auge reichte. Dazwischen schimmernde Reihen gepanzerter Ritter, — lang hingestreckten ehernen Säulen vergleichbar. Ein Wald langschaftiger Lanzen und Hellebarden, deren Spitzen im Verein mit den zahllosen Stahlhauben des Fußvolkes, einen das Auge blendenden Glanz verbreitete. Neben diesem hervorragend kriegerischen Ausdrucke des Bildes, traten, in goldfunkelnde Prachtgewänder gehüllt, die stolzen, ehrwürdigen Fürstengestalten ehrfurchtgebietend hervor. Auf dem Flusse schwammen unzählbare Schiffe und Kähne, am Vorder= und Hintertheil zuweilen mit reicher Silber= oder Goldverzierung. Auf den Mastspitzen feine, vielfarbig fächelnde Wimpel und stolz wogende Flaggen. Auf den Verdecken eherne Reihen Bewaffneter, oder stolze Kaufherren in reichverbrämten Gewändern. Und dort, wo das allgemein angestaunte Prachtschiff der blühenden Handelsstadt Cöln lag, an dessen Bord Cardinal Damiani, der päpstliche Legat, sich befand, — dort drängte sich jetzt, wie in einem Brennpunkte, all diese Herrlichkeit zusammen, als König Heinrich, von den Fürsten umgeben, den aussteigenden Legaten bewillkommte. Selbst der Mainfluß schien seine

Wogen stolzer dahin zu rollen, und in staunender Bewunderung den Lauf zu hemmen.

Und die herbeigeströmte Volksmenge! Sie stand nicht gaffend am Flusse, in den Straßen der Stadt, — sie überdeckte weithin das Land. Herr Immel, sonst nicht bibelkundig, und auch nicht bibelfreundlich, dachte an Gottes Verheißung für Abraham: „Deine Nachkommen sollen zahlreich werden, wie der Sand an den Ufern des Meeres." Und wie sonderbar verhielt sich dieses Volk, wie ruhig und gebildet! Nirgends Geschrei und Tumult. Und doch sah man nirgends Gensd'armen, nirgends Polizeidiener, — jene Zeit kannte diese Sachen noch nicht. Welche geheime Kraft hielt also die Massen im Zaume? Was erzwang ihnen dieses ruhige Verhalten? Es war die gläubige Ueberzeugung, den Abgesandten von Gottes sichtbarem Stellvertreter auf Erden zu empfangen.

Aber nicht aufgeklärt war dieses Volk, nicht einmal die Frankfurter. Da nur einige Tausend am Flusse hin stehen und das Gepränge sehen konnten, so trieben die übrigen Tausende Dinge zur Kurzweil, die schlechten Geschmack und noch weniger Bildung verrathen. Schaaren hatten sich gesondert, diese sangen heilige Lieder, beteten, fasteten, lauschten heilsbegierig den Worten eines dummen Kuttenträgers.

Als der Legat das Land betrat, regten sich die ehernen Glockenzungen in der Kuppel des Münsters und auf den zahlreichen Thürmen der Stadt, — anfänglich in zögerndem Einklang, bis sie in harmonischer Weise über Stadt und Land dahinrauschten. Ebenso begannen von Nah und Fern, all die Glöcklein einsamer Klöster und schlichter Dörfer ihre silberhellen Stimmen zu erheben, und vom feierlich blauen Himmel nieder, grüßte die Sonne in strömenden Lichtstrahlen. Dazwischen brauste, von tausend Stimmen gesungen, und im fernsten Volksgewoge wiederhallend, der mächtige Strom eines erhabenen feierlichen Chorals, durch seine ruhige Majestät und die Begeisterung der Singenden, die Brust mit erhebenden Gefühlen beseelend.

Immel hielt immer noch auf demselben Fleck. Das großartige Schauspiel mochte ihm seltsame Empfindungen erwecken.

„Hm, — meine Botschaft paßt schlimm zu diesem Gepränge!" brummte er mürrisch vor sich hin. „Da ist Alles zu schimmernd, zu hell und licht, — meine Kunde aber ist für das Ohr der Nacht."

Vielleicht deuteten diese Worte auf lebhafte Vorwürfe über die Verwerflichkeit seiner Absichten bezüglich Wulfhildens. Er kämpfte die aufsteigende Gemüthsbewegung nieder, und begann, den tief ausgehöhlten, vom strömenden Wasser zerklüfteten Weg herabzureiten.

„Der Teufel hat diesen Weg ausgefressen!" schrie Immel, jeden Augenblick durch niedergestürztes Geröll und Gestein im Ritte gehindert. „Wozu in dieser Schlucht fortkriechen? Da broben liegt ja ebener Boden."

Er blickte die jähe Wand empor und spornte das Pferd den Abhang hinauf.

Verwundert betrachteten die Knechte ihres Herrn Beginnen, dessen Roß schnaubend und sich bäumend vor der steilen Wand zurückwich. Der Reiter aber trieb den blutigen Sporn in des Pferdes Bauch, und verfolgte fluchend die eigensinnig gewählte Bahn. Sein

Waffenkleid flatterte im Winde, sein glühend grimmer Blick war auf den nahen Rand der Schlucht gerichtet; — sein Pferd, auf die Hinterfüße gesunken, schnaubte und stöhnte, und jetzt, — als es mit mächtiger Kraftanstrengung den letzten Satz versuchte, überschlug es sich und Mann und Roß stürzten rücklings zur Tiefe.

Es währte einige Augenblicke, bis die Knechte ihren Herrn unter dem Pferde hervorbrachten. Immel biß die Lippen auf einander und sein Gesicht drückte heftigen Schmerz aus. Da wo der Harnisch endigt, war ihm der eigene Dolch tief in den Leib gedrungen. Kaum stand er mit Hilfe der Knechte aufrecht, so stürzte er wieder bewußtlos zusammen. Die betroffenen Krieger schnallten den Panzer ab, der rinnende Blutstreifen zeigte zur Wunde den Weg. Sie war tief und tödtlich.

„Sonst," — bedauerte ein Knecht, „brachte er das Kettenhemd nicht vom Leibe, — warum hatte er's heute nicht getragen? Die Dolchspitze würde kaum die Haut geritzt haben."

„Er blutet entsetzlich; — es wird ihm doch nicht an's Leben gehen?" befürchtete ein Anderer.

„Euer Herr ist ein Mann des Todes!" sprach hier eine ernste Stimme, und als die Krieger aufschauten, stand Bruder Arnold von Limburg vor ihnen.

„Der Ritter wird kaum den nächsten Morgen erleben," versicherte der ehemalige Krieger. „Wer so viele Wunden gesehen, wie ich, versteht etwas davon, — und diese da sitzt gerade am gefährlichsten Platze."

Er hatte sich tief herabgebeugt, und warf jetzt zum ersten Male einen Blick auf des Verwundeten Angesicht.

„Gerechter Gott," — rief Arnold bestürzt; „das ist ja Ritter Immel! Bejammernswerthes Unglück, in seinen Sünden dahin zu sterben! Frauenraub zog Eurem Herrn den Bannfluch zu, und mit solchem Fluche unserer heiligen Kirche in die Ewigkeit hinüber zu gehen, das ist doch allzu schrecklich. — Ich kenne Jemand, dessen Seele lange nicht Eures Herrn Verbrechen belasten, — der niemals Gewaltthat gegen Frauen übte, — niemals eines Fürsten Ausschweifungen unterstützte, und dennoch fleht dieser Mann seit Jahren, in Buße und Entsagung, täglich zum Himmel um Vergebung. Und Eurem Herrn soll keine Stunde, — kein Augenblick zur Bekehrung bleiben? Furchtbares Strafgericht!"

Arnold war tief ergriffen. Sein lebendiger Glaube sah in Immels unheilvollem Sturze des Himmels strafende Hand. Er starrte düstern Ernstes in das fahle Gesicht des Leblosen. Beziehungen zwischen sich und Immel, dem keine Zeit blieb, im Bußgewande für begangene Frevel Genugthuung zu leisten, schienen hiebei ihn lebhaft zu beschäftigen.

„Ihr dürft Euren Herrn hier nicht elend umkommen lassen," fuhr nach längerem Schweigen der ehemalige Krieger fort. „Kaum tausend Schritte von da liegt ein heiliges Kloster. Dorthin bringt ihn. Vielleicht ist er noch im Stande, reuevoll zu beichten und Lossprechung zu empfangen."

Nach Arnolds Anweisung legten die Knechte ihren Herrn auf die Schafte ihrer Lanzen, und schritten vorsichtig durch die Schlucht. An deren Ende angelangt, stießen sie auf einen kleinen Troß, aus dessen Mitte Arnold durch das Getös an den Ort des Unfalls ge=

lockt worden war. In Gemeinschaft mit den Dienst=
leuten der Abtei Limburg, wozu sämmtliche Glieder
des Troßes gehörten, zogen die Knechte mit ihrem
schwer verwundeten Herrn dem Kloster entgegen.

Inzwischen nahm der feierliche Einzug des päpst=
lichen Legaten, und der mit ihm gekommenen Fürsten,
ungehindert seinen Fortgang.

In blendender Pracht und gebietender Würde, ganz
dem mächtigsten Herrn auf Erden angemessen, glänzte
König Heinrich. Stolz saß er auf dem prächtigen Rap=
pen, dessen Feuer mit gewandter Hand zügelnd, indeß
die Sonne strahlende Blitze aus seinen kostbaren Für=
stengewändern lockte.

Ihm zur Seite ritt ein Mann im einfachen Mönchs=
kleide. Sein kahles Haupt war entblößt, und an die
gleichfalls nackten Füße waren Sandalen gebunden.
Im Angesichte des Mannes rang Milde mit ascetischer
Strenge. Sein Blick war offen und frei, fest auf die
Gegenstände hingerichtet, auf die er blickte. Das Greisen=
alter hatte ihm manche Furche über die Stirne gezogen,
und das sanfte Lächeln seines Mundes verdeckte zur
Noth den Kummer seiner Züge. Dieser Mann war
der berühmte Gelehrte und Kardinal Petrus Damiani.
Schon damals stand er im Rufe großer Heiligkeit,
welchen die nach seinem Tode erfolgte kirchliche Heilig=
sprechung bestätigte.

Hinter dem Legaten ritt eine hohe deutsche Gestalt;
— Kraft und Würde in jeder Bewegung, und im Auge
den scharfen, durchdringenden Ausdruck des tiefen Den=
kers. Dieser Mann war der berühmte Erzbischof Hanno
von Köln. Mehrere Jahre verwaltete er an Heinrichs

Stelle das Reich, mit starker Hand das Ruder führend, und oft mit strenger Gerechtigkeit Störer der Ordnung in die engen Schranken des Gesetzes bannend. Aber Heinrichs zügelloses, gesetzloses Leben forderte des Reichsverwalters Einschreiten heraus, weshalb er, bekümmerten Herzens, das Scepter in des Königs Hand zurückgab.

Hanno zur Seite ritt ein schmächtiges Männlein, mit bleichen Zügen und beweglichen Augen. Er schien fortwährend zu berechnen, in der Rechnung aber stets zu kurz zu kommen, welcher Umstand ihm kein einnehmendes Aeußere verlieh. Dieser Mann war Erzbischof Siegfried von Mainz, durch Habsucht ebenso bekannt, wie Hanno durch ungemeine Freigebigkeit und frommen Wandel.

Nun folgte von Fürsten und Herren ein langer großartiger Zug. Reckenhafte Gestalten einer gewaltigen Zeit! Pracht und Reichthum kleidete jedes Glied des Fürstenzuges. Die prunkenden Gewänder zierte Alles, was die Erde Kostbares aufzuweisen hat. Die vortrefflichsten Seidenstoffe, mit sinnigen Goldstickereien versehen und an den Aermeln mit Zobel verbrämt, wallten in wogendem Faltenschlage über das silberne Geschirr der Pferde hinab. Hiebei lag Kühnheit, kriegerischer Muth, oder sinnige stille Beschauung, in den Zügen der Prälaten und Herren.

Bis zur Stadt bewegte sich der Zug zwischen zwei Reihen vollkommen geharnischter Ritter, deren blanke Rüstungen, stählerne Schilde und glänzende Helme, kriegerischen Glanz ausstrahlten. Zwei unbeweglich

ehernen Mauern gleich, hielten ihre Reihen des Volkes
Andrang ab.

In den Straßen der Stadt waren zu beiden Sei=
ten endlose Seile gespannt, worauf kostbare Gewänder,
seltene Pelzwaaren, — damals Frankfurts vorzüglichster
Handelsartikel, — nebst allem Schönen und Reichen
hingen, was die jedesmaligen Hausbesitzer den hohen
Gästen zu Ehren ausstellen konnten. Die Häuserreihen
zierten Blumen= und Laubgewinde. Auf freien Plätzen
stiegen mächtige Ehrenbogen empor. Von den Thürmen
grüßten flatternde Fahnen und Fähnlein, und auf den
Erkern und Söllern prangten die schönsten Kränze min=
niglicher Jungfrauen, die mit ihren weißen Tüchlein
freudigen Willkomm winkten. An den Fenstern sah
man würdige Matronen und daneben vollwangige Kin=
der in Feiertagstracht, Blumenkränze in den Locken, und
aus ihren Körblein duftende Blüthen in die Straße
hinabwerfend.

So ging es fort, bis zum Münsterplatze, unter
Festgesängen, Zinken= und Paukenschall.

Die riesigen Thorflügel des Münsters standen weit
offen. Man sah die gewaltigen Säulenreihen empor=
ragen, und oben am goldfunkelnden Altare, hellen
Kerzenschein.

Sobald der König, im Geleite der Fürsten, eintrat
und durch das Mittelschiff zum Altare hinaufzog, be=
gleitete die Orgel in mächtigen Akkorden das Te Deum
laudamus, worauf von tausend Stimmen gesungen, die
feierliche Weise jener ergreifenden Melodie durch die
Hallen des Domes brauste.

Auf den Marmorstufen des Altares kniete der Legat. Ihm zur Seite stand der König, und im weiten Kreise die Großen des Reiches, während die drei Schiffe unzählbares Volk anfüllte.

„Gottlob, — kein Sachse!" sprach der Bischof von Speyer vor sich hin, nachdem er zuvor die fürstlichen Reihen flüchtigen Blickes gemustert. „Die Herren sind klug und bleiben aus."

„Bis jetzt!" meinte Abt Wido von Hornbach, des Bischofs Nachbar. „Sie können immer noch kommen, und dem König Verlegenheiten bereiten."

„Schwerlich!" entgegnete Heinrich von Scharfenberg. „Der König gab den Markgrafen von Thüringen, nebst andern Empörern von einigem Namen frei; — er versprach, die Burgen in Sachsen zu brechen, seine Dienstmannen aus jenem Lande zu ziehen. Jeder Grund zur Klage wäre somit abgeschnitten. Die sächsischen Barbaren können daher füglich zu Haus bleiben."

„Das versprach der König, — das versprach er?" staunte Wido, kaum vermögend, den Bischof ausreden zu lassen, um seine Verwunderung auszudrücken. „Die Burgen läßt er brechen, — zieht die Besatzung aus dem Lande? Womit will der König hochfahrenden Trotz bändigen, wenn er jenen sächsischen Stieren das Joch abnimmt?"

Der Bischof lächelte.

„Ihr seid ebenso treuherzig, wie die Sachsen, bester Abt," sprach er. „Es handelte sich blos darum, des Königs Absichten auf dem Reichstage durch sächsisches Klagegeschrei nicht zu behindern, — daher das Ver=

sprechen. Zwischen Versprechen und Vollzug, ist aber ein wesentlicher Unterschied."

„Ah so, — ich verstehe!" sprach der Buckeliche befriedigt. „Dies laß ich mir gefallen. Ist der Reichstag glücklich überstanden, unser Heinz seine lästige Ehehälfte geweiht und der Legat über den Alpen, dann ist's noch Zeit genug zur Heerfahrt gegen Sachsen. Uebrigens," befürchtete der kriegerische Abt, „wird uns die Ehetrennung zu schaffen machen! Da sehe ich den alten Hanno von Cöln, den Schwabenherzog Rudolph und so manchen Anderen, welche die Stirne bedächtig runzeln mögen."

„Hm," — that der Bischof gleichgültig; „des Königs lockende Versprechungen haben die Fürsten geschmeidig gemacht. Die Herren werden klug sein und nicht gegen ihren Vortheil stimmen."

Jetzt erhob sich der Legat.

„Procedamus in pace!" sprach er, und sogleich bewegte sich der Zug, die vorige Ordnung beibehaltend, durch das Mittelschiff hinab.

Unmittelbar vor der Stufenreihe, welche zum Hochaltare empor führt, begannen die jedesmal mit dem Namen versehenen Sitzbänke für die Glieder des Reichstages. Diese Plätze waren streng nach Rang und Würde geordnet. Bei ähnlichen Veranlassungen war Heinrich Zeuge heftiger Streitigkeiten über Rangordnung gewesen, und er trug Sorge, daß Eifersucht und Ehrgeiz dergleichen ärgerliche Fehden nicht wieder anblasen konnten.

Inmitten der kreisförmig aufgestellten Bänke befand sich ein breiter Gang und freier Raum, dessen beide entgegengesetzten Enden mit Thüren zum Verschließen versehen waren. Im Mittelpunkte dieses Raumes stand ein langer, roth behängter Tisch, Folianten, Pergament und Schreibzeug lagen auf demselben. An einer Säule gelehnt, prangte des Königs prächtiger Thronhimmel, zu dem mehrere breite Stufen emporführten. Auf diesen Stufen, links und rechts, standen Stühle ohne Lehnen mit violettem Tuche behängt und mit gleichfarbigen Polstern belegt. Diese Sitze gehörten den höchsten Würdenträgern des Reiches. Dem Throne zunächst und etwas aus der Reihe vorgeschoben, gewahrte man einen hohen Lehnsessel mit zwei goldgewirkten, kreuzweis über einander gelegten Schlüsseln, auf der rothsammtnen Rücklehne. Der Platz des päpstlichen Legaten.

Die Stufen des Thrones zierten kostbare Teppiche. Der freie Raum, in Mitte der ringsum laufenden Bänke, war mit rothem Tuche belegt.

Eben nahte Cardinal Damiani der untern Ausgangsthüre. Da warf sich plötzlich, aus der dichtgedrängten Volksmasse hervorbrechend, ein Mann unter der Thüre auf die Kniee nieder. Er spannte beide Arme weit auseinander, als wolle er Damiani am Weitergehen verhindern.

Beim Anblicke der leidenden, kummervollen Züge Herrands, — denn er war es, — blieb der Legat betroffen stehen. Er sah des Mannes Lippen sich bewegen, vernahm auch den unbestimmten Laut seiner klagenden Stimme, — am Verständniß hinderten ihn aber die rauschenden Orgeltöne und das immer noch fortdauernde Te Deum.

Auf Damian's Wink verstummten Orgel und Gesang.

„Gnade, — Recht und Barmherzigkeit!" rief nun Herrand. „Geht nicht vorüber, ehrwürdiger Vater, — erbarmt Euch eines Unglücklichen, dem man seine Tochter geraubt! O erbarmt Euch, — Ihr seid ja der Abgesandte des Vaters der Christenheit! Ihr seid gekommen, zum Schutze der Bedrängten, — zum Beistande wehrlos Niedergetretener. O hört in Gnade meine Klage!"

Der Gesang hatte Herrand genöthigt, mit aller Kraft der Stimme dem Cardinal seine Klage vorzutragen. Jetzt behielt er diesen hohen, lauten Ton bei, ohne zu bemerken, daß die eingetretene Stille dies, um verstanden zu werden, unnöthig gemacht. Keine Sylbe entging der zahllosen, die drei Schiffe anfüllenden Menge. Hiebei lag im Klange von Herrands Stimme solches drückende Unglück, solche jammervolle Verlassenheit, daß sie, weil gerade von Herzen kommend, und darum zum Herzen sprechend, in erschöpfendem Maße die kummervolle Lage des Vaters selbst in der kurzen Ansprache enthielt.

Auf das Volk machte der Vorfall tiefen Eindruck, — besonders auf den Legaten. Seine milden, menschenfreundlichen Züge wurden ernst. Sein Blick ruhte verwundert auf Heinrich.

„Diesem Manne scheint schweres Unrecht widerfahren zu sein, sprach er. Fand wirklich ein Jungfrauenraub statt, auf welchem Verbrechen bekanntlich der Bannfluch unserer heiligen Kirche ruht, dann wird Eure Herrlichkeit nicht anstehen, die Frevler zu züchtigen, und sie zur Herausgabe der geraubten Jungfrau zu zwingen."

„Wir danken für Eure Mahnung, Herr Cardinal, und werden zur Zeit an diesen Handel denken," antwortete Heinrich stolz, zugleich vorwärts schreitend.

Herrand aber wich nicht von der Stelle, nur lauter und schmerzlicher seine Klage erhebend.

„Um Gottes willen, ehrwürdiger Vater, — erbarmt Euch!" rief er voll Angst. „König Heinrich kennt ja längst mein Unglück; — aber nicht die Frevler züchtigte er, sondern mir ließ Herr Heinrich den Rücken zerfleischen. Noch bluten die Wunden, welche der König mir schlagen ließ, weil ich meine Wulfhild, — mein Kind zurückforderte. Ach lieber Vater, nehmt Euch meiner an! Vom Schmerzenlager hab' ich mich hieher geschleppt zu den Füßen des Abgesandten unseres heiligen Vaters, — und auch hier soll ich vergebens jammern, vergebens mein unglückliches Kind zurückfordern? Wehe mir! O habt Mitleiden, — stürzt mich nicht in Verzweiflung!"

Durch das Volk zog grollendes, drohendes Murren. Finstere Blicke fielen auf den Salier. Man kannte dessen Ausschweifung und argwöhnte Heinrichs Mitschuld im gegenwärtigen Falle. Der Legat schien gleichen Argwohn zu theilen; denn bis nach Rom drangen die Klagen gegen des Fürsten lasterhaften Wandel.

Heinrich blickte mit stolzer Verachtung auf Herrand nieder.

„Der Mensch ist von Sinnen, — bringt ihn weg!" befahl er dem zunächststehenden Krieger.

Bevor jedoch dieser Befehl vollzogen wurde, entstand im Volksgedränge lebhafte Bewegung.

„Macht ihm Platz, — macht Platz!" riefen einige Stimmen.

Zu gleicher Zeit sah man aus dem linken Seitenschiffe einen Mann gegen die Fürstenversammlung vordringen.

Neben Herrand sank der geächtete Markgraf Gieselbert auf die Kniee nieder.

Des Königs Stirne wurde finster beim Anblicke des Geächteten. Ebenso trat mißfälliges Staunen auf die Züge einiger Großen. Durch Heinrichs Spruch fielen ihnen Stücke der ehemaligen Güter des Markgrafen zu. Daher das Mißvergnügen jener Herren, beim Gedanken an den möglichen Verlust des Zugetheilten.

„Auch ich rufe Euren Beistand an, Herr Cardinal!" begann Gieselbert, zwar nicht mit Herrands angstvoller Aufregung, wohl aber mit Nachdruck und gewichtigem Ernste. „Nicht für mich, — den schuldlos der Güter Beraubten und des Lebens verlustig Erklärten, fordere ich Hilfe, — sondern für den Grafen Raymund von Bardenfels."

Hier stand der Markgraf plötzlich auf, und seine Hand gegen Heinrich erhebend, rief er mit lauter Stimme:

„König Heinrich, ich klage Euch, vor dem Legaten des Oberhauptes der Christenheit und vor den hier versammelten Fürsten, des Verbrechens an, besagten Grafen Raymund gesetzwidrig eingekerkert und dessen Tochter Ethelinde gewaltsam entführt zu haben."

Außerordentlich war der Eindruck dieser schweren und kühn vorgebrachten Beschuldigung. Des Königs Freunde erblaßten; durch das Volk lief lautes Murren. Der Salier hingegen erhob in hochfahrendem Trotze das Haupt.

„Herr Cardinal," sprach er, „wir sind höchlich erstaunt, daß Ihr mit der Miene des Richters die falschen Beschuldigungen dieser Leute anhört. — Die zuletzt gegen uns selbst vorgebrachte Beschuldigung anlangend, würde jede Vertheidigung unsere Würde beschimpfen. Es sei nur bemerkt, daß der Ankläger geächtet ist, daß ihn die Acht zu Sklaven und Leibeigenen hinabstößt, weßhalb er gegen freie Männer, am wenigsten gegen das Reichsoberhaupt, klagend nicht auftreten kann."

Ueber diese Rede schien Damiani fast noch mehr betroffen, als über die vernommenen Anklagen.

„Eure Hoheit macht hier Unterschiede, welche geradezu den Lehren des Christenthums widersprechen, und mit Kirchenbann belegt sind," versetzte der Cardinal mit steigendem Ernste. „Sklaven und willenlose, der Menschenrechte beraubte Leibeigene, gibt es nicht in christlichen Staaten. Nur Heiden und Götzendiener freveln durch Sklaverei gegen die Menschenwürde. Gottes Ebenbild ist jeder Mensch, — jeder Mensch ist frei geschaffen und durch die heilige Taufe zur höhern Freiheit der Kinder Gottes berufen. Ich hätte in der That nicht erwartet, Eure Herrlichkeit solche Grundsätze aussprechen zu hören."

Des Saliers Angesicht brannte in dunkler Gluth. Diese Zurechtweisung vor dem Volke, steigerte seinen Grimm auf's Höchste.

„Wir sind gleicherweise über Eure Unbekanntschaft mit unsern Reichsgesetzen erstaunt," — sprach er, und gleichsam jede weitere Verhandlung verachtend, befahl er mit strenger Stimme: „Vasallen, — greift den Geächteten!"

Jetzt veränderte sich plötzlich des Legaten ganzes Wesen.

Der König erblickte bisher in Damiani einen wohl frommen, aber schwachen Mann, welchen Charakteren gegenüber trotziger Muth einschüchternd wirkt, besonders wenn dieser Trotz durch Machtfülle unterstützt wird. Zudem baute Heinrich auf der Fürsten erkaufte Gesinnung. Vor Beginn des Reichstages beschenkte er Manche aus ihnen mit Regalien, Andere band er durch schwere Verheißungen an seine Sache. Gestützt auf die Großen, hoffte der Salier zuversichtlich die Durchsetzung der Ehetrennung, und glaubte mit dem Legaten wenige Umstände machen zu müssen, auch wenn Damiani nicht dieser schlichte, schwache Mann gewesen wäre.

Nun zeigte es sich aber, daß der Cardinal mehr Kraft und Energie besaß, als sein Aeußeres verhieß. Kaum vernahm er den Befehl, zum Ergreifen Gieselberts, als er seine Gestalt in drohender Würde aufzurichten begann.

„Wie, — Gewaltthat im Hause des Herrn?" rief er im Tone der Verwunderung und Drohung. „Beim Fluche unserer heiligen Kirche wage es Niemand, Gottes Haus durch solchen Frevel zu entweihen! Jede Kirche ist eine Freistätte, — ein Asyl, und Eure Hoheit wird nicht säumen, den gottlosen Befehl zu widerrufen."

„Herr Cardinal," — erwiderte Heinrich kalt, „wir richten keineswegs nach Kirchengesetzen, sondern nach Gesetzen unseres Landes. Niemals dürfen Münster und Kapellen Verbrecher schützen und den Arm der Gerechtigkeit beschränken."

„Niemals, — nein!" bestätigte Damiani. Wohl aber öffnet die Kirche, als eine barmherzige Mutter, ihre schützenden Arme Allen der Blutrache Verfallenen,

— allen schuldlos Unterdrückten und willkürlicher Rachsucht Preisgegebenen. Sind diese Männer hier schwere Verbrecher, und beharren sie verstockt in ihrer Bosheit, dann bleibt ihnen der Kirche Heiligthum verschlossen. Sind es dagegen in ihren heiligsten Rechten Gekränkte, durch unerhörte Bosheit Unterdrückte, dann nimmt sie die Kirche in ihren Schutz. Dieser unglückliche Vater rief den Schutz der Kirche an, — er soll ihm werden. — Ehrwürdige Brüder und Prälaten!" — wandte sich der Legat an die Bischöfe. „Im Namen des Oberhauptes der Christenheit, dessen Stelle ich Unwürdiger vertrete, bitte und beschwöre ich Euch, die Klage dieser armen Menschen anzuhören, um nach Gewissen und Rechten des Christenthums zu entscheiden." — Damit schritt er dem für ihn bestimmten Sitze entgegen.

„Wir protestiren feierlich gegen solche Eingriffe in unsere Hoheitsrechte!" erhob Heinrich drohend Stimme und Hand. „Als Oberlehensherr verbieten wir allen unseren Vasallen, geistlichen und weltlichen Standes, in diese Angelegenheit sich zu mischen, — nicht weil wir es so für gut finden, sondern weil des päpstlichen Legaten Unterfangen die Grenzmarken seiner Befugniß überschreitet."

Die Fürsten standen verlegen. Manche fürchteten des Königs Zorn, Andere band Befriedigung des Eigennutzes an Heinrich, Andere, in simonistische Händel verstrickt und dem Banne verfallen, fesselte schweres Schuldbewußtsein an den Salier.

Nur Erzbischof Hanno von Cöln, die Herzoge Rudolph und Conrad nebst dem frommen Abte von Hersfeld, folgten entschieden dem Legaten. Siegfried von

Mainz machte ebenfalls Miene, Damiani's Aufgebot Folge zu leisten. Da gedachte er der Thüringer Zehnten, und sein Geiz siegte.

Vergebens wiederholte der Cardinal von seinem Sitze herab die vorige Aufforderung. Er blieb vereinzelt, und im Angesichte des frommen Mannes rang Entrüstung mit Schmerz über solche Verkommenheit der Prälaten.

Heinrich dagegen frohlockte im Innern über der Fürsten und Bischöfe treue Anhänglichkeit. Da trat Hezel, der Kämmerer, zu ihm heran.

„Laßt den günstigen Augenblick nicht unbenützt vorübergehen, — beweist dem Papste eben sowohl seine Ohnmacht, wie Eure Oberlehensherrlichkeit," flüsterte der schlaue Kämmerer. „Richtet den Geächteten nach den Gesetzen des Reiches, — laßt Herrand seine Klage vorbringen, verurtheilt zuletzt Beide — dem Legaten zum Trotz."

Der König sah Hezel in fragendem Zweifel an, als könne er die Zweckmäßigkeit dieses Rathes, wegen der obwaltenden hindernden Umstände, nicht begreifen. Der Höfling verstand ihn.

„Dem Geächteten steht keine Vertheidigung zu, — Herrand hat keinen Beweis!" flüsterte der Höfling weiter. „Rom wird ein Urtheilsspruch erbittern, welchen die Fürstenversammlung bestätigt und gutheißt. Der Handel muß die Herren vom Papste trennen, und auf Eure Seite drängen."

Jetzt verstand Heinrich den schlauen Rathgeber.

Auf des Königs Ersuchen nahmen die Fürsten ihre Plätze ein. Der Salier bestieg den Thron.

Der geächtete Markgraf wurde von mehreren Bewaffneten bewacht, ohne jedoch von ihnen gerade festgenommen worden zu sein. Herrand knieete noch auf derselben Stelle. Das Haupt hing ihm auf die Brust herab, die Hände lagen schlaff im Schooße. Der Mann schien von der Wucht seines Schmerzes und seiner Hoffnungslosigkeit niedergeschmettert, und an den Rand der Verzweiflung gedrängt.

Der Fürstentag.

Mit listiger Berechnung beauftragte der Salier Erzbischof Siegfried von Mainz, dem Geächteten nach den Reichsgesetzen den Spruch zu fällen, und zwar wegen Meineid und Empörung. Da eigentlich Siegfried die Thüringer Fehde wegen der ungerechten Zehntenforderung veranlaßte, zwangen ihn bereits persönliche Interessen, die Rechtlichkeit jenes Krieges unberührt zu lassen, und Gieselberts Schuld als gewiß vorauszusetzen. Sodann wurde nach germanischen Gesetzen Hochverrath und Empörung mit Ausstechen der Augen, Abschneiden der Ohren und anderer Verstümmelung bestraft. Gegen diese grausamen Gesetze protestirte aber die Kirche. Da nun der Mainzer Erzbischof zunächst jenem Gesetze Ausdruck verlieh, wurde der wankelmüthige Fürst, indem er es mit Rom völlig verdarb, gezwungen, entschieden am Könige zu halten.

Vom rothbehängten Tische wurde Siegfried das salische Gesetz, von emsiger Mönchshand in schöner Schrift auf Pergament geschrieben, vorgelegt. Gleichsam zur Entschuldigung, zeigte er dem Legaten die betreffende Stelle. Kaum aber hatte dieser jenen barbarischen Inhalt gelesen, als er sich mit vieler Entrüstung erhob.

„Herr Erzbischof," — rief Damiani mit drohender Geberde, „im Namen der Kirche verbieten wir Euch, diesem unchristlichen, grausamen Gesetze Ausdruck zu geben. Des Priesters Mund ist geweiht, Friede und Versöhnung zu begründen, aber nicht zur Bestätigung solcher heidnischen Gesetzesaussprüche."

„Herr Cardinal," entgegnete Siegfried, „ich bin ebenso der Kirche gehorsamer Sohn, wie des Königs getreuer Vasall! Treue und Gehorsam gegen die gesetzliche Obrigkeit ist, nach dem Ausspruche der heiligen Schrift, jedes Christen Pflicht."

„Ohne Zweifel! Gehorsam der gesetzlichen Obrigkeit muß vor Allem die Priester und Prälaten zieren. Aber," — betonte Damiani, „kein sündhafter Gehorsam, — kein Gehorsam, welcher den Gesetzen des Christenthums widerspricht. Hier gilt St. Peters Aeußerung vor dem hohen Rathe: man muß Gott mehr gehorchen, als den Menschen."

Der Erzbischof befand sich in größter Verlegenheit. Auf der einen Seite der Kirche Drohen, auf der andern des Königs Zorn. Aus dieser peinigenden Lage wurde jetzt Siegfried durch einen Vorgang erlöst, welcher der Scene plötzlich eine ganz andere Wendung gab.

Durch das offene Portal drangen aus geringer Entfernung kurze Trompetenstöße. Die Köpfe wandten sich horchend gegen den Eingang, und immer tiefere Stille verdrängte das Gesumme des erregten Volkes, als jene kriegerischen Töne in kurzen Zwischenräumen sich wiederholten. Obwohl die Trompetenstöße nur jene den Münster umwogende Volksmasse zur Oeffnung ihrer dicht geschlossenen Reihen auffordern mochten, klangen sie doch Manchem bedeutungsvoll. Sie schienen das Gericht über Herrand und Giselbert verhindern zu wollen.

Jetzt stampfte Hufschlag zahlreicher Pferde den Münsterplatz. Durch das offene Portal sah man ein stolz wogendes Banner, welches blaue und weiße Rauten führte, und in des Domes Vorhalle dröhnten schwere Tritte geharnischter Männer. Offenbar langte ein Fürst mit seinem Gefolge an, den jedenfalls wichtige Beweggründe zu dieser Störung veranlaßten.

König Heinrich vernahm nur halb die fortgesetzten Vorstellungen Damiani's gegen die Grausamkeit des Gesetzes. Gleich seinen ergebensten Anhängern erwartete er gespannt den neuen Ankömmling, dessen Nahen ihn mit banger Ahnung erfüllt.

Man sah einen goldenen, funkelnden Reif über der Volksmasse langsam der Fürstenversammlung nahen. Dieser Reif war zur Krone des Markgrafen geformt. Die Krone aber saß über der stolzen, breiten Stirne eines Mannes, der um einen halben Kopf über Alle emporragte.

„Markgraf Luitpold, — der Schyre!" lief jetzt das Geflüster von Mund zu Mund, indeß eine hohe, kriegerische Gestalt, in kostbare Gewänder gehüllt, in den freien Raum hereintrat.

Auf wenige Schritte nahte Markgraf Luitpold dem Throne, machte vor dem Könige eine stumme Verbeugung, und grüßte nach Rechts und Links die Großen des Reiches.

Den König überraschte sichtbar des Schyren Ankunft. Er kannte des Fürsten edle, unbestechliche Gesinnung, und fürchtete vor Allem dessen entschiedenen Widerspruch gegen die Ehescheidung. Als Heinrich dazu Abt Stephan gewahrte, der bescheiden in der Nähe des Ein-

24*

ganges stehen geblieben, war der Salier sichtlich betroffen. Er gedachte des schweren, gegen Stephan verübten Unrechts, abgesehen von den Bemühungen dieses beredten, geistreichen Anwalts in Sachen der verstossenen Bertha.

Diese Bemerkungen machte Heinrich im Verlaufe einer Sekunde. Seine natürliche Klugheit gab ihm blitzschnell den Ton an, welchen er dem Schyren gegenüber anschlagen müsse.

„Wir sind Eurer Ankunft hoch erfreut, Herr Markgraf!" begann er huldvoll lächelnd. „Der Sprößling eines Hauses, welches mit dem berühmten Stamme des großen Carl in so enger Verwandtschaft steht, gereicht gegenwärtiger Versammlung gewiß ebenso zur Zierde, wie Eure bewährte Klugheit, Herr Markgraf, in den zur Entscheidung vorliegenden Fällen, uns zu Nutzen. — Nach altem Herkommen, nimmt bei Reichsversammlungen Euer erlauchtes Geschlecht seinen Sitz unserem Throne zunächst. Ich bitte diesem Brauche zu Folge, womit die Nation das Blut des großen Carl ehrt, Euch unserm getreuen Herzog Rudolph anzuschließen."

Damit deutete Heinrich auf einen jener oben beschriebenen Stühle, auf den Stufen des Thrones. Der Schyre folgte der Einladung. Für des listigen Saliers schmeichelhaften Empfang hatte er dagegen nur eine ernste, stumme Verbeugung.

Nicht ohne Beunruhigung gewahrte jetzt Heinrich, daß Cardinal Damiani seinen Sitz verlassen, Abt Stephan umarmt und mit demselben ein ernstes Gespräch angeknüpft hatte. Der Salier schöpfte Verdacht. Offenbar, — argwohnte er, — bildete die Ehescheidungssache Gegenstand ihres Zwiegesprächs. Bei allen früheren Bemühungen zur Aussöhnung mit Bertha, handelte der Schyre im Auftrage des Papstes. Sogar jener unerwartete Schritt zu Hainfelden geschah unter päpstlicher Anleitung. Ueber all dieß stattete er jetzt, nach des Königs Meinung, dem Legaten Bericht. Besorgten Blickes übersah Heinrich die prangenden Fürstenreihen, gleichsam die Stärke seiner Anhänger prüfend, auf deren Treue er unter allen Umständen bauen konnte. Diese flüchtige Musterung fiel befriedigend aus. Wenigstens kehrte des Saliers Trotz und fester Entschluß zurück, auf der Ehescheidung zu beharren, falls der Legat heute noch diese Angelegenheit zur Verhandlung brächte.

Da sah er Hezel, den Kämmerer, schnellen Schrittes dem Throne nahen. Während der Bewegung, welche nach Ankunft der Schyren unter den Versammelten entstand, wobei man sich in die Ohren flüsterte und bedeutsame Blicke zuwarf, umschlich der Höfling Damiani und Stephan, ein Wörtchen ihrer Unterredung aufzufangen. Dieß schien ihm gelungen.

„Eure Herrlichkeit möge geruhen," sprach er, zum Könige herantretend, „den unterbrochenen Gerichtsgang wieder aufzunehmen. Durchaus unzulässig und kaum rathsam wäre es, die erlauchte Fürstenversammlung durch andere Gegenstände heute noch zu belästigen."

Der Monarch verstand den Wink.

Eben kehrte Damiani zurück, — ernst, überrascht, zürnend. Er hatte zuvor Abt Stephan zu einem Sitze geführt, welcher dem hohen Range des Schyren entsprach. Der demüthige Mönch erhob zwar Vorstellungen. Er kannte des Königs reizbaren Sinn und fürchtete, diese öffentliche Anerkennung der ihm entrissenen Würde möchte Heinrich erbittern und bedauernswerthe Auftritte veranlassen. Der Legat schnitt aber jedes weitere Widerstreben mit der Bemerkung ab:

„Ehrwürdiger Bruder, im Namen des heiligen Vaters befehle ich Euch, meinem Ersuchen zu gehorchen. Sonst möchte es scheinen, als sei die Kirche oder Ihr mit des Königs gesetzloser Handlungsweise gegen Euch einverstanden."

Die Bedeutung dieser Aufmerksamkeit für Stephan entging der Versammlung nicht, — am wenigsten Heinrich. Er sah das schwere Unwetter, aus dem Lateran zu Rom aufsteigend, gegen ihn heranziehen. Indeß verdeckte er die innere Bewegung durch äußere Ruhe und stolze Haltung. Abt Stephan auf der Fürstenbank schien er gar nicht zu bemerken.

„Ist es gefällig," sprach er in einem zwischen Rath und Gebot schwankenden Tone, „so bringen wir die Verurtheilung des Geächteten zum Schlusse. Unser ehrwürdiger Vater von Mainz verlas bereits die Strafbestimmungen für Meineid und Schilderhebung gegen das Reichsoberhaupt. Beider Verbrechen ist Gieselbert schuldig. Uns Alle verpflichtet Gelöbniß und Eid, des Reiches Gesetze zu handhaben. Meinungsverschiedenheit ist darum in schwebendem Falle unmöglich. Wir sind gehalten, dem Gesetze zu gehorchen. Ich ersuche die erlauchten und ehrwürdigen Glieder dieser Versammlung, durch Aufstehen ihre Zustimmung zur Verurtheilung Gieselberts auszusprechen."

Rasch erhoben sich des Königs Anhänger, mit weniger Ausnahme die ganze Versammlung.

Siegfried von Mainz spielte hiebei eine höchst beklagenswerthe Figur. Zuerst machte er eine Bewegung zum Aufstehen. Ein Blick auf den Legaten machte aber seine weitere Bewegung erstarren. Er saß unentschlossen. Sein zweiter Blick auf des Königs drohende Miene, trieb ihn neuerdings etwas in die Höhe — und jetzt bildete der arme Prälat das lebendige Bild der Unentschlossenheit und Zaghaftigkeit. Als er zuletzt das winzige Häuflein der Entgegenstimmenden bemerkte, stand er endlich da, wie ein Mensch, der auf schlimmer That ertappt wird.

Wohlgefälligen Blickes betrachtete König Heinrich die glänzenden Fürstenreihen. Ihre treue Anhänglichkeit, den Drohungen des Legaten gegenüber, freute ihn. Inniges Frohlocken blitzte aus seinem dunklen Auge, als wolle er Roms Abgesandten sagen: „Seht da, wie sie Alle für mich steh'n!"

Nach kurzem Genuße des Triumphes winkte er huldvoll. Die Herren nahmen ihre Plätze ein.

Gieselbert folgte bisher gleichgiltig der Verhandlung. Sein Geist beschäftigte sich nur mit Ethelindens schrecklicher Lage. Als er aber jetzt den Urtheilsspruch zu grausamer Verstümmelung vernahm, schrack er zusammen. Seine Glieder durchzuckten krampfhafte Empfindungen, als fühle er bereits die Messer der Henker, welche den Ausspruch eines unmenschlichen Gesetzes an ihm vollzogen. Unwillkürlich trieb es ihn vor die Stufen des Thrones. Er wollte sich vertheidigen, seine Unschuld beweisen, Bewaffnete hielten ihn zurück.

„Der Spruch ist gefallen," sprach ein Ritter, dem Heinrich vorher die Ergreifung Gieselberts anbefohlen;

„nichts in der Welt kann diesen Spruch aufheben. D'rum ergebt Euch in Geduld!"

Indeß der Geächtete gegen die angethane Gewalt sich sträubte, erhob sich der Cardinal. Entrüstung und Schmerz stritten in seinem Angesichte.

„Im Namen Gottes und der Kirche," — hob er in ruhiger Strenge an, „verwerfe und verdamme ich diesen gottlosen Urtheilsspruch! Unchristlich, heidnisch ist das Gesetz, dem sogar geistliche Würdenträger beipflichteten. Augenausstechen, Handabhauen, und wie sie alle heißen die schrecklichen Arten grausamer Verstümmlung, dürfen in christlichen Reichen nie und nimmer geduldet werden. Es müßte denn sein, daß solche Reiche, von der Kirche sich trennend, in die Finsterniß des Heidenthums zurückkehren wollten. Schmerzlich beklagt die Kirche, welche eine Mutter barmherziger Schonung und Milde ist, solchen Geist bei manchen Fürsten eines Volkes, dessen frommer, für alles Edle begeisterter Sinn es über alle Völker des Erdkreises erhob. Woher nun diese plötzliche Untreue am Adel deutscher Denkungsart?" rief der Cardinal im Tone schmerzlichen Vorwurfs. „Woher dieses Erstorbensein für Menschlichkeit? Habt ihr das Evangelium, welches Strafe für Verbrechen lehrt, Grausamkeit aber verdammt, — weßhalb schlagt ihr die Gesetzbücher des Heidenthums auf? Wie, meine Herren," — fuhr er mit steigender Entrüstung fort, „wollt Ihr am hellen Tage, vor den Augen des Volkes, in Gottes heiligem Hause den Christenglauben verrathen? Wollt ihr, als abtrünnige, fluchwürdige Menschen, Gesetzen des Heidenthums huldigen und Christen nach solchen Gesetzen richten? Glaubt mir, der Edelsinn

Eures Volkes, seine Gottesfurcht, seine treue Anhäng=
lichkeit an die Kirche, unsere geistige Mutter, verdammt
laut und entschieden Euren Urtheilsspruch."

Stürmischer Volkszuruf unterbrach hier den Legaten.

"Wir verdammen, — wir verdammen!" donnerte
es durch den Münster.

Damaini's Rede hatte die Gemüther entzündet. Ray=
munds Geschick, Herrand's Unglück, Ethelindens gewalt=
same Entführung hatte sich mit Blitzesschnelle verbreitet.
Dazu kam des Königs Schandleben, längst schon dem
Volke verhaßt. Man fühlte die Entwürdigung, solchem
Herrscher gehorchen zu müssen. Das Volk war erbit=
tert im höchsten Grade. Die Heiligkeit des Ortes allein
konnte die gährende Bewegung zügeln.

Der Salier schoß drohende Blitze über die Masse
hin. Sein despotisches Gemüth verachtete die edelsten
Regungen des Volkes. Auf Aller Nacken hätte er den
ehernen Fuß setzen mögen. Dem fürstlichen Anhange
vertrauend, wollte er, Kirche und Volk zum Trotze, sei=
nen gesetzlosen Willen durchführen. Niemand sollte sein
niederes Begehren, sein grausames Gelüsten hindern.

Des Legaten muthvolles Auftreten forderte dreiste
Abfertigung von Seite der königlichen Partei. Vor Allen
aber wollte Heinrich von Speyer dem königlichen Ju=
gendgenossen und Gönner Treue beweisen.

"Eure Berufung auf das Volk, Herr Cardinal,"
rief er nicht ohne Heftigkeit, "ist jedenfalls klug er=
dacht. Ihr sollt uns übrigens hiedurch nicht außer
Fassung bringen. Fest halten wir an den Gesetzen
unseres Landes."

Sogleich wurde der Redner unterbrochen. Das Volk blieb zwar von den Fürstenbänken ausgeschlossen. Indeß machte es von den Rechten ehemaliger Volksversammlungen noch immer Gebrauch. Unterwand sich ein Fürst, Rechte, Freiheiten, oder auch nur den herrschenden Volksgeist zu bekämpfen, durfte er unlieber Unterbrechung gewärtig sein. So geschah es jetzt dem Bischofe von Speyer.

„Hört ihr den Simonisten aus Speyer?" riefen Stimmen im Volke. „Ein würdiger Bundesgenosse für den König Herodes."

Dem Bischofe schoß alles Blut in das Gesicht. Er blieb stehen, ohne ein Wort hervorzubringen.

Wohl zum Troste des beschämten Prälaten, ergriff jetzt Luitpold das Wort. Die vorige Abstimmung hatte ihm alle Glut edler Entrüstung auf das Angesicht getrieben. Sogleich würde er zum entschiedenen Widerspruche sich erhoben haben, allein die heftige Gemüthsbewegung gestattete dies nicht. Mit Ruhe wollte er das Wort führen.

„Wäre es auch möglich," sprach er, „daß Gesetze heidnischer Vorfahren bei christlichen Völkern Geltung finden könnten, müßte der Urtheilsspruch gegen Markgraf Gieselbert schon deßhalb ungültig sein, weil er des Verbrechens nicht schuldig ist, weßhalb er verdammt wurde."

„Wie, Herr Markgraf," unterbrach ihn der Salier mit erkünstelter Verwunderung, „wir sollten einen unschuldigen Mann verurtheilen? Wie mögt Ihr es wagen, solche schwere Anklage auf diese erlauchte Versammlung zu wälzen?"

„Ist Eurer Hoheit Gieselberts Schuldlosigkeit unbekannt," versetzte Schyre, „so mag der Beweis zu meiner Behauptung Euch erfreuen."

Dies sprach er in ehrerbietigem Tone zum Könige gewandt.

„Markgraf Gieselbert," fuhr er mit lauter Stimme gegen die Versammlung fort, „ist deßhalb schuldlos, weil der Krieg gegen Thüringen ein ungerechter war. Der Herr Erzbischof von Mainz hatte nicht das Recht, jenen Zehnten von Thüringen zu fordern. Zur Abwehr eines gesetzlosen Anfalles auf seine Freiheiten, griff das Thüringervolk zu den Waffen, — hierin leistete ihm der Markgraf des Elsaßes Beistand. Mithin that Gieselbert nur, wozu jeder deutsche Fürst verpflichtet ist."

Luitpolds ruhige, kühne Rede brachte unter Heinrichs Anhängern außerordentliche Bewegung hervor. Siegfried wurde roth und bleich. Im Bewußtsein der Schuld, rückte er auf dem Sitze hin und her, unvermögend, dem gewaltigen Ankläger in das klare Auge zu sehen.

Dem Könige entging die gefährliche Lage nicht, in welche er plötzlich verwickelt zu werden drohte. Wie schon bemerkt, leistete er dem Mainzer Erzbischof bewaffneten Beistand zur Erpressung des Zehnten gegen das Versprechen, die Ehescheidung mit aller Kraft zu betreiben. Dieser für Ehre und Rechtssinn höchst nachtheilige Sachverhalt, drohte durch den Schyren blosgelegt zu werden. Heinrich fühlte, daß er alle Geistesgegenwart anspannen und sogar Schreckmittel anwenden müsse, um Luitpolds weiteres Vorgehen zu hindern.

Sich auf dem Throne in zürnender Würde aufrichtend, fuhr er den Baierfürsten hart an.

„Wir beklagen sehr die Kühnheit, Herr Markgraf, womit Ihr eigenmächtig Dinge in den Gang der Verhandlungen hereinzieht, welche nicht hieher gehören. Wer gibt Euch Vollmacht, die Rechtsansprüche des ersten Kirchenfürsten auf dem Thüringer Zehnten zu prüfen? Selbst Rom müßte sich zweimal bedenken, wegen solcher unberufenen Einmischung in deutsche Angelegenheiten," — fügte der schlaue Salier bei. „Um so weniger steht Eurem Amtskreise diese Angelegenheit zu. Bei unserer schwersten Ungnade befehlen wir Euch, den Gang der Reichstagsverhandlungen weiter nicht zu stören."

In Folge dieser Drohung hätten wohl die meisten Menschen an Luitpolds Stelle, eine Sache aufgegeben, welche große Gefahr aber kein materielles Interesse bot. Sie hätten sich vor dem Zorne des gewaltthätigen Saliers gebeugt, der ausgesprochene Drohungen getreulich zu erfüllen pflegte.

Man schien auch allgemein von Seite Luitpolds dieses Verhalten der Klugheit zu erwarten. Dies zeigte besonders Gieselberts Benehmen. Jeder Hoffnungsstrahl wich aus seinem Gesichte. Er wußte recht gut, daß er verloren sei, und Ethelinde ihrem elenden Loose nicht entrinne, falls der Schyre eine Sache zu verfechten aufhörte, die ihm verderblich werden konnte. — Herrand senkte gleichfalls das Haupt, über die Brust herab, und seufzte tief auf. Wie mochte er Recht finden, da man dasselbe sogar einem Reichsfürsten versagte?

Luitpolds Schweigen auf des Königs Rede, entsprang indessen nicht der beabsichtigten Einschüchterung. Sein ächt deutscher, biederer Charakter machte ihm alle Schlangenwindungen des listigen Saliers verhaßt, und rief, in Verbindung mit der Kenntniß von Heinrichs schwarzen Planen und Thaten, in des Schyren Brust einen gewaltigen Sturm wach. Diesen wollte er vorüberbrausen lassen. Mittlerweile ruhte sein ausdrucksvolles, lichtes Augenpaar mit solcher flammenden Gewalt auf dem Monarchen, daß dieser, den Blick nicht aushaltend, verlegen niedersah.

„Herr König," hob er an, „fast zwingen mich Eure eigenen Worte, den schwankenden Boden von Recht und Gesetzlichkeit im Reiche in weit nachtheiligerem Lichte zu betrachten, als ich bisher, durch Thatsachen genöthigt, es thun mußte. Wer mir die Vollmacht gibt, in Thüringens Zehntenangelegenheit mich zu mischen? Diese Vollmacht gibt mir, — und jedem Fürsten, — die Pflicht, für unserer Nation Gesetze, Rechte und Freiheiten einzustehen. Kein Volksstamm darf in seinen Gerechtsamen gekränkt werden! Nochmals, — Herr Siegfried durfte jenen Zehnten nicht fordern. Der Heereszug gegen Thüringen war deßhalb, — verzeiht mir das freie, offene Wort, gesetzlose Gewaltthat. Um Leidenschaften zu befriedigen, vergießt man nicht das Blut eines für seine Freiheit begeisterten Volksstammes, — selbst dann nicht," und er hielt einen Augenblick inne, um mit mächtiger Stimme die Worte hinauszurufen: „wenn diese Leidenschaften, als Gegendienst, des Bedrängers eigene sündige Gelüste zu unterstützen versprechen."

Abermals brach hier im Volke gewaltiger Sturm los. Die Verabredung zwischen Heinrich und Siegfried war bekannt. Man hatte Luitpolds kühne Anspielung verstanden.

„Heil Luitpold dem Schyren!" brauste es durch die riesigen Domeshallen. „Heil dem Verfechter von Freiheit und Recht!"

König Heinrich bebte vor Ingrimm. Der unerschrockene Bayernfürst drohte immer mehr den Vorhang zu lüften, welcher seine Verbrechen und Schandthaten verhüllte. Denn der Mann war noch lange nicht fertig; dies las er in seinen strengen, unerbittlichen Zügen.

„Eure Hoheit ist von Gott und Volk zum obersten Schirmherrn der Gesetze bestellt," fuhr jener fort, nachdem wieder tiefe Stille eingetreten. „Aus diesem Grunde werdet Ihr die Thüringer-Zehntenangelegenheit genau untersuchen, und das Ergebniß dieser hohen Versammlung vorlegen lassen. Die ehrwürdigen Aebte von Hersfeld und Fulda, möchten hierin die verläßigsten und kundigsten Berichterstatter sein," — hiebei machte er eine achtungsvolle Bewegung gegen jene Prälaten, deren eifriges Bestreben für Aufrechthaltung ihrer Landesrechte, durch des Königs Macht und Drohen unterbrückt worden war.

„Wir danken verbindlichst für Eure Anleitung, Herr Margraf!" sagte Heinrich, kaum vermögend, seinen Grimm länger zu beherrschen. „Vielleicht gelingt es Euch, einen Amtsgenossen der verdienten Strafe zu entreißen. In Wirklichkeit, — wir staunen über Eure Theilnahme für den Geächteten! Ihr scheint in enger Verbindung mit ihm gestanden zu haben."

„Herr König, offen sei es Euch gesagt," rief der Schyre, „daß ich mich nicht rühmen kann, mit einem Manne von solcher Rechtlichkeit und Biederkeit in näherer Beziehung zu stehen. Indessen," fuhr er mit erhöhter Stimme fort, „seid auch Ihr, königlicher Herr, jenem Markgrafen verpflichtet. Ohne Gieselberts Bemühung, wäre Eure edle Gemahlin höchst wahrscheinlich in den Thürmen des Trifels vertrauert."

„Wie? — Im — Trifels? Sonderbar!" machte Heinrich, jedes dieser Worte stoßweise hervorbringend, nach Art eines Vulkans, der hie und da Steine zwischen Dampf und Feuer ausspeit, zum Beweise der in seinem Innern kochenden, siedenden Strömungen.

„Unter solchen Umständen," fuhr Luitpold ruhig weiter, als bemerke er des Königs furchtbare Aufregung gar nicht, — „muß ich den Antrag stellen, daß der gegen Markgraf Gieselbert gefällte gesetzwidrige Spruch nicht vollzogen wird. Ferner muß nach den Reichsgesetzen, bis zur Entscheidung dieses wichtigen Falles, der Geächtete der Hut eines unbetheiligten Fürsten übergeben werden."

„Beiden Anträgen des Herrn Markgrafen stimme ich bei, und schlage zum Hüter des Angeklagten den ehrwürdigen Vater Hanno von Cöln vor," sprach Rudolph, der Schwabenherzog.

„Wirft sich auch Schwaben zum Schutze des Geächteten auf, dann haben wir Allem natürlich nur unsere Zustimmung beizufügen," sprach der Monarch, mit einem drohenden Seitenblicke auf Herzog Rudolph. „Aber, — Herr Markgraf Luitpold," fuhr er mit abschreckender Freundlichkeit fort. „Ihr seid ja wahrhaftig der

Hort aller Bedrängten! Es freut uns sehr, aus Eurem Munde von unserer verschollenen, lieben Verwandten, die erste Kunde zu erhalten. Ich — wette," horchte er, „unter Eurem edelmüthigen Geleite zog Bertha hieher gegen Frankfurt!"

„Wie Ihr sagt!" antwortete dieser. „Der ehrwürdige Legat des heiligen Vaters, sowie die hohe Fürstenversammlung, wird endlich die kummervolle Lage eines Weibes enden, dessen Tugenden es zur Krone ihres Geschlechtes erheben."

„Vortrefflich gesprochen! In der That — Ihr verdient unsere Gunst im ausgedehntesten Maße," sagte der Monarch in unheimlicher Ruhe. „Seid Ihr nun fertig mit Euren Anträgen, Anleitungen und Verwarnungen?"

„Nur dieses noch!" entgegnete der Schyre. „Heute schon soll mich das Versprechen binden, als Ankläger gegen himmelschreiende Verbrechen vor dieser Versammlung aufzutreten. Hört es, ehrwürdiger Vater," wandte er sich an den Legaten, und über die Fürstenreihen hinblickend, fuhr er fort: „hört es Prälaten und Fürsten des Reiches, — man hat freie, edle Männer gesetzlos, ohne allen Rechtsgang in Banden geworfen; — man hat Kirchen ihrer heiligen Gefäße beraubt, um feile Dirnen damit zu schmücken; — man hat Jungfrauen gewaltsam entführt, und hält sie bis zur Stunde gefangen. Solche Verhöhnung aller Kirchen= und Reichsgesetze, solche Schändung des christlichen Namens, dürfen wir nimmer dulden. An Ehren und Tugend reich, überkam uns das mächtigste Reich der Erde, und wir, meine Herren, haben zweifelsohne den Willen und auch die Kraft, den Abel der deutschen Nation zu erhalten."

Neuerdings stürmte das Volk seinen Beifall. Heinrichs Anhänger staunten über des Schyren Kühnheit. Die angedeuteten Verbrechen galten dem Könige, — Volk und Fürsten wußten dies. Aus Letzteren erhoben sich mehrere Sprecher für Heinrich. Klug und gewandt suchten sie der feindseligen Stimmung gegen ihren Gönner zu begegnen. Beredten Mundes priesen sie des Saliers hohe Eigenschaften. Während Heinrichs Anhänger den begeisterten Auslassungen der Redner lauten Beifall schenkten, seufzte Luitpold tief auf über solche niedere, feile Denkweise.

„Nur dort," — schloß der Bischof von Speyer seine Preisrede, „sind solche schreiende Gesetzesverletzungen möglich, wo sie dem wachsamen Auge des Königs entgehen. Unseres gnädigsten Monarchen Freigebigkeit gegen Klöster, Kirchen und Stifte, ist männiglich bekannt. Darum wird Niemand Kirchenraub so tief verabscheuen, als der vierte Heinrich. Kirchendiebstähle werden keinen strengeren Rächer finden, als ihn."

„Wir leben in höchst beklagenswerther Zeit," ließ sich der kriegerische, simonistische Abt von Hornbach hören. „Sogar das Reichsoberhaupt ist vor Verläumdungen nicht sicher. Von allen offenbaren Verunglimpfungen, sei nur jene niederträchtige Verlogenheit erwähnt, als billige Seine Herrlichkeit simonistische Händel, — als billige er den Verkauf von geistlichen Pfründen. Man kennt des britten Heinrichs Strenge gegen jenes höllische Gift! Und jetzt soll der Sohn dem Vater dermaßen unähnlich sein? Mögen sich Jene vorsehen," rief der Redner mit drohendem Seitenblicke auf den Schyren, „die es wagen, königliche Hoheit zu ver= dächtigen! Leicht ist Verläumbung ausgesprochen, — der Beweis aber möchte schwer zu liefern sein. Gegen diese Ehrabschneider der höchsten Fürstenwürde, muß man rücksichtslos die ganze Strenge des Gesetzes walten lassen."

Bei dieser gegen ihn ausgesprochenen Drohung, lä= chelte Markgraf Luitpold bitter vor sich hin.

Der greise Hanno von Cöln wollte das Wort er= greifen. Pfalzgraf Gebizo, ein beredter, in manche schlimme Händel verwickelter Anhänger des Königs, kam ihm zuvor.

„Wir hören aus dem Munde des erlauchten Bayern= fürsten," sprach er mit wohlklingender Stimme, „daß der geächtete Gieselbert die Verwandte Seiner Herrlich= keit aufgehoben. Ich staune über die Unbefangenheit, womit solcher Gewaltstreich vorgebracht wird. Sogar den Anschein von Rettung möchte man diesem frechen Vermessen geben. Abscheuliche Verdächtigung unseres gnädigsten Monarchen! Wies er, seiner vielgeliebten Verwandten Bertha, die Veste Trifels zum Wohnsitze an, was liegt hierin Anstößiges? Wahrt der stolze Tri= fels nicht auch die Reichskleinodien? Will man in der bestgemeinten Absicht Vergehen erblicken?"

„Thut gemach, Herr Pfalzgraf!" unterbrach Luit= pold den Redner. „Welche Bedeutung Berthas Send= ung gegen Trifels hatte, wird dargelegt und bewiesen werden. Bis dahin mäßigt Eure Entrüstung."

„Nun, — bin sehr gespannt, Herr Markgraf," fuhr Gebizo fort, „in nächster Sitzung Eure Beweisführung zu vernehmen. Jedenfalls muß sie klar und schlagend sein. Der unschuldigsten That kann schlimme Deutung untergeschoben werden. Welches Geschrei machten böse Zungen von der beabsichtigten Ehescheidung? Entspringt sie aber nicht gerade der Frömmigkeit unseres gewissenhaften Monarchen? Er kennt die Unmöglichkeit ehelicher Verbindung mit Blutsverwandten. Darum opfert er die zarteste Neigung, die innigste Minne zu Bertha, seiner schönen Verwandten, der gebietenden Pflicht. Allen will er das Beispiel des Gehorsams gegen die Gesetze unserer heiligen Kirche geben, — darum verwundet er die empfindlichste Seite des menschlichen Herzens. Welche Entsagung, — welcher fromme Sinn! Glückliches Volk, dem solch' ein Herrscher von Gott gesetzt wurde! Uns aber, meine erlauchten und ehrwürdigen Herren, gebieten Treue und Pflicht, enge um den Fürsten geschaart, alle ungerechten Angriffe abzuweisen, sowie das wohlbegründete Verlangen unseres gnädigsten Monarchen kräftig zu unterstützen."

Lebhafter Beifall gab sich unter Heinrichs Anhängern kund. Das Volk blieb unbeweglich. Des Saliers Verbrechen konnte nicht die geschmeidigste Zunge verdecken.

Gebizos Rede mißfiel dem Legaten in hohem Grade. Er staunte über des Sprechers Verwegenheit. Die offenbare Verlogenheit mancher Fürsten, ihre Vertheidigung und Bemäntelung von Heinrichs Schandthaten, schmerzte und erbitterte den greisen Cardinal. Der Augenblick schien ihm gekommen, vor der Fürstenversammlung Zweck und Bedeutung seiner Sendung auszusprechen.

„Zur Verhütung aller Verwirrung in der Ehescheidungssache," hob Damiani ernst an, „erkläre ich im Namen des Kirchenoberhauptes, daß zwischen unserem Herrn, König Heinrich, und dessen Gemahlin Bertha, keine Verwandtschaft besteht. Wiederholt wurde ihm dieses schriftlich vom heiligen Vater mitgetheilt. Wiederholt wurde er bringend angehalten, zur Aufnahme der verstoßenen Gemahlin. Er aber, in Folge böser Einflüsterungen schlechter Freunde und eigener, verkehrter Neigung, fährt fort, die zartesten Bande zu zerreißen, die heiligsten Pflichten mit Füßen zu treten. Es ist dies ein schlechtes Beginnen, weder dem Christen, noch königlichem Namen geziemend. Schreckt ihn nicht menschliches Gesetz, nicht göttliche Ordnung, dann sollte er wenigstens des hohen Namens schonen, und kein Beispiel solcher frevelhaften That geben. Wer Rächer von Missethaten sein soll, darf kein Urheber und Fahnenträger von Verbrechen sein. Wofern der König nicht ablenkt," rief der Legat mit erhöhtem Nachdruck, „so muß ich, im Namen des Kirchenoberhauptes, nothgedrungen kirchliche Gewalt anwenden, und nach Verfügung heiliger Bestimmungen, die Schandthat hindern. Nie wird der heilige Vater jenen zum Kaiser weihen, welcher durch solch' verfluchenswerthes Beispiel den christlichen Glauben verräth. — Gleiche Strafe haben Alle zu gewärtigen, deren boshafter Sinn es wagt, des Königs Beginnen zu beschönigen oder zu unterstützen. Reich ist an Ehre und Ruhm die deutsche Nation! Sie ist durch innige Gottesfurcht ein Licht allen Völkern des Erdkreises! Diese Vorzüge zu wahren, wird die Kirche mit aller Strenge und Wachsamkeit besorgt sein.

Durch Bann und Fluch, wird sie Alle vom heiligen Leibe des Herrn ausscheiden, deren giftiger, schändlicher Geist Fäulniß und Verfall dem Ganzen droht." *)

Damiani's Rede brachte tiefen Eindruck hervor. Solche Strenge hatte man von Rom nicht erwartet. Heinrichs Anhänger saßen betroffen. Befriedigung des Eigennutzes verlockte zwar zur Begünstigung von des Königs schlimmen Absichten. Aber solche Strafdrohungen aus dem Munde der Kirche, vermochte ihre religiöse Ueberzeugung nicht zu ertragen. Selbst Bischof Heinrich von Speyer erschrack und verzagte.

Der Salier staunte anfänglich über des Legaten kühne Sprache, dann erbitterte sie ihn. Er gedachte der Gewalt seines Vaters über den päpstlichen Stuhl, — und nun sollte dieser ihm befehlen? Seinen glühendsten Neigungen Schranken setzen? Voll Trotz und zürnender Majestät erhob er sich.

„Wir sind erstaunt, Herr Cardinal, über den Inhalt Eurer Sendung," sprach er. „Seit wann führt Rom eine solche Sprache der mächtigsten Nation gegenüber? Ist der Herrschertritt des dritten Heinrich im Lateran schon verhallt? Ich dächte, es sei nicht zu lange her, daß mein Vater dort Ordnung schaffte, woher jetzt solche Verwarnungen zu uns gelangen. Auf Eure beleidigenden Angriffe zu erwiedern, sind wir zu stolz! Nur das möchten wir zu bedenken geben, daß leicht die geschmiedeten Blitze und Bannsflüche dorthin verderbend zurückkehren möchten, woher sie geschleudert wurden.

---

*) Die vollständig und wörtliche Rede des Legaten s. b. Lamb. an. 1069.

Durch Drohungen lassen wir uns nicht schrecken. Wir beharren auf unserem Entschlusse. Will Rom auf dieser erlauchten Versammlung, die wir zur Ehescheidung von unserer Verwandten zusammenberiefen, mitsprechen, dann muß des Papstes Sprache milde, belehrend und versöhnend klingen, — ganz der Würde des heiligen Vaters angemessen."

Heinrich schloß die Sitzung, ohne dem Legaten eine Entgegnung zu gestatten. Des Monarchen stolze, trotzige Sprache hob zwar den gesunkenen Muth seiner Anhänger einigermassen, völlig konnte sie aber nicht den Eindruck von Damiani's Rede auslöschen. Mit schwankender Ergebenheit für den König, nicht wenige ohne Bangigkeit wegen grober Verschuldung, verließen die Herren das Münster.

Ein königliches Weib.

Während dies im Dome geschah, harrte Bertha in banger Erwartung des Erfolges. Wie schon angedeutet, wurde sie nach ihrem unglücklichen Besuche zu Hainfelden durch Stephans Betreiben von Gieselbert, der sich an die Spitze einer Schaar Dienstleute Limburgs gestellt, ihrem Geleite gegen Trifels entrissen. Stephan ließ sie hierauf in ein armes, mitten in den Bergen gelegenes Klösterlein bringen. Hier lebte die Königin in strengster Zurückgezogenheit, bis Markgraf Luitpold, durch seines Bruders Vorstellungen bewogen, mit einer tapfern Schaar herüberkam, und die unglückliche Fürstin gegen Frankfurt geleitete.

Das Schloß des Grafen Balderich, Berthas gegenwärtiger Aufenthalt, erhob sich unweit der Stadt auf sanfter, freundlicher Anhöhe. Luitpolds Bayern lagerten am Fuße des Hügels, zur Hut der oben weilenden Königin.

Im Auftrage des Prälaten von Limburg, erstattete Arnold der Fürstin umständlichen Bericht über die Vorgänge im Münster. Sie wurde tief erschüttert. Alle Leiden gekränkter und verachteter Liebe verschwanden vor der begründeten Angst, Heinrich möchte durch die Ehescheidungssache Unglück und Schmach verfallen. Hatte doch Arnold mit rücksichtsloser Aufrichtigkeit erzählt, wie Cardinal Damiani den Bannfluch angedroht, fest entschlossen, den König aus der Christengemeinschaft auszuscheiden.

„So mußte es kommen, abeligste Königin, und Gott sei dafür gepriesen, daß es so kam," — rief der Laienbruder mit dem Gefühle sichtlicher Genugthuung. „Weder List, noch Betheuerung werden ihm helfen! Man durchschaute seine Heuchelei. Nachdem der Legat feierlich in öffentlicher Versammlung erklärte, daß zwischen Euch und ihm keine Verwandtschaft besteht, — welche Ausflucht bliebe ihm da übrig? Entweder nimmt er die ihm rechtmäßig angetraute Gemahlin auf, oder er beharrt in ruchloser Gesinnung, und stürzt mit Schmach beladen vom Throne. Wäre es christlich, wünschte ich, er möchte verblendet bleiben, damit ihn, für die Mißhandlung des edelsten Weibes auf Erden, die längst verdiente Strafe ereile."

Der erbitterte Arnold gewahrte nicht die Dolchstöße seiner Rede für Bertha. Als er dazu versicherte, nicht blos das ganze Volk, sondern auch ein großer Theil der Fürsten seien auf's Höchste gegen Heinrich aufgebracht, zitterte sie für den schwer bedrohten Gemahl. Jeden Augenblick stieg ihre Angst, ihre Verwirrung. Die aufgeregte Einbildungskraft zeigte ihr den Gatten von der Kirche verflucht, vom Reiche geächtet, — am Rande der Verzweiflung. Dies Alles um ihretwillen, deren Liebe, in großmüthiger Entsagung, des Geliebten Unglück hätte verhüten können. Sie fühlte nicht bloß Vorwürfe, sondern auch im Drange der Umstände sich unfähig, das herannahende Verderben von Heinrichs Haupt abzulenken.

Mit Thränen in den Augen bat sie Arnold, sogleich zu Abt Stephan zu eilen, um ihn herüber zu bescheiden.

Kaum hatte der Bruder das Gemach verlassen, so warf sich die Fürstin auf den Betschemel und rief zum Himmel um Gnade und Schonung. In befangener Geistesstimmung gelobte sie, allem Glanze der Welt, ihren ehelichen Rechten zu entsagen, und sich im Kloster für immer dem ausnahmslosen Dienste des Allerhöchsten zu weihen. Dann brachen ihre Thränen unaufhaltsam hervor, — jede Selbstbeherrschung, jeder religiöse Trost versank in der Tiefe ihres Schmerzens.

Endlich wurde sie ruhig. Die Hände über dem Schooße gefaltet, die thränenfeuchten Augen auf den Boden geheftet, saß sie da, ein ehrwürdiges Bild der Leiden. Scheinbar folgte sie dem tröstenden Zuspruche ihrer Zofen, im Grunde aber entsprang diese Ruhe völliger Krafterschöpfung. In diesem Zustande traf sie Abt Stephan.

Bei seinem Anblicke stand sie hastig auf und ging ihm entgegen.

„Entschuldigt mein Drängen, ehrwürdiger Vater! Ich muß Euch heute noch sprechen."

„Euere königliche Hoheit darf nur befehlen; ich gehorche mit Freuden."

„Es ist wahr, Eure Güte übersteigt unendlich mein Vermögen, zu vergelten. Ohne Euch wäre ich ein armes, verlassenes Weib! Bis nach Rom drangen Eure Vorstellungen, Eure Thätigkeit für mich setzte das Reich in Bewegung, — und jetzt, — jetzt schreckt mich der drohende Ausgang meiner Klage."

„Wie soll ich dieß verstehen? Was schreckt Euch, gnädige Frau?"

„Arnold brachte Kunde von dem, was im Münster geschah," entgegnete sie ausweichend. „Denkt Euch an meiner Stelle," — und sie schwieg verlegen.

„Nun, — ich dächte, Ihr könntet zufrieden sein, und das Beste hoffen," sagte der Prälat.

„Ist es wahr, drohte der Legat mit Fluch und Bann?"

„Gewiß! Der Cardinal erhielt vom Papste strenge Weisung."

„Wird er sie vollziehen?"

„Ohne Zweifel, — sobald der König im Schlechten verharrt."

„Großer Gott! Und die Fürsten?"

„Sie fangen zu wanken an! Die Meisten sind entschlossen, Heinrichs Gesetzlosigkeit nicht weiter zu stützen."

„O die Treulosen! Sie wollen ihn verlassen, zuletzt ihm gar Scepter und Krone nehmen."

„Möglich, — wahrscheinlich! Aber warum — die Treulosen? Treulosigkeit war auf ihrer Seite, so lange sie des Königs Treulosigkeit gut hießen. Seitdem gerechter Zorn und billige Entrüstung in der Fürsten Brust zu erwachen begann, kehrten sie zur echten Treue zurück, — zur Treue gegen ihre Königin, gegen das Recht, und gegen die Forderungen der heiligsten Gesetze."

„O, — gerne wollte ich die Fürsten der Treue entbinden gegen mich und mein Recht, bewahrten sie nur Treue ihrem Könige und Herrn," sagte Bertha, in banger

Zurückhaltung die ruhige Strenge des Prälaten betrachtend:

„Was Gott verbunden hat, wird keine Macht der Erde lösen," versetzte Stephan ernst. „Niemals vermag es Eure Hoheit die Pflichten des Gatten aufzuheben."

„Fast möchte ich diese Unmöglichkeit beklagen, beim Gedanken an meines Gatten furchtbar drohendes Geschick! Der Kirche Bannfluch, welcher zum Himmel dringt und auf Erden vom Leibe der Lebendigen scheidet, — der Fürsten Abfall, des Volkes Zorn, der Verlust aller Herrlichkeit auf Erden und aller Gnaden des Himmels, — dies Alles, — all dies namenlose Unglück droht ihm! Und ich, — wehe mir! — Ich bin die Urheberin seines Unterganges."

„Gnädige Frau!"

„Er wird die Wucht der Schmach, der Entthronung des Fluches nicht ertragen, — sie wird ihn erdrücken, in Verzweiflung stürzen. Wo ist das Weib, die Schande ihres Geschlechtes, — das um ihrer Rechte willen den Gatten herabstürzte von der Höhe irdischen Glanzes zur tiefsten Erniedrigung, zum Fluche der Kirche, zum Hohne des Volkes!"

„Gnädige Frau, — verzeiht! Schreibt Euch nicht zu, was des Königs gesetzloser Sinn allein verschuldete."

„Verschuldete? Er kann seinem Herzen nicht gebieten, — das ist seine ganze Schuld! Meine Mängel und Gebrechen sind kein Gegenstand für seine große Liebe, — und darum soll er so tief erniedrigt und elend werden? Nein, — in Ewigkeit nicht! Vor Gott entsage ich meinen Rechten und Ansprüchen! Frei sei er von mir, — nicht länger will ich ihn quälen und verfolgen."

„Hoheit — ich bewundere Eure großmüthige Liebe, doch verzeiht, — ich muß es wiederholen: Ihr könnt das Band zwischen dem Gatten und Euch nicht lösen."

„Ich kann ihn aber doch von mir befreien?"

„In erlaubter Weise — kaum!"

„In vollkommener Weise, Herr Abt! Der Welt entsagen, Alles verlassen, — das Liebste der Erde vergessen, und Jenem nachfolgen, der sein süßes Joch mir aufgeladen, — ist das nicht vollkommen? In einem frommen Kloster meine Tage zu beschließen, — um Heinrich weinen, für ihn beten, für ihn leiden, das sei mein Vorsatz!"

„Dem Himmel dient Ihr durch solchen Vorsatz nicht! Euer Beruf ist an des Königs Seite, nicht im Kloster."

„An seiner Seite, — ein seliger Beruf! Doch seht, Herr Abt, die Erde ist kein Ort der Seligkeit; schon aus diesem Grunde darf ich den Himmel nicht an seiner Seite finden. Darf ich nur für ihn dulden und entsagen, das ist schon Seligkeit genug."

„Ich weiß nicht, was ich mehr bewundern soll, — Eure Liebe oder Euren Opfermuth," sagte Stephan, in tiefster Verehrung die Fürstin betrachtend. „Abneigung mit solcher Liebe zu vergelten, dünkt mir fast übermenschlich, — ein Werk von Gottes Gnaden. Zieht sich aber diese Kraft von Oben zurück, seid Ihr nur auf Eure Menschenkraft beschränkt, vergleicht Ihr in solchen Augenblicken Euer Opfer mit des Königs Mißhandlungen, — wird Euch der Entschluß nicht gereuen?

Werden die stillen Klostermauern nicht Eure Thränen fließen sehen, — Eure Vorwürfe wegen Uebereilung hören? Bedenkt dies Alles wohl!"

„Bedenken? Die königliche Nonne entreißt ihn der Schmach und Schande, — wendet der Kirche Fluch von ihm, — erhält ihm Thron und Krone, — was ist hier zu bedenken? Mit Freuden nehme ich den Schleier, damit meines Heinrichs Unglück zu bedecken. Ach, — ihn gerettet zu haben, dieser Gedanke voll Wonne und Beseligung, versüßt mir alle Strenge klösterlicher Zucht."

Der Schyre sah schweigend vor sich nieder. Berthas Absicht machte offenbar tiefen Eindruck auf ihn; — Stephan war fähig, den Edelsinn dieses Weibes zu begreifen. Dessen ungeachtet gerieth er kaum einen Augenblick in Versuchung, ihren Entschluß zu billigen, noch weniger zu unterstützen. Bekanntlich gehörte Heinrichs schnödes Verfahren gegen Bertha nicht zu seinen größten Verbrechen. Abgesehen vom Ehestreit, machte verkehrte Gesinnungs= und Regierungsweise den Sailer des Thrones vollkommen unwürdig; manche schwarze That des Fürsten sollte dem Reichstage zur Entscheidung vorgelegt werden. Ueber diese Verhältnisse konnte der Prälat Bertha nicht aufklären, ohne ihr die schmerz= lichste Erfahrung zu bereiten. Dennoch mußte sie wissen, daß ihre großmüthige Entsagung des Königs Lage kaum verbessere.

„Es ist zu spät!" sagte Stephan endlich. „Selbst die Verwirklichung Eures Vorsatzes würde den König kaum retten."

„Zu spät? Kaum retten?"

„Nichts kann ihn retten, als er selbst!" fuhr der Abt fort. „Wo bliebe Gerechtigkeit auf Erden, dürfte boshafter Sinn die heiligsten Rechte straflos kränken? Die schwere Schuld des unnatürlichen Eheherrn erfüllt das ganze Reich! Sogar das rohe Volk erfaßte Staunen und Abscheu über diese zu lange geduldete Ungerechtigkeit. Zur Strafe erhob sich die Kirche, nachdem sie Monate und Jahre vergeblich gemahnt und gewarnt; — aus allen Gauen des Reiches zogen die Fürsten herbei, laut und offen ihre Mißbilligung über des Oberhauptes Gesetzlosigkeit auszusprechen. Und nun soll er, bei völlig unveränderter böswilliger Gesinnung triumphiren, straflos Sünde auf Sünde gehäuft haben?"

„Barmherziger Gott!"

„Nun soll er Eurer Leiden spotten, Kirchen= und Reichsgesetze fortan verhöhnen? Hieße das nicht des Königs Frevelsinn ermuthigen?"

„Um Gotteswillen, — Gnade! Ehrwürdiger Vater, — Gnade!"

„Gnade — ja, für den Reuigen! Aber das ist des Lasters furchtbarer Fluch, daß es, mit Geistesfinsterniß die Seele umfangend, immer tiefer hinabzieht zur Verstocktheit und Herzenshärtigkeit."

„Vater Stephan, — laßt Euch erweichen! Was hier aus Euch spricht, ist nicht Euer mildes Selbst, — Entrüstung ist's über verstockte Bosheit, die Ihr in meinem unglücklichen Gemahle Euch denkt, die er in Wirklichkeit aber nicht besitzt. Jugendlicher Leichtsinn hat ihn irre geführt, und dieser sitzt nur auf des Herzens Oberfläche. Glaubt mir, der Kern von ihm ist gut und jeder Tugend fähig! Man darf diesen Kern nur erwecken, beleben, und Heinrich schämt sich dessen, was er in Wirklichkeit nicht war, sondern schien. Euch gelingt es — Ihr wandelt ihn um! Ehrwürdiger Vater, laßt mich nicht vergebens bitten. Eilt zu ihm, stellt ihm das Furchtbare seiner Lage vor, — malt ihm lebendig die Abscheulichkeit alles dessen, was man ihm nachsagt, — dann seht, wie seine Tugend siegt und er die entstellende Schale angelernter Fehler wegwirft."

„Ich könnte nur wiederholen, gnädige Frau, was ich oft vorgestellt, gewarnt, gebeten habe, — vergeblich wiederholen."

„Nur diesmal noch, — das Verhängnißvolle des Augenblickes wird Euch mächtig unterstützen. Vater Stephan! Ihr kennt seine Lage, das nahende Verderben, — für Eure angeborne Menschenliebe ein gewaltiger Sporn, ihn zu retten. Jede Eurer Bitten, in der Tiefe Eures mitfühlenden Herzens geboren, muß unwiderstehlich ihm zu Herzen bringen. O Vater Stephan, eilt zu ihm," — bat sie flehentlich, die gefalteten Hände zur Brust emporhebend, auf welche ihre Thränen niederperlten. „Eure Königin bittet, — Ihr müßt Euch erbarmen!"

„Nun, bei Gott! Ihr könntet Steine erweichen und reden machen," sagte der Prälat. „Nochmals sei es versucht. Lenkt sich des Königs Sinn zum Guten, so geschah es nur, weil Gott, um Eurer Tugend willen, sich seiner erbarmte."

Roms rettende Macht.

Bevor der kluge Abt von Limburg zum Könige sich begab, versäumte er nicht, die Gesinnung der Fürsten zu prüfen. Er stieß auf unerwartete Schwierigkeiten. Manche Herren waren mehr zum rücksichtslosen Vorgehen, als zur Schonung geneigt, — vielleicht aus dem Grunde, weil sie aus dem Untergange Heinrichs Vortheil für sich hofften. Nach zwei Tagen rastloser Bemühung, gelang es Stephan endlich, die einflußreichsten Großen milde zu stimmen, jedoch unter der Bedingung, daß der König sichere Gewährschaft für völlige Sinnesänderung leiste.

Dem Salier selbst entging das Bedenkliche seiner Lage keineswegs. Das unerwartete Zusammentreffen verschiedener Umstände hatte die Ehescheidungssache ziemlich in den Hintergrund gedrängt. Des Schyren unerbittliches Rechtsgefühl drohte, manches seiner schweren Vergehen an das Licht zu ziehen und dem Gesetze Achtung zu verschaffen. Der Monarch fürchtete diesen Ankläger um so mehr, als er dessen Unbestechlichkeit kannte und seine Gerechtigkeitsliebe und strenge Gesinnung achten mußte. Nur die Treue seiner Anhänger konnte ihn retten. Demzufolge entwickelte er alle Thätigkeit, Schwankende zu bestärken, Verläßige noch fester sich zu verbinden. Des Fürstenstandes beklagenswerther, fast allgemein herrschender Eigennutz bot ihm hiezu die Möglichkeit.

Heinrichs Versprechungen waren lockend, jedes Maaß übersteigend. Regalien, Abteien, Bisthümer, Graffschaften und Herzogthümer verhieß er unverbrüchlicher Treue. Hiebei kam es vor, daß verschiedenen Personen, bei der Unmöglichkeit Alle befriedigen zu können, der nämliche Preis zugedacht wurde. Natürlich Alles im Geheimen, unter strengster Verschwiegenheit.

„Sagt Alles zu, was sie verlangen!" bemerkte Heinrich dem Kämmerer Hezel. „Rom darf nicht triumphiren, und sollte ich hiebei zum Bettler werden."

Zu diesen Umtrieben gab es kein tauglicheres Werkzeug, als Hezel. Zwei Tage lang schlich er bei den Fürsten herum, reichen Lohn seines Herrn für treuen Anhang bietend. Nur die Schwelle der Schyren, des Schwabenherzogs Rudolph und einiger Anderer mied der schlaue Unterhändler.

Was Damiani in des Papstes Namen that, glaubte der Monarch keineswegs hoch anschlagen zu müssen. Blieben nur die Fürsten ihm zugethan, — den Bannfluch wollte er schon verwinden. Sein rachesüchtiges Gemüth fand sogar Genugthuung in dem Gedanken, gerechten Anlaß zur Züchtigung des Papstes zu finden. Im Geiste zog er bereits an der Spitze eines mächtigen Heeres über die Alpen, das strafende Kirchenoberhaupt vom Stuhle zu stossen und einen gefügigen Günstling mit der römischen Tiara zu schmücken. Alles dieß, was er später in Wirklichkeit vollbrachte, beschäftigte jetzt schon lebhaft seinen Geist.

Des Königs Gegner blieben indeß nicht unthätig. Sie hatten wiederholt Besprechungen, deren Inhalt sehr geheim gehalten wurde. Auf Rudolphs Veranlassung, wurden alle Glieder der Reichsversammlung im Conventsaale der außerhalb Frankfurts Mauern gelegenen Benediktiner=Abtei, zur ernsten Erwägung eingeladen.

Während die Fürsten und Prälaten nach jenem Versammlungsorte aufbrachen, durchschritt Heinrich gedankenvoll das fürstliche Gemach seiner Pfalz. Zweck und Bedeutung dieser Zusammenkunft durchschaute er gar wohl. Der mächtige Schwabenherzog Rudolph, beim Könige in argem Verdachte stehend, nach der Krone zu streben, wollte eine Liste verschiedener Verbrechen Heinrichs vorlegen und das Gerichtsverfahren förmlich gegen ihn beantragen. Neben Rudolph erblickte er die Schyren, seine furchtbarsten Gegner. Auf der Behandlungsweise Limburgs allein, auf der Verachtung des Asylrechtes und der Beraubung der Kirche lagen Bannfluch und des Reiches Acht. Obwohl der Edelmuth Stephans die ihm persönlich widerfahrenden Unbilden kaum zum Gegenstande der Anklage erheben würde, so war doch Heinrich von des Abtes Entschiedenheit und Unbeugsamkeit überzeugt, sobald es sich um Wahrung von Rechten und Gesetzlichkeit handelte. Neben diese Gegner stellte er den einflußreichen, allverehrten Erzbischof Hanno von Cöln. Wie sehr dieser des Königes Lebensweise beklagte und verabscheute, wußte Heinrich aus dessen bitteren Vorstellungen und ernsten Rügen. Dazu kamen die mächtigen Aebte von Hersfeld und Fulda, tief gekränkt durch die ihnen angethane Gewalt wegen der Thüringer Zehnten. Zu Allen diesen gesellte sich nun noch der Papst, dessen sittlich=strenger Legat zweifelsohne den Muth besaß, Fluch und Bann öffentlich über ihn auszusprechen.

Diese unerquickliche Zusammenstellung beunruhigte zwar den Salier, entmuthigte ihn aber nicht. Blieb ihm nur der alte Anhang treu. Mit seiner Hilfe wollte er Alle niederwerfen.

Dessenungeachtet wuchs des Fürsten Unruhe jeden Augenblick. Oft trat er an das Fenster, in den Hof hinabschauend, und die Rückkehr Hezels voll Ungeduld erwartend. Er hatte ihn beauftragt, vom Gange der Verhandlung Erkundigungen einzuziehen und ihm augenblickliche Botschaft zu überbringen.

Da vernahm er Tritte im Vorzimmer. Der Thürsteher meldete Abt Stephan.

„Ah, — laßt ihn sogleich eintreten!" befahl der Monarch, nicht wenig über diesen Besuch erstaunt. Mit herablassender Huld empfing er den Prälaten.

Ohne Zweifel errieth Heinrich die Veranlassung zu Stepans Besuch. Er kannte des Abtes Menschenfreundlichkeit und Zartgefühl, die ihn so lange vom letzten entscheidenden Schritte zurückhielten, bis alle Versuche milder und ernster Vorstellung sich fruchtlos erwiesen. Daß der König des Schyren Absicht erkannte, geht schon aus der Art und Weise hervor, wie er das Gespräch eröffnete, ohne Stephan zum Wort kommen zu lassen.

„Ihr kommt wahrscheinlich, Herr Abt," begann er, freundlich die ehrfurchtsvolle Verbeugung des Prälaten erwiedernd, „um Euch zu verantworten, wegen des widerrechtlich eingenommenen Sitzes in der Reichsversammlung! Wir merkten Damiani's Unterfangen gar wohl. Nicht das Ansehen des Legaten, sondern unsere Hochachtung zu Euch hielt uns ab, die Anmaßung des Cardinals zu verhindern."

„Eure Hoheit kennt meine Grundsätze in dieser Beziehung," erwiderte Stephan. „Irdischer Glanz und Ehrenvorrechte möchten der Wirksamkeit des Priesterthums unserer Kirche mehr nachtheilig, als förderlich sein. Hängt das Recht, auf der Fürstenbank zu sitzen, vom Genuße weltlicher, mit der geistlichen Würde verknüpfter Lehen ab, dann bitte ich um Vergebung wegen der angemaßten Ehre."

„Schon gut! Wir wollen uns jetzt in keine Untersuchungen einlassen. Genug, — der Legat befahl Euch, und Ihr mußtet gehorchen. Am wenigsten sind wir geneigt, unterwürfigen Gehorsam zu tadeln. Männer von Euren hohen Eigenschaften sind Kleinodien der Krone. Deßhalb beklage ich sehr die früheren Mißhelligkeiten! Vielleicht fehlten wir Beide. Euer Eifer für Aufrechthaltung des Asylrechtes war zu vorschnell und meine Strafe zu streng. Ich bin Euch Genugthuung schuldig, Herr Abt."

Hier trat er zu einem Wandschreine und zog ein kostbares Kästchen hervor, in welchem die Zeichen bischöflicher Würde lagen, Ring und Stäblein.

„Das Bisthum Camerach ist erledigt," fuhr der Monarch fort. „Die Besetzung drängt und ich wüßte keinen würdigeren Mann, als Euch."

Den Schyren überraschte des Königs Antrag. Allen geistreichen Männern wohnt der natürliche Drang inne zu hervorragender, ihrer Kraft angemessener Erhebung. Stephan mochte hievon keine Ausnahme bilden. Dennoch schwankte er keinen Augenblick wegen der Ablehnung dieser schmeichelhaften Bevorzugung. Er glaubte, der Salier wolle ihn bestechen. — Vielleicht urtheilte

Stephan falsch. Denn so tadelhaft in der Regel Heinrich mit Vergabung geistlicher Pfründen verfuhr, erhob er doch zuweilen die würdigsten, ausgezeichnetsten Männer, sogar gegen deren Willen, zu den höchsten Kirchenämtern.

„Eure Hoheit möge gnädigst entschuldigen," sprach der Schyre. „Die Pflichten meines Wirkungskreises fordern bereits alle Umsicht, — jede Vermehrung derselben wäre für mich eine schwere Last."

„Ein Bisthum schlagt Ihr aus!" rief der König erstaunt. „Nun, — bei Gott, das ist mir noch nicht vorgekommen!"

„Zum Andern," — fügte der Prälat bedeutsam hinzu, „möchtet Ihr königliche Gunst an einen Undankbaren verschwenden."

„Ah, — Ihr glaubt, wir wollten Euch mit dem Bischofsstabe auf unsere Seite ziehen," rief Heinrich. „Hierin täuscht Ihr Euch. So viel Menschenkenntniß besitzen wir, Herr Abt, um beurtheilen zu können, wessen Gesinnung käuflich ist. Ihr werdet mein entschiedenster Gegner sein, — deß bin ich gewiß! Eure Grundsätze fordern dieß. Immerhin! Das Bisthum ist dennoch Euer, so Ihr meine Wahl genehmigen wollt. Schlagt Ihr sie aus, dann bestätigen wir neuerdings Eure Pfründe zu Limburg mit dem Bemerken, daß Ihr das erste Anrecht auf jedes erledigte Bisthum habt. Sogar die Stühle zu Mainz oder Cöln wünschten wir Eurer Kraft und Gewissenhaftigkeit vertraut."

Des Königs Hochherzigkeit machte um so tieferen Eindruck auf Stephan, als er dessen gegenwärtige Lage in weit schlimmerem Lichte betrachtete und auch schmerzlicher fühlte, als Heinrich selbst. Nach kurzem Danke für die zurückgestellten Lehen, ging er schnell zum Zwecke seines Kommens über.

„Mein Erscheinen vor Eurer Herrlichkeit," fuhr er fort, „ist veranlaßt durch Gründe von höchster Wichtigkeit. Die bestimmten und strengen Aufträge des Legaten nebst deren Folgen werden Euch nicht entgangen sein. Ich bitte und beschwöre Eure Hoheit, das Einschreiten kirchlicher Strafgewalt unmöglich zu machen."

„Unmöglich zu machen? Und wodurch, mein bester Rathgeber?" fragte der König, halb im Ernst, halb im Spott.

„Durch Eure Nachgiebigkeit den Forderungen kirchlicher Gesetze gegenüber."

„Ha, — nimmermehr!" rief der Salier heftig aus. „Unter des Papstes Hand mich beugen? Die königliche Würde ihm gehorsamst zu Füßen legen? Schlimmer Rath! Papst Alexander soll erfahren, daß unsere Macht sein Schrecken und Drohen verachtet!"

„Ich bitte Euch, allergnädigster Herr, der Kirche Drohen nicht zu mißdeuten! Das heilige Sakrament der Ehe in seinen Rechten zu wahren, gehört zu des Kirchenoberhauptes ersten Pflichten. Eurer Einsicht entgeht zweifelsohne die Wahrheit nicht, daß mit der Auflösbarkeit des Ehebandes und dem willkürlichen Verlassen des Weibes, der Keim zur Auflösung des ganzen gesellschaftlichen Lebens gelegt wäre. Darum setzte hierin göttliche Weisheit menschlichen Neigungen enge Schranken. Unsere Neigungen aber Gottes Willen zu unterwerfen, kann nicht bemüthigend, sondern nur ehrenvoll sein."

„Darüber will ich mit Euch nicht streiten," entgegnete der Salier ausweichend. „Roms Anmaßung beschränkt sich nicht auf diesen Punkt. In Sachen greift es ein, die nur königlicher Oberhoheit zustehen. Schritt um Schritt bringt es vor auf dem Boden unserer Rechte. Was meine Unmündigkeit sich rauben ließ, — bei Gott! Das wollen wir, zu männlichen Jahren herangereift, bis zum letzten Punkte zurückfordern."

„Mir wäre keine Beeinträchtigung königlicher Gewalt von Seite Roms bekannt," bemerkte Stephan.

„Aus dem einfachen Grunde, Herr Abt, weil Eure Freundschaft für Rom blind ist. Freundesaugen sehen entschuldigend. Sie wollen dort nur Wahrung zustehender Rechte erblicken, wo offenbare Ueberschreitung derselben vorliegt. Sagt an," — rief er mit steigender Aufregung. „seit wann nehmen sich die Päpste heraus, mit Verlust von Krone und Reich zu drohen? Sind Könige des Papstes Vasallen? — oder sind Könige nur von Gottes Gnaden? Ha, — lieber das Leben verlieren, als von des Papstes Gnade König sein!"

„Päpste sind nicht gesetzt, zur Spendung irdischer Gewalten," entgegnete Stephan. „Jede Gewalt ist von Gott, — sagt die Schrift; — mithin sind Könige nur von Gottes Gnaden. Vom Kirchenoberhaupte ist solche Anmaßung niemals zu befürchten."

„Niemals? Was soll dann Fluch und Bann? Sind diese Blitze nicht geschmiedet, um Könige in den Staub zu schmettern?"

„Sie treffen nur die Person, niemals die Würde!" entgegnete Stephan.

„Feine Unterscheidung! Wenn aber die Person ein König ist?"

„Dann darf selbst vor des Königs Hoheit die Strafgewalt der Kirche nicht zurückschrecken," erwiederte in ruhigem Ernste der Schyre. „Ueber alle Christen setzte Gott den Papst zum Hirten, sogar die Könige nicht ausgeschlossen. Wo immer Verhöhnung göttlicher Gesetze herrscht und boshafter Trotz, sei's in Palästen oder Hütten, dorthin bringt der Kirche mahnende, strafende Stimme. Hätten Könige Freiheit zu sündigen, wo bliebe Gerechtigkeit? Dürften Könige die Fahne der Empörung gegen Gottes Ordnung aufstecken, was würde aus der Menschheit? Müßte die Gesellschaft nicht dem Despotismus und der Barbarei verfallen? — Ich bitte Eure Hoheit, den Geist nicht zu verkennen, welcher die Handlungsweise des Papstes leitet. Er sucht nicht seine Ehre durch Eure Erniedrigung, — er muß nur seines hohen Amtes warten."

Der Schyre hatte mit warmer Ueberzeugung und Ruhe gesprochen. Aufrichtige Theilnahme für den jugendlichen Fürsten und Schmerz über dessen verirrten Sinn, sprachen zu offenbar aus Ton und Wesen des Prälaten, um Heinrich zu entgehen. Bis zum Schlusse hörte ihn dieser aufmerksam an, obwohl Stephans Rede Manches enthielt, was der hochfahrende Salier aus keinem andern Munde würde ertragen haben.

„Nun, — bei Gott!" rief er jetzt aus. „Wäret Ihr Papst, ich glaube, man müßte Euch gehorchen. Da athmet jede Sylbe versöhnende Milde, warme Ueberzeugung, — nichts klingt hart und gebieterisch. Wahrhaftig, — solch ein Mann sollte Papst sein! Wer weiß," — fuhr er fort, wie in Gedanken verloren durch's Zimmer gehend, „mein Vater setzte dem Stuhle zu Rom würdige Hirten, — vielleicht ist ein Sprosse des erlauchten Hauses der Schyren bereinst Willens, meinem Wunsche in dieser Beziehung zu willfahren."

Damit stand er wieder vor Stephan, spähenden Blickes den Eindruck dieser mehr zu sich selbst gesprochenen Rede erforschend. Der Prälat zeigte indeß nicht die geringste Bewegung in seinen ruhigen Zügen. Die höchste Würde der Christenheit konnte ihn ebenso wenig verlocken, wie der Bischofsstuhl zu Camerach.

„So viel mir bekannt, Herr Abt," fuhr Heinrich fort, „versammeln sich die Fürsten im Kloster der Benediktiner. Durch Drohungen und Schreckmittel wird man die Zahl meiner Gegner zu vermehren streben. Wir fürchten nichts für die Treue der Fürsten, — sie werden die Probe bestehen. Nur wünschte ich, ein Mann von Eurer Geisteskraft und Eurem Ansehen möchte dem engsten Kreise meiner Freunde angehören. Gewiß gelingt es Euren Bemühungen, den Legaten von Schritten abzuhalten, die nur dem Reiche Verwirrung bringen, ohne den von Rom beabsichtigten Erfolg zu bewirken. Fordert Alles von unserer Gunst, — das Höchste sei nicht versagt, sobald Ihr die Verkündigung des Bannfluches abwendet."

„Mit Freuden gehorche ich Euren Befehlen," erwiederte Stephan. „Ich verspreche sogar Eurer Herrlichkeit den besten Erfolg meiner Thätigkeit, — nur müßt Ihr dieselbe ermöglichen."

„Laßt einmal die Bedingungen hören!"

„Vor Allem setzt Bertha wieder in ihre ehelichen Rechte ein!"

„Schweigt mir davon, — kein Wort mehr!" unterbrach ihn Heinrich in befehlendem Tone. „Welches Ansinnen! Wollte ich die alte, unerträgliche Last mir aufbürden, wozu Euer Verwenden? Das ist's ja gerade, was ich von Euch fordere! Euer Scharfsinn, Herr Abt, soll mir von jener Last helfen, — Eure Gelehrsamkeit soll Mittel finden, Roms unerbittliches Vorgehen zu hemmen. Und dafür, — hört Ihr? Für diesen Dienst wollen wir Euch seiner Zeit die römische Mitra auf's Haupt setzen. — Nun, — was erschreckt Ihr? Seltsamer Mann! Eure hohen Eigenschaften zu belohnen, verwirft Eure Demuth, — gut! Ihr sollt dann Papst werden, weil Ihr Jenen Euch verpflichtet habt, der nach altem Herkommen den römischen Stuhl besetzt."

„In der That, Herr König, Ihr kränkt mich tief," sprach der Schyre in schmerzlichem Ernst. „Der höchste Preis auf Erden darf keinen ächten Mann zum Abfall von seiner besten Ueberzeugung bestimmen. Vergönnt mir ein freies Wort! Verwirft Eure Hoheit auch heute mein inständiges Flehen, die bitterste Kränkung des edelsten Weibes zu beenden, dann muß ich endlich Euer offener Ankläger sein."

„Ihr müßt!"

„Die Pflicht fordert es. Ja, — hört, was Pflicht mir Alles aufbürdet," — sprach der unerschrockene Abt, in der wohlmeinenden Absicht, durch eindringliche Vorstellung des Königs harten Sinn zu beugen. „Besser als jeder Andere, kenne ich die harte, grausame Verfahrungsweise gegen Bertha. Der gezwungene Aufenthalt zu Hainfelden gab mir Gelegenheit hiezu. Alles werde ich enthüllen! Das sündige Verhältniß mit Irmensinde, — dieser schwere Treubruch gegen Berthas eheliches Recht, — die Beraubung der Kirchen zu Hersfeld und Limburg, um jenes verworfene Geschöpf der Lust zu schmücken, — dies Alles häufe ich auf Euer Haupt."

"Ha, — unter die Augen sagt Ihr mir das?"

"Eure Gewaltthat gegen Raymund, — Ethelindens frevelhafte Entführung, — Euer Feilschen und Verkaufen von Pfründen an nichtswürdige Menschen, — kurz solche Masse schwarzer Thaten häuft meine Anklage gegen Euch, daß Ihr entehrt, erdrückt, zermalmt vom Throne stürzt!"

"Mönch," — stieß Heinrich ergrimmt aus, "dies wagst Du mir zu sagen?"

"Jede Vorstellung verschmäht Ihr," fuhr der Schyre in strenger Ruhe fort; "der Kirche Mahnen verachtet Ihr, — jedes Gesetz verhöhnt Ihr. Ja, — ich sage es nochmals, — kehrt Ihr in dieser Stunde nicht um, dann ist die längst verdiente Folge Eurer Frevelthaten — Euer Sturz."

Heinrich bebte vor Ingrimm. In Stephans ungewöhnlichem Benehmen sah er keineswegs die bittere Pflicht aufrichtiger Freundschaft, sondern hochfahrenden Trotz, freches Vermessen. Wild stürmte er mehrmals durch das Zimmer. Der Schyre stand unbeweglich, den Verlauf des hervorgerufenen Sturmes beobachtend. Als er aber kein Zeichen besserer Erkenntniß wahrnahm, sondern nur Ausbrüche der Wuth und verstockten, im Bösen verhärteten Sinnes, da seufzte der Prälat tief auf.

„Die nächste Zukunft wird Eure königliche Hoheit belehren," sagte er traurig bewegt, „daß Ihr die Freundeshand am Rande des Unglückes zurückgestoßen."

„Fort!" schrie der Salier. „Fort, — mir aus den Augen!"

Der Prälat gehorchte zögernd. Nochmals warf er einen wehmüthigen Blick auf Heinrich, und entfernte sich in tiefer Niedergeschlagenheit.

Seiner jähzornigen Leidenschaftlichkeit preisgegeben, ging der Monarch heftigen Schrittes hin und her, schwere Drohungen gegen Rom und dessen Anhänger ausstoßend. Leidenschaft macht bekanntlich blind, indem sie, den Geist umnebelnd, Alles für Anmaßung, Unrecht oder Gewalt ansieht, was die verkehrte Willensrichtung aufhält. Heinrichs willkührlicher, gesetzloser Sinn, erblickte im Verhalten der Kirche gegen ihn nur Anmaßung und Beeinträchtigung königlicher Gewalt. Niemand durfte wagen, ihm, dem unbeschränkten Herrn des mächtigsten Reiches, mahnend oder verbietend entgegenzutreten. Diese Maßlosigkeit der Neigungen entsprang zwar zunächst der unglücklichen Jugendbildung Heinrichs, die ihm keine Wünsche versagte. Ist aber solche Gemüthsart mit Trotz und Thatkraft gepaart, so führt sie nur allzuleicht zu Tyrannei und Despotismus. Die Kirche erwarb sich deßhalb außerordentliche Verdienste um die gesunde Entwicklung der Völker, indem sie, nicht blos Heinrich IV., sondern allen derartigen Herrschern, mit Forderungen höherer Gesetze entgegentretend, in schweren Kämpfen die Freiheit dem Despotismus gegenüber wahrte.

Hezels Eintritt unterbrach endlich des Königs düsteres Sinnen. Immer noch heftig erregt, blieb er stehen, und schaute den Kämmerer fragend an. Dieser sah verstimmt aus, wahrscheinlich in Folge unangenehmer Erfahrungen.

„Was bringt Ihr?" fuhr ihn der Salier an.

„Schlimme Nachricht!" antwortete Hezel kalt, ganz nach Art jener Günstlinge, die ihrem boshaften Gemüthe freien Lauf lassen, sobald die fürstlichen Gönner, vor denen sie bisher sklavisch krochen und schwänzelten, wirklich in gefahrvoller Lage sich befinden. „Schlimme Nachricht, — sehr schlimme Nachricht!" wiederholte er im nämlichen Tone.

„Bist Du verrückt, Mensch? Mit solcher Unverschämtheit trittst Du vor Deinen Herrn?"

„Ha, — vielleicht läge es in meinem Vortheile, mich aus Eurem Dienste jagen zu lassen."

„Dein Wunsch kann augenblicklich erfüllt werden, — Niederträchtiger!" zürnte der Monarch. „Vorerst aber möchte ich erfahren, welches Zaubermittel Dich, heuchlerischer Wicht, plötzlich entlarven konnte."

Hezel mochte das Unnatürliche seines Benehmens fühlen. Heinrichs Glücksstern erlosch vor seinen Augen, und damit jedes Band früherer Anhänglichkeit. Aber selbst der Bösewicht hat Augenblicke, wo er gegen Regungen des Ehrgefühles nicht taub ist. Der Kämmerer hielt den Sturz seines Gebieters für gewiß, er wollte ihm nicht in das Unglück folgen, aber er wollte mit Glimpf von ihm scheiden.

„Entschuldigt meinen Mißmuth!" sprach er einlenkend. „Vielleicht übersteigt Euer Unwille den meini=

gen, wenn Ihr hört, daß Siegfried von Mainz von Euch abfiel."

„Ha, — der feige Verräther!"

„Fußfällig leistete er vor dem Legaten Abbitte, — sein Erzbisthum zur freien Verfügung in des Papstes Hand zurückgebend."

„Zurückgebend? Als ob er's von Rom empfangen hätte!"

„Er bejammert die gesetzlose Zehentenforderung an Thüringen, — Alles wolle er zurückerstatten."

„Ah, — der schlaue Pfaff, wie er den Kopf aus der Schlinge zieht!" rief Heinrich erzürnt. „Er soll sich arg verrechnen! Auf des Erzbischofs Betheuerung griffen wir zum Schwert, vom trotzigen Thüringervolk die ihm rechtmäßig zukommenden Gefälle zu erzwingen. Wir vertrauten Siegfrieds ehrlicher Gesinnung. Bekennt er sich nun selber schuldig, dann wollen wir für jenen Trug ihn zur strengen Rechenschaft ziehen.

„Ein kluger Ausweg!" meinte Hezel. „Allein ich fürchte, daß alle Uebrigen dem Erzbischof im Abfall folgen werden."

„Freilich alle Uebrigen, — die mit Euch und Siegfried Treubruch und Gesinnungslosigkeit theilen," bemerkte Heinrich bitter. „Von keinem unserer Getreuen denken wir so gering."

„Ihr könntet Euch auch täuschen," erwiderte Hezel. „Alles hilft die Gemüther von Euch abzuwenden. Ritter Immel liegt schwer verwundet im Kloster, — bekennt offen manche Schandthat, — ruft zerknirscht zum Himmel und verräth seines Königs Geheimnisse. Daß Ethelinde auf Euren Befehl entführt, Raymund eingekerkert wurde, hat der bußfertige Sünder haarklein dem Markgrafen Luitpold gebeichtet. Er bittet und beschwört Alle, die ihn besuchen, Lützelhards Gefangene zu befreien, damit weitere Frevel verhütet würden. — Solche Dinge laufen mit Uebertreibung durch das Volk. Die Masse ist erbittert, — ergrimmt. Die Fürsten verzweifeln an Eurem Glück, — sie werden ihren Vortheil im Auge haben und sich zurückziehen."

Während Hezel noch sprach, sprengte ein Reiter in den Hof. Jetzt dröhnten schwere, hastige Schritte im Vorzimmer. Volkbrand trat herein, mit Schweiß und Staub bedeckt.

„Schlimme Botschaft, Herr König!" sprach der rauhe Waffenmann, vor eiliger Hast jede Begrüßung vergessend. „Das Volk hat Lützelhard erstürmt, — Raymund, Ethelinde, Immels Wulfhild und Alle befreit."

„Wahrscheinlich geschah dies Alles, während die Burghut schlief," sagte der betroffene Salier.

„Ich verstehe Euch, gnädiger Herr!" entschuldigte Volkbrand. „Aber was sollten wir thun? Können zwölf Mann einem ganzen Heere widerstehen? Ihr hättet nur sehen sollen, wie das wüthende Volk den Marschalk Boleslav zuerst erschlug und dann in tausend Stücke riß! Hätte Markgraf Gieselbert mich und die Uebrigen nicht beschützt, — Keiner wäre davongekommen. Der Löwe war mir freilich diese Genugthuung von Rechtswegen schuldig, denn meine zwei Hunde sind die Rettung einer stärkeren Besatzung werth."

„Da habt Ihr gleich Thatsachen zu meinen Befürchtungen," sagte Hezel.

„Des alten Grafen jämmerliches Aussehen erbitterte das Volk noch mehr," fuhr der Ritter fort. „Sogar Drohungen gegen Euch stießen sie aus. Solchen heidnischen, barbarischen König, — riefen sie, müsse man vom Throne stoßen, und einen anderen erwählen. Ueber Mohren und Heiden könntet Ihr König sein, aber nicht über Christen."

„Ihr habt Euch Alles wohl gemerkt!" sprach der Monarch.

„Etwas, — wollt Ihr sagen, Herr König! Hätte hundert Ohren haben müssen, um alle Schimpfworte aufzufangen, und zwanzig Köpfe, um Alles zu behalten."

„Schon gut!" sprach Heinrich, wiederholt die Farbe wechselnd. „Geht hinab, — laßt Euch Trank und Imbiß reichen."

„Ein tüchtiger Schluck thut freilich noth," versicherte Volkbrand. „Hab' seit fünf Stunden keinen Tropfen über die Lippen gebracht, — was gewiß viel sagen will. Ging's übrigens gleich daran, das lose Volk zu züchtigen, wollte ich sogar noch länger Durst leiden."

„Die Stunde der Vergeltung bleibt nicht aus, bester Volkbrand," versetzte der Monarch, in einem so zutraulichen Tone, wie ihn der Ritter niemals vernommen. „Geht hinab, — verlaßt aber die Pfalz nicht."

Trotz aller Anstrengung des Königes, Ruhe und Gleichmuth zu bewahren, entging sogar dem gerade nicht scharfsinnigen Volkbrand Dessen Bangen nicht. Der Salier mochte eines Volksauflaufes am Rheine gedenken, wo er mit Mühe grober Mißhandlung oder gar dem Tode entronnen war. Was stand ihm bevor, wenn die ergrimmte Menge von Lützelhard gegen die unbewehrte Hofburg zog?

„Sollen wir die Thore verschließen?" fragte der Edelmann. „Ich traue den Schelmen nicht! Wenigstens lauteten ihre Reden dermaßen, daß man das Schlimmste erwarten kann."

„Nein, — die Thore laßt offen!" entgegnete Heinrich mit einer verabschiedenden Handbewegung. „Des Königs bloßer Anblick wird das lose Volk besänftigen."

„Eure Hoheit thut klug daran!" sagte Hezel nach Volkbrands Entfernung. „Die verschlossenen Thore würden nur Furcht verrathen, ohne die Volkswuth einzudämmen."

Der Monarch trat an das Fenster, auf den freien Platz vor der Hofburg hinabschauend. Er war menschenleer. Kein gutes Zeichen. Freude und geschmeichelter Ehrgeiz, den Herrscher in ihrer Mitte zu wissen, pflegte sonst die Bürger auf den Platz zu locken. Lebendiges, buntes Volksgewühl war jetzt unheimlicher Stille gewichen. Nur hie und da eilte Jemand schnellen Schrittes über den Platz, — zornige, grimme Blicke herüberwerfend, wie Heinrich meinte.

„Wir müssen uns vorsehen," sprach er. „Den Bischof von Speyer umgibt eine rüstige, tapfere Schaar. Geht, — ersucht ihn, seine Leute hieher zu verlegen. Ah, — da kommt er selber!"

Heinrich von Scharfenberg trat ein, — bekümmerten, verstörten Angesichtes. Er meldete die Uebereinstimmung sämmtlicher Fürsten mit dem Legaten. Morgen wolle man sich im Münster versammeln, bei aus=

gelöschten Kerzen über Heinrich den Bannfluch verkünden.

Diesen Schlag hatte der Salier nicht erwartet. Er stand wie vernichtet. Sogar die Regung des Zornes über den vermeintlichen feigen Verrath und Abfall, erstarb im Bewußtsein völliger Verlassenheit und Hülfslosigkeit.

„Sie Alle fielen ab, — Alle, — o ihr Undankbaren!" rief er schmerzlich aus.

„Gerade jene, die Euch am Meisten schuldig sind, eilten sehr, ihr Verdammungsurtheil auszusprechen," fuhr der Bischof fort. „Ihre Entrüstung über Eure Vergehen schien grenzenlos! Sie schimpften mit vollen Backen, mit glühenden Augen und zornigen Geberden. Jeder suchte den Anderen zu überbieten, durch Eure Verdammung sich rein zu waschen. O die Falschen, — man hätte glauben mögen, es sei ihnen wirklich Ernst!"

„Gleißende Heuchler!" zürnte der Monarch. „Jetzt dünkt ihnen Frevel, was sie früher begünstigten."

„Der Abt von Hornbach und Andere von Euch belehnte Herren, gaben Ring und Stab an den Legaten zurück; denn man hatte ihnen versichert, nur diese demüthige Unterwerfung unter Rom könne sie retten. Der Papst würde später, ihre Reue anerkennend, ihre Pfründen bestätigen."

„O Schurkerei, — o Sklavensinn!" rief der Salier. „Der elende Siegfried eröffnete den Reigen des Verrathes, — Alle folgen ihm und spotten meines Unterganges. — Gibt es keine Rettung mehr? keinen Ausweg? Hezel, — lieber Hezel, denkt für mich! Deine Klugheit half schon aus manchem Mißgeschick, — was ist zu thun?"

Der Höfling zuckte verlegen die Achsel.

„Berthas Aufnahme käme jetzt wohl zu spät," sagte er; — „vielleicht auch nicht! Man müßte untersuchen!"

„Zu Allem bin ich bereit, — sogar zum Tragen dieser Last," sagte Heinrich kleinlaut.

„Ich wills versuchen," erwiderte der Kämmerer. „Mein Geschick hängt zu innig mit dem Eurigen zusammen, um auch das Letzte zu wagen. — Ihr genehmigt also im Voraus Alles, was ich verspreche, verwerfe und gutheiße?"

„Alles! unumschränkte Vollmacht sollt Ihr haben! Nur eilt, — bietet allen Scharfsinn auf. — Hört," — rief der König, Hezel in das Vorzimmer nacheilend und ihm die Hand vertraulich auf die Schulter legend, — „insbesondere bearbeitet die Schyren. Ihr Ansehen vermag Alles. Stephan ist zwar unzugänglich jeder Bestechung, — darum versichert ihn meiner Reue. Der Prälat ist mild gesinnt, es wird ihn rühren. Dem Markgrafen Luitpold versprecht das Herzogthum Baiern. Längst sei's mein Wunsch gewesen, diesen alten Besitz seines Hauses zurückzuerstatten."

In dieser Weise fuhr er mit Versprechungen fort, bis er hierin das Möglichste geleistet hatte. Hierauf in das Gemach zurückkehrend, fand er den Bischof zum Aufbruche bereit.

„Warum eilst Du? Schreckt auch Dich mein Unglück weg?"

„Dieser Argwohn fehlt noch zum heutigen Tage," versetzte des Königs Jugendgenosse. „Schrumpft Euer

Anhang bis zum letzten Mann zusammen, bin ich sicher
dieser letzte Mann. — Aber ich möchte die Zeit nicht
thatlos verstreichen lassen. Da Ihr Bertha aufnehmen
und alle Beschwerden abstellen wollt, darf man den
Sturm zu beschwören hoffen."

„Ist's wahr, — fragte Heinrich mit zitternder
Stimme, „wurde Rudolph von Schwaben zum Könige
vorgeschlagen?"

„Man flüsterte so etwas," entgegnete Bischof Hein=
rich. „Dort stehen wir indeß noch nicht. Der gegen=
wärtige Reichstag ist unfähig zur Königswahl, — die
meisten Fürsten fehlen. Darüber seid beruhigt. Ge=
lingt's nur, den Bannfluch abzuwenden."

„Ha, — der Fluch, — dieser gräßliche Bann!"
sprach der Salier, mit Schaudern über einen Gegen=
stand, den er kurz vorher verachtet hatte. „Er löst
Vasalleneid, — zerbricht das Scepter, — verflucht
selbst den Ort, wohin der Gebannte flüchtet. Schrecklich,
— ausgeschlossen zu sein von der Christengemeinde, —
geflohen, verabscheut, wie ein Aussätziger."

„Eure Hoheit übertreibt!" unterbrach ihn der
Bischof. „Exkommunikation zerbricht keineswegs das
Scepter, — löst nicht Vasalleneid, — sie trifft nicht
die Würde, sondern die Person, — nicht den König,
sondern den Christen. Doch steht's dahin, ob die Na=
tion einen gebannten König will."

„Recht, — Abt Stephan sagte schon so etwas,"
bemerkte der Fürst. „Ich darf Euch nicht länger zurück=
halten. Versuche Deine Kunst, mein liebster Heinrich!
Ueberflüssig wär's, Deinen Eifer durch Verheißungen

anzufeuern. Du kennst meine Gesinnungen, — und ich erwarte Alles von Deiner Freundschaft."

Er gab dem Prälaten das Geleite bis zum untern Stockwerk, wo er mit warmem Händedruck von ihm schied.

Bevor Heinrich seinen Fuß auf die Stufen setzte, welche zu den oberen Gemächern emporführten, vernahm er Poltern und zankende Stimmen. Horchend blieb er stehen. Aufgefangene Worte bewiesen, daß er selbst Gegenstand des Streites war. Sogar im eigenen Hause Feinde argwohnend, schlich er den Gang entlang, den Wortwechsel zu belauschen.

„Ihr habt mir da 'nen guten Trunk vorgesetzt, — jedem seine Ehre," — rief Volkbrands Löwenstimme, „dessenungeachtet seid Ihr doch ein hasenherziger Geselle! Nehmt mir's nicht übel, Herr Koch, — muß Euch von der Brust weg die Wahrheit sagen. Dem König seid Ihr Treue schuldig, gleich mir und jedem Edelmann, — obwohl Ihr nicht von edlem Blut, sondern nur ein Koch seid!"

„Nur ein Koch?" versetzte der beleidigte, auf Amt und Würde nicht wenig stolze Engelbert. „Habt Ihr schon darüber nachgedacht, was es heißt, Leibkoch, Hof= koch, Oberkoch Seiner Herrlichkeit zu sein? Können alle Edelleute der Welt den König retten, wenn sein Koch ein Schuft oder ein Esel ist? Habt Ihr jemals den König klagen hören über Verdauungslosigkeit, über Ma= genkrämpfe, über Kopfschmerzen oder Zipperlein? Hält ihn meine Kunst nicht frisch und gesund, wie 'nen Fisch im Wasser? Dennoch schreit Ihr da, — ich sei nur ein Koch? Hört nun, was ich sage," fuhr er sich in die Brust werfend fort; „hier steht Engelbert, seiner königlichen Hoheit wichtigster Dienstmann, in dessen Hand Leben und Tod des Königs ruht! Hier steht ein Mann, der nur einmal im Reiche zu finden ist, — und da," deutete er geringschätzend auf Volkbrand, "da sitzt nur ein Ritter, wie's genug im Lande gibt! Hab' ich Recht oder nicht?"

"Meinethalben sollt Ihr Recht haben," brummte Jener. "Euer Wein ist gut, das seht Ihr an meinem leeren Humpen. Eure Absicht aber, mit Gunst zu reden, ist schlecht. Davonlaufen, seinen Herrn im Stich lassen, — das schmeckt saurer als der herbste Gänsewein."

"Ich laufe nicht davon, — thue nur die Schuldigkeit eines ächten Christen. Spricht Morgen der ehrwürdige Vater von Rom den Kirchenbann über den König, wer kann da noch im Hause bleiben? Wißt Ihr nicht, daß jeder Ort verflucht ist, wo ein Gebannter sich aufhält? Dürfen die köstlichen Speisen meiner Kunst einen Verfluchten sättigen? Soll ich auch mir Bann und Fluch zuziehen? Davor sei Gott! — Geh' Rainald," befahl er einem Küchenjungen, "fülle dem Herrn den Humpen! So lange ich noch das Scepter in der Küche führe, soll Keiner durstig davongehen."

"In Eurem Amtskreise seid Ihr ein ganz vortrefflicher Mann," lobte Volkbrand. "Von Vasallentreue versteht Ihr aber nichts. Thut wie ich! Haltet fest am König und fragt den Teufel darnach."

"Behüte Gott! Lieber mein Brod betteln gehen, als mit Gebannten Gemeinschaft haben," erwiederte Engelbert. "Das ist die allgemeine Stimme im Volke. Sogar die Fürsten sagten sich vom Könige los. Keiner will dessen Verbrechen vertheidigen. Heiliger Patron, — wer hätte das gedacht! Da sah' ich Euch den Grafen Raymund, vor kurzer Zeit noch ein wohlbeleibter, lebendiger Mann, — was er offenbar seinem Koche zu verdanken hatte. Und jetzt? — Ob Ihr 'nen Todten seht oder ihn. So grausam hat ihn der König zugerichtet. Auch meines Vetters Wulfhild sah ich und die schöne Ethelinde, — nun, die armen Geschöpfe blickten so scheu b'rein, wie Rebhühner, welche den Klauen des Habichts entgingen. Pfui, — schändlich! Ich achte meinen Herrn um seiner Majestät willen. Aber, Herr Ritter," sagte er mit kluger Miene, „die schönste Schüssel wird abscheulich, wenn man sie in schmutzige Pfützen wirft! Ihr werdet mich verstehen."

„Wills nicht bestreiten," sagte Volkbrand. „Heinrichs Weibergehänge und Einthürmen gefällt auch mir nicht. Hab' aber nichts zu verantworten. Meinethalben mögen sie ihm Leib und Seele bannen, — ich halte fest an ihm."

„Geht nur durch's Volk und hört die Reden, — keine Seele spricht wie Ihr; Alle zürnen ihm. Bereits munkelt man davon, als sollte Rudolph, der Schwabenherzog, oder Luitpold, der Schyre, König werden. Ja, — der Bayernfürst, — alle Wetter, das ist ein Mann! Den hättet Ihr im Münster sollen sprechen hören! — Wie ein Löwe stand er vor den Stufen des Thrones. Alles zitterte vor ihm."

Der lauschende Salier hatte genug gehört. Langsam, in gebeugter Haltung, stieg er die Treppe empor. Schreckte der Bann sogar Personen seiner Umgebung hinweg, was konnte er von der großen Masse erwarten?

Bisher ließ ihn ausschweifende Lebensweise niemals über die Macht nachdenken, welche Glaube und religiöse Ideen auf seine Zeitgenossen übten. Die Kirche betrachtete er als gutmüthige, wohl zuweilen scheltende, aber schwache Mutter, in deren Reich der König nach Belieben schalten könne. Der ferne Papst durfte, nach Heinrichs Meinung, kaum wagen, ausgesprochene Drohungen zu erfüllen, da er nicht die Gewalt besaß, dieselben durchzuführen. Um eines Weibes willen durfte er nicht mit ihm brechen, und ihn, gleich Otto dem Großen und seinem Vater, zum Strafgericht nach Rom rufen. So dachte Heinrich bisher über König= und Papstthum.

Wie plötzlich zerronnen nun alle diese gebildeten Vorstellungen? Im eigenen Reiche, sogar im Fürstenkreise griff ihn der Papst an. Kaum hatte Rom gedroht, so schreckte der Bann seine treuesten Anhänger. Das Volk wandte sich mit Abscheu von ihm. Die religiöse Ueberzeugung, im Gebannten, von der Kirche Ausgeschlossenen, ein Gott entfremdetes Geschöpf zu sehen, machte selbst an des Königs Majestät keine Ausnahme. Das lebendige Glaubensbewußtsein in den Menschen war mächtiger, als jede Gewalt auf Erden.

Während Heinrich solchen Betrachtungen nachhing, trat Hezel ein. Der Monarch erwiederte dessen Gruß nicht. Unbeweglich, in tiefer Niedergeschlagenheit, saß er in dem Armstuhl, in den er sich geworfen.

„Es ist Alles vergebens," begann der Kämmerer. „Ich machte den Anfang bei Jenen, die vormals zu

Euren ergebensten Dienern zählten. Die Herren zuckten die Achseln, — bedauerten Euer Mißgeschick, könnten aber nicht helfen. Eure Vergehen seien zu himmelschreiend, — ohne eigene Gefahr könne man nicht einstehen, — man müsse der Gerechtigkeit freien Lauf lassen."

„So, — so!" sprach Heinrich, kalt und theilnahmslos.

„Man muß an jeder glücklichen Lösung dieser unheilvollen Verwicklung verzweifeln," fuhr Hezel fort. „Alle Möglichkeiten hab' ich erwogen, alle Hebel gemessen, — ich finde nirgends festen Grund, dieselben anzusetzen."

„Wie traurig!" sagte der König.

„Roms Macht ist furchtbar, unwiderstehlich!" sprach der Höfling. „Wer hätte dies auch nur geträumt? Königliche Allgewalt wird zur Ohnmacht, sobald sie wagt, an Kirchengesetzen, an Glaubenssätzen zu rütteln. Hm, — verteufelt einfältig," ärgerte sich Hezel, „um eines Weibes willen solchen Sturm zu erregen."

„Meint Ihr?" warf Heinrich gleichgiltig hin.

Der Kämmerer betrachtete jetzt schweigend den Salier, dessen fast stieres Auge unverwandt auf ihm ruhte. So hatte er ihn noch nicht gesehen. Es mußte eine Wesensveränderung mit ihm vorgegangen sein. Er konnte dessen Benehmen nicht begreifen.

„Hat Eure Hoheit mir sonst etwas zu befehlen?"

„Nein!"

„Dann erlaubt, daß ich gehe!" sprach Hezel und verließ, mit einem scheuen Seitenblicke auf Heinrich, das Zimmer.

Dieser blieb unbeweglich sitzen, immer auf die Thüre hinstarrend, welche er ebenso wenig sah, wie sonst Etwas seiner Umgebung. Seine Seele wollte verzagen und versinken, im Uebermaße des Unglückes. Hochfahrend im Glücke, hartnäckigen Sinnes in lüsternem Streben, Alles seinen Leidenschaften, seinem Stolze opfernd, bewies er sich ebenso unmännlich im Unglücke. Was keine Achtung vor Gesetzen, keine Vorstellung vermochte, das bewirkte in wenigen Minuten die eiserne Faust eines herben, unerbittlichen Geschickes. Des Saliers starrer Nacken brach zusammen unter einer Last, die seine Kräfte überstieg. Der Fürsten Doppelzüngigkeit, der schnöde Abfall getreuer Anhänger, der schwarze Undank mancher Herren, seine gänzliche Verlassenheit und Ohnmacht, brachen Heinrichs stolzen Sinn. Die ganze Welt schien ihm plötzlich verändert. Alles nahm in seinen Augen andere Gestalten an. Ehedem flatterte er wie ein Schmetterling von Blume zu Blume, nur Süßigkeiten naschend. Jetzt gewahrte er allenthalben Bitterkeit und Gift, Trug und Schein. Eckel ergriff ihn gegen die Welt. Sogar sich selbst schaute er in trübem Lichte. Er fühlte sich strafbar, unwürdig der Krone und Herrschaft über das Reich, da er nicht stark genug gewesen, die eigene Neigung zu beherrschen.

Auch der schlummernde Glaube begann lebhaft zu erwachen. Er zeigte ihm das furchtbare Aergerniß seiner Gesetzlosigkeit, die Größe und Zahl seiner Verbrechen. Zürnend wölkte sich der Himmel über ihm, dessen heiligste Gesetze er nicht geachtet. Er fühlte sich verlassen

von Gott und den Menschen, — namenlos un=
glücklich.

„O Herr, — mein Gott," rief er schmerzlich aus,
„verlaß mich nicht in dieser Noth! Dem reuigen Herrn
des Urias hast du vergeben, — sei auch mir barm=
herzig!"

Er drückte das Angesicht in beide Hände und
weinte.

Ein König im Bußkleide.

Zur Terzzeit versammelten sich die Fürsten im Münster. Den Reichsverhandlungen pflegte ein Gottesdienst voranzugehen, in welchem man Gottes Beistand zur Erledigung der Geschäfte erbat. Das feierliche Amt war gesungen. Die Prälaten und Herren hatten ihre Sitze eingenommen. Auf Aller Angesicht lag schmerzlicher Ernst. Manche beklagten Heinrichs Geschick. Sie gedachten empfangener Wohlthaten und der Jugend des Königs, welcher Nachsicht gebühre.

Das Volk füllte in dichtgedrängten Massen die Schiffe. Keiner konnte sich, fest in der Menge eingekeilt, vom Platze bewegen. Dennoch keine Unordnung, kein lautes Geräusch. In tiefster Ruhe und ernster Trauer schien man ein Todesurtheil zu erwarten. Im Grunde übte auch die Verkündigung des Bannes tieferen Eindruck auf die Gemüther, als selbst Todesurtheile. Enthielt ja der Bann die Erklärung und Bestätigung, daß ein Mensch der Seele nach todt und vom Leibe Christi, wie ein faules Glied, abgeschnitten sei.

Des Münsters innere Ansicht entsprach vollkommen dieser herrschenden Trauerstimmung. Die langen Säulenreihen und hohen Wände bedeckten schwarze Tücher. Crucifixe und Heiligenbilder waren verhüllt. Letzterer Umstand sollte ausdrücken, daß der Himmel von dem Ausgeschlossenen sich abwende. Die zwanzig Altäre waren gleichfalls schwarz behängt, die Kerzen ausgelöscht, — die Kirche trauerte.

Eben wollte Damiani in ausführlicher Darlegung auseinandersetzen, daß die Strafgewalt der Kirche zum Aussprechen des Bannfluches über König Heinrich gezwungen sei. Da vernahm man außerhalb der Kirche Bußgesänge. Traurig rauschten die Psalmen durch den Dom, immer lauter und näher. Jetzt klangen jene ergreifenden, das Gemüth erschütternden Melodien durch das offene Portal. Kahle Mönchsköpfe wurden sichtbar. In zwei Reihen zogen sie langsam den mittleren Gang herauf. Sie trugen ausgelöschte Kerzen, und das Haupt herabgebeugt, sangen sie in tiefen Trauertönen die Bußpsalmen. In ihrer Mitte schritt König Heinrich, jedes fürstlichen Schmuckes beraubt, in härenem Bußgewande, baarfuß, eine Kerze in der Hand.

Unbeschreiblich war der Eindruck dieser Erscheinung. Das Volk sank auf die Kniee, überrascht, erschüttert, bis zu Thränen bewegt. Man traute seinen Augen nicht, den hochfahrenden Monarchen im Bußkleide zu sehen, wie er, das Haupt herabgebeugt, bleichen, reuevollen Angesichtes daherschritt.

Vor den Schranken der Fürstenversammlung blieben die Mönche stehen. Heinrich trat in die Versammlung. Alle Fürsten waren tief ergriffen. Dem Bischofe Heinrich von Speyer perlten Thränen über die Wangen herab. Abt Stephan kannte des Königs Heuchelei. Er heftete das durchbringende Auge auf ihn, und da er nirgends Spuren der Verstellung, sondern aufrichtigen Seelenschmerz gewahrte, sah er dankbar zum Himmel empor.

Die gegenwärtige öffentliche Buße lag im Geiste der Zeit, und trug insofern nicht das Gepräge des Außerordentlichen. Heinrichs Vater pflegte weit härtere Bußen zu ertragen, und sich öffentlich geißeln zu lassen. Das Ueberraschende lag nur darin, daß Heinrichs IV. hochfahrender Trotz sich öffentlicher Buße unterwarf. Ob dieselbe wirklicher Zerknirschung entsprang, oder ob auch schlaue Berechnung unterlief, mag hier nicht entschieden werden. Heinrichs Benehmen nach jener bekannten dreitägigen Buße im Schloßhofe zu Canossa, könnte vielleicht den Maßstab zur Beurtheilung geben. Nur möchte hier zu Heinrichs Gunsten beigefügt werden, daß er sich zur Buße in Canossa unter weit drückenderen Umständen verstand. Die Fürstenversammlung zu Tribur hatte ihn damals der Krone verlustig erklärt, falls er in Jahresfrist vom Banne nicht losgesprochen sei. Während somit jene Buße der Fürstenspruch erzwang; war zu Frankfurt noch gar kein Spruch gefällt worden. Der büßende Heinrich zu Canossa stand Gregor VII. gegenüber, einem Manne, dessen Scharfblick die Ränke des Saliers durchschaute und der felsenfest am Rechte festhielt, ohne sich durch Heinrichs Demüthigung täuschen zu lassen, — zu Frankfurt dagegen saß kein Gregor VII., die Fürsten hätten sich mit des Königs bloßer Versicherung begnügt. Der Buße zu Canossa gingen Gesetzlosigkeiten in größtem Maßstabe voraus, blutige Kriege, unerhörte Frevel, des Saliers Arglist und Treulosigkeit, — zu Frankfurt dagegen konnte man Vieles durch Jugendleichtsinn entschuldigen. Aus allen diesen Umständen mag folgen, daß Heinrichs öffentliche Buße zu

Frankfurt mehr wirklicher Reue als schlauer Berechnung entsprang.

Zwei Schritte von den Stufen des Thrones blieb der Monarch stehen. Er wandte sich gegen die Versammlung. Er trug immer noch die Kerze, seine Linke lag auf der Brust, sein Angesicht war bleich aber ruhig. Diese Demüthigung vor Gott, diese öffentliche Genugthuung für öffentliche Verbrechen von Seite der höchsten Majestät auf Erden, hob ungemein die Achtung vor den höchsten Gesetzen. Mögen glaubenslose Zeiten solche Auftritte anstößig finden, damals fühlte man ihr Großes und Würdiges.

Die Bußpsalmen waren verklungen. Heinrich erhob das Haupt. Alle Fürsten waren aufgestanden. In tiefster Stille harrte das Volk.

„Ehrwürdige Väter und erlauchte Herren!" begann der Salier in ruhiger Fassung. „Ihr seht hier Euren König im Gewande des Büßers. Er soll dem Reiche ein Vorbild der Tugend und Gerechtigkeit sein. Leider gab ich, durch Jugendleichtsinn und falsche Freunde bethört, davon das Gegentheil. Vielen ward ich zum Aergerniß, Manchen Antrieb und Ermunterung zu schlechtem Beginnen. Wie sehr ich das beklage, zeigt mein gegenwärtiger bemüthigender Zustand. Oeffentliche Genugthuung will ich leisten für das gegebene Aergerniß. — Ich beklage und verabscheue meine Frevel und Vergehen. Alle, die ich bedrängte, mögen mir vergeben, besonders meine liebevolle Mutter, die Kirche. Meine Gemahlin Bertha, nebst Allen, die ich in ihren Rechten kränkte, seien in dieselben wieder eingesetzt. Bittet, ehrwürdige Väter, daß mir Gott vergebe, — daß er mir Kraft verleihe, künftighin das Scepter für und für nach Recht und Gesetz zu führen."

Diese Rede verfehlte ihre Wirkung nicht. Die Zornesfalten der Menge glätteten sich. Des königlichen Büßers härenes Gewand bedeckte jeden wunden Fleck seiner Lebensweise. Das fromme, gläubige Volk, des XI. Jahrhunderts sah in Heinrichs Buße nur den Ausdruck reuiger Gesinnnng. Diese Auffassung, verbunden mit der zähen Treue des deutschen Volkes zu seinem König, zerstörte die vorigen Gefühle der Schmach, unter solch einem Herrscher zu stehen. Saulus war plötzlich Allen ein Paulus geworden. Während Heinrichs Abbitte schlichen Vielen Thränen aus den Augen, und als er geendet, priesen sie laut Gott, für den über ihren guten Herrn ausgegossenen frommen Geist.

Ob alle Fürsten des Volkes Auffassung theilten, mag dahin gestellt bleiben. Beim Legaten war dies wenigstens der Fall. Der heilige Mann weinte vor Freude und Rührung. War er doch der Pflicht enthoben, den Bann aussprechen zu müssen; — eine Qual für Damians menschenfreundliche Gesinnung. Er eilte von seinem Sitze herab, den König umarmend, wie der Vater im Evangelium bei der Rückkehr des verlornen Sohnes.

Königin Bertha erhielt sogleich Nachricht von dem, was im Münster geschah. Kaum wagte sie, die frohe Botschaft zu glauben, und harrte in Spannung des weiteren Erfolges.

Graf Raymund, nebst den übrigen Gefangenen der Burg Lützelhardt, genossen gleichfalls des Grafen Balberich Gastfreundschaft. Sie alle waren gegenwärtig in einem großen Zimmer versammelt. Den Unterschied ihrer Geburt hatten die gegenseitig überstandenen Mühseligkeiten ausgeglichen. Herrand, der Freisasse, umarmte wiederholt seine Wulfhild, bei der Freude über ihre Rettung kaum seine Fassung gewinnend.

Raymund saß in einem altväterlichen Lehnstuhl, dem Gespräche Gieselberts und Ethelindens folgend, wobei ihm öfter ein schelmisches Lächeln um den Mund spielte. Des Grafen grauen Haaren hatte die kurze Haft die glänzend weiße Farbe des Schnees gegeben. Sein vorher noch kräftiger Körperbau schien bedeutend erschüttert. Von der Entführung seiner Tochter wußte er nichts. Ebenso blieben ihm manche andere Umstände unbekannt. Gieselbert wußte es so einzurichten, daß es schien, Ethelinde sei ihrem Vater nachgereist, um ihn beim Heraustreten aus dem Thurme zu umarmen. Diese Täuschung trug jedenfalls dazu bei, die Wiederherstellung des greisen Herrn zu fördern. Heinrichs Gewaltthat gegen Ethelinde würde ihn mehr denn alles Andere ergriffen haben.

Ethelindens unbeschreibliche Schönheit widerstand den traurigen Erlebnissen der eben vergangenen Tage. Wenigstens konnte man jetzt, da sie mit ihrem Befreier sich unterhielt, keine Spur härmender Leiden entdecken. Derselbe Seelenadel thronte auf ihrer lautern Stirne, dieselbe Macht lieblicher Reize umfing ihre züchtige Gestalt, wie dort bei ihrem ersten Erscheinen in dem wilden Thale unterhalb Limburg. Dagegen war Ethelindens Benehmen gegen den Markgrafen inniger, vertrauter. Das Unglück hatte Beide einander näher gebracht.

Gieselbert benahm sich etwas befangen. Nur auf Augenblicke wagte er, in das bezaubernde Antlitz der

Gräfin zu schauen, und jedesmal, wenn dies geschah, stieg seine Beklommenheit.

Ihr Gespräch vermied ängstlich die vorausgegangennen Unglücksfälle, aus Furcht, es möchte ihnen ein Wort über Dinge entschlüpfen, die Herr Raymund nicht wissen durfte. Dagegen bildete Berthas Lage Gegenstand ihrer lebhaften Unterhaltung.

„Der König ist mir unbegreiflich!" sagte Gieselbert. „Fühlt er keine Neigung zu Bertha, dann sollte wenigstens ihre Treue, ihre wirklich bewundernswerthe Liebe zu ihm, sein Herz gewinnen. Die bitterste Erfahrung, die schnödeste Behandlung konnte diese Liebe nicht zerstören, — wie doch Abneigung durch solche zarte Hingebung nicht überwunden werden mag!"

„Ihr habt Recht!" entgegnete Ethelinde. „Liebe fordert Gegenliebe; — Liebe mit Haß zu erwiedern, ist unnatürlich. Glaubt Ihr, Herr Markgraf," — fragte sie mit lieblichem Erröthen, „daß noch ein Mann des ganzen Reiches des Königs undankbare Gefühle theilen könnte?"

„O nie und nimmermehr!" antwortete dieser lebhaft. „Kein Ritter der Christenheit gleicht hierin dem König. Frauenliebe und Minnedienst adeln das Ritterthum. Gewaltthat und Frauenhaß schändet den Wappenschild."

„Um zu lieben, dürfte also Heinrich nur die Pflichten des Ritterthums erfüllen," sprach sie mit einiger Laune.

„Mißversteht mich nicht, adeligstes Fräulein!" erwiederte Gieselbert. „Frauendienst gehört wohl zur Pflicht des Ritterthums. Kein ächter Degen wird Frauen Schutz und Beistand versagen. Was hingegen die Liebe anbelangt," — fuhr er mit niedergeschlagenen Augen, unsicherer Stimme und glühenden Wangen fort, „so ist dieselbe weniger Sache des Willens, gleich der Pflicht, als vielmehr Sache unserer Gefühle. Man sagt, ächte Minne sei ein Kind des Himmels. Sie fliehe verderbte Gemüther, umfange hingegen die Guten mit beseligender, unwiderstehlicher Gewalt."

Hier wagte der gefürchtete Löwe des Elsaßes, die Schöne anzusehen. Ethelinde erröthete und schlug das Auge nieder.

„Ja, — ja!" rief der alte Graf lächelnd; „um zu erfahren, ob dieses Himmelskind, die Minne, irgend Jemand mit seiner unwiderstehlichen Gewalt umfangen, braucht man nur auf Wange und Aug' zu sehen. Sie ist doch ein recht liebes, verschämtes Kind, diese Minne! Ein wahres Wunderkind, — sogar Löwen kann es bändigen und zum Kinde machen."

Während der wohlgelaunte Graf dieses sprach, stieg die Verlegenheit der beiden jungen Leute noch mehr. Wahrscheinlich hätte jene, dem Greisenalter eigenthümliche Offenheit, Herrn Raymund zu näherer Erörterung veranlaßt. Allein er wurde hier durch Herrands Ausruf unterbrochen: „Der König kommt, — wahrhaftig der König mit allen Fürsten!"

Der Markgraf trat an das Fenster. Ein prächtiger Zug bewegte sich den Klosterhügel herauf. Fürstliche Gewänder und Kronen glänzten im Sonnenschein, wimmelnde Volksmassen bedeckten das Thal.

„Gottlob!" — rief Gieselbert. „Der Königin wird Gerechtigkeit und eine Genugthuung, die nicht glänzender sein könnte."

„Gutmüthigkeit verleitet Euch zu falscher Beurtheilung," sagte Raymund, dessen heiteres Gesicht hinter trüben Wolken verschwand. „Der tugendsamen Bertha wünschte ich von Herzen diese glänzende Genugthuung, wie Ihr sagt. Was Ihr da seht, ist aber nichts als Heuchelei von Seite Heinrichs. Fluch und Bannstrahl schreckten ihn, — das ist Alles. Kaum ist der Legat über den Alpen, wird das alte Schandleben wieder beginnen. Wie die arme Bertha hiebei glücklich sein kann, begreife ich nicht."

„Vielleicht ist Euer Urtheil doch zu streng," meinte Gieselbert. „Mit dem Könige ging eine wesentliche Veränderung vor. Seht, — eben reitet er in den Hof! Wie ergriffen und gedemüthigt schaut er b'rein."

„Ich mag ihn nicht sehen!" sprach der alte Graf. „Der Heuchler! Zu Hainfelden weinte er gar wehmuthsvolle Liebesthränen bei Berthas Anblick, und am selben Tage schickt er sie gegen Trifels. Wie ist von solchem Menschen aufrichtige Besserung zu erwarten? Hätte es nicht den Anschein gehabt, als wolle ich mich für schwere Unbild an ihm rächen, — bei Gott! Ich wäre in der Fürstenversammlung heute aufgetreten, mit lauter Stimme verkündend, daß solch ein Mensch nicht einmal werth ist, das deutsche Königsscepter auch nur anzusehen. — Die Fürsten haben ihre Schuldigkeit nicht gethan. Sie hätten ihn absetzen sollen. Nach altem Brauch sitzt der Würdigste auf dem Thron; dieser Salier aber mag gerade der Unwürdigste sein. Denn zur Ehre des deutschen Namens will ich glauben, daß es keinen ähnlichen Bösewicht gibt, soweit die Sonne deutsche Marken bescheint."

Während dieser Rede schritt der erbitterte Graf im Zimmer hin und her. Gerade als er vor der Thüre stand, öffnete sich dieselbe. Abt Stephan trat herein.

„Nun, wie geht's, mein bester Herr Raymund?" fragte der Prälat in munterer Laune. „Habt Ihr Euch zur Heimreise erholt?"

„Offen gestanden, Herr Abt," entgegnete jener, „fühle ich einen heftigen Drang zum Davonlaufen, seitdem ich weiß, daß der Salier mit mir unter einem Dache ist."

„Wer wird denn so unversöhnlich sein!" sagte Stephan. „Preisen wir Gott, daß Alles so glücklich abläuft! — Ihr seid um einen rührenden Auftritt gekommen. Der König bat seine Gemahlin knieend um Vergebung. Bertha lächelte durch ihre Thränen, als sie Heinrich umarmte. Sie ist wirklich ein Engel der Milde und Versöhnung."

„Daran zweifle ich eben so wenig, als an des Saliers Heuchelei," versetzte Bardenfels.

„Der Monarch fragte während des Rittes herüber nach Euch," sagte Stephan. „Tief bedauert er seinen Jähzorn. Er will die möglichste Genugthuung leisten, und erwartet Euch in seinem Palaste."

„Wie gnädig! Daraus wird nichts," sprach Raymund. „Will er schubige Abbitte leisten, kann er mich in meinem Hause treffen. — Aber, Herr Abt," — fuhr Raymund fort, wie von einem beängstigenden Gedanken gequält, „Ihr gabt mir gestern so undeutlichen Bescheid über meinen Gottfried. Warum ist der Junge nicht hier? Auch Ethelinde thut so geheimnißvoll, — will mit der Farbe nicht heraus. Was habt Ihr denn? Es wird ihm doch kein Unglück zugestoßen sein?"

„Wegen Eures Sohnes seid vollkommen beruhigt," antwortete Stephan. „Eine Wunde verhinderte ihn, hieher zu kommen. Ihr werdet ihn bei Eurer Rückkehr ziemlich hergestellt finden."

„Eine Wunde? Wer verwundete ihn denn?"

„Mit Bestimmtheit kann ich dies nicht sagen. So viel ich weiß, bestand er einen Kampf mit Heinrichs Raufdegen. — Euch, Herr Markgraf, wünscht der König ebenfalls zu sprechen," fuhr Stephan gegen Giselbert gewandt fort. „In öffentlicher Versammlung wurde Eure Unschuld anerkannt. Die entrissenen Lehen fallen wieder an Euch zurück."

„Da ich über meine nächsten Schritte bereits verfügte, muß ich des Königs Ersuchen, zu ihm zu kommen, ablehnen," versetzte Gieselbert. „Herr Raymund will heute noch den Heimweg antreten, — ich werde ihm das Geleite geben."

„Ihr sollt nicht gebunden sein, bester Markgraf," sagte Raymund. „Liegt ein Besuch beim Salier in Eurem Willen und Vortheil, mögt Ihr hinüberreiten."

„Mein einziger Wunsch besteht darin, Euch zu dienen," entgegnete Gieselbert mit einem flüchtigen Blicke auf Ethelinde. „Ich werde Euch nicht eher verlassen, bis Ihr wohlbehalten zu Bardenfels angelangt seid."

„Allenthalben abschlägigen Bescheid," sagte Stephan, indem er sich an Herrand wandte. „Folgt Ihr wenigstens meinem Rathe, guter Freund! Der König möchte Abbitte leisten für die Ruthenstreiche, und durch Schenkung einiger Länrereien Euer Gut vergrößern."

„Ehrwürdiger Vater," — sprach der Bauer mit tiefer Verbeugung, „Euer Rath ist mir Gebot. Möge

Euch der Himmel segnen! Denn ohne Eure Bemühungen wäre Alles schlimm ausgefallen."

„Dann seid bereit, nach zwei Stunden vor Eurem Könige zu erscheinen. — Also, meine lieben Freunde, auf baldiges Wiedersehen zu Limburg," sagte der sich verabschiedende Prälat. „Der Zug kehrt in den Münster zurück, und ich möchte bei dieser Versöhnungsfeierlichkeit nicht fehlen."

Damit verließ er das Zimmer, dem Zuge nacheilend, den er am Fuße des Hügels einholte.

An Berthas Seite ritt Heinrich unter rauschendem Volksjubel durch Frankfurts Straßen. Die Anmuth und Milde der liebenswürdigen Fürstin eroberte im Fluge alle Herzen. Aufrichtige Freude über die glückliche Beilegung des ehelichen Zwistes erfüllte die Gemüther. Da jetzt das Te Deum durch die Domeshallen brauste, hatte es noch feierlicheren, mächtigeren Klang, als beim Einzuge des Legaten.

Raymunds Argwohn, bezüglich der ehelichen Treue Heinrichs, ging später nicht in Erfüllung. Des Königs Liebe wandte sich aufrichtig einem Wesen zu, das sie im vollsten Maße verdiente. Heinrichs folgende Leiden und Kämpfe vermehrte noch die Innigkeit des Verhältnisses. Als nach dem Reichstage zu Tribur Alle von ihm abfielen, und er zu Speyer in bürgerlichen Verhältnissen leben mußte, — als er in schneidender Winterkälte zur Buße vor Canossa über die Alpen zog, bildete Berthas Treue und Liebe den einzigen Trost in des Königs schweren Drangsalen.

Hezel, nebst anderen unwürdigen Günstlingen, verbannte Heinrich auf des Papstes Verlangen von seinem Hofe. Hiezu verstand er sich um so bereitwilliger, da er im Unglücke jener Menschen Treulosigkeit erprobt hatte.

Abt Stephan, vom Könige stets hochgeschätzt, wies alle glänzenden Anerbietungen zurück. Der frommen, geistreichen Leitung dieses Prälaten verdankt Limburg den errungenen Ruf. Als der vielgerühmte Abt hoch bejahrt starb, wurde sein Leichnam, auf des Kaisers ausdrücklichen Befehl, in der Gruft der rheinfränkischen Herzoge zu Limburg beigesetzt.

Die Chronik enthält nichts Näheres über Gieselberts spätere Schicksale. Es wird nur bemerkt, daß er im folgenden Jahre die schöne Ethelinde heimführte, und daß Beider eheliches Glück in unveränderlicher Liebe und Treue fest begründet blieb.

Inhaltsverzeichniß.

	Seite		Seite
Vorwort zur ersten Auflage	3	**Zweiter Theil.**	
Erster Theil.		Das Gottesgericht	201
		Des Königs Kämpe	231
Mißstände	11	Der Gottesfrieden	237
Der Geächtete	27	Neue Tücken	261
Limburg	43	Jungfrauenraub	283
Der Abt	63	Die Entführung	312
Das Asyl	75	Der Hunnenthurm	330
Des Königs Hoflager	95	Ein kleines Bild vergangener	
Die Würfelspieler	107	Größe	343
Eine Belehnung	121	Der Fürstentag	369
Ein Bischof als Koch	150	Ein königliches Weib	391
Irmensinde	163	Roms rettende Macht	400
Nach dem Trifels	178	Ein König im Bußtkleide	428